1章【宝塚線、箕面線】

梅田　阪急の本拠地、百貨店、ホテルも
グランフロント大阪、太融寺、大阪市中央公会堂、綱敷天神社、中之島を挟む2つの川堂島川と土佐堀川、阪急三番街、北向地蔵尊、大阪府立中之島図書館 ……12

中津　パリを描いた、佐伯祐三の生誕地
南蛮文化館、富島神社、全長0.8kmの「旧北野線」 ……18

十三　神戸・宝塚・京都の三線が分岐
十三渡し跡、焼き餅・十三焼の老舗「今井屋久兵衛店」、なにわ淀川花火大会 ……20

三国　神崎川の南側、東淀川区に駅
自敬寺、三国の渡し跡 ……22

服部天神　ホームに服部天神宮の御神木
豊南市場、大阪音楽大学音楽博物館、椋橋総社 ……24

曽根、岡町　沿線には、早くから郊外住宅地
原田城、原田神社、星岡茶寮 ……26

豊中　人口40万人、豊中市の玄関口
金禅寺、豊中稲荷神社、服部緑地公園、佛眼寺、稲荷山公園「衆楽園」、市軸稲荷神社、豊中グラウンド、大阪大学豊中キャンパス ……28

庄内、服部天神
……

蛍池　昔は蛍、今はモノレールと連絡
麻田藩陣屋跡、大阪国際空港 ……32

石橋　宝塚・箕面線が分岐する駅
亀之森住吉神社、石橋南小学校の石 ……34

1929(昭和4)年3月に梅田阪急ビル新館(地上8階・地下2階)の第1期工事が完成。旧館を改造して営業していた「阪急マーケット」が阪急百貨店に改称して新しいビルでの営業をスタートさせた。　所蔵：生田 誠

1910(明治43)年に開業した箕面有馬電気軌道時代の宝塚停留場。右側の車は1形で、開業時に川崎造船所(現・川崎重工業)兵庫工場で製造。写真の15号は戦後、京阪石山坂本線に転出した。　所蔵：生田 誠

阪神急行電鉄沿線案内（昭和初期）

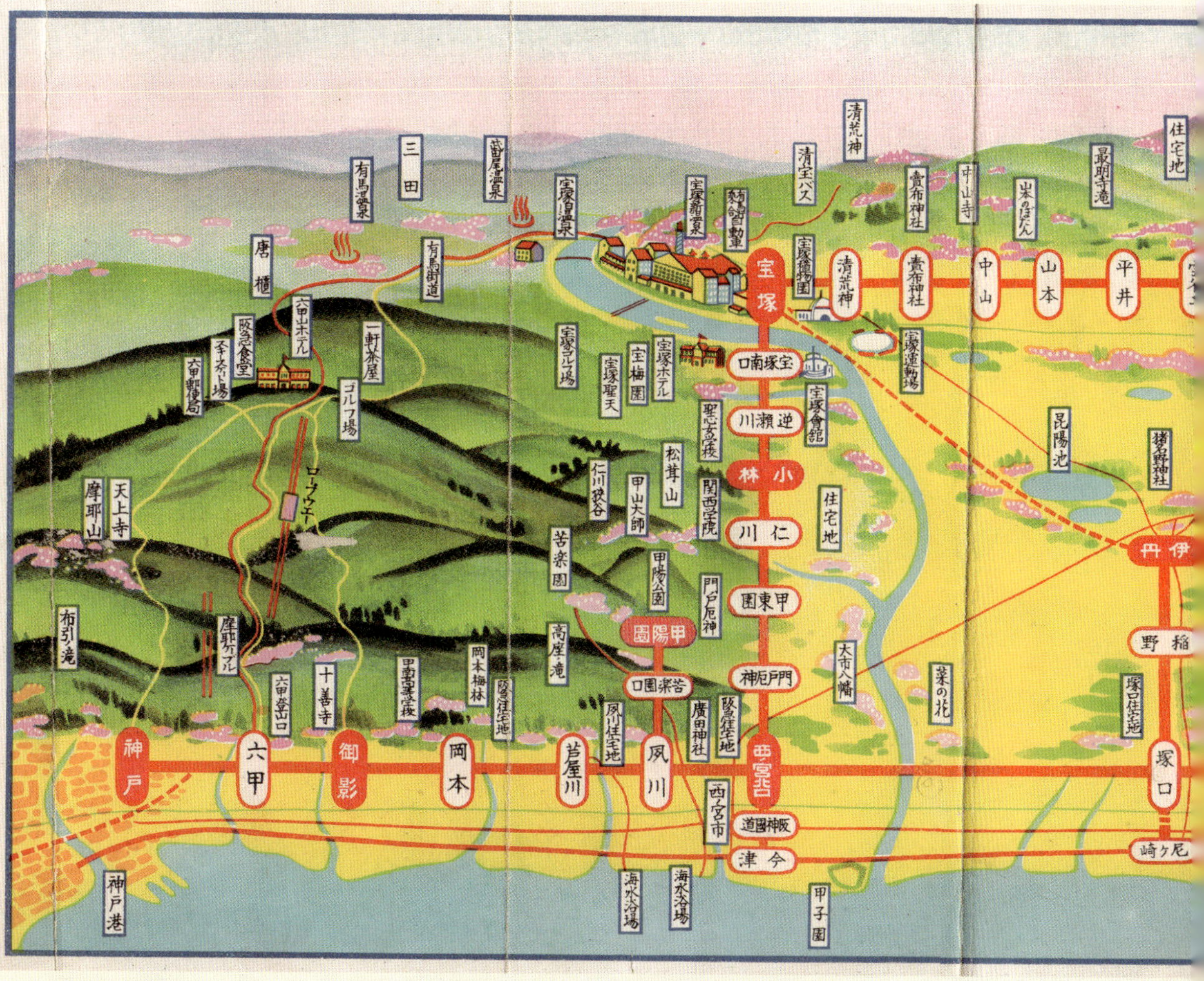

阪神急行電鉄沿線案内（大正期）

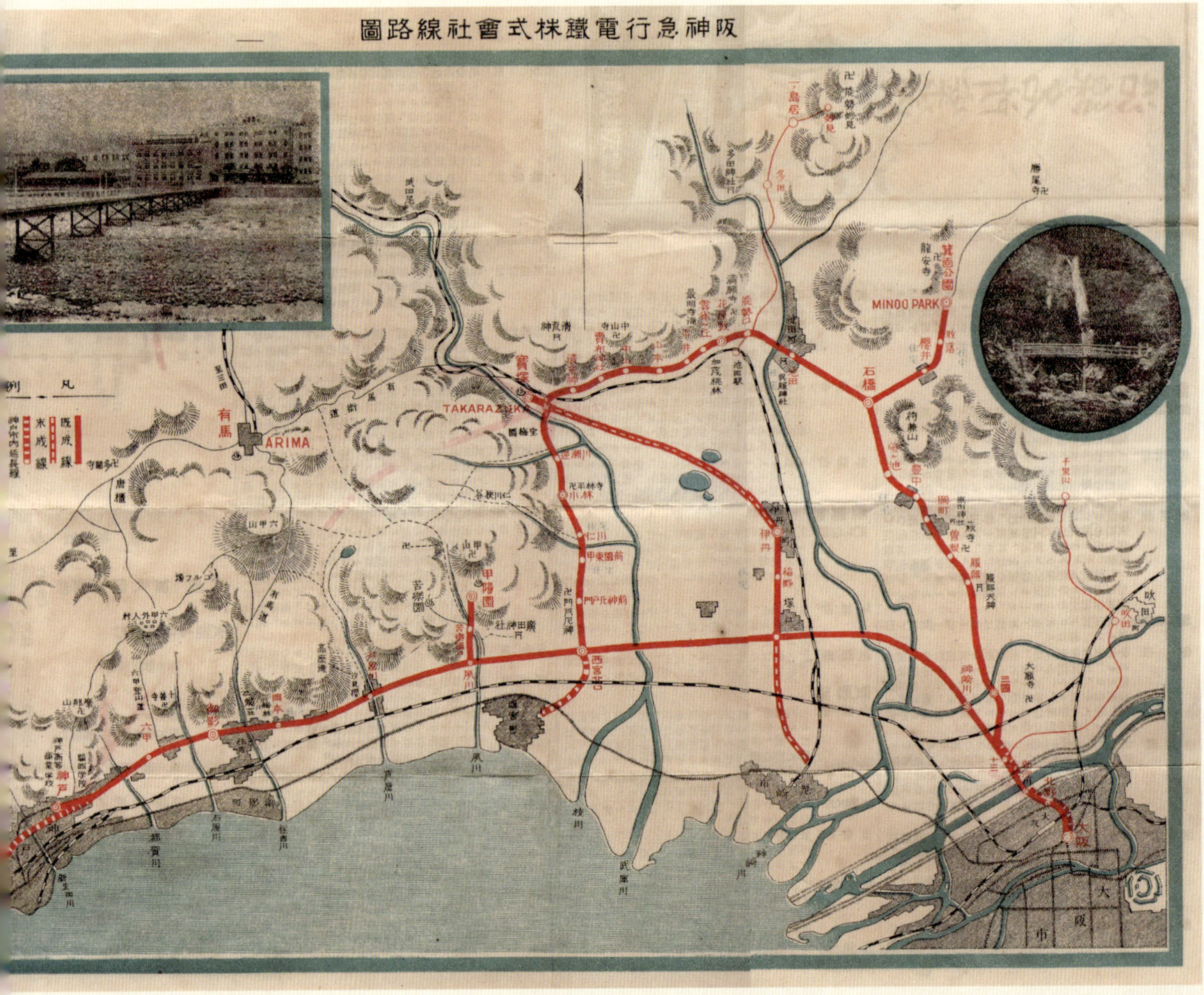

所蔵：生田 誠

3章【京都線、嵐山線、千里線】

千里山花壇のパンフレット（昭和初期）

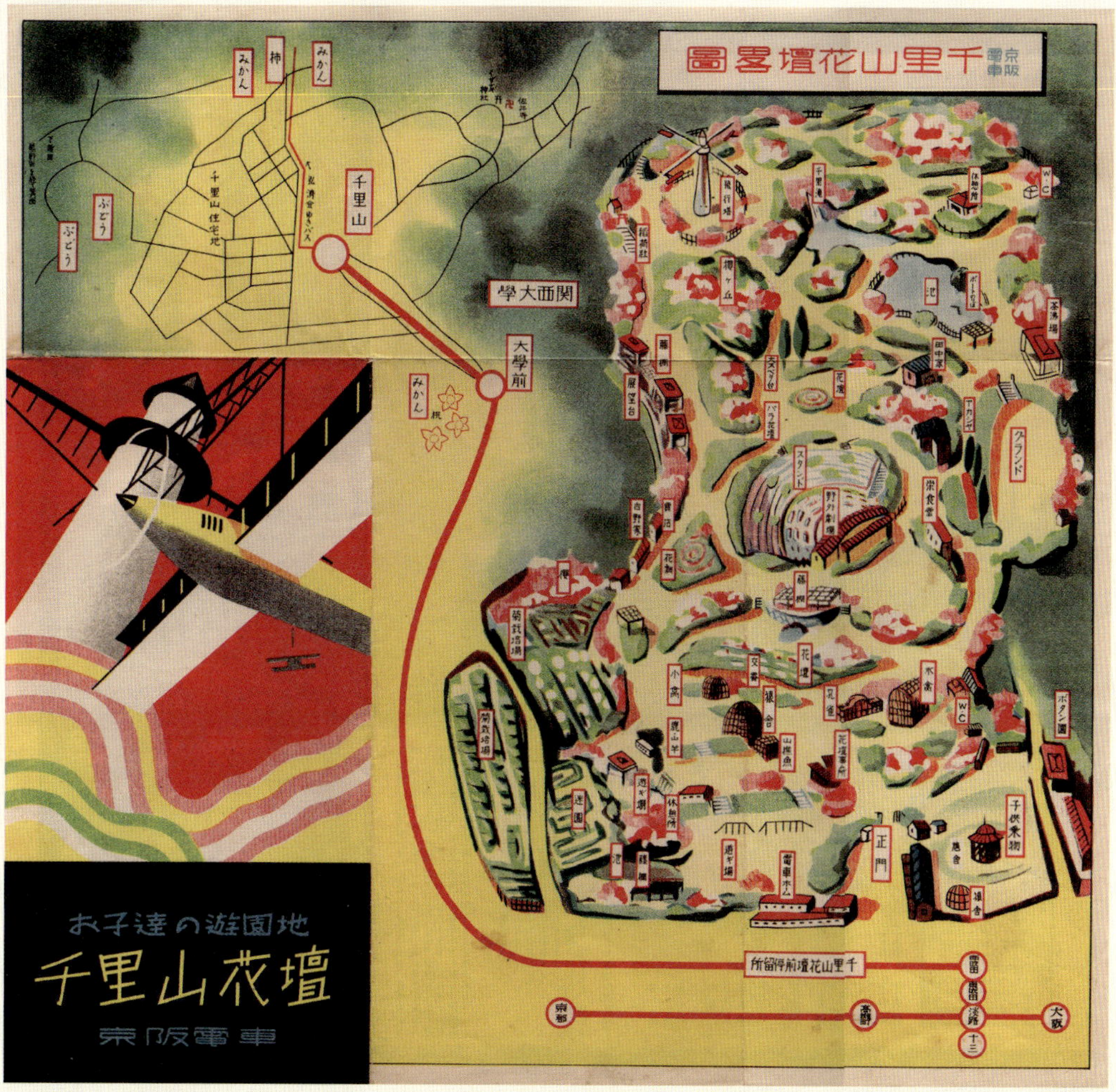

所蔵：生田 誠

京阪電鉄沿線案内（昭和初期）

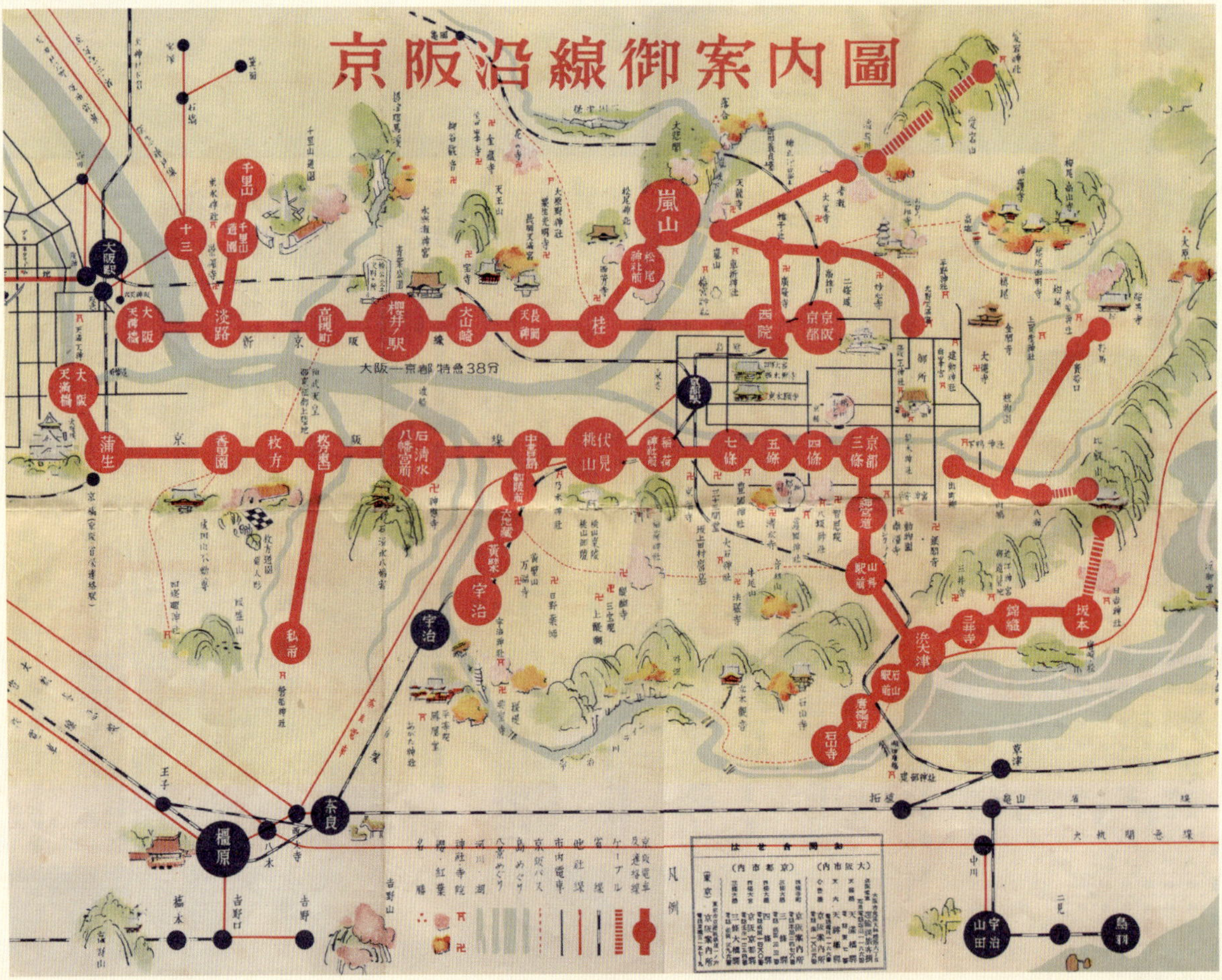

所蔵：生田 誠

新京阪電車沿線案内（昭和初期）

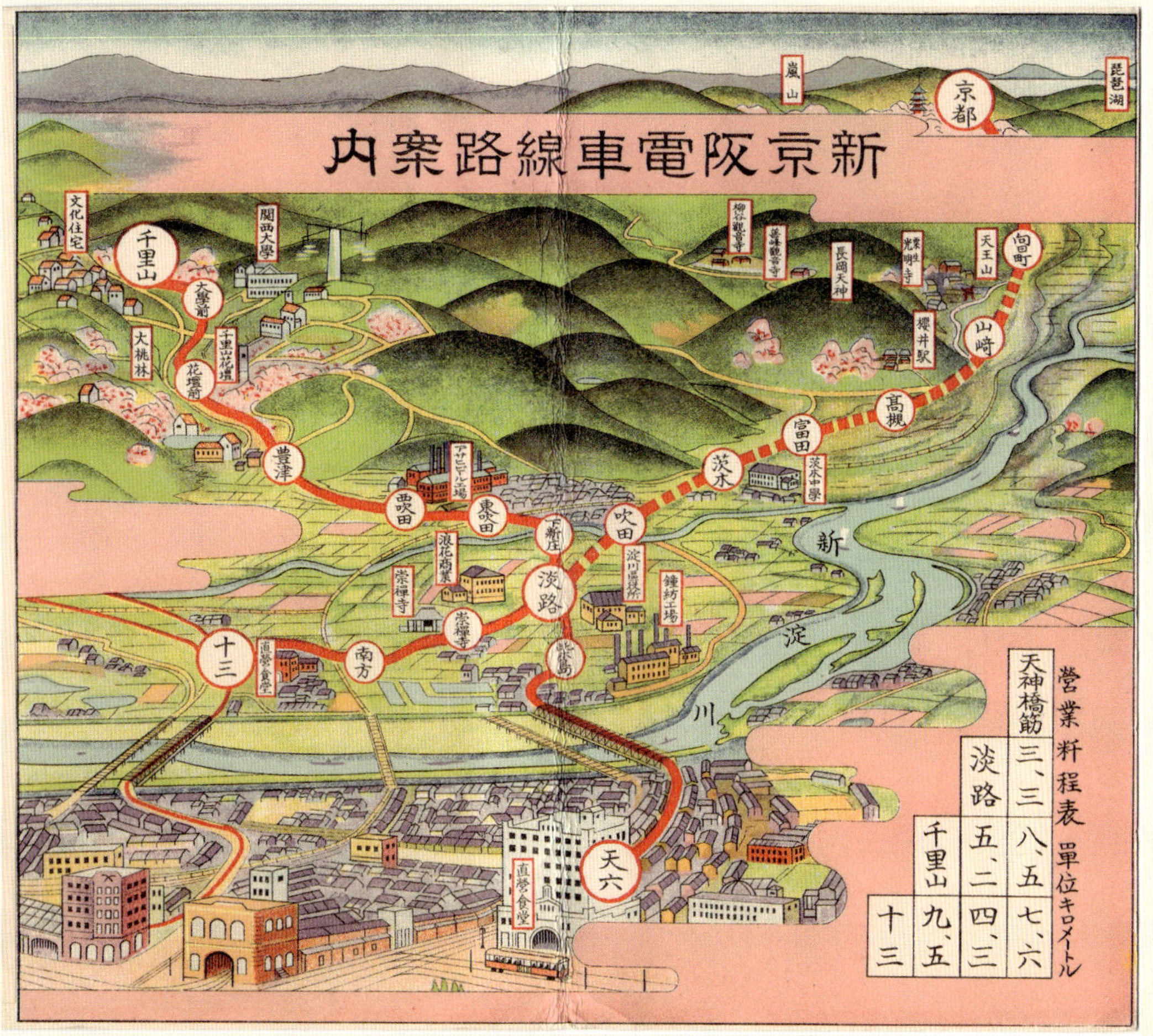

所蔵：生田 誠

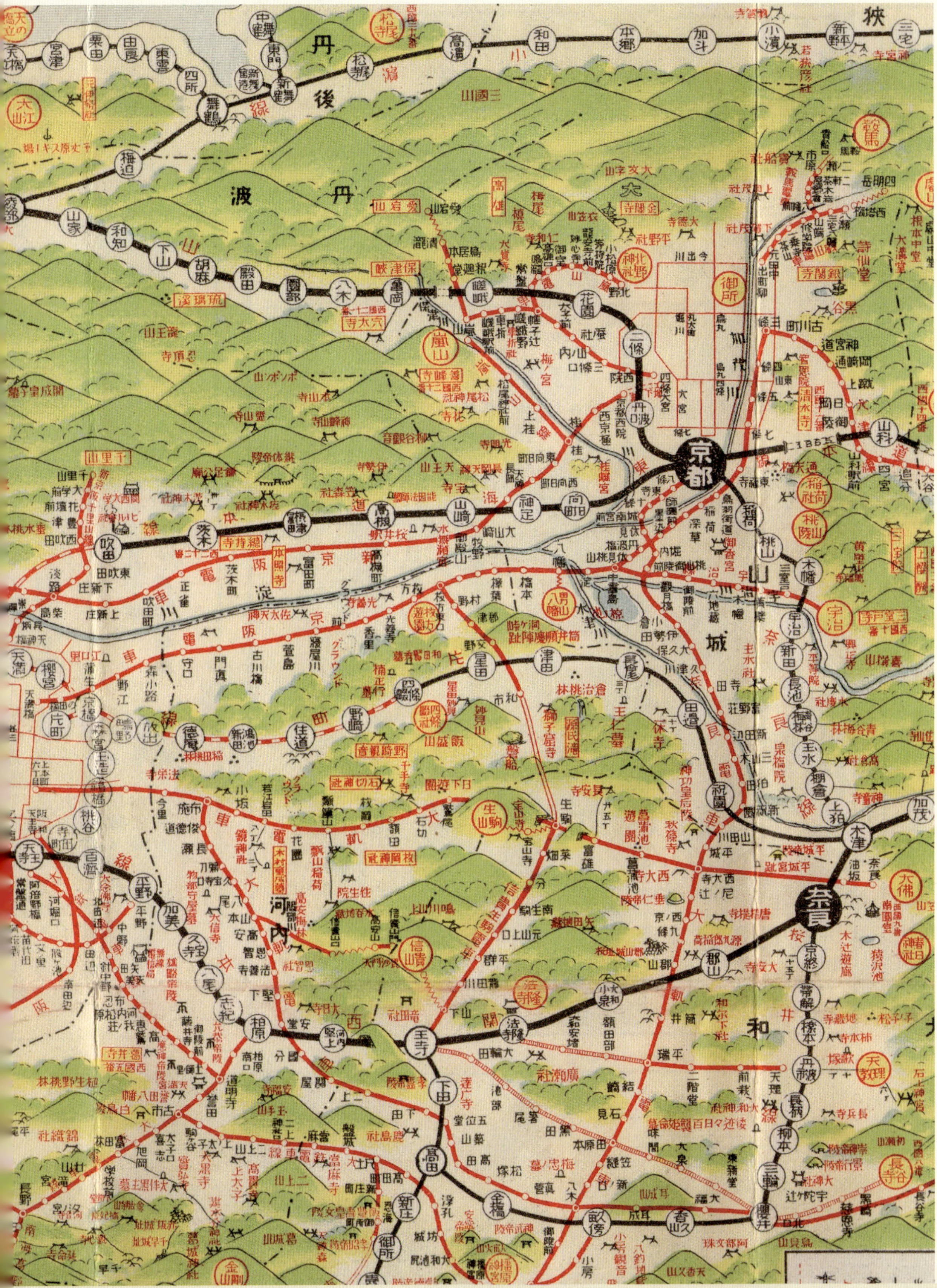

所蔵:生田 誠

京阪神地域の鉄道路線案内（昭和初期）

まえがき

地図を見ることは楽しい。そして、地図を手にして歩くことはさらに楽しく、新しい風景、人に出会える機会でもある。この本で取り上げる阪急電鉄は、かつて「京阪神急行電鉄」と呼ばれ、京都・大阪・神戸の「三都」を結んできた。古都・京都、商都・大阪、港都・神戸はそれぞれ異なる魅力にあふれ、心地良い散歩ができる街である。加えて、阪急の京都線、宝塚線、神戸線などの沿線には、多彩な都市と観光地が多数あり、途中下車の旅が思いのままに可能である。

しかし、どこかの街の隅々を見渡せば、そこには現在の地図には見られない、歴史の奥に秘められた場所が隠れている。そんな昔の名所が、実は１枚の古い地図に掲載されている。今回、そんな地図を集めた「阪急全線古地図さんぽ」の書籍がここに企画された。阪急各線、各駅について２枚以上の地形図と沿線の案内図、観光地図などを掲載するもので、古くて新しい地域情報が満載されている。限られたページの中ではあるが、それぞれを比較、対照できる前例のない本となっている。まだまだ至らない部分も多々あると思うが、できれば手に取ってご覧いただいて、天気のいい日には「古地図さんぽ」の旅、気になった街の探索に出掛けていただきたいと願っている。

2018年５月　著者 記

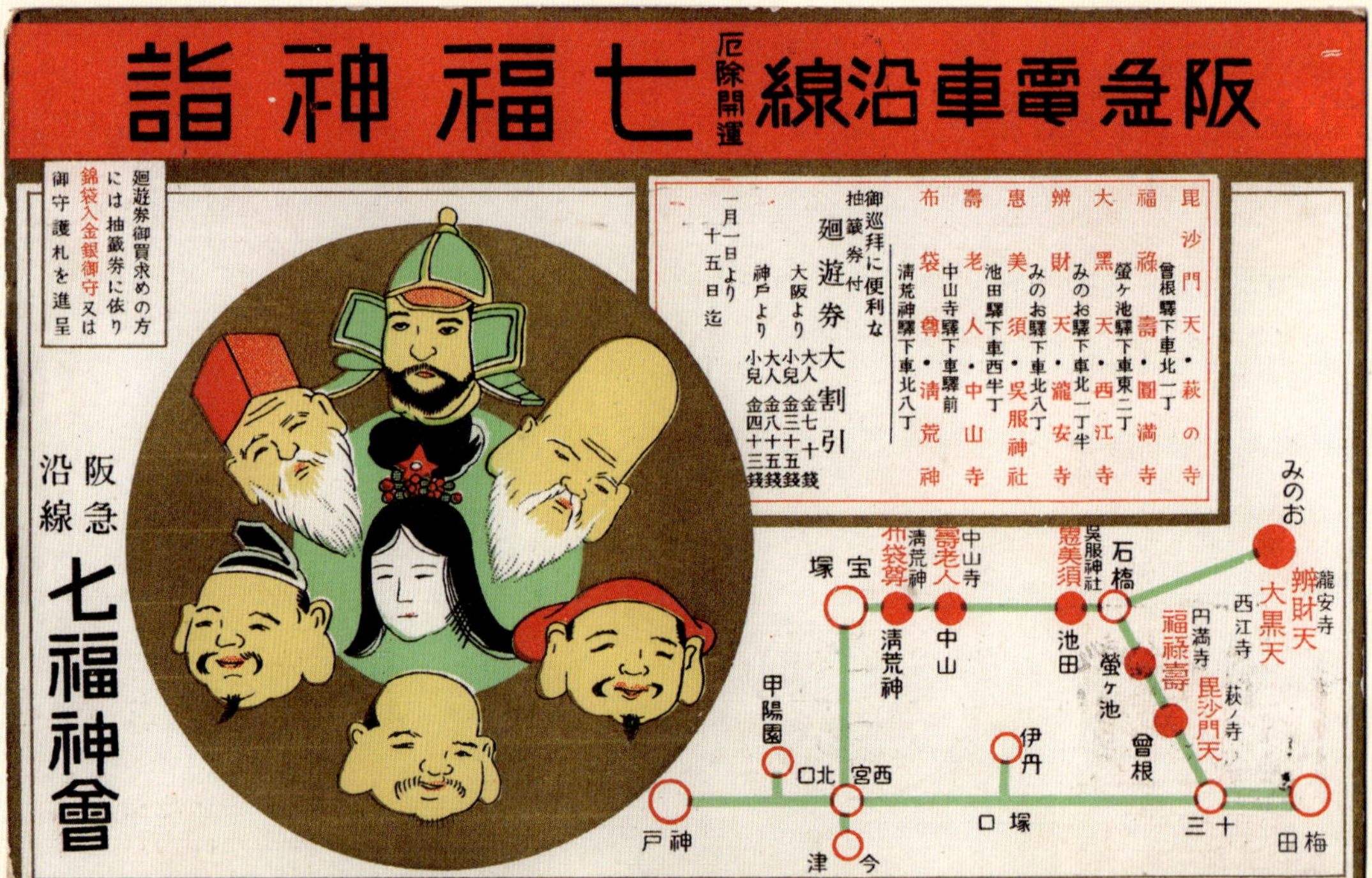

所蔵：生田 誠

1章
宝塚線、箕面線

水田や畑が広がる豊中付近を走る51形電車(昭和25年)。

撮影:亀井一男

陸軍陸地測量部 1/10000地形図「大阪北部」「大阪首部」

大正10年（1921年）

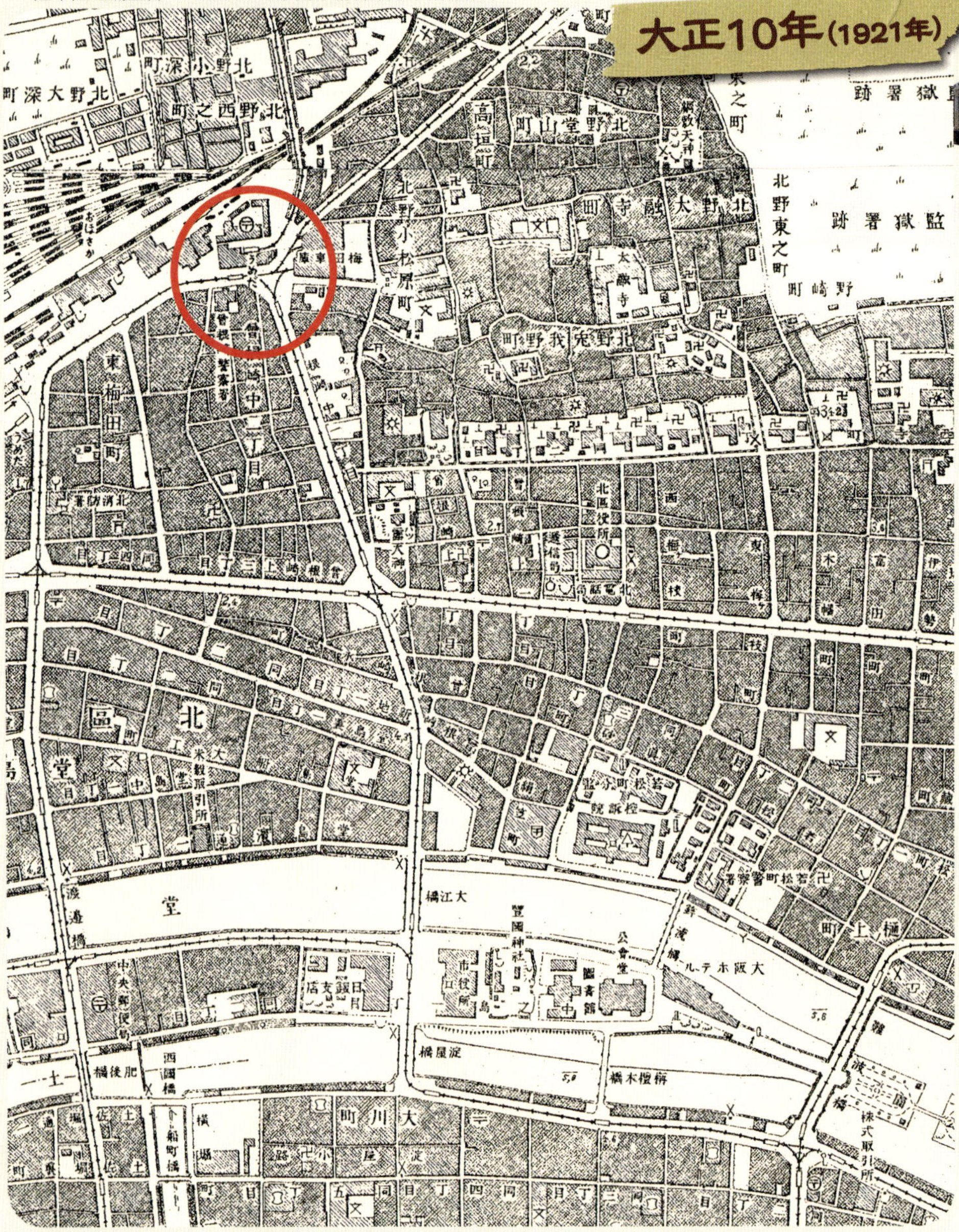

宝塚線
神戸線

梅田

阪急の本拠地、百貨店、ホテルも

北東に広がる空き地は、堀川（大阪）監獄の跡地である。ここには1882年から1920年まで、堀川監獄が置かれており、その後は扇町公園などになっている。大阪駅の南側には郵便局が見え、その東側には大阪市電の梅田車庫が置かれていた。曾根崎警察署は現在地ではなく、御堂筋の西側に存在した。この当時、新御堂筋はなく、御堂筋と京阪国道が交わる梅田新道交差点では、四方から来る市電が出合い、方向を変えて目的地に向かっていたことがわかる。

開業年	1910（明治43）年3月10日
所在地	大阪市北区芝田1－1－2
キロ程	0.0km（梅田起点）
駅構造	高架駅
乗降客	505,359人

箕面有馬電気軌道の起点

大阪の方々ならよくご存じと思うが、北区梅田の1丁目は阪神百貨店などがあるJR大阪駅の南側である。その北東にある阪急百貨店の所在地は同じ北区の角田町で、阪急梅田駅の所在地は北区芝田1丁目である。いずれにしても、「田」の付く地名ではあるが、大阪・梅田駅周辺にはこのほかにも大深町、曾根崎といった地名が存在し、地名を探りながら歩いてみるのもおもしろい。

阪急梅田駅の開業は箕面有馬電気鉄道時代の1910（明治43）年3月10日で、現在の阪急百貨店の場所に置かれた地上駅であった。当時、この線路は国鉄線を越えて南側に延びる形であり、1926（大正15）年に梅田～十三間が高架線となり、梅田駅も高架駅となった。1934（昭和9）年に国鉄大阪駅が高架駅と変わり、阪急の梅田駅は地上駅となる。その後、1966（昭和41）年に現在の場所への移転・高架化の工事が始まり、7年後の1973年に最後の京都線ホームが増設されて、高架化の工事が完成した。

この阪急梅田駅やJR大阪駅のほかにも梅田付近には地下駅として、阪神の梅田駅、大阪市高速電気軌道（大阪メトロ）御堂筋線の梅田駅、谷町線の東梅田駅、四つ橋線の西梅田駅が存在する。地下鉄3駅の位置関係は、真ん中の梅田駅の東西に東梅

陸軍陸地測量部 1/10000地形図「大阪北部」「大阪首部」

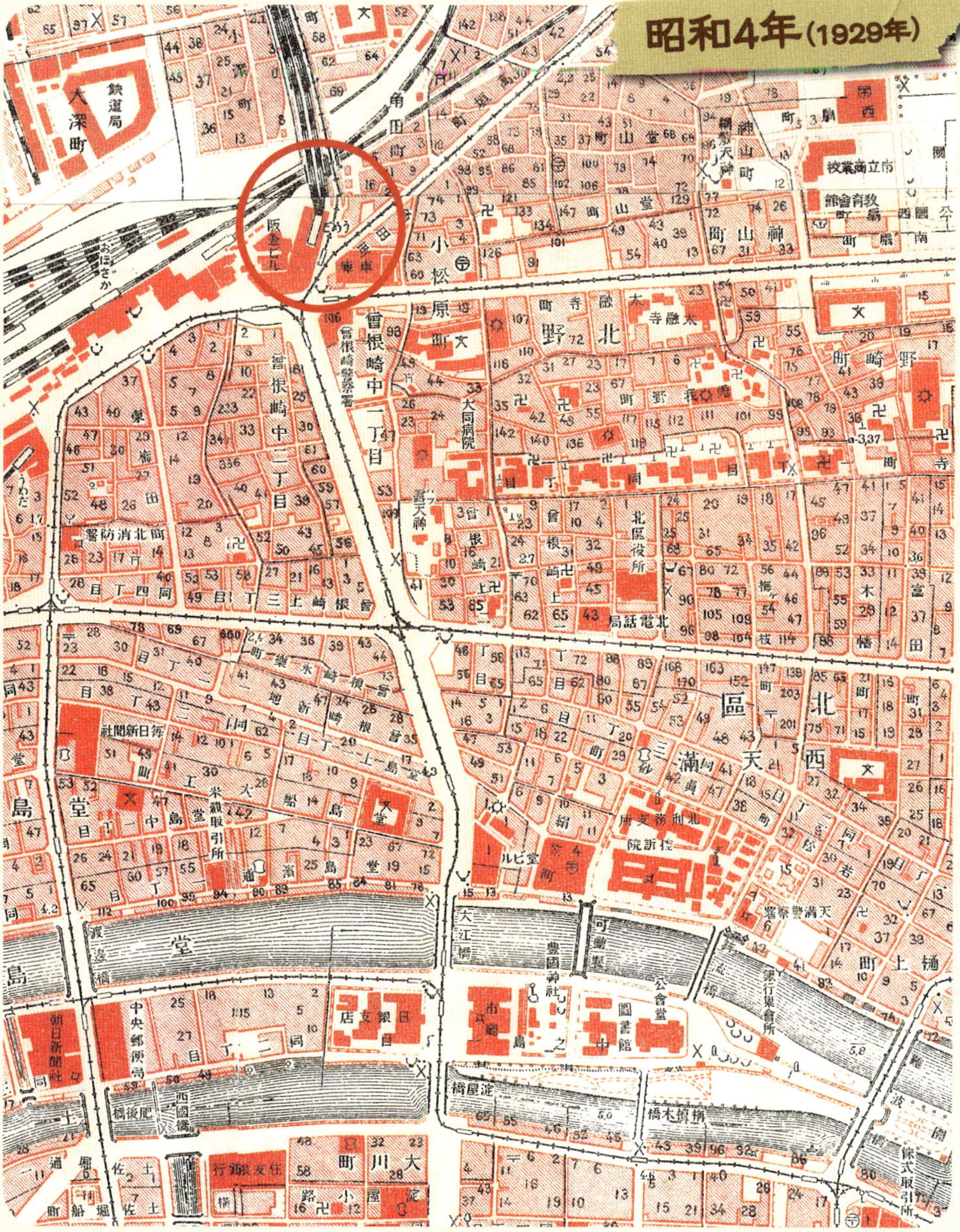

既に国鉄線の南側に路線を延ばしていた阪急の梅田駅は当初、御堂筋の東側に5階建ての阪急ビルがあったが、1929年に今度は御堂筋の西側に地上8階、地下2階の新ビルが竣工した。この年、鉄道会社直営の阪急百貨店も開店している。一方、曾根崎警察署は東に移っている。北東には1921年に開校した大阪市立高等女学校に加え、市立商業学校（後の大阪市立大学）が生まれている。この場所は変遷を経て、現在は市立扇町小学校、天満中学校が建っている。

グランフロント大阪

平成23(2011)年4月、“大阪最後の一等地”と言われた、JR梅田貨物駅跡地の再開発エリア(うめきた)に誕生した複合施設。総面積約24haのうち約7haのエリアに立地する日本最大級の大型商業施設で、梅田周辺の新たなランドマークになっている。

大阪市北区大深町4-1

太融寺

梅田の繁華街の中に建つ太融寺は、弘仁12(821)年、弘法大師が嵯峨天皇の勅願によりこの地に創建した。本尊は千手観世音菩薩像。歴代朝廷からも尊ばれた浪華の名刹で、境内には松尾芭蕉の句碑や、淀殿の墓といわれる六輪の塔が建っている。

大阪市北区太融寺町3-7

大阪市中央公会堂

アーチ状の屋根と赤レンガのレトロ建築で知られている大阪中央公会堂。竣工は大正7(1918)年、建設費の100万円（現在の50億円）は、当時の株式仲買人の岩本栄之助の寄付によるもの。設計は明治時代の建築界を代表した岡田信一郎と辰野金吾ら。2002年には改修工事が終了、80年ぶりに竣工当時の姿に甦った。

大阪市北区中之島1-1-27

田、西梅田駅が並ぶ形だが、南側では四つ橋線は四つ橋筋を通り、御堂筋線と谷町線は御堂筋の下を走る。また、谷町線は梅田新道交差点から御堂筋線と分かれ、京阪国道を東側の南森町方面に向かうこととなる。

梅田周辺には、さらにJR東西線の北新地駅（地下駅）もあって、張り巡らされた地下道を使う乗り換えはかなり複雑である。一方、商業施設などは阪神百貨店、阪急百貨店、大丸百貨店などがある南側が中心であったが、北側においても阪急がNAVIO、HEP、シアター・ドラマシティなどの開発を進め、さらに近年は梅田貨物駅だった跡地で、グランフロント大阪の開発が進められている。また、JR大阪駅も大阪ステーションシティの誕生などで商業施設が南北に拡大し、現在も常に発展を続けている。

現在の梅田には1丁目から6丁目までが存在し、周辺でも「梅田」の呼称（地名）が使用されている。この梅田は、もともとは湿地を埋め立てた「埋田」で、綱敷天神社の梅から「梅田」となり、墓地などが置かれていた。明治維新後の1874（明治7）年、当時の市街地の北はずれに位置する曾根崎村の梅田に鉄道駅が置かれ、「梅田ステンショ」と呼ばれた。その後、1897年に曾根崎村と北野村が大阪市に編入され、梅田町、北梅田町、東梅田町、西梅田町が誕生した。1910（明治43）年に開業した

建設省地理調査所 1/10000地形図「大阪北部」「大阪首部」

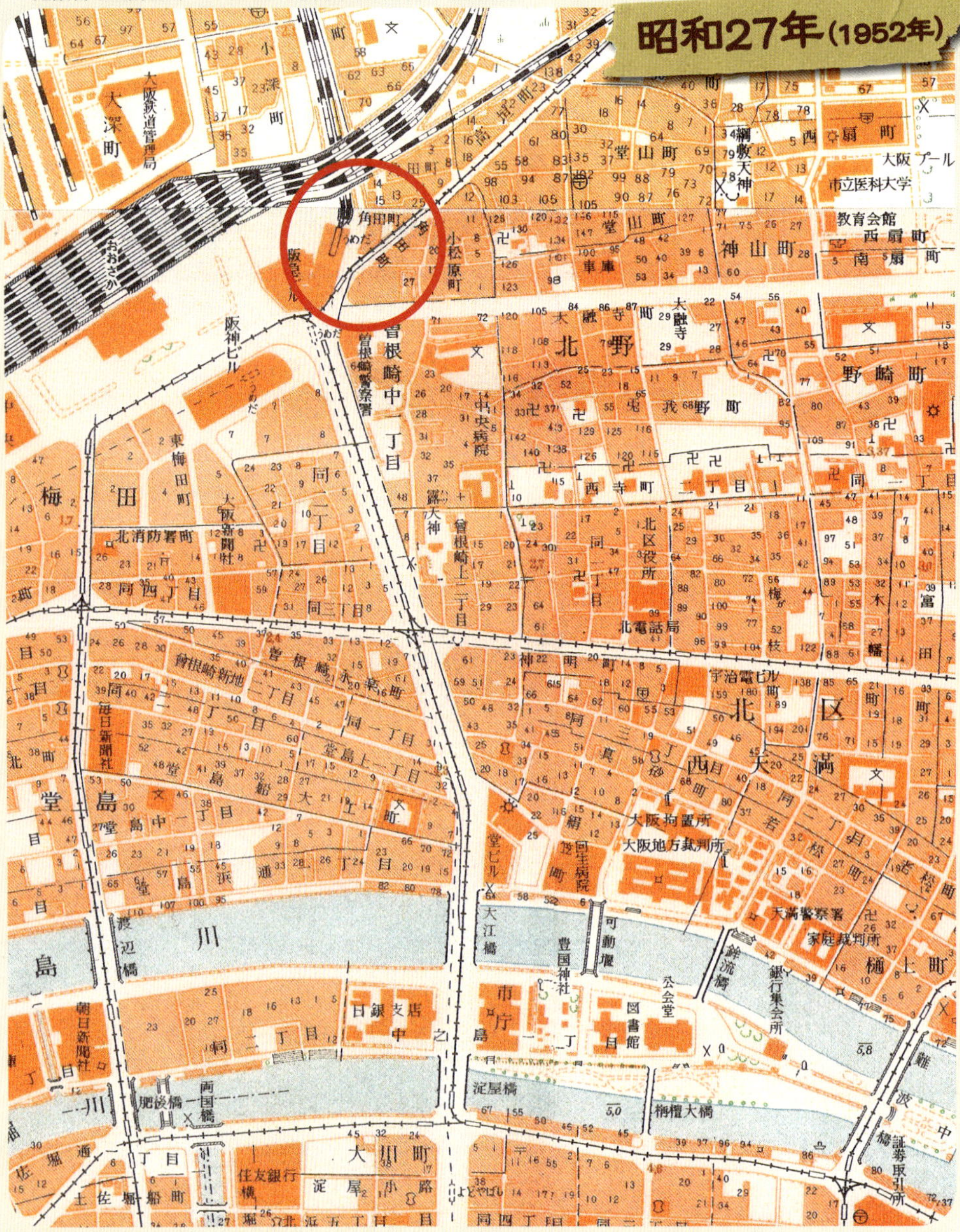

綱敷天神社

学門の神様・菅原道真が、太宰府に左遷される際、この地で紅梅に目を留め、船の艫綱(陸と船をつなぐ綱)を円座状に敷いて見たことが由縁で、「綱敷天神社」と称されるようになった。その紅梅は後に「梅塚」と呼ばれ、「梅田」の名の由来となったとも言われる。茶町に御旅社、角田町に境外社の歯神社がある。

大阪市北区神山町9-11

中之島を挟む2つの川、堂島川と土佐堀川

淀川は、毛馬水門で大川へ分岐。大川は中之島で北の堂島川、南の土佐堀川に分かれる。この2つの川は、古くから大阪の商業の中心地で、現在は、美しい都市景観の役目も担っている。河川と中之島公園が調和。堤防上の遊歩道や緑化が整備され、憩いの水辺になっている。周辺には明治からの洋式建造物も点在。

大阪市北区中之島1ほか

大阪駅前(梅田)からは御堂筋が南に延び、堂島川、土佐堀川を渡る大江橋、淀屋橋が見える。梅田付近で歴史的なスポットといえば、御堂筋近くに見える「露天神(社)」。近松門左衛門の名作「曾根崎心中」のヒロイン、遊女・お初のゆかりであることから、「お初天神」と呼ばれている。この北東の太融寺は、嵯峨源氏の祖、源融ゆかりの高野山真言宗の寺院である。さらに北東には、同じく源融、菅原道真ゆかりの「綱敷天神(社)」が鎮座している。

「箕面有馬電気軌道」は、大阪の中心である梅田と北摂地方（池田、宝塚、箕面など）の観光地を結ぶ鉄道路線として計画された。当初は関西の奥座敷である有馬温泉に至る路線も含まれていたが、この夢が実現することはなかった。その路線として、宝塚駅に至る本線（宝塚線）とともに、石橋駅から分かれて箕面駅に至る支線（箕面線）も建設されている。2つの路線の終着駅はともに温泉、遊園地などがある観光地で、まずは観光客を呼び込むことが目的であった。また、沿線の曽根、岡町、豊中、桜井などでは郊外住宅地が開発され、こうした土地に住居を求める人々には、鉄道会社としては珍しく、運賃の割引や融資などのサービスも行っている。

しかし、路線は開業したものの、沿線の人口はまだ少なく、営業成績は不振であった。利用者が少なかったこの鉄道に乗客を呼び込もうとして、さまざまなアイデアを出したのが、後に関西を代表する実業家となった専務、小林一三である。1873（明治6）年に山梨県で生まれ、慶応義塾正科（現・大学）で学んだ小林は文学青年であり、卒業後は三井（現・三井住友）銀行に勤務し、上司だった岩下清周に誘われて大阪にやってきた。1907年にこの鉄道（軌道）の専務となり、その後の1927年には阪急の社長に就任した。阪急百貨店（梅田）の開業など新

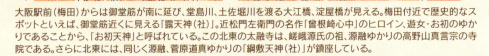

国土地理院 1/10000地形図「大阪北部」「大阪首部」

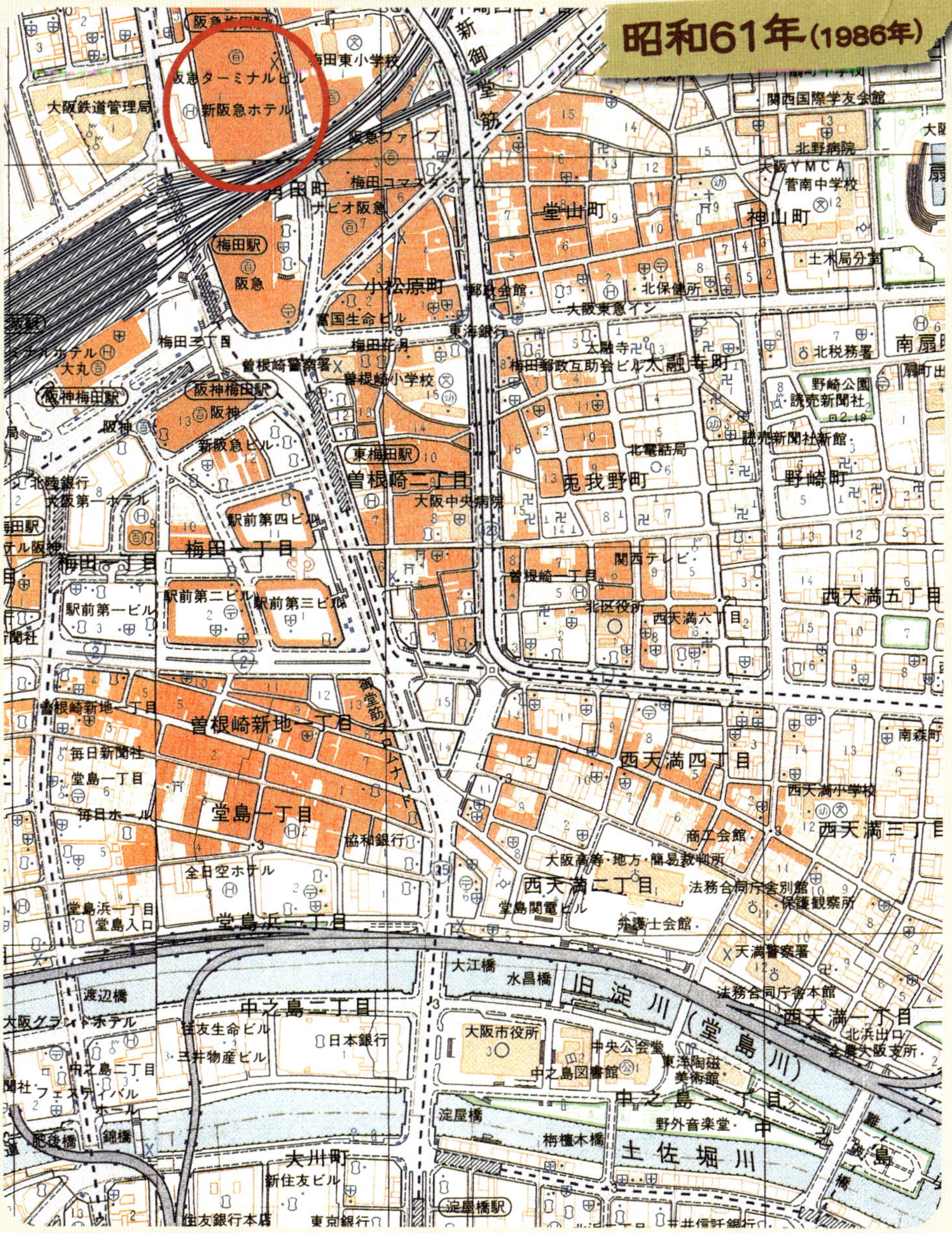

大阪駅の南側には、大阪第一ホテル、新阪急ビル、駅前第一～第四ビルなどが誕生している。一方で、北側には阪急梅田駅が置かれている阪急ターミナルビル、新阪急ビルが存在した。この頃はまだ、国鉄の大阪鉄道管理局もあった。新御堂筋に面して校地があった、1874年創立の伝統校、大阪市立曽根崎小学校にも少し触れておこう。この学校は1989年の統合で大阪北小学校に変わり、さらに児童数の減少によって、2007年に閉校となった。

阪急三番街

日本万国博覧会の開幕を控えた昭和44(1969)年11月に阪急梅田駅に併設されたショッピングセンター。地下に造られた人工の川が話題に。平成29(2017)年に北館がリニューアルオープン。一部入場制限を行う店も出るほど賑わっている。

大阪市北区芝田1-1-3

北向地蔵尊

阪急梅田駅の紀伊國屋書店西にある地蔵尊。明治26年、付近の畑から地蔵尊が刻まれた自然石が掘り出され、これがご本尊になっている。阪急三番街が誕生する時、西へ50m移り、現在の地に鎮座。北向に祀られたことが名の由来。地蔵横丁という飲食街もある。

大阪市北区芝田1-1-3

大阪府立中之島図書館

明治37(1904)年、住友財閥の住友吉左衛門の寄付によって完成。中央本館と増築された左右両翼からなる石造りの建物で、外観はルネッサンス様式、内部はネオ・バロック様式。国重要文化財に指定されている。

大阪市北区中之島1-2-10

所蔵：生田 誠

たな事業を展開した後、1957（昭和32）年に84歳で没している。

小林の手掛けた仕事では、現在では世界的に有名になった「宝塚（少女）歌劇」の創始と、沿線における住宅地開発が有名である。こうした中、当初の不振時代に小林が活用したものに、明治後期に爆発的に流行した絵葉書がある。小林は沿線の名所、名物を紹介する宣伝（PR）絵葉書を作成し、関係者に送ったりした。この中にはカレンダー形式になったものも含まれ、春夏秋冬の行事なども紹介されている。これらのユニークでカラフルな絵葉書は、本書の巻頭の目次ページの下で紹介している。

梅田駅と阪急百貨店周辺（昭和21年）

陸軍陸地測量部 1/10000地形図「大阪北部」

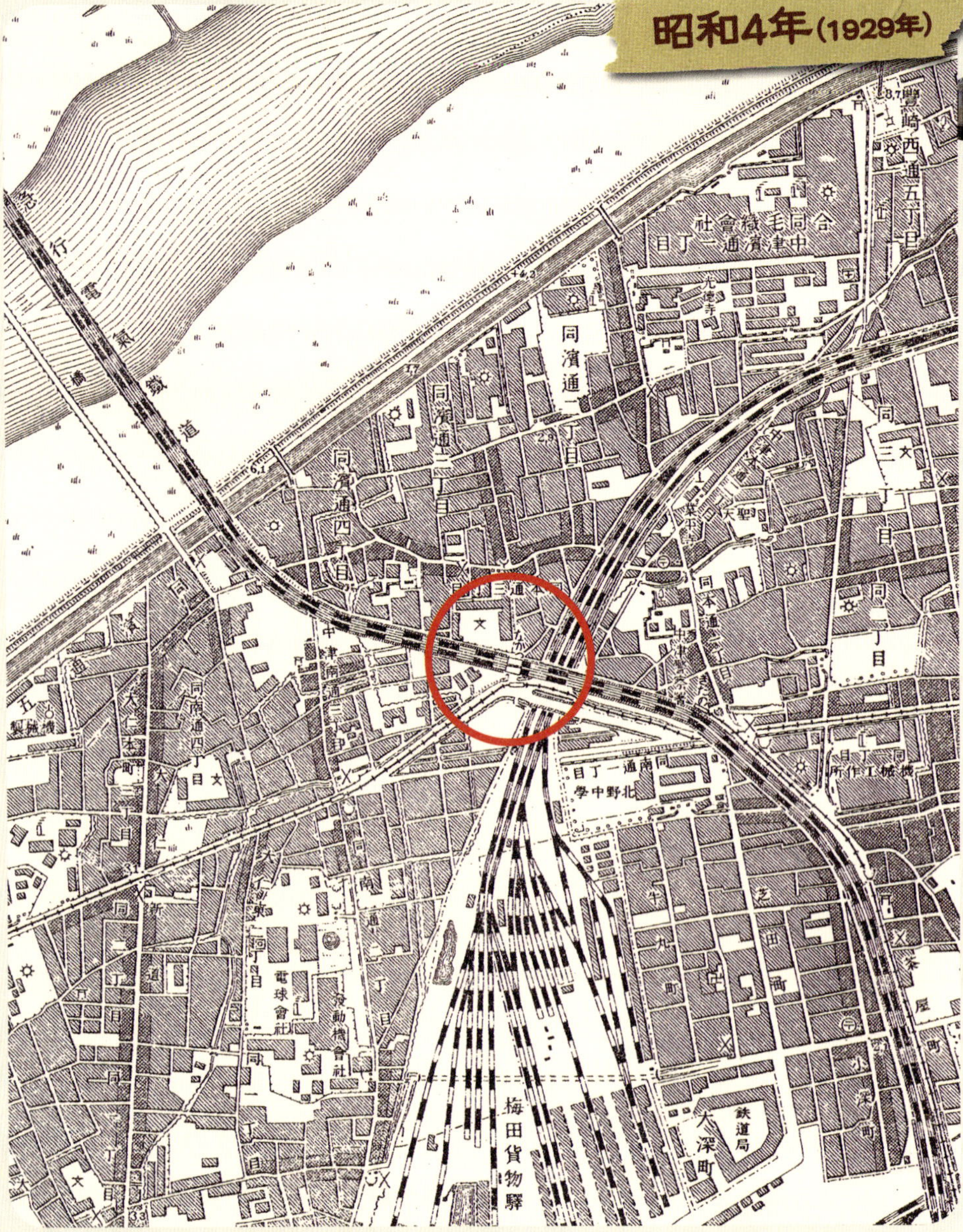

宝塚線
神戸線

中津

パリを描いた、佐伯祐三の生誕地

中津駅の南側に北野中学校（現・北野高校）があった時代の駅周辺の地図である。この学校は2年後（1931年）に十三駅付近に移転し、跡地は済生会大阪府（現・大阪府済生会中津）病院などに変わっている。また、阪急が併用軌道であった頃に敷かれた阪急北野線が残り、北野中学校の北側に北野駅が置かれていた。学校の北の中津警察署は、現在も大淀警察署として地域に睨みを効かせている。南側には国鉄の梅田貨物駅が広がっている。

開業年	1925（大正14）年11月4日
所在地	大阪市北区中津3-1-30
キロ程	0.9km（梅田起点）
駅構造	高架駅
乗降客	11,594人

淀川には十三大橋

梅田駅の隣駅である中津駅は、神戸線と宝塚線の普通列車は停車するものの、京都線の列車はすべてが通過する。この駅は箕面有馬電気軌道時代には存在せず、梅田〜十三間の高架化が行われていた１９２５（大正14）年11月４日に開業し、翌年に複々線の高架駅となっている。１９６４（昭和39）年に地下鉄（現・大阪メトロ）御堂筋線の延伸で中津駅が誕生して連絡駅となったが、両駅の距離は約３００メートルあり、乗り換えには適していない。

梅田〜中津間の駅間は０・９キロと短いが、十三駅との間も１・５キロで、その間に新淀川を渡る長い橋梁が架かる形である。この新淀川橋梁は、十三筋が通る十三大橋と並び、下流には新十三大橋も架かっている。十三大橋の初代橋は１８７８（明治11）年に架橋された木橋で、１９０９年に二代目の鉄橋に架け替えられた。現在の十三大橋は１９３２（昭和7）年の竣工である。

江戸時代の中津周辺には淀川の支流である中津川が流れ、成小路村などが存在した。１８８９年、これらの5村が合併して中津村が誕生している。その後、現在の新淀川が開削されることとなり、中津川はその流路、河川敷になった。１９１１年に中津村は中津町に変わり、１９２５年に大阪市に編入されて東淀川区の

建設省地理調査所1/10000地形図「大阪北部」

昭和27年(1952年)

南蛮文化館

館長の北村芳郎氏がコレクションしてきた、近世初期の南蛮美術やキリシタン遺品など約250点を収蔵する私立美術館。気温や湿気による収蔵品への影響を避けるため、気候が安定した5月と11月の2ヶ月間のみ公開している。

月曜休館。
大阪市大淀区中津6-2-18
10時〜16時大人800円。

富島神社

速素盞嗚命(はやすさおのみこと)を祀っている。社伝によると、足利時代に現存、牛頭天王社・祇園社と称していた。後に利島神社と呼ばれ、明治後期に春日神社、天満宮社、鷺島神社、八阪神社を合祀。社名を「富島神社」に改めた。節分には厄除け土鈴が授与される。

大阪市北区中津2-5-10

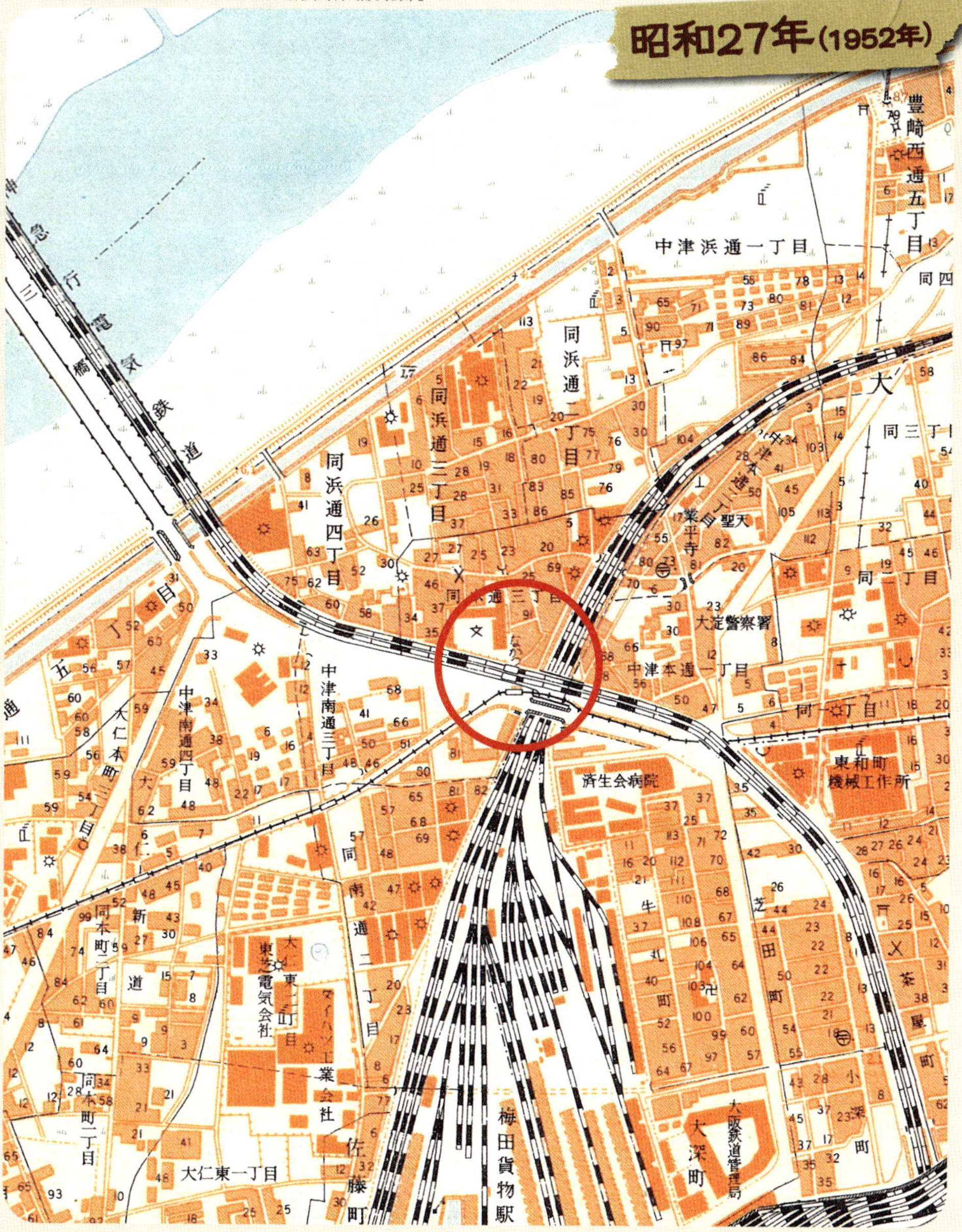

阪急の北野線は1949年に休止(のち廃止)されたものの、東西に延びる阪神の北大阪線は健在で、中津、北野、南浜停留場などが置かれていた。右ページの地図(1929年)と比べると国道176号、府道41号が整備されつつあったことがわかる。この2つの道路は中津浜交差点で合流し、十三大橋で淀川を渡り、北に向かう。この時代には、戦前から南側にあった電球、発動機会社などの工場が東芝、ダイハツ工業の工場として操業していた。

全長0.8kmの「旧北野線」

大正9(1920)年に開通した阪急神戸線の梅田〜十三間は宝塚線の複線を共用。梅田から淀川橋梁の手前(北野)までは、道路上を電車と自動車が並走する共用軌道だった。その後、神戸線と宝塚線は高架複々線工事が完成して分離。両線には中津駅が設けられた。そして旧路線は全長0.8kmに3停留場(梅田・茶屋町・北野)という、短い路線の北野線となるが、市内線だけに利用客は多かった。

所蔵:国立国会図書館

一部となった。さらに1943年には、新しく誕生した大淀区の一部、その後は北区と合併して現在は北区に中津1〜7丁目が存在する。

現在も中津周辺には富島神社、豊崎神社、永照寺などの寺社が残っている。このうち、富島神社と離接した浄土真宗本願寺派の寺院、光徳寺は日本近代絵画を代表する画家で、パリ風景を描いた佐伯祐三の生誕地として有名である。この寺に生まれた佐伯は、東京美術学校(現・東京藝術大学)を卒業後、パリに留学し、30歳で没するまで独特のタッチでパリ街角の風景などを描いた。現在、境内には「佐伯祐三生誕の地」の石碑が建てられている。

 遺跡など   公園・施設など   神社   寺

陸軍陸地測量部1/10000地形図「大阪北部」

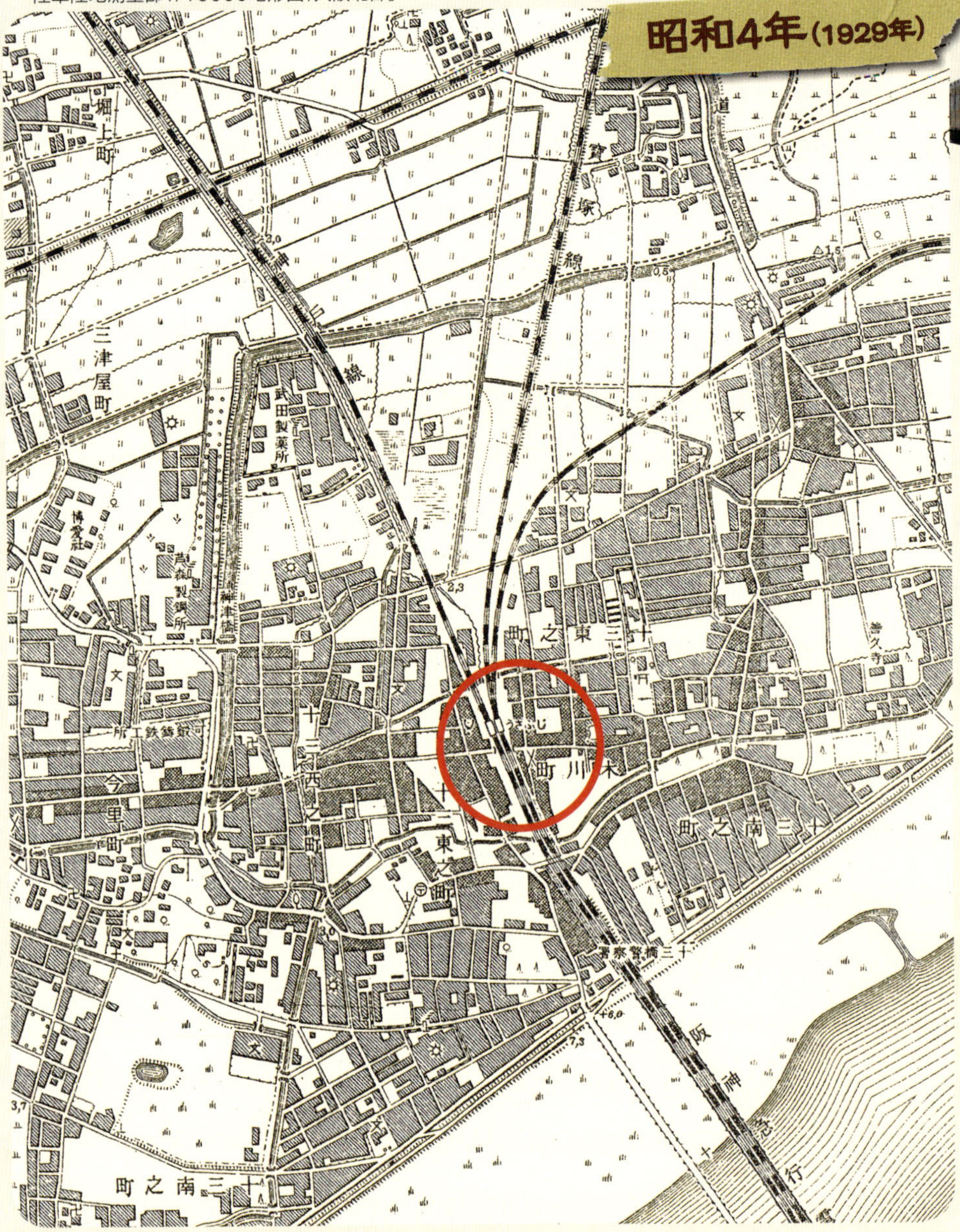

北野中学（現・高校）が現在地に移転する前の地図であり、後の校地付近には大阪府立修徳館があった。このあたりは旧中津川の流路で、埋立地に新しい施設ができた形である。東北には鏡池が存在し、淀川通はまだ整備されていなかった。駅の北側にはまだ農地が広がっているが、既に武田製薬所（現・武田薬品工業大阪工場）、芦森製鋼所、博愛社などが誕生している。淀川の河川敷付近には十三橋警察所が存在していた。

宝塚線
神戸線
京都線

十三

神戸・宝塚・京都の三線が分岐

開業年	1910（明治43）年3月10日
所在地	大阪市淀川区十三東2-12-1
キロ程	2.4km（梅田起点）
駅構造	地上駅
乗降客	67,039人

北野高校から「新北野」

歓楽街や商店街に大阪の下町情緒が漂う街・十三。この地に阪急の前身である箕面有馬電気軌道が駅を置いたのは、1910（明治43）年3月10日である。このときは現在の宝塚線だけであったが、1920（大正9）年7月には、神戸線が開業して分岐点の駅となり、以後は重要な駅となってゆく。1921年4月には北大阪電気鉄道（後の新京阪鉄道、現・京都線）の十三～豊津間が開業し、連絡する路線が増加した。

藤田まことが歌った「十三の夜」で知られる歓楽街とともに、忘れてならないのは大阪府立北野高校の存在である。京都大学や大阪大学といった関西の国立大学に多くの合格者を送り出す大阪でもトップの名門である北野高校は、この十三駅の南西にキャンパスがある。現在の所在地は大阪市淀川区新北野2丁目で、場所と校名は一致している。

この北野高校は、1873（明治6）年に現在の中央区で創立された欧学校が起源で、大阪府立中学校（旧制）となった後も校地を転々としている。一時は堂島にあって「堂島中学校」と名乗り、1902年に当時の北区北野芝田町（現・北区芝田）に新築・移転し、「北野中学校」に改称した。このときの地名が現在の校名の由来である。その後、1931（昭和6）年に当時の東淀川区（現・淀川区）の

建設省地理調査所1/10000地形図「大阪北部」

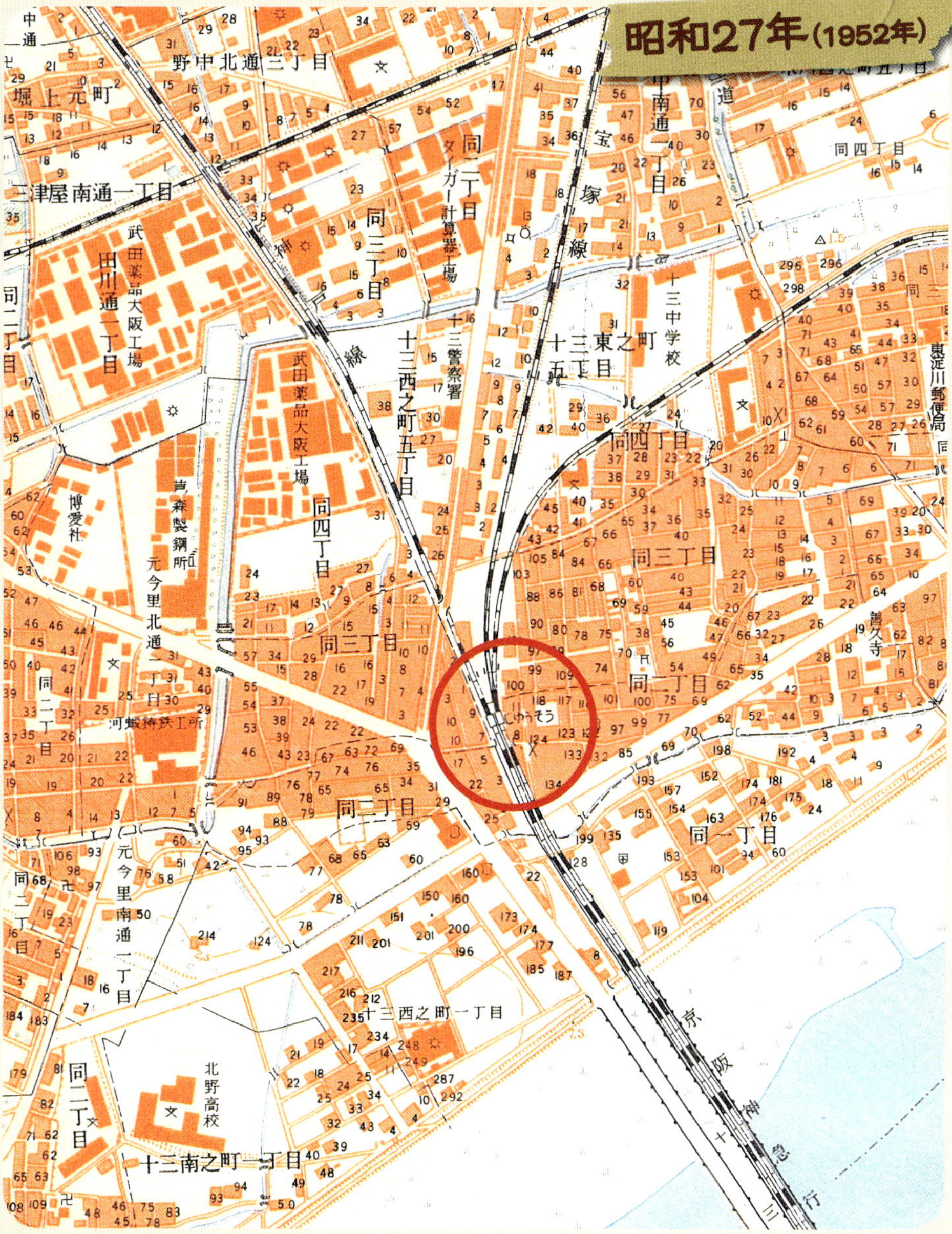

新淀川には阪急線の橋梁とともに淀川大橋が架かるが、下流の新十三大橋はまだ架橋されていない。戦前にあった警察署は北に移り、駅近くに十三警察署が見える。駅の北側には、家屋が増えて市街地となり、十三中学校、十三小学校が開港している。さらに北側には、東海道線のバイパスである（北方）貨物直通線が見え、吹田駅と神崎（現・尼崎）駅を結んでいたこの線上を、後に山陽新幹線が走ることとなる。

十三渡し跡

"十三"という地名の由来には様々な説があるが、淀川に橋が架けられていなかった江戸時代、淀川上流から数えて十三番目の渡し場があったところ、ということで地名が「十三」になったという説が有力だ。十三大橋のたもとに「十三渡しの跡」の碑が立っている。

焼き餅・十三焼の老舗「今里屋久兵衛店」

阪急電鉄の創業者・小林一三もファンだったという、焼き餅・十三焼の老舗「今里屋久兵衛店」。享保12年に十三の渡し場のそばで創業して以来、いまも淀川の河畔に本店を置き、十三駅西口の駅前にも支店を出している。生地のままの白とヨモギ入りの2種類で、どちらも長い年月を超えて愛されている十三名物だ。

なにわ淀川花火大会

毎年8月の初め、大阪市が新淀川で開く花火大会は、「なにわ淀川花火大会」として人気を集めている。平成元(1989)年から「平成淀川花火大会」として、企業などの寄付で開催されていたが、平成18年から大阪市の主催となり、現在の名称に改められた。場所は淀川河川敷で、新御堂筋新淀川大橋から国道2号淀川大橋付近。

現在地に移転し、1974年の淀川区の誕生時に地名も「新北野」となった。つまり、名門高校の校名から地名が生まれた形である。戦後には、この西側に大阪市立新北野中学校が誕生している。

十三駅付近では淀川沿いに淀川通り（大阪府道16号）が走り、十三筋（国道176号）と交わる場所が新北野、十三バイパス（同）と交わる場所が北野高校前の交差点となっている。また、十三筋はすぐ北の十三交差点で、国道176号と府道41号（大阪伊丹線）に分岐する。新旧の地図を見比べると、十三駅前（西側）を通る国道は拡幅、整備されていったことがわかる。

現在は駅の東側に淀川区役所が置かれ、北側には淀川警察署が存在する。この警察署は、以前は十三警察所と呼ばれていた。また、西側では武田薬品工業大阪工場が操業を続けている。東側には現在は男女共学校となっている英真学園高校、大阪市立十三中学校、十三小学校の校地がある。

陸地測量部1/10000地形図「吹田西部」「大阪北部」

地図中央の北側を流れる神崎川には、三国橋が架かり、能勢街道が通っていた。その西側に宝塚線が走り、三国駅が存在する。駅の東側の三国本町には市街地が見えるものの、西側の新高町方面はまだ開発されておらず、周辺には広く田畑が広がっていた。線路沿いの南側には、中島機械工場が見え、戦後（1955年）には日本タイプライター工場に変わっている。一方、神崎川を渡った三国にはセルロイド工場が存在した。

宝塚線

三国

神崎川の南側、東淀川区に駅

開業年	1910（明治43）年3月10日
所在地	大阪市淀川区新高3-6-33
キロ程	4.4km（梅田起点）
駅構造	高架駅
乗降客	24,276人

能勢街道が通る地

阪急宝塚線の前身である箕面有馬電気軌道は、能勢街道に沿って池田方面へ進む形で建設された。この能勢街道は、現在の国道176号に重なるが、三国駅付近では、開業当時は線路の東側を南北に走り、三国橋で神崎川を渡っていた。現在の国道176号は駅から少し離れた西側を走り、阪急橋梁の下流の新三国橋で神崎川を渡ることとなる。こうした橋の架橋以前は「三国の渡し」が置かれていた。三国駅の開業は1910（明治43）年3月10日で、箕面有馬電気軌道宝塚線の駅として誕生している。

「三国」の地名は、北側を流れる神崎川に由来する。一説によるとこの川は古くは丹波国に発し、山城国を経て摂津国に流れていたため、三国川と呼ばれていた。また、長岡京を造営した桓武天皇が阿波・讃岐・伊予の三国から木材を運ぶ必要があり、そのために開いた運河として、三国川と名付けたという説もある。その後、下流の「神崎の渡し」が有名となり、現在使われている神崎川の呼称が生まれた。

かつてこのあたりには西成郡の宮原新家村、蒲田村などがあり、1889年に諸村が合併して北中島村が誕生した。1925（大正14）年に北中島村は大阪市に編入され、東淀川区の一部となった。このときに現在

卍 自敬寺

天平勝宝年間（749～759）に行基が創建した禅寺。昔は仏生山金光寺と言われ、本尊の阿弥陀仏は行基の自作。同寺では、以前、隣にあった大阪市最古の民家・渡邊邸（平成24年11月解体）の資料を大切に保存している。渡邊邸は江戸時代初期の建物で、伊能忠敬も宿泊したと言われ、大阪府の文化財だった。

大阪市淀川区西三国2-12-43

🏮 三国の渡し跡

三国駅から北へ約250mの神崎川には三国橋が架かっている。かつては「三国の渡し」があったところで、現在、橋のたもとに「三国の渡し跡」の碑が立つ。説明板によると、「太平記の記述から、三国橋の渡しは正平17（1362）年にはすでに存在していた」と推測されているという。この地は江戸時代から物流の重要地で、明治には中国街道から分岐した能勢街道の一部で妙見街道とも呼ばれた。

建設省地理調査所1/10000地形図「吹田西部」「大阪北部」

昭和27年（1952年）

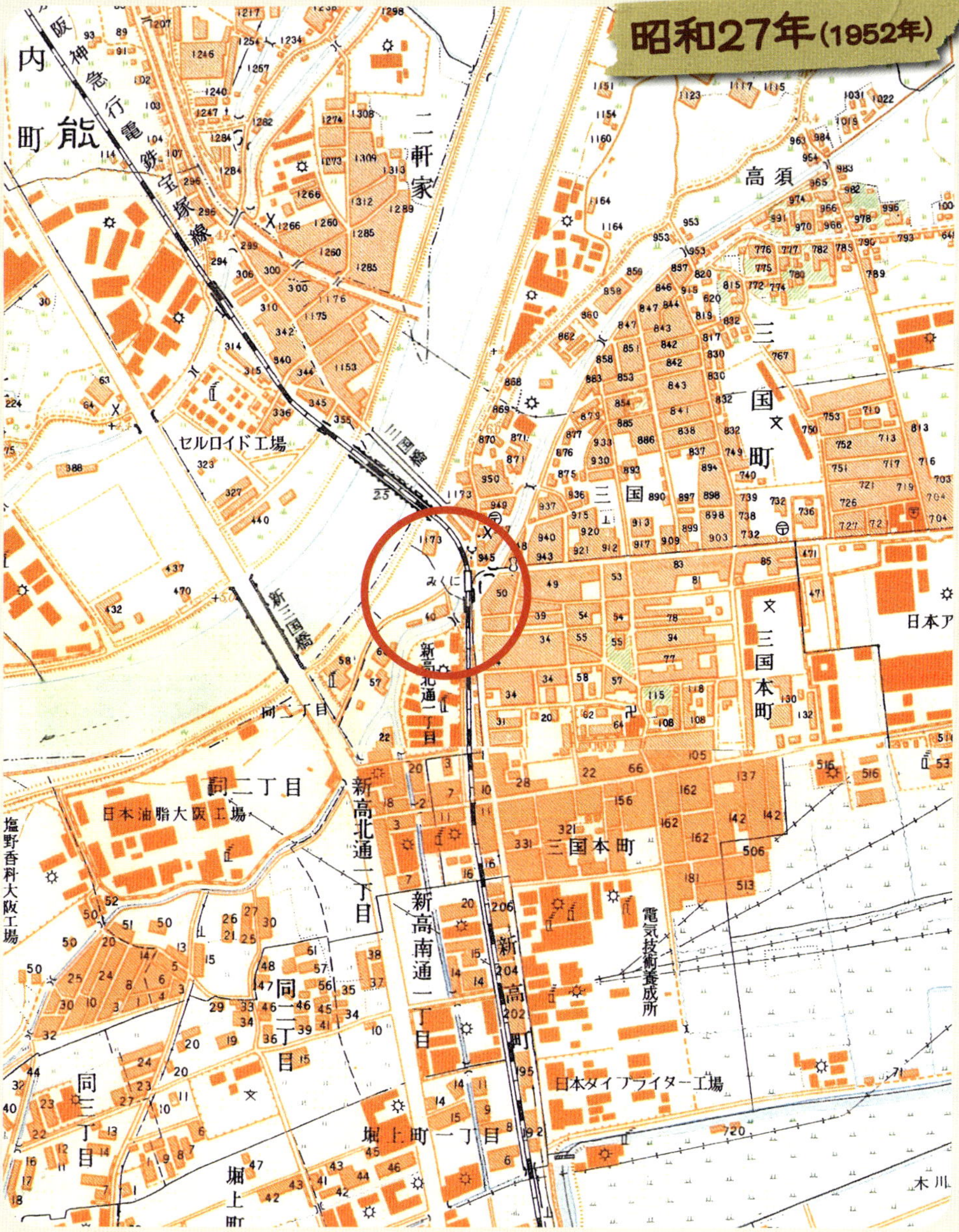

戦前の地図（1929年）と比べる農地の面積がかなり減って、市街地が広がっていたことが見て取れる。人口の増加に伴い、新しい学校（「文」の地図記号）も生まれている。三国本町にあった三国小学校に加え、北側に三国中学校が誕生している。宝塚線の南西側には1942年に新高小学校が開校した。国道176号が整備され、神崎川に架かる新三国大橋が架けられている。日本タイプライター工場の北側には電気技術養成所が生まれている。

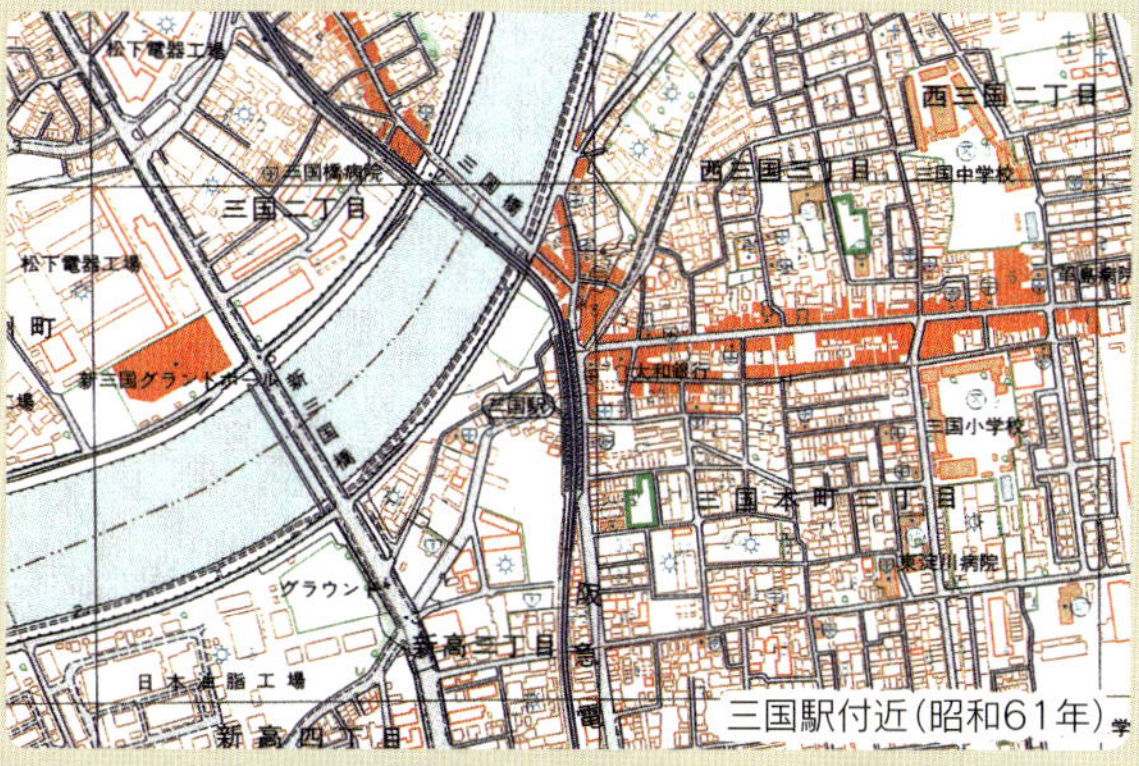

三国駅付近（昭和61年）

の地名である三国町、三国本町などが生まれている。こうした地名の成り立ちを示す一例として、学校の名前を見てみたい。三国駅の東側には大阪市立の三国小学校・中学校、宮原小学校・中学校が存在する。この小学校のうち、宮原小学校は1982（昭和57）年に三国小学校から分かれて新設されている。また、三国小学校は1927年に北中島小学校の分校として誕生した歴史がある。地域で歴史の古い北中島小学校は、東側を走る大阪メトロ御堂筋線の東三国駅付近にあり、1874年に開校した古い歴史を有している。

 遺跡など　✿ 公園・施設など　⛩ 神社　卍 寺

陸軍陸地測量部1/25000地形図「伊丹」「大阪西北部」

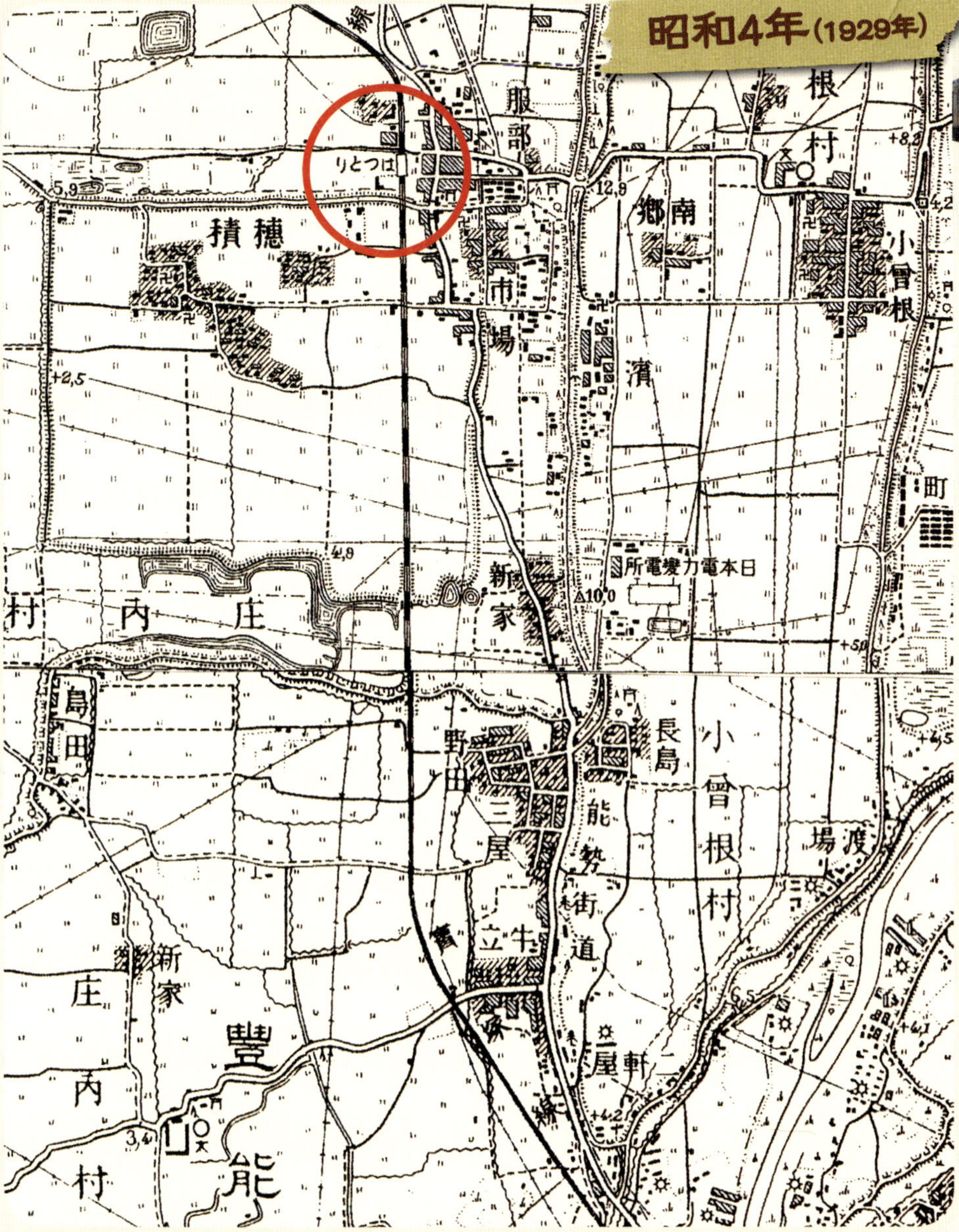

直線的に延びる阪急宝塚線に対して、能勢街道は曲がりくねった形で東側を北上してゆく。この頃には庄内駅は存在せず、北側の服部（現・服部天神）駅だけが見える。この駅の東側、能勢街道沿いに服部天神宮が鎮座している。この駅付近は、豊中市になる前の曽根村であった。一方、現在は名神高速道路がほぼ東西に通る南側に、日本電力変電所が置かれており、この変電所は戦後の地図にも見える。この周辺は小曾根村であった。

宝塚線

庄内、服部天神

ホームに服部天神宮の御神木

庄内駅

開業年	1951（昭和26）年5月15日
所在地	豊中市庄内東町1-10-1
キロ程	6.0km（梅田起点）
駅構造	地上駅
乗降客	28,013人

服部天神駅

開業年	1910（明治43）年3月10日
所在地	豊中市服部元町1-1-1
キロ程	7.5km（梅田起点）
駅構造	地上駅
乗降客	23,889人

中間には名神高速道路

地図を見れば、豊中市内を走る宝塚線は、このあたりでは東側を走る御堂筋線・北大阪急行電鉄と並行する形でほぼ直線で北に進んでいくことがわかる。2つの線のほぼ中央には、豊中市と吹田市の境界が南北に走っている。

宝塚線における豊中市内最初の駅が庄内駅である。庄内駅は比較的歴史の新しい駅で、戦後の1951（昭和26）年5月15日、地元の請願により誕生している。この駅は北西にキャンパスがある大阪音楽大学・短大の最寄り駅となっており、大阪音楽大学は前身である大阪音楽学校時代の1954年に豊中市に移転してきた。キャンパス内には、音楽メディアセンター・音楽資料館も設置されており、駅の東側には、独自のカリキュラムをもつ付属音楽幼稚園もある。

一方、服部天神駅は箕面有馬電気軌道開業時の1910（明治43）年3月に誕生した、阪急最古の駅のひとつである。その後、すぐに服部駅と改称していたが、2013（平成25）年に開業時の駅名である「服部天神」に戻されている。開業当時、このあたりは東側に鎮座する服部天神宮の境内であり、その名残として神社の御神木が今も梅田方面のホームの屋根を突き抜けて存在している。

服部天神宮は、学問の神様として知られる菅原道真を祀っているが、

豊南市場

「庄内といえば豊南市場」と言われるほど、安さと新鮮さで有名な市場。1つの建物の中に、生鮮食料品店を中心にした小売店約70店舗が入居。昔ながらの対面販売で活気にあふれている。チラシをまかず、簡易包装で経費を削減。その分、客に還元しているので遠方から買いに来る客も多い。

豊中市庄内東町1-17-19

大阪音楽大学 音楽博物館

平成14(2002)年4月に開館した、大阪音楽大学が運営する博物館。世界のオリジナル楽器や関連の資料などを常設展示している。スペシャリストを招いて、コンサートも開催している。

豊中市名神口1-4-1

椋橋総社

豊中市南部の庄内地区はその昔、"椋橋ノ荘"と呼ばれていた。東に神崎川、西に猪名川が流れる風光明媚な地は、かつて貿易港として栄え、船問屋や船宿も並んでいたという。その荘の中心になっていたのが椋橋総社。別称「鯉の宮」と呼ばれ、社殿には鯉塚、境内には鯉池があり、鯉にまつわる神話や伝説がある神社として親しまれている。

豊中市庄内町1-2-4

国土地理院1/25000地形図「伊丹」「大阪西北部」

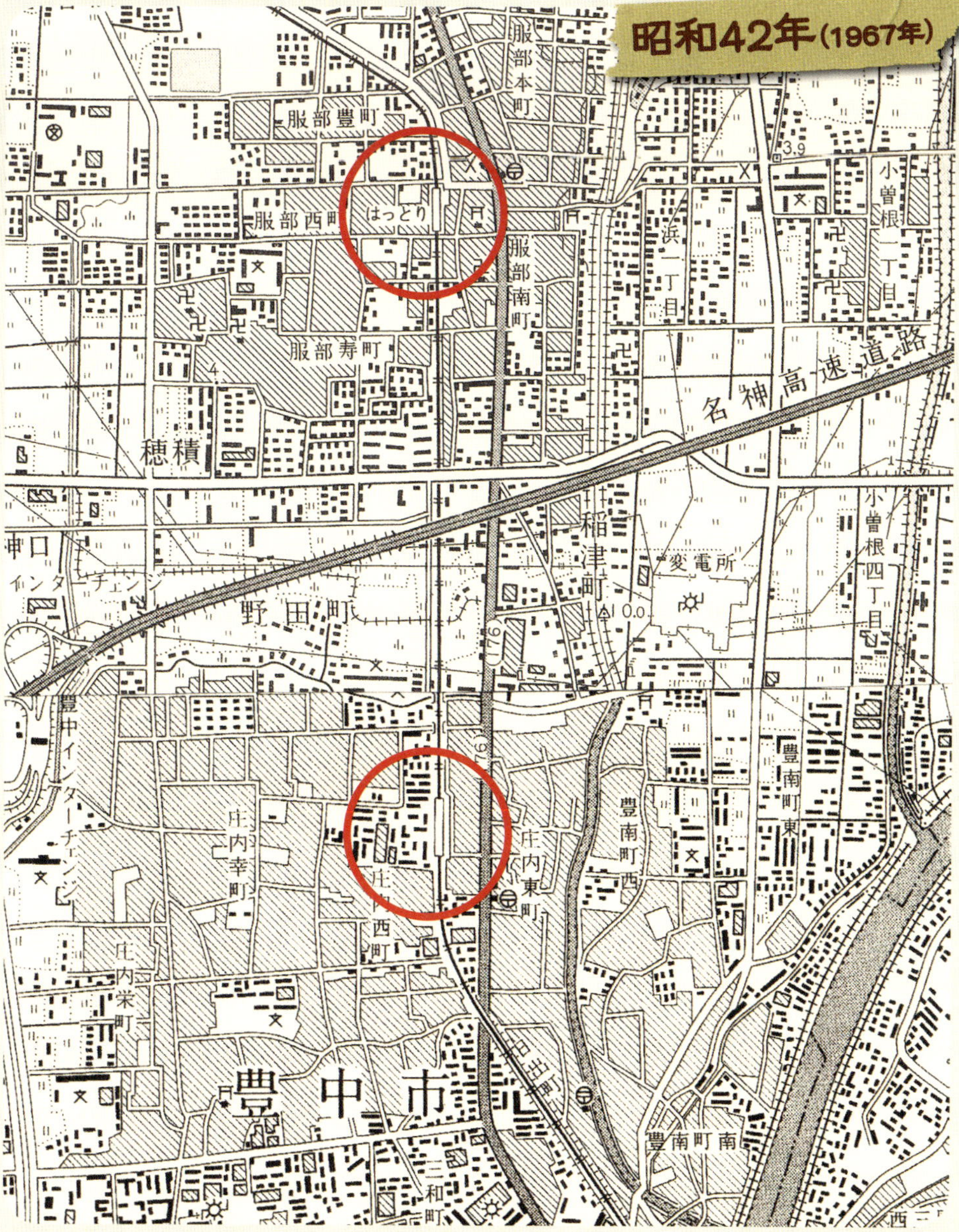

国道176号となった能勢街道が、宝塚線の東側を真っすぐ走っている。南側には1951年、庄内駅が開業しており、既に全体の地区が豊中市となっている。名神高速道路の西端には豊中インターチェンジが置かれているが、現在、この北側には敷島製パン大阪豊中工場が存在する。服部駅の西で、忍法寺、徳用寺という2つの寺院がある場所の北東に見える「文」の地図記号は、1874年に開校した豊中市立豊島小学校である。

足の神様としても有名である。これは平安時代、菅原道真が大宰府に向かう途中、この付近で足が痛くなって歩けなくなった。その約100年前の奈良時代には、同じく大宰府に左遷された藤原魚名がこの地で病没しており、道真が魚名を祀る五輪塔と祠に祈ったところ、快癒して無事に大宰府にたどり着くことができたという。

この地は秦氏の流れをくむ服部連の本拠でもあり、医薬の神である少彦名命を祀った祠が存在した。地元ではこの祠に道真を合祀し、現在のような服部天神宮となったとされる。この地は能勢街道の沿道にあたり、江戸時代には門前市が立ち、大いに賑いを見せていた。

陸軍陸地測量部1/25000地形図「伊丹」

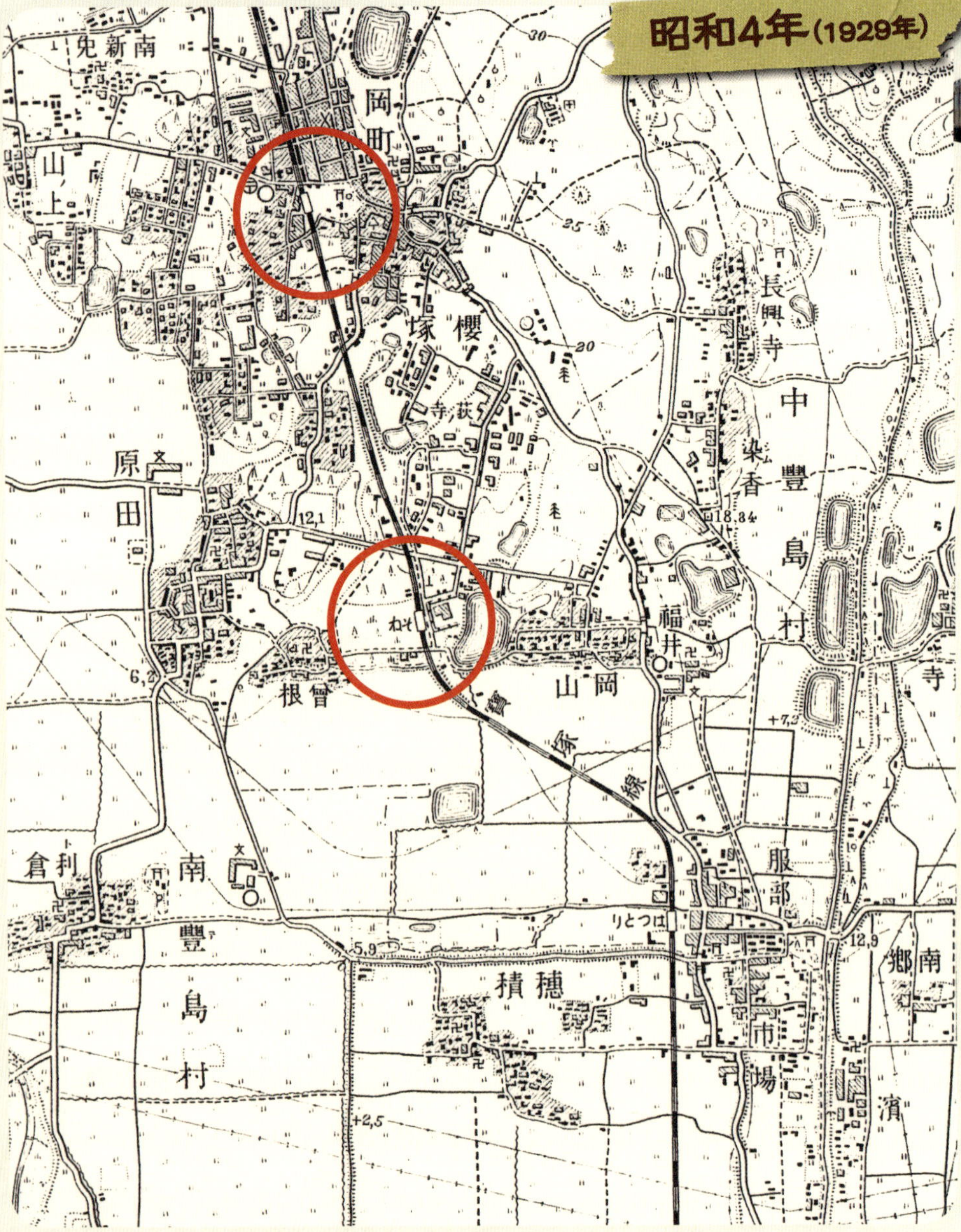

この地図では、北の岡町駅周辺に住宅地が広がっており、沿線において早くから開発された地域であったことがわかる。一方、南の服部（現・服部天神）駅は、東側に能勢街道が走り、宿場町、門前町で敵的に市が立ったことを示す「市場」の地名が見えるものの、集落の規模はそれほど大きくはなかった。その間に置かれた曽根駅の北側には、大阪市内から移転してきた萩の寺、東光院が見える。この南側には1966年、池を埋め立てた萩の寺公園が開園した。

宝塚線

曽根、岡町

沿線には、早くから郊外住宅地

曽根駅	
開業年	1912（明治45）年5月30日
所在地	豊中市曽根東町3-1-1
キロ程	8.7km（梅田起点）
駅構造	高架駅
乗降客	23,243人

岡町駅	
開業年	1910（明治43）年3月10日
所在地	豊中市中桜塚1-1-1
キロ程	9.5km（梅田起点）
駅構造	高架駅
乗降客	16,039人

東側には服部緑地

能勢街道（国道176号）に沿って進んできた宝塚線は、服部天神席を過ぎるとやや西向きに方向を変え、今度は阪神高速11号池田線に近づくこととなる。曽根駅や岡町駅がある付近では、この2つの道路の中間をほぼ真っすぐに豊中駅に向かって進むこととなる。

箕面有馬電気軌道は、1910（明治43）年3月10日の開通時にまず岡町駅を設置。その2年後の1912年5月30日に0・8キロ離れた南側に曽根駅を開業させた。この両駅周辺では、早くから住宅地の開発・分譲が進められ、岡町駅の西側では1915（大正4）年、岡町住宅経営会社によって岡町住宅地が開発された。一方、曽根駅付近では曽根経営地で住宅開発が行われた。

当時、このあたりは豊島郡と能勢郡が一緒になった豊能郡で、最も南側に庄内村が存在し、その北側に中豊島村、豊中村などがあった。岡町駅のあった豊中村は1927（昭和2）年に豊中町となり、1936年に麻田村などと合併して市制を施行し、豊中市となった。一方、曽根駅のあった中豊島村は1947（昭和22）年に豊中市に編入されている。

岡町駅の東側には、4～5世紀に創建されたと伝わる原田神社が鎮座している。この駅周辺は、原田神社の門前町であり、能勢街道と伊丹街

原田城

曽根駅の西側にあたる曽根西町4丁目付近には室町時代、原田氏の居城である「原田城」が存在し、南北2つの城があったとされる。現在、この付近には原田城との結びつきが深い、浄土真宗大谷派の寺院、誓願寺がある。また、城の跡地は昭和初期に開発された「松籟園住宅地」に含まれていた。この東端には個人住宅の「旧羽室家住宅」があり、豊中市により「原田しろあと館（原田城跡・旧羽室家住宅）」として整備、公開されている。

原田神社

岡町駅東側に鎮座する原田神社は、正確な年代は不詳ながら、4・5世紀の創建とされる。主祭神は須佐之男命で、古くは「祇園神社」と呼ばれており、江戸時代に「原田大明神（原田神社）」となった。「五間社流造」の本殿は1652年の建立で、国の重要文化財に指定されている。正面東側に石鳥居は能勢街道に面して建てられており、この付近は能勢街道と伊丹街道の分岐点として、門前町が栄えていた。

豊中市桜塚1-2-18

星岡茶寮

1914年、曽根駅付近（北東）に中津の「萩の寺」として知られた東光院が1移転してきた。この寺の萩苑は、美食家・書家として有名な北大路魯山人が「萩露園」と名付けた。魯山人は1925年に東京・永田町の「星岡茶寮」の顧問・料理長となり、会員制の高級料亭を開設していたが、1935年に曽根駅前にあった地主・志方勢七の邸宅「衆楽園」を改装して、「星岡茶寮」の大阪支店をオープンした。現在、東光院の境内には等身大の「魯山人観音」が建てられている。

建設省国土地理院1/25000地形図「伊丹」

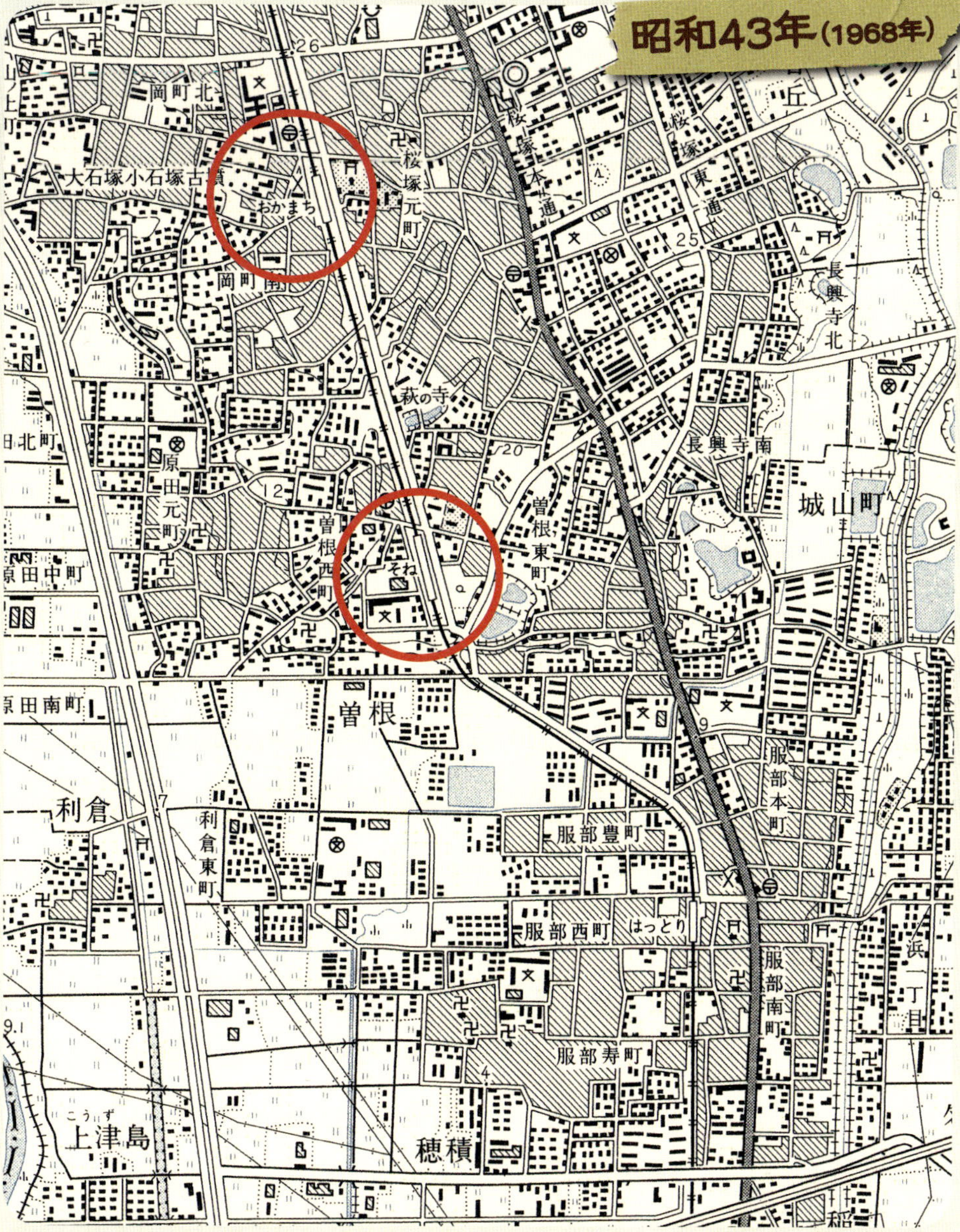

昭和43年(1968年)
岡町北
大石塚小石塚古墳
おかまち
桜塚元町
岡町
桜塚東通
長興寺北
萩の寺
長興寺南
原田元町
曽根西町
そね
曽根東町
城山町
原田中町
原田南町
曽根
利倉
利倉東町
服部豊町
服部本町
服部西町
はっとり
服部南町
服部寿町
上津島《こうづ》
穂積

阪急宝塚線、能勢街道（国道176号）が通る付近には、住宅がかなり増加している一方で、曽根駅の南西はまだ農地が多く残っている。一方、北の岡町駅の西側では、戦前（1929年）の地図には見られなかった「大石塚小石塚古墳」の文字が見える。これらの古墳は既に明治時代から知られており、戦前の土地区画整理事業で発掘調査が進み、1956年に「大石塚古墳」など5基の古墳が国の史跡に指定された。現在は「桜塚古墳群」として、広い地域に古墳が点在する。

道が合流するため、往来する旅人も多かった。現在はその北東に豊中市役所が置かれており、市役所を訪れる人々も利用する。また、駅の北西には豊中市立岡町図書館が置かれ、奥内陶芸美術館も開館している。

この付近で観光名所といえば、両駅の東側に広がる服部緑地であろう。もともとは大阪府が公園として買収した土地で、太平洋戦争中の防空緑地として計画された四大緑地のひとつでもあった。戦後、再び公園としての整備が始まり、競輪場（現・陸上競技場）などが誕生した。その後、日本民家集落博物館や野外音楽堂などが造られ、現在は大阪府営服部緑地として府民の憩いの場となっている。

陸軍陸地測量部1/25000地形図「伊丹」

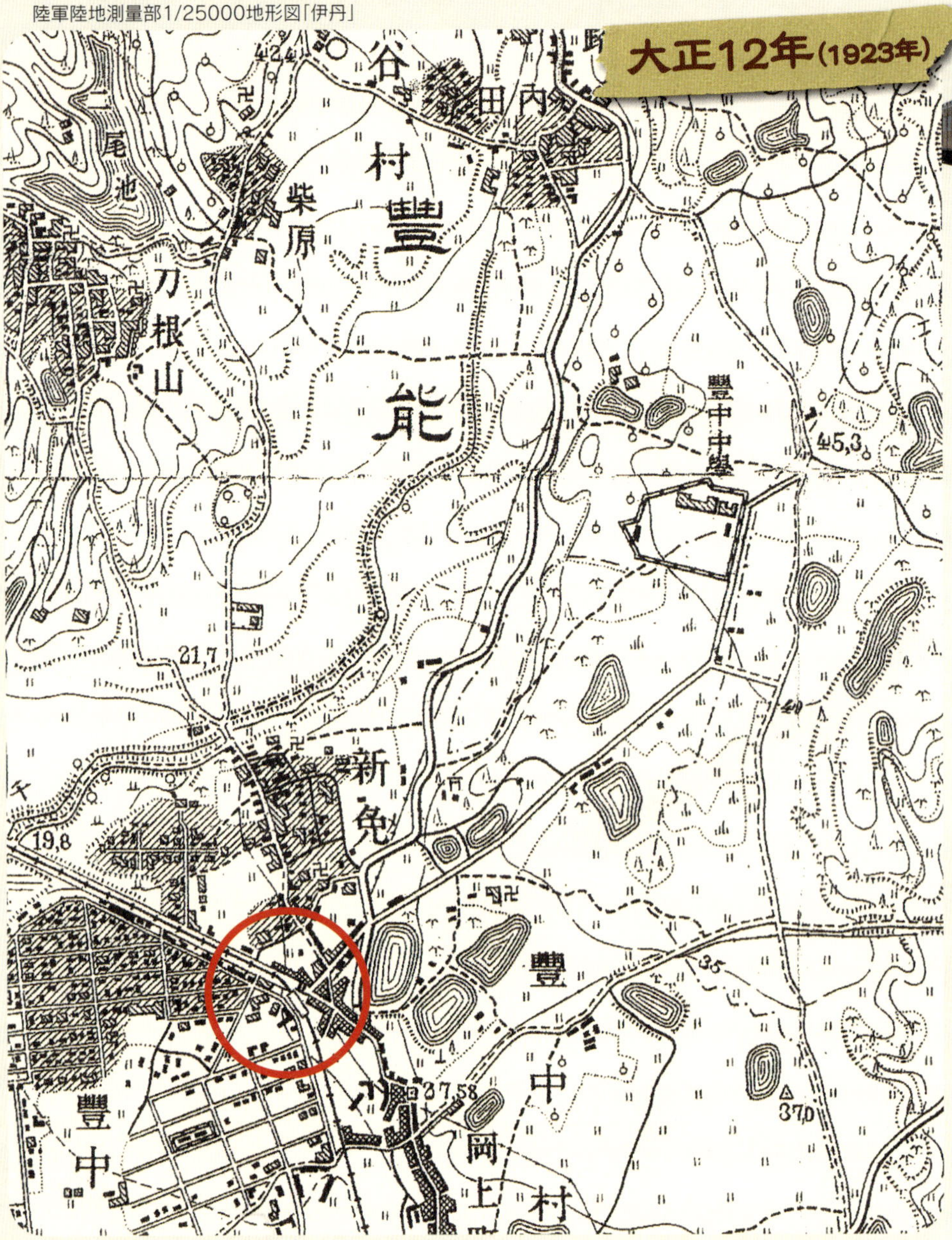

1927年に豊中町となる前の豊能郡豊中村の地図である。1921年に開校した大阪府立第十三中学校（旧制）は、この豊中村が熱心に誘致した学校で、1922年に豊中村に移転してきて豊中中学校となった。1924年には新校舎が竣工することとなる。南側の梅花女学校はまだ移転する前である。豊中駅の北、千里川との間には、「卍」の地図記号の2つの寺院（看景寺、法雲寺）が見えており、この東側には豊中稲荷神社が鎮座している。

宝塚線

豊中

人口40万人、豊中市の玄関口

開業年	1913（大正2）年9月29日
所在地	豊中市本町1-1-1
キロ程	10.5km（梅田起点）
駅構造	高架駅
乗降客	47,662人

大阪の衛星都市に成長

しばらく距離が離れていた能勢街道（国道176号）と阪急宝塚線が再び近接するのが、豊中市の中心駅である豊中駅付近である。豊中駅は箕面有馬電気軌道の開業から3年半が経過した1913（大正2）年9月29日に開業した。現在では人口約40万人の豊中市ではあるが、市内にJRの駅は存在せず、この豊中駅と北大阪急行電鉄の千里中央駅が市の玄関口的な駅となっている。

現在は住宅地として知られる豊中市には、かつて、高校野球発祥の地として歴史に残る豊中運動場（グラウンド）が存在した。ここでは、甲子園球場の誕生前の1915年に「第1回全国中等学校優勝野球大会」が開催された。この豊中運動場は1913年に建設され、赤レンガに囲まれた約2万平方メートルの敷地があった。しかし、大正末期には取り壊されて、住宅地などに変わったが、1988（昭和63）年に跡地の一角が「高校野球メモリアルパーク」として整備された。2017（平成29）年、歴代優勝校・準優勝校の名前が入ったプレートを掲載する壁のある「高校野球発祥の地記念公園」としてリニューアルされている。

豊中駅の北西には千里川が流れている。この千里川は淀川水系の一級河川で、猪名川の支流である。水源は箕面山であり、箕面市内を流れて

金禅寺（三重宝篋印塔）

本尊釈迦三尊像と秘仏十一観音像を祀っている。本堂前の石造三重宝篋印塔は、鎌倉時代の作で、国の重要文化財。寺の前身は天平の頃に行基が建立した大寺で支院が千坊もあり、金寺千軒、金寺千坊と呼ばれていた。

豊中市本町5-364

豊中稲荷神社

豊中稲荷神社は、金寺の領地の五穀豊穣・住民の家運繁栄の守護神として祀られた。豊かな緑に囲まれた静かな境内は、隣接する稲荷山公園とともに市民のオアシス的存在。また周辺は新免宮山古墳群中の稲荷山古墳があったところで、須恵器棺などが出土した。

豊中市本町5-364

陸軍陸地測量部1/25000地形図「伊丹」

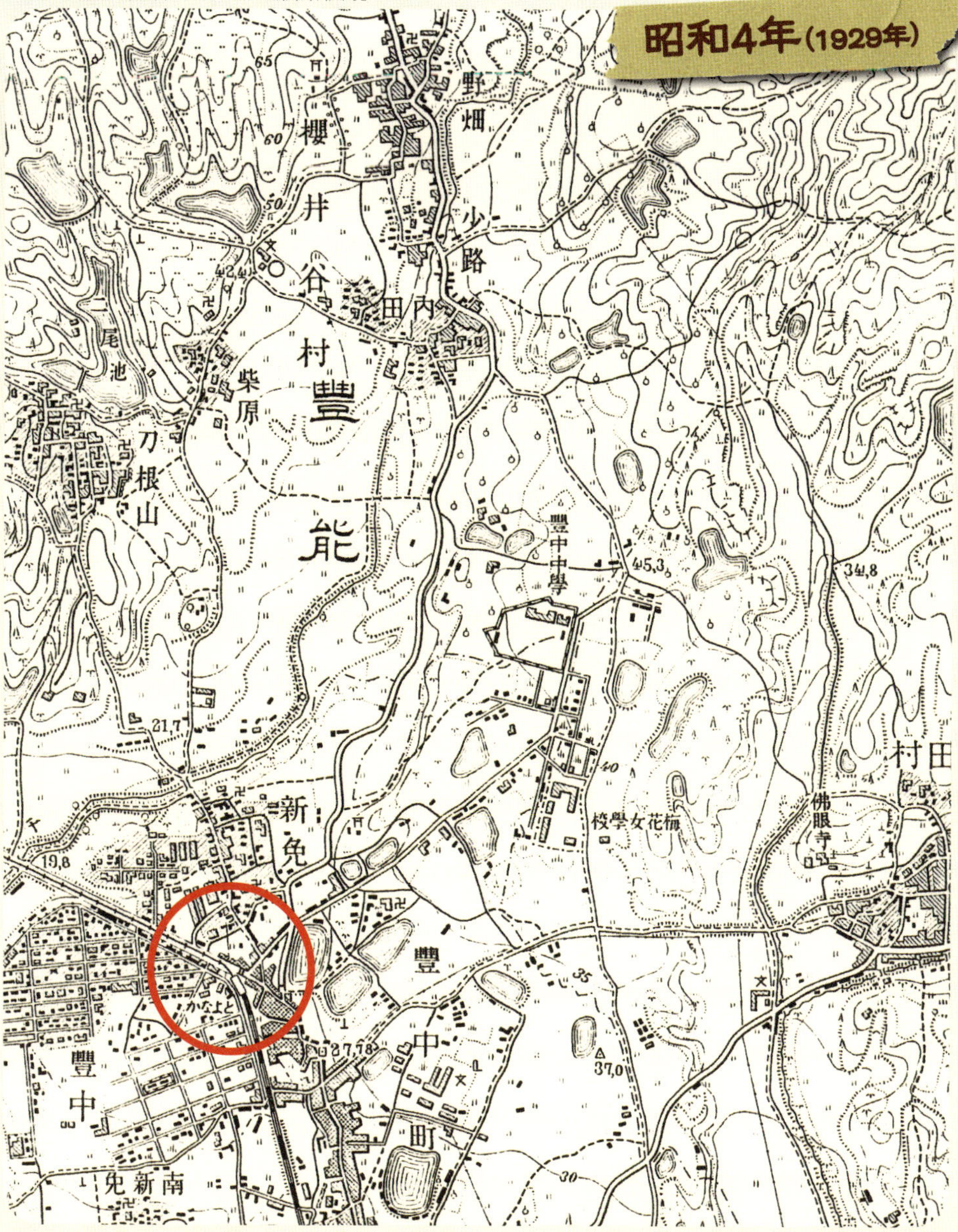
昭和4年（1929年）
櫻井谷村
豊能
野畑
小路
豊中中學
梅花女學校
新免
豊中町
佛眼寺

地図の南西側を阪急の宝塚線が通り、豊中駅が置かれている。この当時は豊中町で、現在のような大きな街に発展する前の段階であった。既に梅花女学校がこの地に進出しており、豊中中学校（旧制）の存在もある。1878年に大阪市内で創設された梅花女学校が、梅花高等女学校となって豊中町に移転したのは1926年である。また、現在の大阪府立豊中高校は1921年、府立第十三中学校として開校し、翌年に豊中町に移転し、豊中中学校となっていた。

服部緑地公園

甲子園球場の33倍という約126.3haもの広さを誇りで、園内のほぼ全域が風致地区で、緑豊かな自然環境が満喫できる。散歩やジョギングのほか、地域学生のトレーニング場所にも使われている。公園中央の植物園エリアが人気。園内には日本民家集落博物館もある。

豊中市服部緑地1-1

豊中市内の園田競馬場付近で猪名川と合流する。古くは洪水に悩まされる川であったが、戦後に治水工事が行われて流路の蛇行部分が解消された。この川は、大阪国際空港（伊丹空港）の南東側を流れていることもあり、離着陸する飛行機の姿を間近に見ることが可能で、撮影スポット、デートスポットとして人気がある。また、近年は水質改善により動植物の生態系が回復し、ホタルやカワセミなどの野鳥も戻ってきている。

駅の北東の丘陵地には、稲荷山公園と豊中稲荷神社がある。この稲荷神社の創建の年代は不詳ながら、社伝では行基が建立した金寺（かなでら）の鎮守社として創建されたとさ

国土地理院1/25000地形図「伊丹」

昭和43年(1968年)

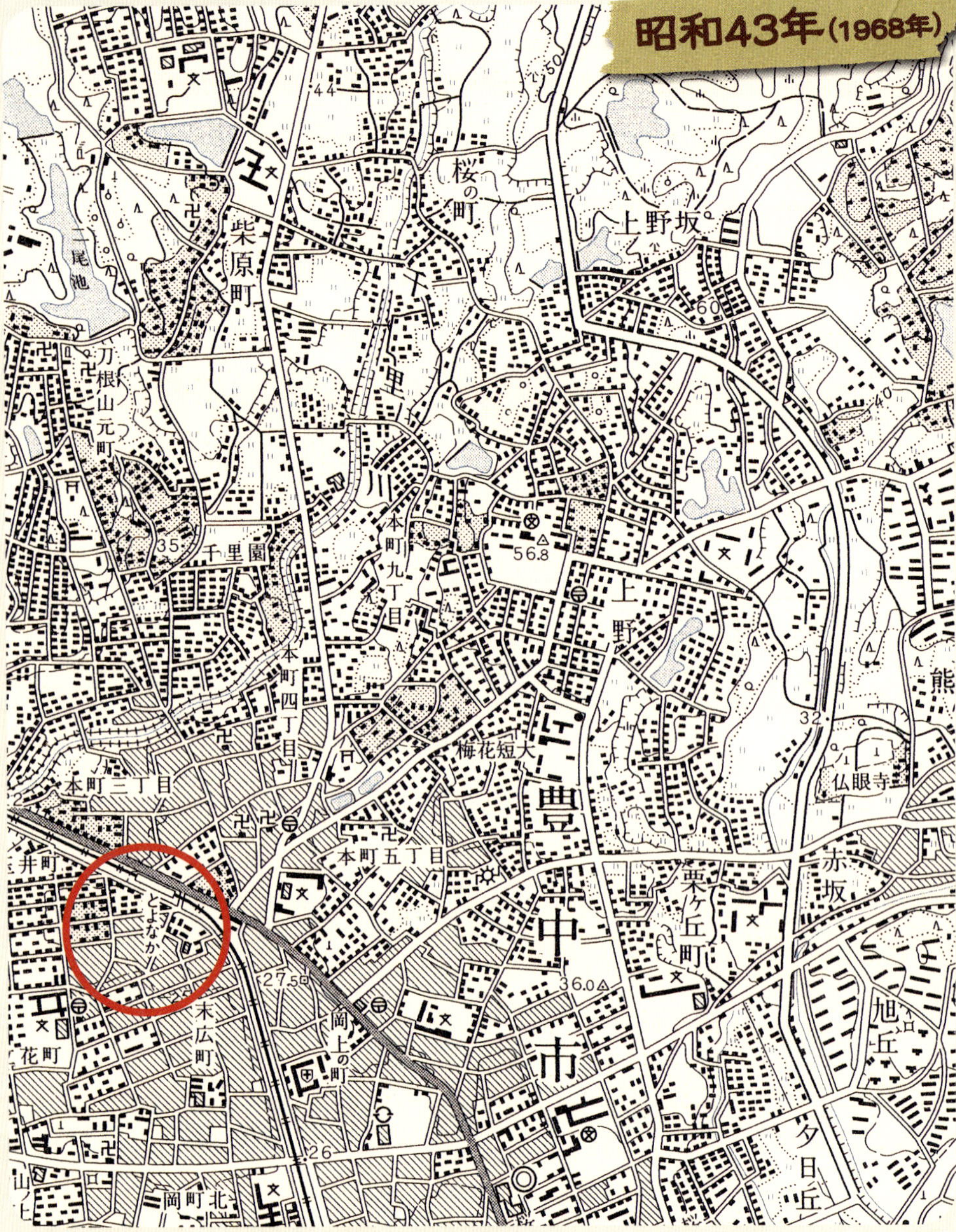

戦後、大阪北部のベッドタウンとして急成長したのが豊中市であり、戦前の地図(1929年)とは異なり、びっしりと家屋が建ち並んでいる。また、「新免」「南新免」といった古い地名は消える一方、「本町」「末広町」といった地名が生まれている。駅の北東、鳥居の地図記号は豊中稲荷神社であるが、その南に2つ並んだ池はその後、埋め立てられて、現在は稲荷山公園に変わっている。このあたりは、新免宮山古墳群の稲荷山古墳があった場所である。

豊中グラウンド

有馬箕面電気軌道は乗客誘致のために沿線にさまざまな施設を建設した。1913年5月、豊中市に建設された豊中運動場(グラウンド)もそのひとつで、面積約2万平方メートル、低い煉瓦米塀に囲まれ、芝生やスタンドを備えた当時としては珍しい本格的なグラウンドであった。同年10月に大阪毎日新聞社が主催する「日本オリンピック競技大会」が開催されて、全国的に有名になった。1915年8月には、「第1回全国中等学校優勝野球大会」が開催。この大会が現在、阪神甲子園球場で行われている「全国高等学校野球選手権大会」(夏の甲子園)に発展してゆく。

大阪大学豊中キャンパス

1919年、石橋駅の東側に広がる待兼山には「府立大阪医科大学予科」が開校。「大阪府立浪速高等学校(旧制)」「大阪帝国大学医学部附属医院石橋分院」などの施設も誕生した。戦後、1949年に「大阪大学」が発足し、待兼山一帯が「大阪大学豊中キャンパス」となった。1929年竣工の「浪速高校高等科本館」は、「大阪大学会館」となり、国の登録有形文化財となっている。

れる。「北摂のお稲荷さん」として親しまれ、お隣の公園とともに市民の憩いの場となっている。また、境内には宮山幼稚園も存在する。

豊中市内には桜塚古墳群や原田神社があるなど、歴史の古い地である。その中で、中世には曽根駅の西側にあたる曽根西町4丁目付近に豪族、原田氏の居城「原田城」が存在した。この原田城には、南北2つの城があったとされる。現在、この付近には原田城との結びつきが深い、浄土真宗大谷派の寺院、誓願寺がある。また、城の跡地は昭和初期に開発された「松籟園住宅地」に含まれていた。この東端には個人住宅の「旧羽室家住宅」があり、豊中市により「原田しろあと館(原田城跡・旧羽室家住宅)」として整備、公開されている。

また、曽根駅付近には、美食家・書家・陶芸家として有名な北大路魯山人が住居を構えていたことでも知られる。1914(大正3)年、曽根駅付近(北東)に中津の「萩の寺」として知られた東光院が移転してきた。魯山人はこの寺の萩苑を「萩露園」と名付けた。魯山人は1925年に東京・永田町の「星岡茶寮」の顧問・料理長となり、会員制の高級料亭を開設していたが、1935(昭和10)年に曽根駅前にあった地主・志方勢七の邸宅「衆楽園」を改装して、「星岡茶寮」の大阪支店をオープンした。現在、東光院の境内には等身大の「魯山人観音」が建てられている。

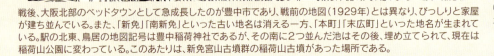

佛眼寺

宝暦10(1760)年、大坂の十人両替商人・長浜屋治右衛門が、花山法皇の出家の師・仏眼のために建てられた寺院の跡地に長浜屋の菩提寺として建立した禅寺。達磨大師を葬った地名「熊耳山」にちなんで「熊耳山仏眼寺」とした。梵鐘は豊中有形文化財。

豊中市熊野町4-8-1

稲荷山公園

豊中稲荷神社に隣接する公園。園内の中央は神社への参道になっている。公園の名称は、かつてこの場所に稲荷山古墳(新免宮山古墳群)が築かれていたことに由来する。古くから神社とともに街のオアシスとして親しまれている。

豊中市本町7-4

鉄道部品も販売する釣堀「衆楽園」

知る人ぞ知る、豊中の隠れ家的な存在。期間限定だがフナ・ザリガニ・ミニゴイ釣りが、1時間1000円で体験できる。エサや釣り竿は貸し出しなので手ぶらでOK。一方で、鉄道部品の店「銀河」も併設。鉄道の行先板、駅名板、SLナンバープレート、特急ヘッドマーク、車体解体部品などを扱っている。

豊中市刀根山2-1-43

国土地理院1/25000地形図「伊丹」

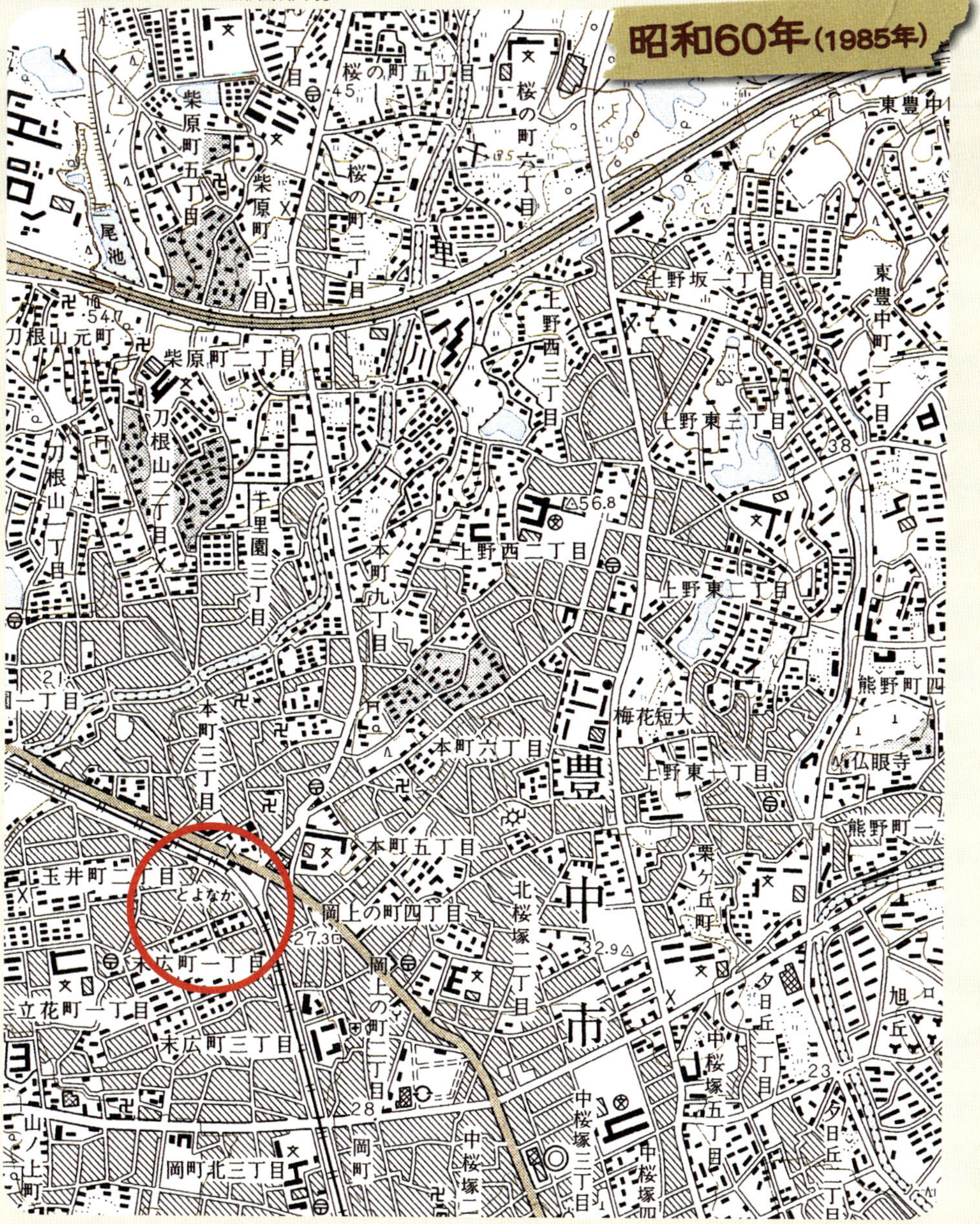

都市化が進んだ1985年の地図で、寺院や学校はあまり目立たなくなっている。北側には中国自動車道が開通し、その北の「桜の町」には、桜井谷小学校が開校している。街が大きく変化した中で、これまで触れてこなかった東側に見える仏眼寺は、曹洞宗の寺院であり、花山天皇の院宣により仏眼が開基した、宝殊寺の奥の院の跡地とされる。山号は達磨大師ゆかりの「熊耳山」で、現在はこのあたりの地名が「熊野町」となっている。

市軸稲荷神社

大正15年伏見稲荷の分霊を勧請し、刀根山の地主神である市軸大神を合わせて祀ったのが始まり。神殿前の鳥居に大きなお多福の顔のくぐり門が設けられており、これをくぐると福が授かるという。また、お多福さんの頭にかざる簪(かんざし)祈願で有名。

豊中市刀根山2-1-33

曽根、岡町、豊中付近(昭和35年)

陸軍陸地測量部1/25000地形図「伊丹」

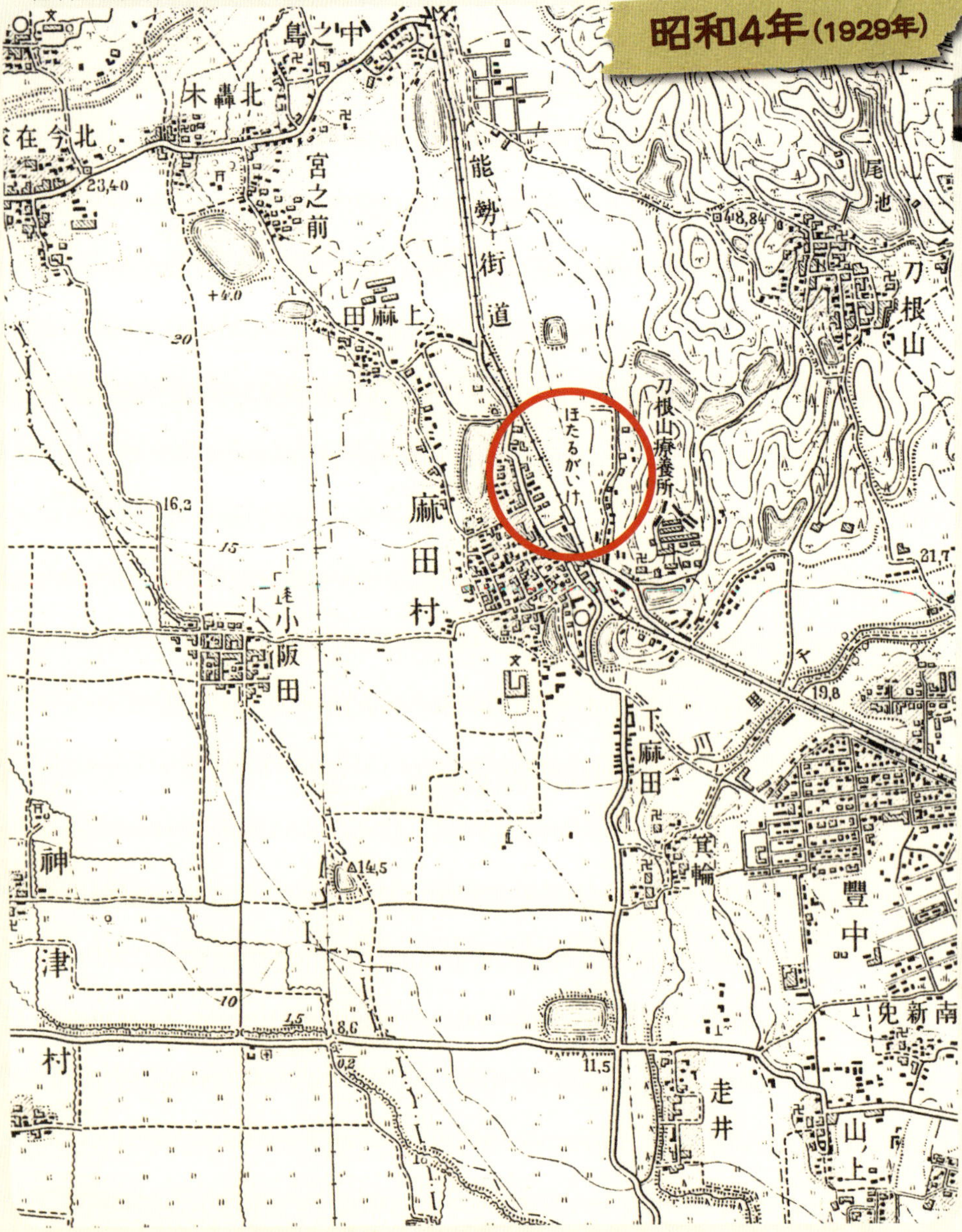

豊中駅方面から延びる能勢街道に沿うようにして宝塚線が北東に延び、蛍池駅が置かれている。駅の東側には、刀根山療養所が存在し、北東に「刀根山」の集落(刀根山元町)、二尾池がある。この二尾池の一部は埋め立てられて、現在は市立豊中病院が誕生している。一方、駅の西側は麻田村で、「上麻田」「下麻田」の地名が見える。この地の池が駅名の由来となった「螢ケ池」だが、この地図には名称は記載されていない。

宝塚線

蛍池

昔は蛍、今はモノレールと連絡

開業年	1910(明治43)年4月25日
所在地	豊中市蛍池東町1-5-1
キロ程	11.9km(梅田起点)
駅構造	地上駅(橋上駅)
乗降客	39,688人

東側は刀根山地区

地図を見れば、この蛍池駅の周辺にはいくつかの池が点在していることがわかる。そのひとつ、東側に存在する「蛍ケ池」から、駅名が採られている。このあたりは江戸時代に麻田藩があり、麻田村が存在した。しかし、箕面有馬電気軌道(現・阪急電鉄)が開通した1910(明治43)年、開通1ヶ月後の4月25日に駅が開設される際には、小林一三の判断で、平凡な「麻田」ではなく、近くにあったホタルの名所「蛍池」が駅名に選ばれた形である。

開業以来、阪急の単独駅であったが、1997(平成9)年に大阪高速鉄道(大阪モノレール)が延伸、蛍池駅が開業したことで連絡駅となった。この駅を挟む区間では、阪急と大阪モノレールの線路は隣り合わせに走っている。北西に延びる宝塚線に対し、北東の柴原駅方面から中央環状線に沿って走って来た大阪モノレールは、カーブしながら宝塚線に沿う形で南下し、今度は大きくカーブして西側の大阪空港駅方面へ向かう。大阪モノレールの柴原〜大阪空港間は1997年に延伸している。

北西に延びる宝塚線、能勢街道(国道176号)の西側には、阪神高速11号池田線が走り、池田出入口が置かれている。この西側は兵庫県伊丹市であり、大阪国際空港(伊丹空港)の滑走路などが広がっている。この

国土地理院1/25000地形図「伊丹」

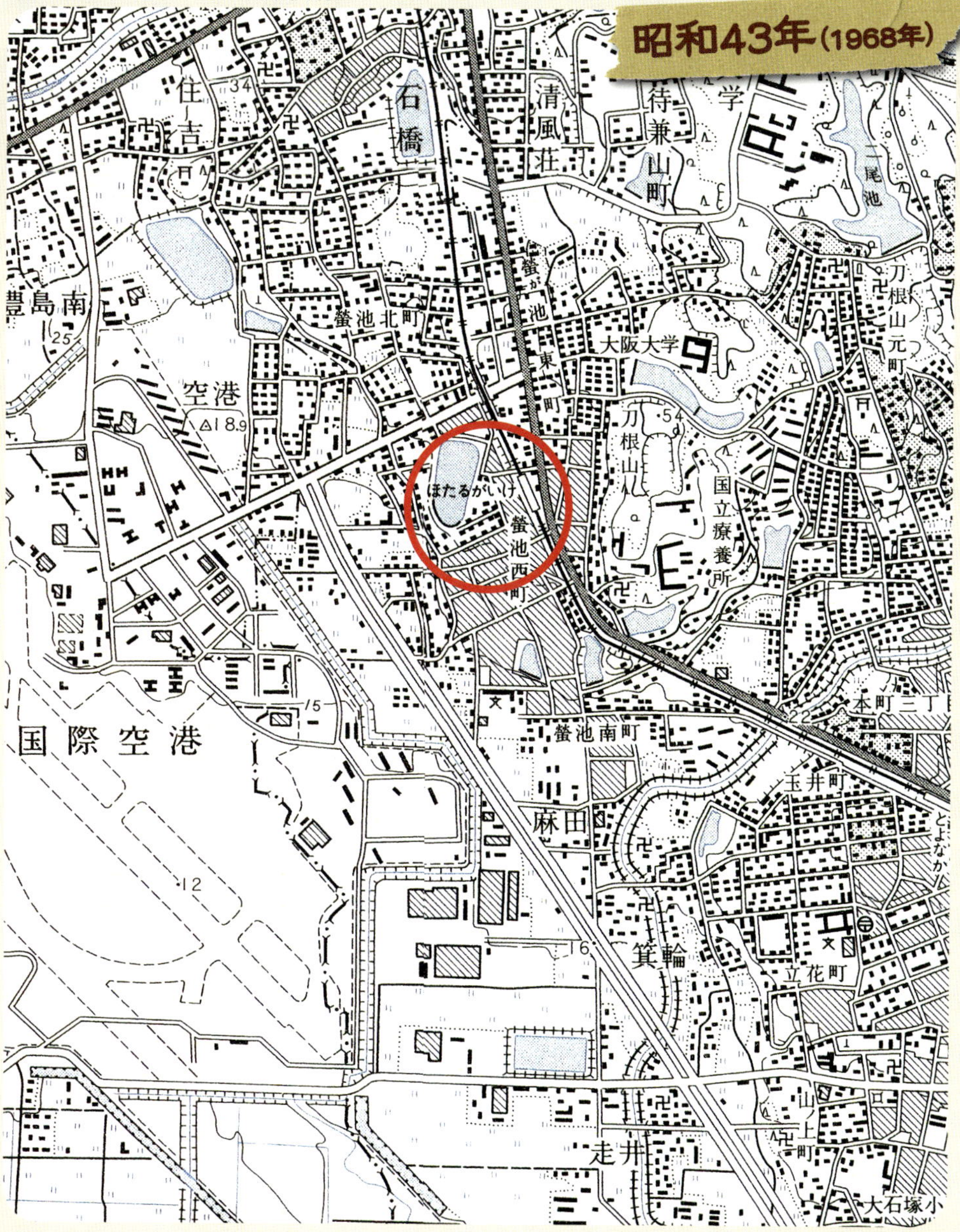

戦前の地図にはなかった「ほたるがいけ」という名称が記され、「螢池北町」「螢池西町」といった地名も誕生している。西側には、大阪国際空港（伊丹空港）が誕生し、池田市側には「空港」の地名が生まれていた。刀根山の療養所は、国立療養所と表記が変わり、北側の待兼山一帯は大阪大学の豊中キャンパスとなっている。現在、この付近には中国自動車道、中央環状線とともに、大阪モノレール線が通り、東側に柴原駅が置かれている。

麻田藩陣屋跡

蛍池駅の西側一帯は、大坂夏の陣後に徳川家康に召し抱えられた浅田藩主青木一重の陣屋跡だ。近くの蛍池公民館前に「麻田藩史跡」の石碑がある。明治4年の廃藩置県後もこの地はそのまま麻田県と称された。本来なら「麻田駅」となるところだが、小林一三の意向で隣村の刀根山地区にある蛍狩りの名勝「蛍池」が採用されたという。その後、町名まで蛍池になった。

豊中市刀根山元町5-27

大阪国際空港（伊丹空港）

兵庫県の伊丹市、大阪府の豊中市・池田市にまたがる会社管理空港である。通称「伊丹空港」で知られる。平成6(1994)年に国際線は関西空港に移転。現在は関西圏の国内線が発着しているが、国際空港の名称はそのまま残っている。

豊中市蛍池西町3-555

大阪国際空港は大部分が伊丹市内になるが、一部は豊中市と池田市にまたがって存在する。

一方、駅の東側は刀根山と呼ばれる地区である。ここには1917（大正6）年、当時は国民病とされた結核を専門に扱う大阪市立刀根山療養所が設立された。その後、国立療養所刀根山病院となり、現在は国立病院機構刀根山病院となっている。その後、1931（昭和6）年には大阪薬学専門学校が移転してきた。この学校は戦後、大阪大学薬学部となり、1975（昭和50）年に吹田市に移転した。跡地には1977年、大阪府立刀根山高校が開校した。付近には、刀根山病院の附属看護学校から変わった大阪医療看護専門学校（私立）、豊中市営刀根山住宅、豊中市立刀根山小学校などもある。

陸軍陸地測量部1/25000地形図「伊丹」

昭和4年(1929年)

宝塚線 箕面線

石橋

宝塚・箕面線が分岐する駅

現在は石橋駅の西側、「八王寺」地区にある大阪府立園芸高校は当初、石橋駅北側の秦野村(現・池田市)に校地があった。1915年、豊能郡立農林学校としての創立時には「井口堂」地区に、そしてこの地図の頃には石澄川が流れる、現在の旭丘地区に園芸学校として存在した。その後、1941年に現在地へ移転し、跡地には府立池田中学校(現・高校)がやってきた。また、駅の西側の「井口堂」付近には成眞女学校が見え、東側の待兼山には大阪大学の前身、浪速高等学校があった。

開業年	1910(明治43)年3月10日
所在地	池田市石橋2-18-1
キロ程	13.5km(梅田起点) 0.0km(石橋起点)
駅構造	地上駅
乗降客	53,826人

待兼山には大阪大学施設

宝塚線はこの石橋駅で箕面線が分かれて、Y字形となって東西に進むこととなる。石橋駅が開業したのは1910(明治43)年3月10日で、このときに箕面有馬電気軌道の梅田〜宝塚間(宝塚線)、石橋〜箕面間(箕面線)が開通して分岐点の駅となった。

石橋駅は池田市に位置しているが、駅の東側の待兼山町は豊中市に含まれている。また、この北側は箕面市であり、標高77・3メートルの待兼山は豊中、池田、箕面市にまたがっている。この山は「詞花和歌集」や「古今和歌集」などにも登場する歌枕の名所で、先史時代に生息していた「マチカネワニ」の化石の産地としても知られる。ここは現在、大阪大学豊中キャンパスとなっており、1928(昭和3)年に旧制浪速高等学校の校舎として建設された大阪大学会館(イ号館)や、1931年に大阪医科大学附属病院石橋分院として建設された、待兼山修学館が残されている。後者は大阪大学総合学術博物館待兼山修学館展示場として使用されている。

待兼山を下って石橋駅に向かう途中には、石橋阪大下交差点があり、ここでは能勢街道(国道176号)と西国街道(国道171号)が交差している。日本万国博覧会が開催された1970(昭和45)年からは、国道176号の渋滞を解消するために、

国土地理院1/25000地形図「伊丹」

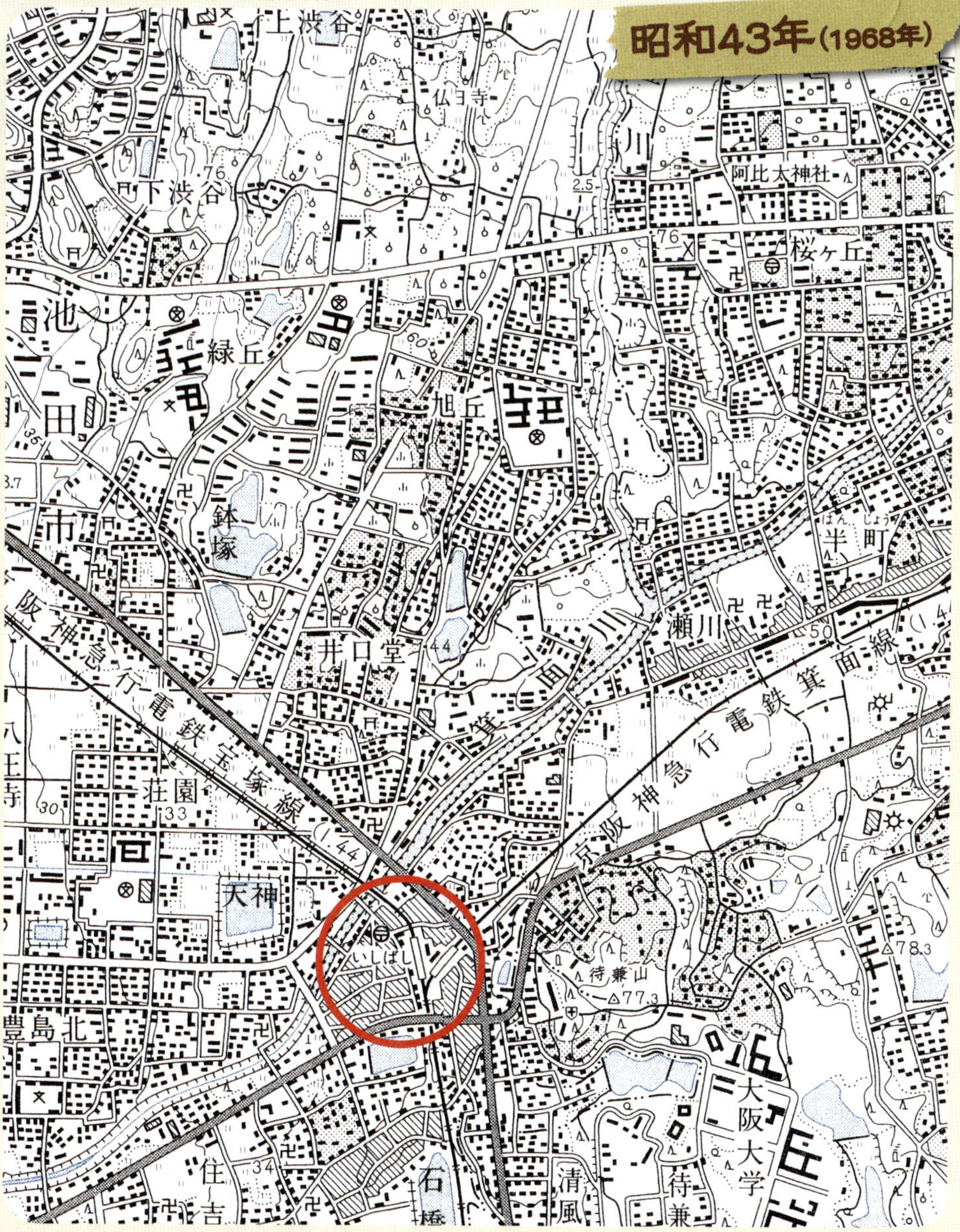

戦前とは一変し、石橋駅周辺には住宅地が増加している。また、道路も整備され、国道171号(西国街道)、176号(能勢街道)が駅南東の石橋阪大下交差点で交わっている。北側では、池田高校(旧園芸学校跡)の北東に学校が点在しているのが目につく。北側の秦野小学校は明治時代から続く古い学校だが、その南側の緑丘小学校は戦後に誕生した新しい学校である。その西側には、大阪教育大学附属高校池田校舎、池田中学校、小学校が存在している。

亀之森住吉神社

池田市の住吉に鎮座している神社。陸・空・海の航行など交通安全の守護神が祀られている。関西空港・神戸空港とともに関西3空港の一つを担っている大阪国際空港の産土神でもある。神使の"亀"は延命長寿の象徴。

池田市住吉2-3-18

石橋南小学校の石(石橋の地名由来)

池田市役所が発行する「池田・昔ばなし」の中で、石橋という地名の由来が解説されている。要約すると、旧能勢街道(石橋駅西の商店街の通り)と、旧西国街道(市道)との交差点西側の溝に架かっていた「石橋」がそのまま地名として採用されたそうだ。面白いのはこの地名由来となった石は池田市市立石橋南小学校の正門を入った右手に解説板付きで置かれている。

池田市石橋4-6-1
(見学要許可)

水月公園

石橋駅の北側を直線で進む池田バイパスも使用されている。

駅の北西には、水の公園として知られる水月公園がある。この公園の池畔には友好都市である中国の蘇州市から贈られた斉芳亭があり、人口滝とともに市民に親しまれている。春は梅・桜の花見が楽しめる場所で、6月には花菖蒲が見ごろとなる。また、園内には子どもたちに人気がある、池田市立水月児童文化センターもある。

陸軍陸地測量部1/25000地形図「伊丹」

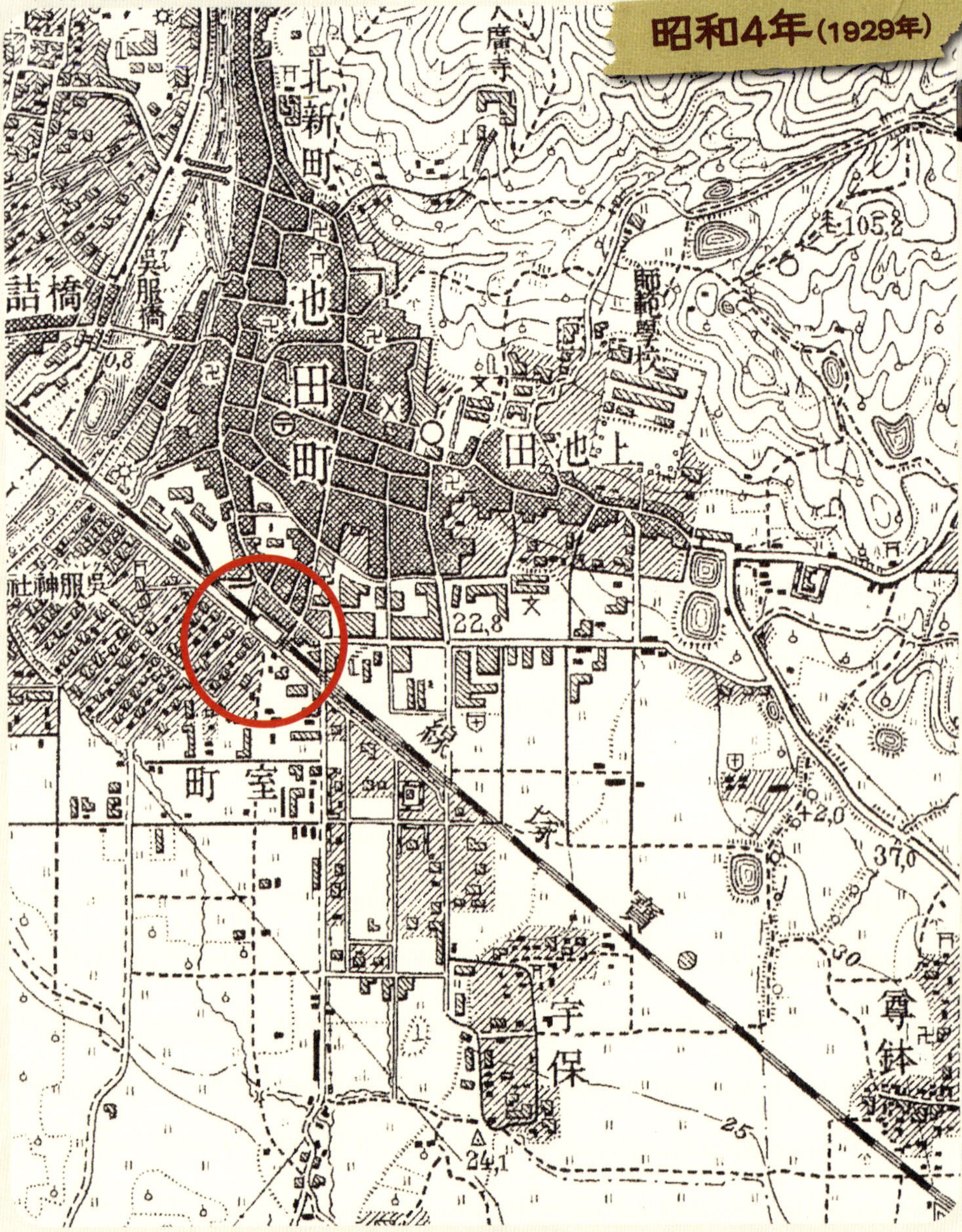

池田駅の北東には、歴史に包まれた呉服神社があり、猪名川には呉服橋が架けられている。北側には池田町の役場が置かれ、さらに北の五月山の麓には、牡丹の名所として知られる曹洞宗の寺院、大廣寺があり、ここには地元の豪族で、池田城主だった池田氏の墓も存在する。この当時、池田町役場の東側には、1908年に開校した大阪府池田師範学校（現・大阪教育大学）もあった。宝塚線の南側にはまだ多くの農地が残っている。

宝塚線

池田

小林一三の邸宅は美術館に

開業年	1910（明治43）年3月10日
所在地	池田市栄町1-1
キロ程	15.9km（梅田起点）
駅構造	高架駅
乗降客	56,760人

猪名川に架かる呉服橋

池田市は、阪急・東宝の創業者として有名な実業家、小林一三ゆかりの地で、小林一三記念館、逸翁美術館が残されている。また、2018年後期にNHKで放送される朝の連続テレビ小説「まんぷく」のモデルであり、カップラーメンの発明者として有名な日清食品の創業者、安藤百福ゆかりの地で、カップヌードルミュージアム（安藤百福発明記念館）も置かれている。この池田駅周辺は、駅開業の1910（明治43）年から、西側の「池田室町」において、箕面有馬電気軌道が鉄道会社として最初に郊外分譲地の開発を行った場所でもある。

池田市は、以前に放送されたもうひとつの朝の連続テレビ小説のゆかりの場所でもある。2003年に放送された「てるてる家族」で、そのモデルとなったのは池田市出身の歌手・女優、いしだあゆみ・ゆりら姉妹の一家だった。ドラマの中で登場した「サカエ町商店街」は、駅前から北に続くアーケード商店街「池田栄町商店街」がモデルで、撮影時には北側にそびえる五月山（後述）にオープンセットが設けられていた。

池田市は、室町時代から戦国時代にかけて、摂津国を支配した摂津池田氏の居城・池田城が存在した。摂津池田氏は、織田信長と対立した足利義昭に味方したために没落し、家

酒どころ「池田郷」

江戸時代の池田の地は「摂泉十二郷」のひとつ「池田郷」として、江戸への下り酒を出荷する酒どころで、最盛期には38軒の酒蔵があったといわれる。池田の酒については、井原西鶴が『西鶴俗つれづれ』の中で江戸への出店の模様を延べ、1900(明治33)年の『鉄道唱歌(東海道編)』でも「池田伊丹と名にききし酒の産地もとほるなり」と歌われている。明治になり、伊丹や灘に酒造の中心は移るが、現在も「呉春」「緑一」のブランドが池田で営業を続けている。「緑一」の「吉田酒造」は、1697(元禄10)年に加茂屋平兵衛が創業した老舗メーカーである。「呉春酒造」の「呉春」とは池田・京都で活躍した四条派の始祖である画家、松村月渓の画号であり、谷崎潤一郎が「呉春」の酒を愛したという。

池田室町住宅地

池田駅の西側に位置する池田地区は1910年、箕面有馬電気軌道が開発した「池田室町住宅地」として発展した場所である。ここでは、1区画で約100坪(330平方メートル)の住宅270戸が月賦で販売され、「模範的郊外生活」が提唱された。鉄道会社自らが購買部(マーケット)や商店、社交倶楽部(会合・娯楽場)を設け、公園や果樹園なども設置した。

国土地理院1/25000地形図「伊丹」

昭和42年(1967年)

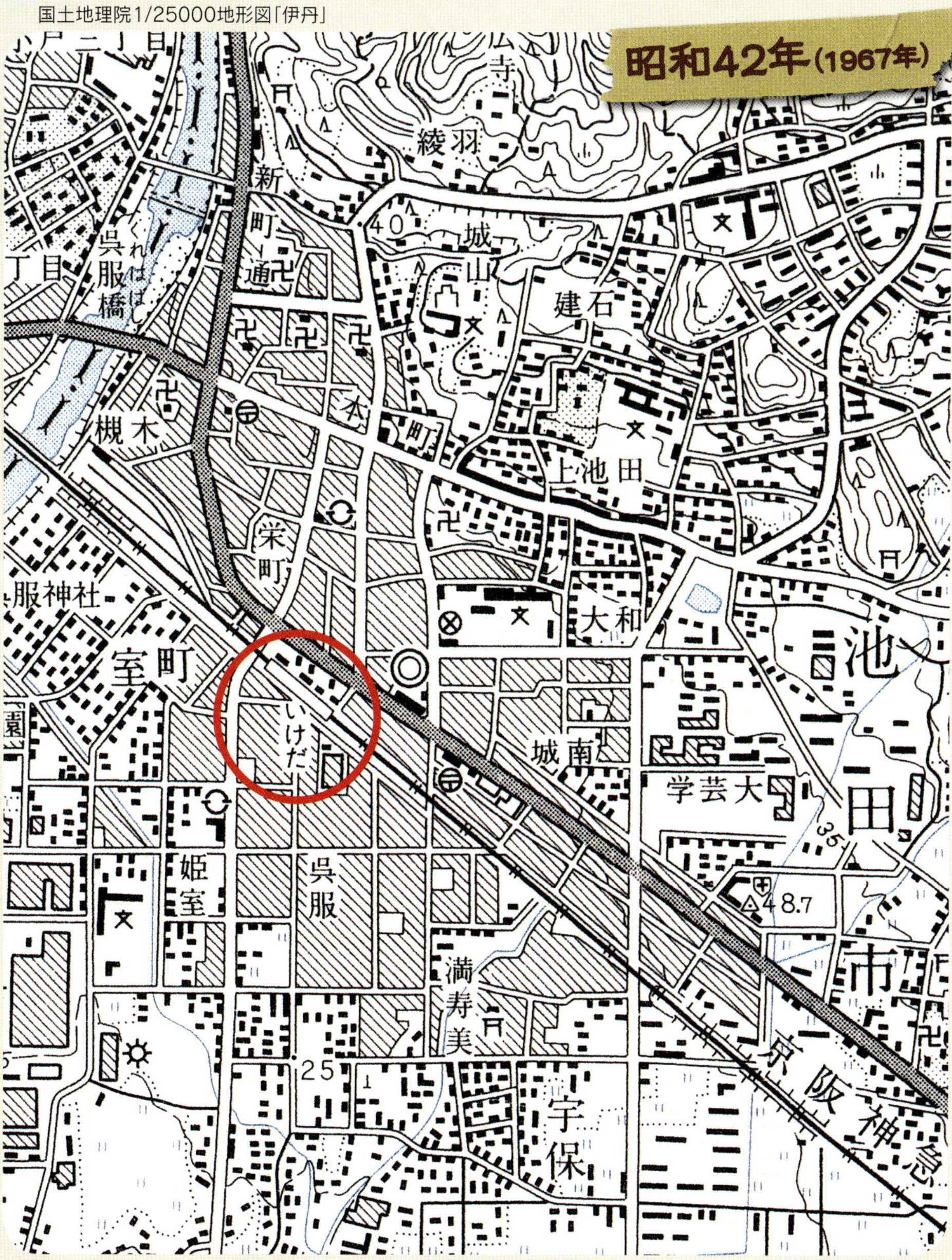

池田市に変わった後の地図であり、阪急の池田駅のすぐ東には池田市役所が見える。さらに東側には、大阪学芸大学のキャンパスが誕生している。この校地(池田分校)はその後、柏原キャンパスに移転して大阪教育大学になっている。池田駅の西側には、早くから開発された池田室町住宅地に加え、南側に市街地が広がってきた。宝塚線と沿うように走っている能勢街道は、国道176・173号として整備され、猪名川を渡る呉服橋も新しくなっている。

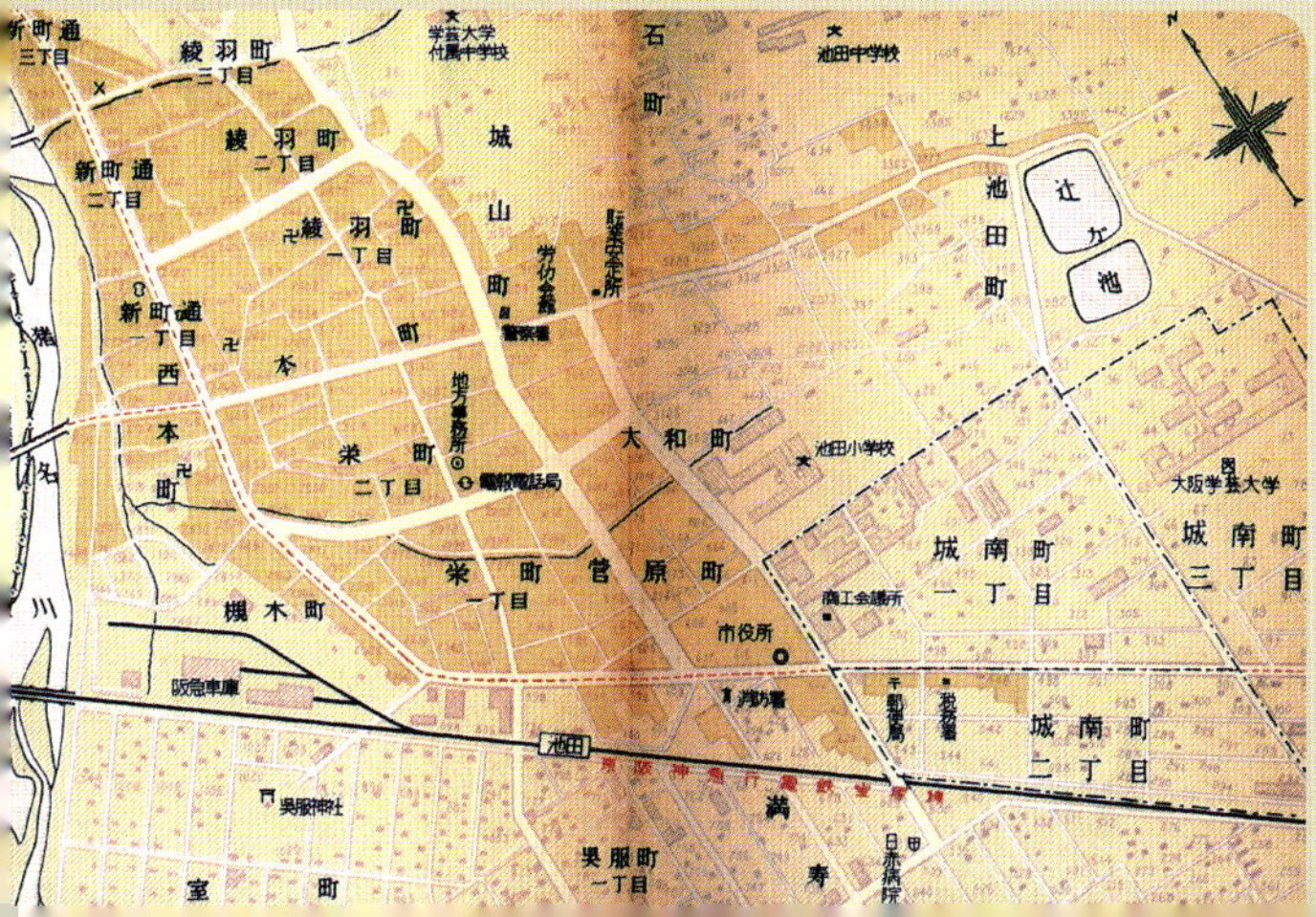

池田駅付近(昭和35年)

来だった荒木村重の家来となっている。往時の池田城をしのぶ池田城跡公園は、池田駅の北側にそびえる標高315・3メートルの五月山の麓にあり、園内には「てるてる家族」の記念碑が存在する。また、北に広がる五月山は五月山公園として整備されており、1957(昭和32)年から、五月山動物園が開園している。

池田城跡公園(城山町)の南側の栄本町には、逸翁美術館・池田文庫が存在する。また、その南側の建石町には小林一三記念館もある。なお、館名の「逸翁」は茶人としても有名な小林一三の雅号である。

陸軍陸地測量部1/25000地形図「伊丹」

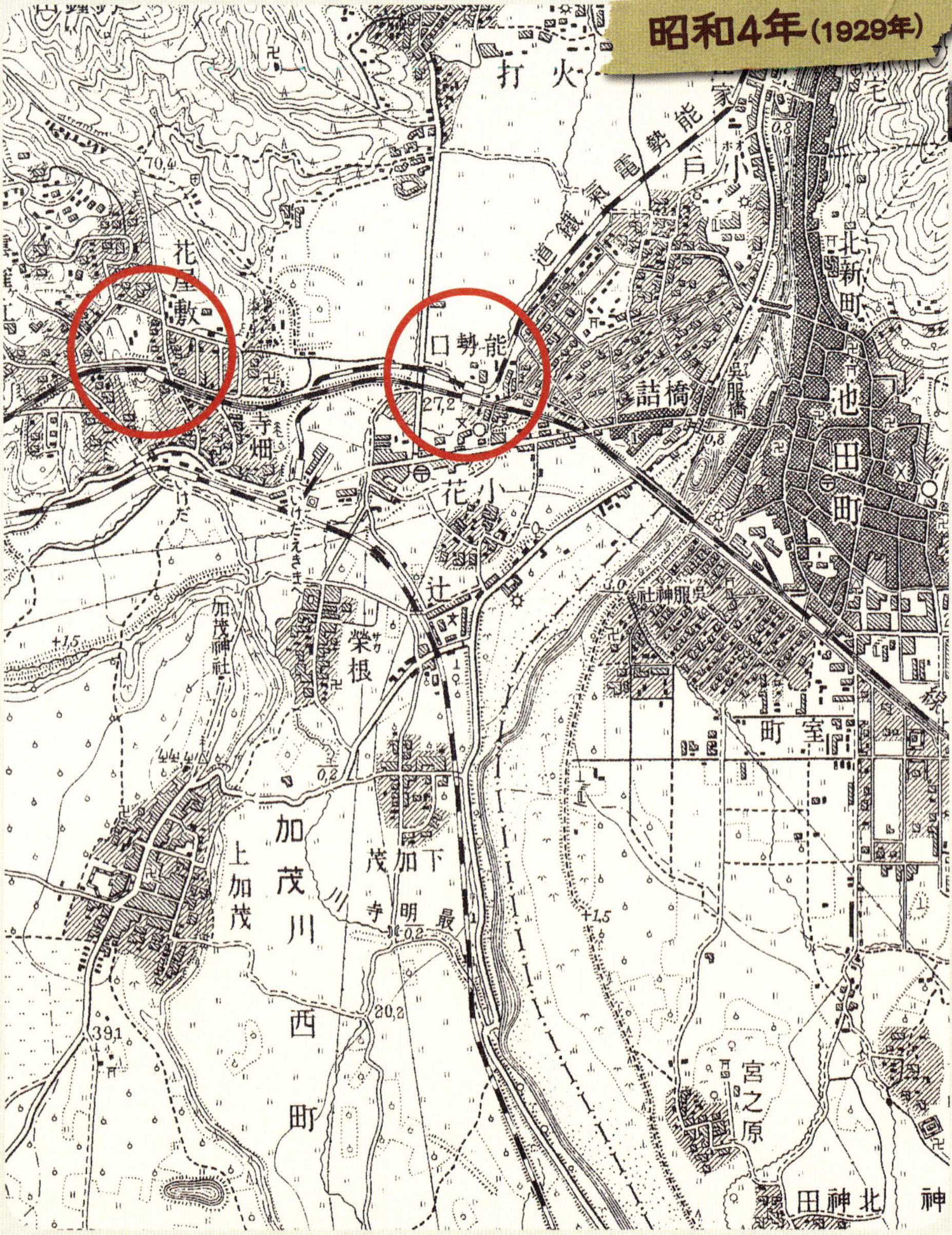

宝塚線

川西能勢口、雲雀丘花屋敷

猪名川の西、能勢電鉄と連絡

東側が大阪府池田町、西側が兵庫県川西町で、猪名川を境にして東西に分かれている。この当時、能勢電鉄線は阪急の線路を越えて、国鉄池田駅に近い池田駅前駅まで延びていた。一方、阪急の宝塚線には花屋敷駅が存在し、南側の池田駅との連絡駅となっていた。この駅の北側が「花屋敷」であり、新花屋敷温泉が存在した。さらに西側は雲雀丘で、どちらも高級住宅地として開発されている。この北側には、釣鐘山がある。

川西能勢口駅

開業年	1913（大正2）年4月8日
所在地	川西市栄町20-1
キロ程	17.2km（梅田起点）
駅構造	高架駅
乗降客	43,205人

福知山線には川西池田駅

大阪（梅田）方面からきた阪急宝塚線と、尼崎方面から来たJR福知山線（宝塚線）が接近する場所が、この川西能瀬口駅の付近である。福知山線には川西池田駅が置かれており、この先は阪急線が北側、JR線が南側でほぼ並行する形で西へ進むことになる。また、連絡駅である能勢電鉄の川西能勢口駅も置かれている。

この川西能勢口駅は、箕面有馬電気軌道の開通時には設置されていなかった。1913（大正2）年4月8日、新たに猪名川沿いに路線を開く（開業は同月13日）能勢電気軌道（現・能勢電鉄）の連絡駅として開業している。開業時の駅名は「能勢口」で、能勢電鉄の駅も同じ「能勢口」駅であった。能勢電鉄の駅は一時期、「川西」駅を名乗っていたが、1965（昭和40）年7月1日、両駅ともに「川西能勢口」駅と改称している。この能勢電鉄は国鉄の池田（現・川西池田）駅前まで延びていたが、現在は廃止されている。

川西能勢口駅の北西には川西市役所があり、人口約15万人の川西駅の玄関口となっている。一方、猪名川と阪神高速11号池田線を越えた東側は池田市である。そのため、阪急の駅名は「川西能勢口」であるが、猪名川の西側を走っているJR福知山線の駅名は、池田市民の利用なども考慮して、「川西池田」となっている。

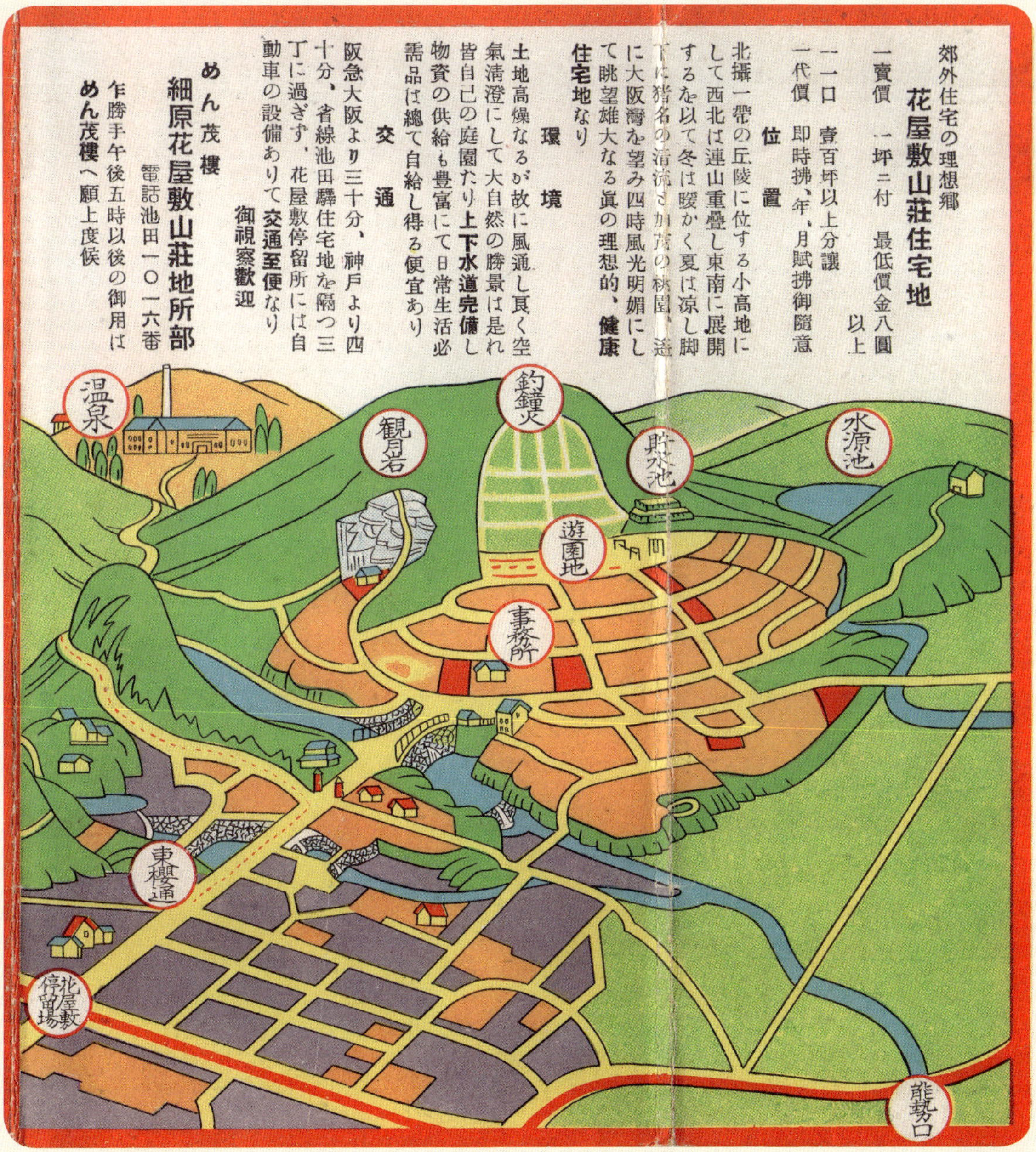

花屋敷住宅地の広告地図。広告主の「めん茂楼」は、明治9年に創業した池田の料亭。高級住宅地に移り住んでくる新住民を対象に広告を出したのであろう。地価は1坪8円〜、1区画が100坪以上、月賦払い御随意と記載されている。

こちらの駅は摂津鉄道が開業した1893(明治26)年12月12日、終着駅の「池田」として開業し、1897年に宝塚駅まで延伸して中間駅となった。この年に阪鶴鉄道が摂津鉄道を買収、1907年に国鉄の駅となった。戦後の1951年8月1日に現在の駅名である「川西池田」と改称した。

次の雲雀丘花屋敷駅は、「雲雀丘」と「花屋敷」という2つの駅が合併して誕生した。まず、1910年3月10日、箕面有馬電気軌道時代に花屋敷駅が開業した。この駅は当時、駅付近に存在した新花屋敷温泉の最寄り駅だった。その後、花屋敷駅と平井駅(現在は山本駅に統合)の間に雲雀丘住宅地が開発され、1916(大正5)年8月5日に雲雀丘駅が開業している。1961(昭和36)年1月16日、両駅間に現在の雲雀丘花屋敷駅が開業し、雲雀丘駅は廃止。翌年5月1日をもって花屋敷駅も廃止された。

江戸時代、摂津国(大阪・兵庫)には、多くの酒どころ(酒郷)が存在し、和泉国(大阪府)の堺を加えて「摂泉十二郷」と呼ばれていた。十二郷とは「大坂」「伝法」「北在」「池田」「伊丹」「尼崎」「西宮」「今津」「兵庫」「上灘」「下灘」「堺」で、このうち、「池田」「伊丹」「尼崎」などは早くから城下町、宿場町などの酒郷であり、「旧九郷」とされていた。一方、「今津」「上灘」「下灘」は、少し遅く農村部に開

建設省地理調査所1/25000地形図「伊丹」

昭和28年（1953年）

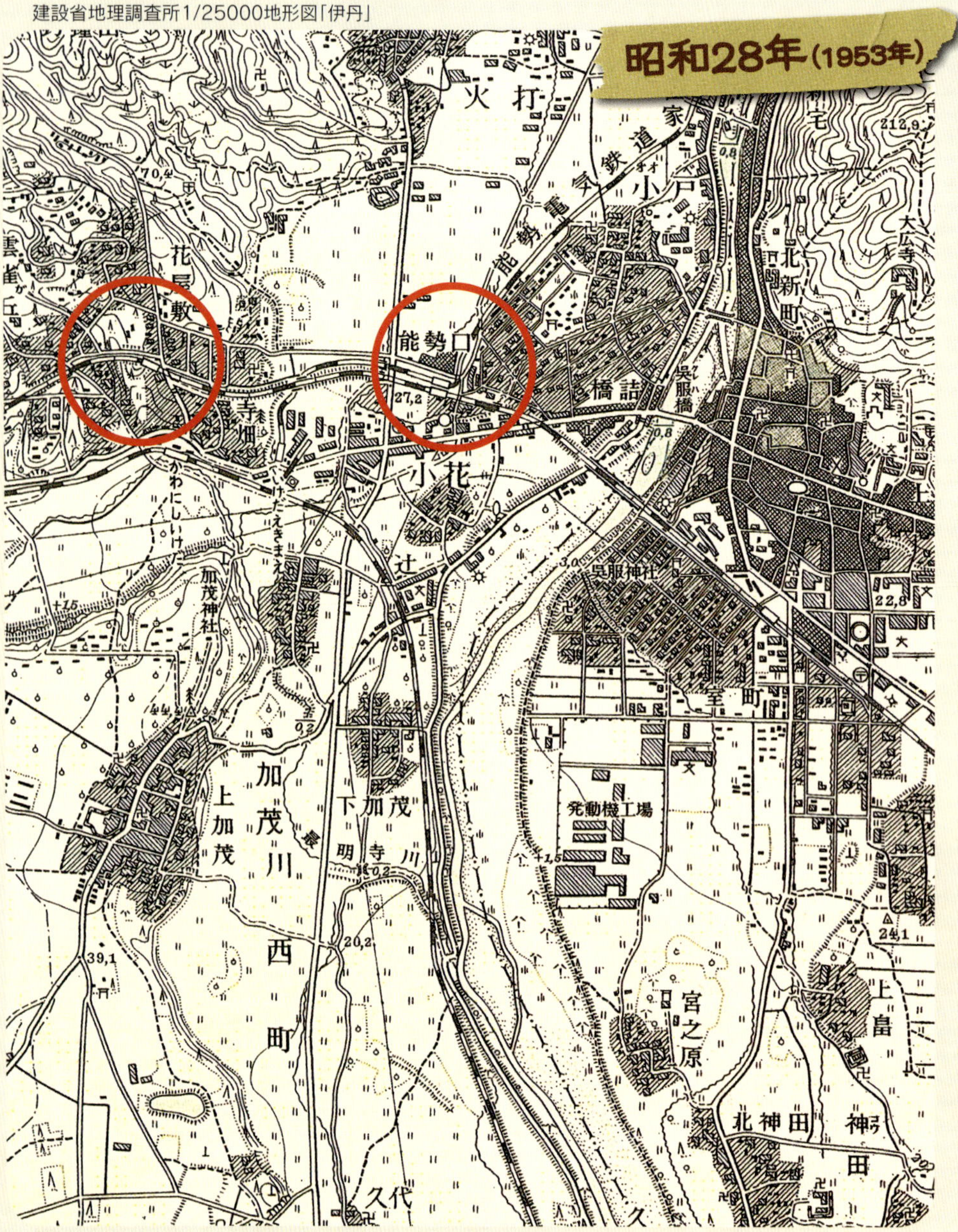

国鉄の川西池田駅の北側にはまだ能勢電鉄の池田駅前駅が存在していた。南側には最明寺川が流れ、「加茂川」や「上加茂」「下加茂」の地名が見える。最明寺川は猪名川の支流で、加茂橋の下流で猪名川と合流する。この地図で「加茂神社」と記載されているのは鴨神社であり、摂津国の「鴨祝部」の祖神を祀ったものとされている。この付近には弥生時代の巨大集落跡である加茂遺跡が存在し、1993年には川西市文化資料館もオープンしている。

小戸神社

川西市小戸に鎮座する神社で摂津国河辺郡の式内社。摂津名所図会に「小戸村にあり、土人、小戸天神と称す」とあり、猪名川の西岸一帯の産土神として崇敬されていた。境内の大楠は、兵庫県指定の天然記念物。根回り約12m、樹高30mあり、推定樹齢は500年。

川西市小戸1-13-17

文化財資料館

川西市内の遺跡から出土した文化財の整理・収蔵を行うとともに展示室なども備えた施設。文化庁の出土文化財管理センター補助を受け、遺跡の一部が国史跡に指定されている加茂遺跡内に平成5(1993)年に開館した。が収蔵されており、展示室には古代から中世までの市内遺跡からの出土品約300点が時代ごとに分けて展示されている。

川西市南花屋敷2-13-10

能勢家の本拠地

“能勢”の地名は、かつてこの地で勢力を持っていた能勢家に由来する。能勢家は多田源氏源満仲の孫、能勢左馬頭頼国を家祖とする能勢一帯の豪族だった。能勢家の本拠地だけに、現在の能勢電鉄沿線には能勢家ゆかりの寺や神社などが多く残されている。

川西能勢口駅（昭和40年代）

かれた酒郷で、「新三郷（灘目三郷）」と呼ばれた。ここから現在のように「灘五郷」と呼ばれる阪神間の酒どころに発展、成立した。「灘五郷」とは、「西郷」「御影郷」「魚崎郷」「西宮郷」「今津郷」である。

この「摂泉十二郷」のひとつ「池田郷」には、最盛期には38軒の酒蔵があり、井原西鶴は『西鶴俗つれづれ』の中で池田の酒に触れている。明治維新後にも、1900（明治33）年に作られた『鉄道唱歌（東海道編）』の中で「池田伊丹と名にきき し酒の産地もとほるなり」と歌われている。現在も池田には「呉春」「緑一」の酒ブランドが存在している。「緑一」の「吉田酒造」は、1697年に加茂屋平兵衛が創業した老舗。「呉春酒造」の「呉春」とは池田ゆかりの画家で、四条派の始祖となった松村月渓の画号（呉春）から採られている。

能勢電鉄

川西能勢口駅と、妙見山および日生ニュータウンなどニュータウン群を結ぶ鉄道会社。社名は、能勢妙見山への参拝客輸送を目的としたことに由来する。前身の能勢電気軌道は、参拝客輸送のほか、沿線で産出される三白(酒・米・寒天)・三黒(黒牛・栗・炭)などの特産物の輸送も担っていた。現在、阪急阪神東宝グループの一員となった能勢電鉄は、高度成長以降、沿線の宅地化が進み、通勤客の利用が目立っている。

川西郷土館

銅の製錬を業としていた休平安家住宅を利用し、昭和63(1988)年11月に開館。市内小戸地区の旧平賀家住宅も移築復元されている。いずれも大正時代の建物で旧平安邸は和風、旧平賀邸は洋風住宅。川西市ゆかりの故青木大乗・平通武男両画伯の記念美術館「ミューゼレスポアール」もあり、絵画を常設展示している。旧平安家住宅と旧平賀家住宅は、国登録有形文化財(建造物)で、旧平安家住宅は兵庫県景観形成重要建造物に指定され、旧平賀家住宅はひょうご近代住宅100選に選ばれている。

川西市下財町4-1

国土地理院1/25000地形図「伊丹」

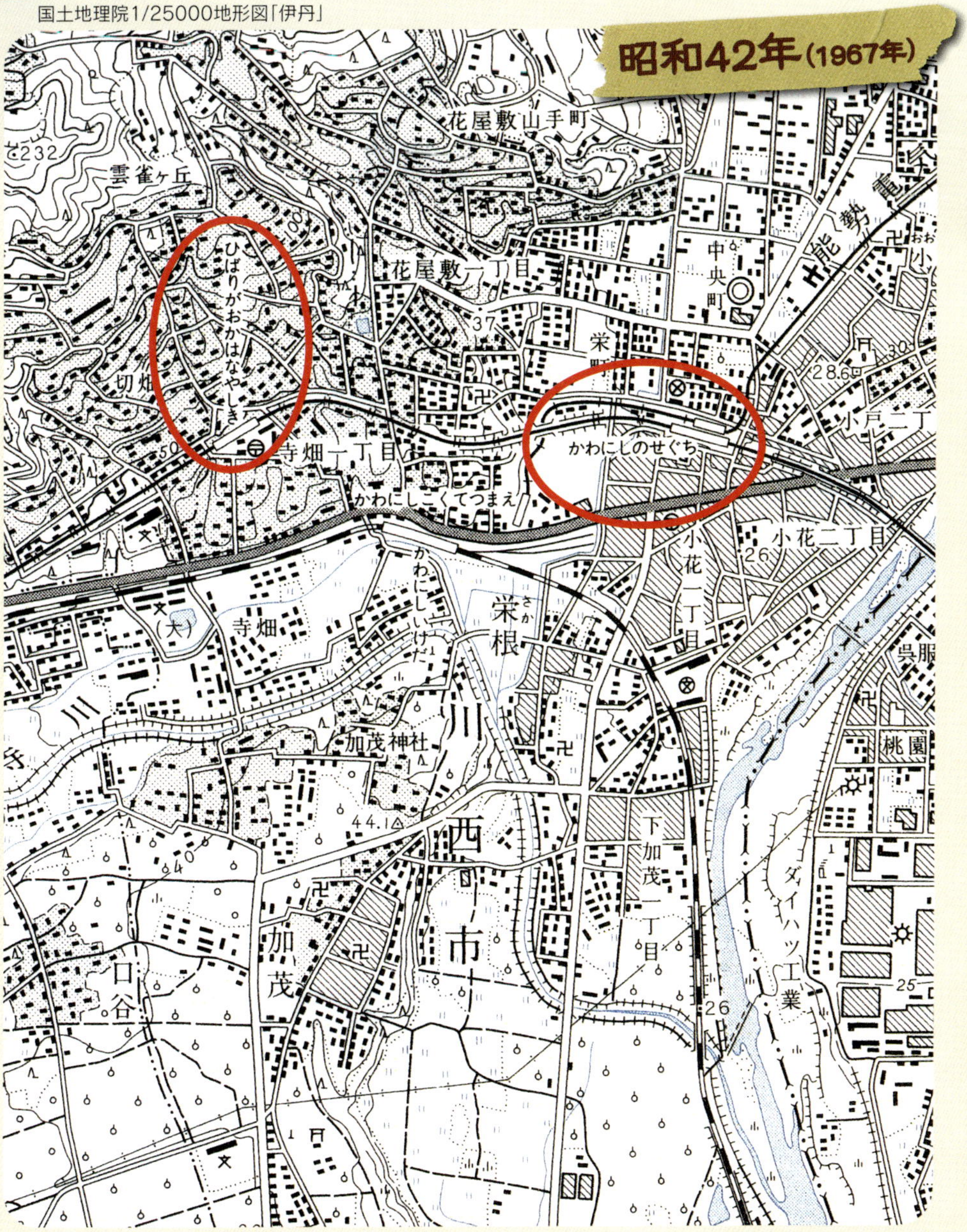

川西能勢口駅の北側には新しく開発された「栄町」「中央町」の地名があり、「中央町」には川西市の市役所が置かれている。猪名川の西側の「小花」に見える「文」の地図記号は川西市立川西小学校である。この学校は1878年に上東小学校として開校している。偶然ではあるが、「川西」の校名を有する小学校は、県内の加古川市や大阪府の高槻市、富田林市などにも存在する。この学校の南東、猪名川を挟んだ東側には、ダイハツ工業の工場が誕生している。

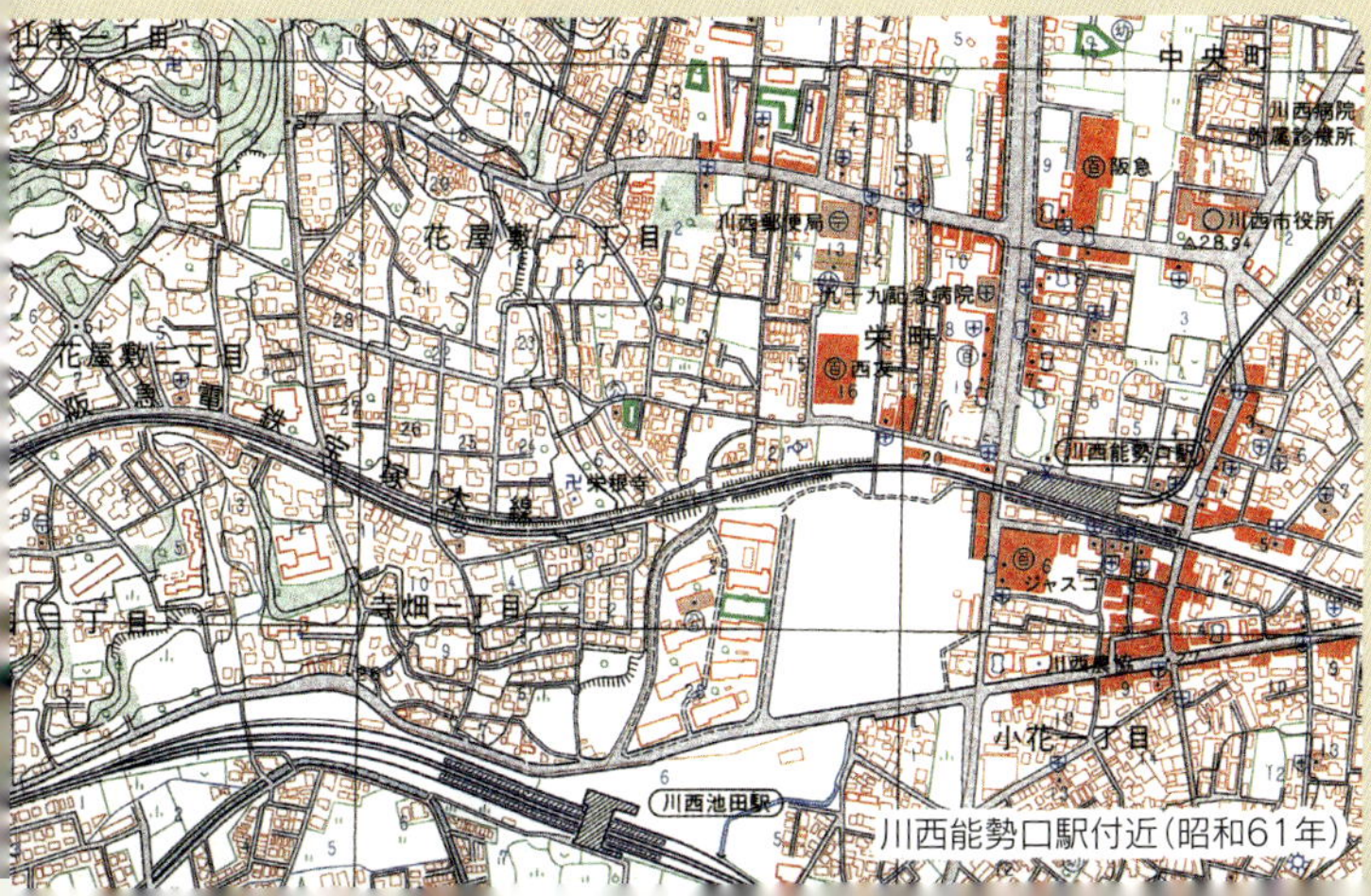

川西能勢口駅付近(昭和61年)

花屋敷駅(大正時代)

陸軍陸地測量部1/25000地形図「伊丹」「宝塚」

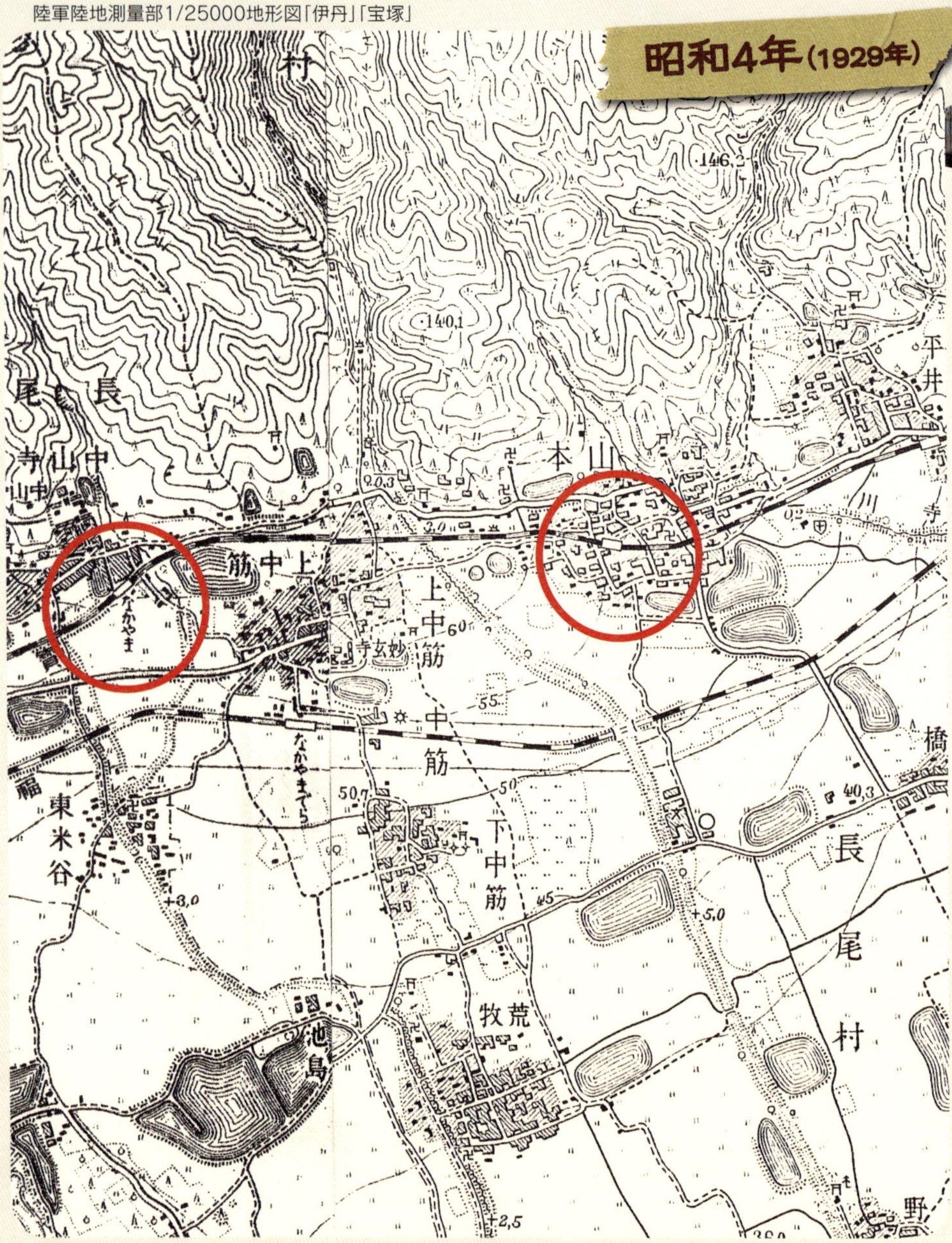

地図の北側には、「平井」「山本」の地名が見え、宝塚線には平井駅、山本駅が置かれていた。両駅は1944年に統合され、現在地に移転した。一方、西側の隣駅は「中山」で、2013年に現駅名の「中山観音」に改称している。この当時、北側は川辺郡の西谷村、南側は長尾村で、ともに1955年に宝塚市に編入されている。山本～中山間には天神川が流れており、付近には現在も残る池が多数あることがわかる。福知山線には中山寺駅が存在する。

宝塚線

山本、中山観音

寺社参詣者が利用する諸駅

山本駅

開業年	1910（明治43）年3月10日
所在地	宝塚市平井1-1-1
キロ程	19.7km（梅田起点）
駅構造	地上駅
乗降客	16,508人

中山観音駅

開業年	1910（明治43）年3月10日
所在地	宝塚市中山寺2-7-1
キロ程	21.5km（梅田起点）
駅構造	地上駅
乗降客	12,574人

中山観音駅と中山寺駅

西に向かう宝塚線は、雲雀丘花屋敷駅から宝塚市に入り、少しずつ南寄りに進路を取る。次の山本駅は宝塚市平井1丁目に存在し、雲雀丘花屋敷駅と同様に2つの駅が合併した歴史をもつ。1910（明治43）年3月10日に山本駅が開業。半年余り遅れた10月23日に花屋敷（当時）～山本間に平井駅が誕生した。太平洋戦争中の1944（昭和19）年9月1日に平井駅を山本駅と統合し、駅舎は現在地に移転した。南側を福知山線が走っているが、連絡する駅は存在しない。

次の中山観音駅は、南側を走る福知山線の中山寺駅との連絡駅となっており、どちらの駅名も北側にある真言宗中山派の大本山、紫雲山中山寺（中山観音）から採られている。阪急の中山観音駅は1910年3月10日、「中山寺」として開業。一時期は「中山」駅となって、2013（平成25）年12月21日に現在の駅名である「中山観音」と改称した。

この中山寺をはじめとして、長尾連山の南側には古刹、古社が連なって存在する。売布神社の門前駅である売布神社駅は、1914（大正3）年3月21日の開業である。駅名の由来となった売布神社は、605（推古天皇18）年の創建と伝わる古社で、下照姫神を主祭神としている。この駅の西側で、宝塚線は中国自動車道

国土地理院1/25000地形図「伊丹」「宝塚」

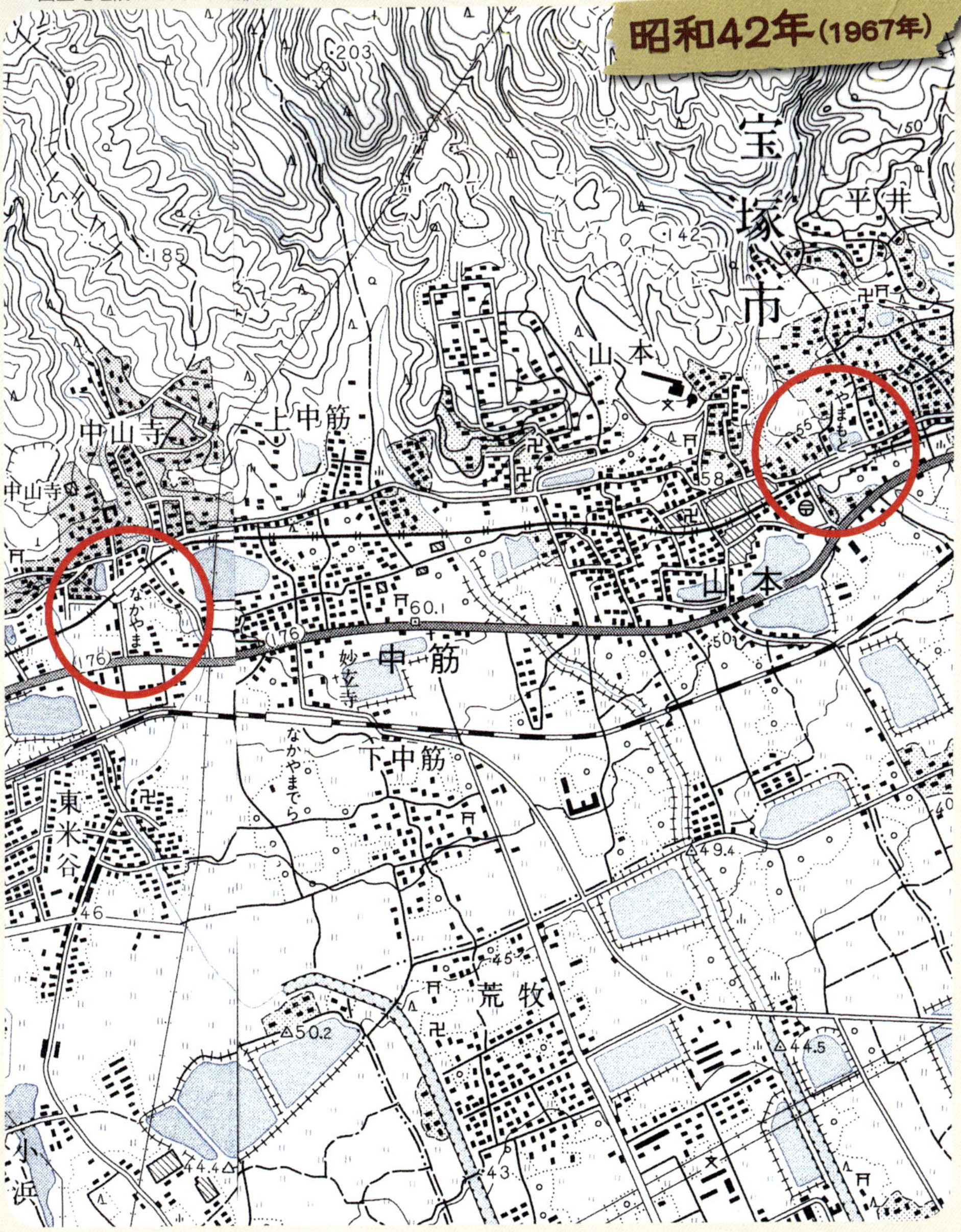

阪急の平井、山本駅は統合されて、旧平井駅寄りに新しい山本駅が置かれている。駅の北西には松尾神社があり、北側には1959年に宝塚市立長尾小学校が移転してきた。この北には現在、山手台南公園が整備されている。福知山線の中山寺駅の北側には、北側が国道176号に面し、残る三方は堀に囲まれた法華宗陣門流の妙玄寺が存在する。地図南側の「荒牧」地区には天日神社、西教寺の地図記号が見え、その後、西側の池には宝塚水上ゴルフ倶楽部が開設されている。

山本は園芸の町

山本は、日本三大植木産地の一つで、千年の伝統を誇る。江戸時代中期以来、ため池を築きながら集落を山麓から平野部に移してきたが、ため池では農業用水が不足がちになることから、植木栽培が始まり、気候や土砂などが適していたことから園芸の街と発展した。近隣の植木業者が集まる山本園芸流通センターでは、毎年4月と10月に「宝塚植木まつり」を開催している。

中山寺

山本駅の隣駅・中山は駅のすぐ北にある中山寺の最寄り駅。この寺は、山号を紫雲山と称する真言宗中山寺派の総本山。西国三十三ヵ所観音霊場の第24番札所としても知られる。本尊は十一面観音菩薩(国指定重要文化財)で、昔から安産祈願の信仰を集めてきた。薬師如来坐像、聖徳太子坐像(いずれも国指定重要文化財)も祀られている。現在も安産祈願で訪れる人が絶えない。

宝塚市中山寺2-11-1

と交差することとなる。

かまど(台所)の神様として信仰を集め、「荒神さん」として親しまれる清荒神清澄寺の最寄り駅となっているのが清荒神駅である。駅の開業は1910年3月10日、箕面有馬電気軌道の開通時である。北側の山中に位置する清荒神清澄寺は、初詣で大勢の人が訪れる場所であり、1975年には日本画家の富岡鉄斎の作品を集めた鉄斎美術館が開館している。

売布神社

中山駅の隣は売布神社駅は文字通り売布神社の最寄り駅。駅の西北300mのところに鎮座する売布神社は、両隣に中山寺と清荒神に挟まれて影が薄いが、歴史を感じさせる木立に囲まれ、式内社らしい風格を感じさせる。衣・食・財の守護神として信仰されている。

宝塚市売布山手町1-1

陸軍陸地測量部1/25000地形図「宝塚」

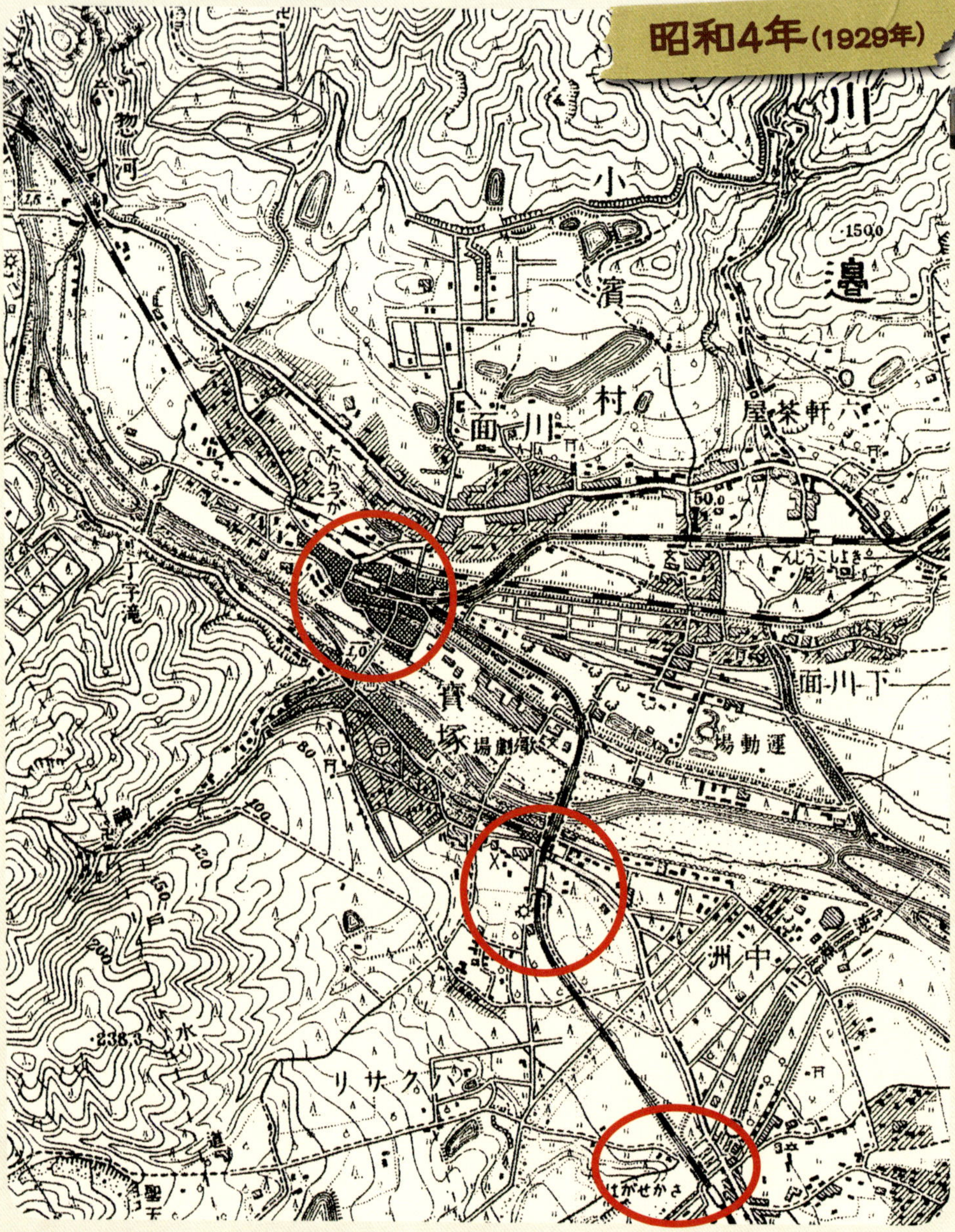

現在のような宝塚市ではなく、川辺郡小浜村であった頃の地図である。逆瀬川駅の東側には、この頃には村役場、現在は宝塚市役所が置かれている。武庫川の南側はまだ、住宅開発が行われていなかった。武庫川の北側には「川面」といった現在も続く地名がある一方で、「六軒茶屋」といった消えた地名も見える。東にある清荒神駅の北側は現在、駅と同じ清荒神1～5丁目になっている。駅名の由来である清荒神清澄寺は、駅から離れた北側に位置し、現在はその間を中国自動車道が通っている。

宝塚線
今津線

宝塚

宝塚歌劇の故郷、今津線と接続

開業年	1910(明治43)年3月10日
所在地	宝塚市栄町2-3-1
キロ程	24.5km(梅田起点)
駅構造	高架駅
乗降客	46,601人

中山観音駅と中山寺駅

「宝塚」は「神戸」と並ぶ兵庫ブランドであり、宝塚歌劇を通じて、世界的にその名は知られている。現在のような宝塚の街の発展の始まりは、箕面有馬電気軌道（阪急）の開通であり、宝塚駅の設置であった。

阪急の宝塚駅は１９１０（明治43）年３月10日に開業している。１９２１（大正10）年９月２日に西宝（現・今津）線が開業して接続駅となった。これにより、大阪（梅田）方面とともに、西宮（神戸）方面と結ばれ、交通至便の場所となった。一方、ＪＲの宝塚駅は１８９７年12月27日に阪鶴鉄道の終着駅として開業した後、翌年６月８日には有馬口（現・生瀬）駅まで延伸し中間駅となった。１９０７年に阪鶴鉄道が国有化されて、国鉄の駅となっている。

現在の宝塚市は、宝塚大劇場がある歌劇の街である。その始まりは沿線の発展のために開かれた宝塚新温泉のアトラクションで、１９１３年に専務だった小林一三が三越少年音楽隊などをヒントに結成した少女による音楽隊で、当時は「宝塚唱歌隊」と呼ばれていた。その後、宝塚少女歌劇養成会と名称を変え、本拠地の宝塚ばかりでなく、東京や大阪などでも公演を行い、全国的にも有名な歌劇団となった。１９１８年には宝塚音楽学校が開校し、宝塚少女歌劇団と名称を改めている。

宝塚市立「手塚治虫記念館」

幼少期から25年間を宝塚で過ごした手塚治虫の生涯を称え、宝塚市が設立した手塚治虫の記念館。玄関前には「火の鳥モニュメント」がある。館内には手塚治虫のキャラクターが勢ぞろい。数々の作品が見られるほか、コンピューターを使って簡単にアニメづくりが体験できる「アニメ工房」もある。

宝塚市武庫川町7-65

宝塚文化創造館

宝塚音楽学校の旧校舎を利用した、新たな宝塚文化の発信地。2階には、宝塚音楽学校に関連する資料のほか、公演で使った衣装などを常設展示している「すみれミュージアム」がある。

宝塚市武庫川町6-12

建設省地理調査所1/25000地形図「宝塚」

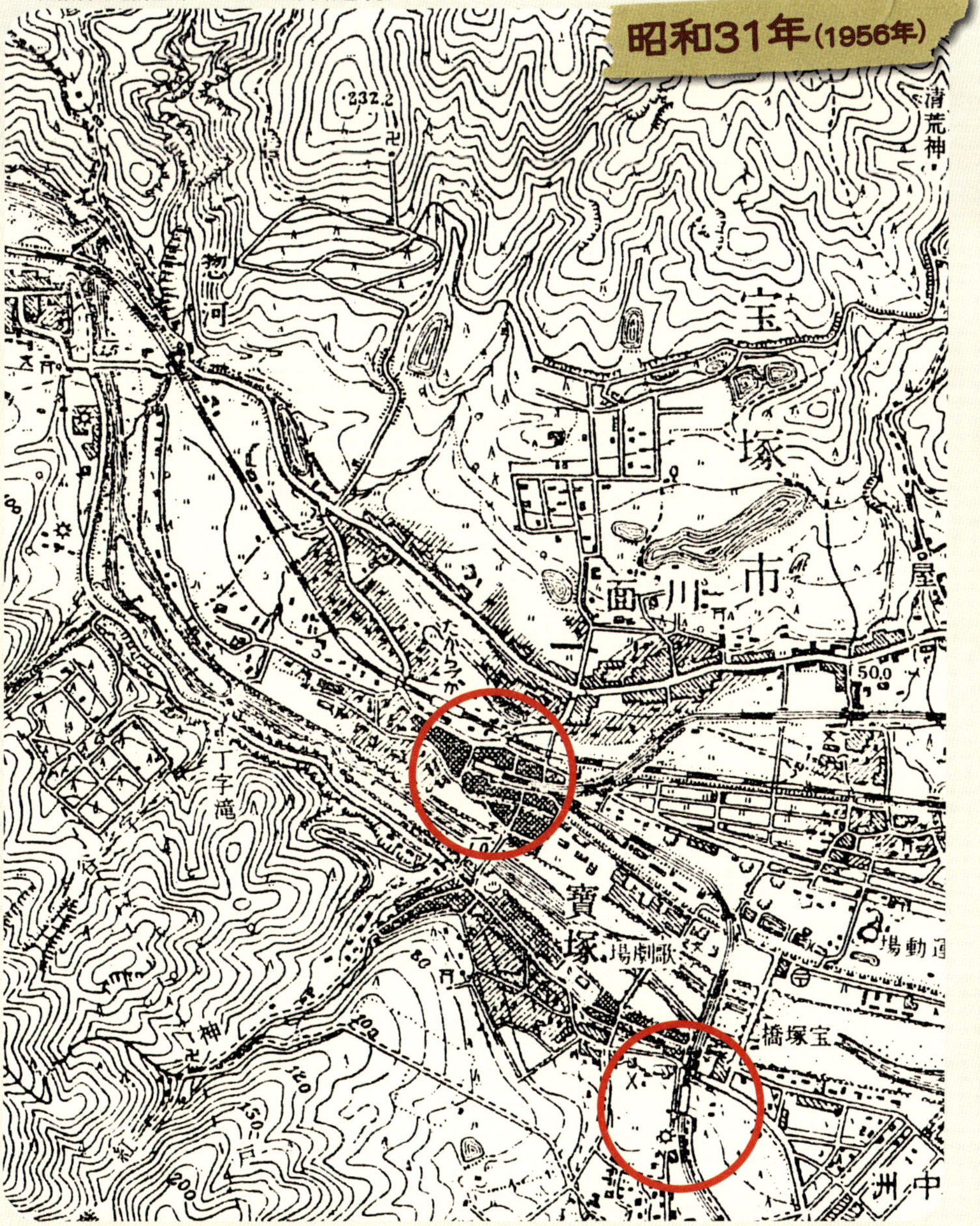

小浜村から宝塚市に変わった5年後、宝塚駅付近の地図である。本来の小浜村の中心は、有馬街道の小浜宿が置かれていた武庫川の北東地区（地図外）で古来、京伏見街道と西宮街道も通る交通の要所であった。また、中世には一向宗の拠点で、寺内町が栄えていた。現在は宝塚市立小浜宿資料館が置かれている。一方、現在の宝塚市の中心は、明治以降に2つの宝塚駅が置かれ、対岸の宝塚温泉に対抗して宝塚新温泉が開かれたことから発展した。

それ以前、武庫川の右岸（南）には宝塚温泉があり、明治中期から大阪・神戸方面からの湯治客を集めていた。アイデアマンの小林は武庫川左岸（北）の宝塚駅付近に、新たに宝塚新温泉を開業。やがて遊園地施設なども充実させ、大人も子どもも楽しめる宝塚新温泉パラダイスとなっていく。1924年には4000人収容の宝塚大劇場、遊園地「ルナパーク」が誕生している。この遊園地は戦後、宝塚ファミリーパークとなっていたが、温泉施設（宝塚ヘルスセンター・宝塚大温泉）は1980年代に閉鎖、宝塚ファミリーパーク自体も2003（平成15）年に役目を終えている。現在は宝塚大劇場、バウホールが存在する。また、この東側には、

宝塚ベガ・ホール

宝塚市立のコンサートホール。パイプオルガンと名器ベーゼンドルファー製グランドピアノを有する。ベガ(Vega)とは、夏の北天に位置する琴座の中でも最もキラキラ輝く織女星。世界中の人たちが仰ぎ見る星をホール名にしたという。

宝塚市清荒神1-2-18
清荒神駅前

国土地理院1/25000地形図「宝塚」

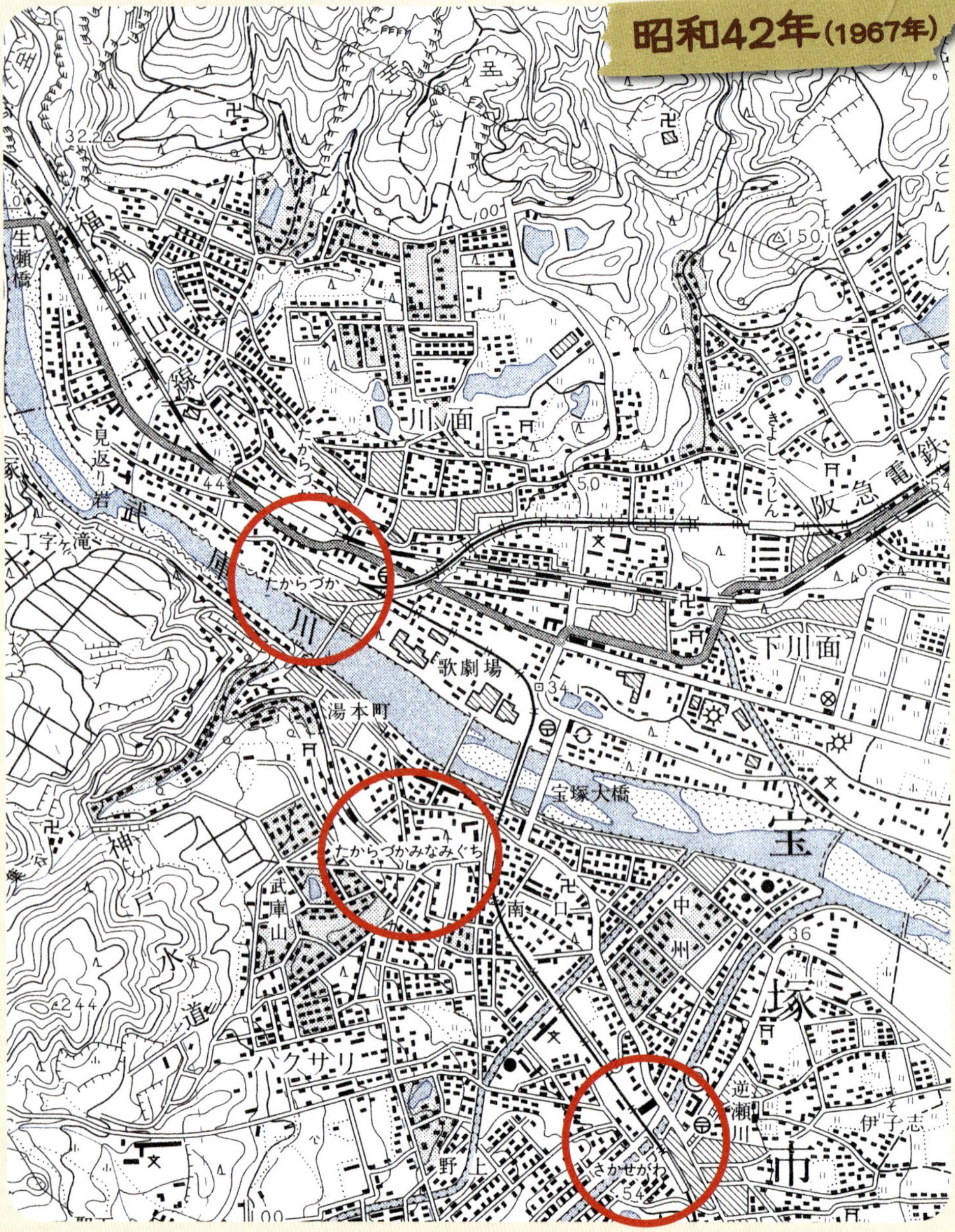

戦前の地図に比べると、宝塚大通り(国道176号)、兵庫県道16号などの道路が整備されていった様子が見て取れる。この頃、宝塚駅の東側には、宝塚大劇場とともに宝塚ファミリーランド(遊園地)が存在した。武庫川では、阪急橋梁の東側に宝塚大橋が架けられている。沿線に住宅地が誕生した今津線の南側部分には、宝塚第一小学校が見える。この学校は戦前の1936年に開校した。武庫川の南に見える「中洲」は、かつて温泉が引かれ、「中洲楽園温泉付貸別荘」があった。

宝塚大劇場

1914年、宝塚で開催された「婚礼博覧会」の余興として行われたのが「宝塚少女歌劇」の始まりである。最初の演目は歌劇「ドンブラコ」、ダンス「胡蝶の舞」などの「和」の演目で、間もなく年4回の定期的な公演となった。2つの劇場があったものの、火災で焼失し、1924年に観客4,000人を収容できる「宝塚大劇場」が竣工した。大劇場を中心に遊園地、動物園、映画館、食堂を含む「ルナパーク」が完成し、「宝塚新温泉」から「宝塚遊園地」に発展する。戦後の1960年からは「宝塚ファミリーランド」となり、「宝塚ヘルスセンター(宝塚大温泉)」も併設されるが、2003年に営業を終了した。

宝塚市立手塚治虫記念館があり、日本を代表するこの漫画家と記念館の存在も、宝塚の名前を国際的に押し上げた。

　現在では有名な「宝塚」という地名は、もとは塚（古墳）から来ており、江戸時代から使われてきた。しかし、市町村名として使用されるのは、現在の宝塚市の前身である宝塚町が誕生した、1951（昭和26）年からである。それ以前は川辺郡の小浜村で、この小浜村は1889年に川面村など5つの村が合併して成立している。現在、川面（1～6丁目）の地名は宝塚駅の北側に広がっている。

　宝塚市内を流れる武庫川は兵庫県北部の篠山市に発し、西宮市、宝塚市を流れて、大阪湾に注ぐ二級水系の本流である。宝塚駅付近の武庫川には、宝来（蓬莱）橋と宝塚大橋が架かっている。兵庫県道188号（宝塚停車場線）が通る宝来橋は、1902年に架橋され、洪水などで流されるため、何度も架け替えが行われている。現在の橋は、フランスの彫刻家、マルタ・パンがデザインしたS字形の橋である。下流に架かる宝塚大橋は橋上に花壇、ベンチ、彫刻などが設置され、ガーデンブリッジとなっている。

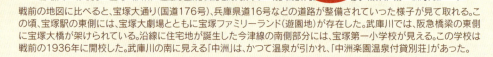

宝塚新温泉

宝塚では明治時代、武庫川の右（南）岸に「宝塚温泉」が開かれ、湯治客が訪れるようになった。この地に目を付けた小林一三は箕面有馬電気軌道（現・阪急）の開通に合わせて、1911年、武庫川の左（北）岸に「宝塚新温泉」を建設した。これは武庫川の埋め立て地を利用したもので、大理石造りの大浴場を中心とした家族的娯楽場を目指し、翌年には室内水浴場（プール）をもつ洋館を増設し、「パラダイス」と名付けた。プールの閉鎖後、温泉客の余興として行われた「宝塚唱歌隊」による演奏・上演が現在の「宝塚歌劇」に発展する。

宝塚ホテル　　所蔵：生田誠

国土地理院1/25000地形図「宝塚」

昭和60年(1985年)

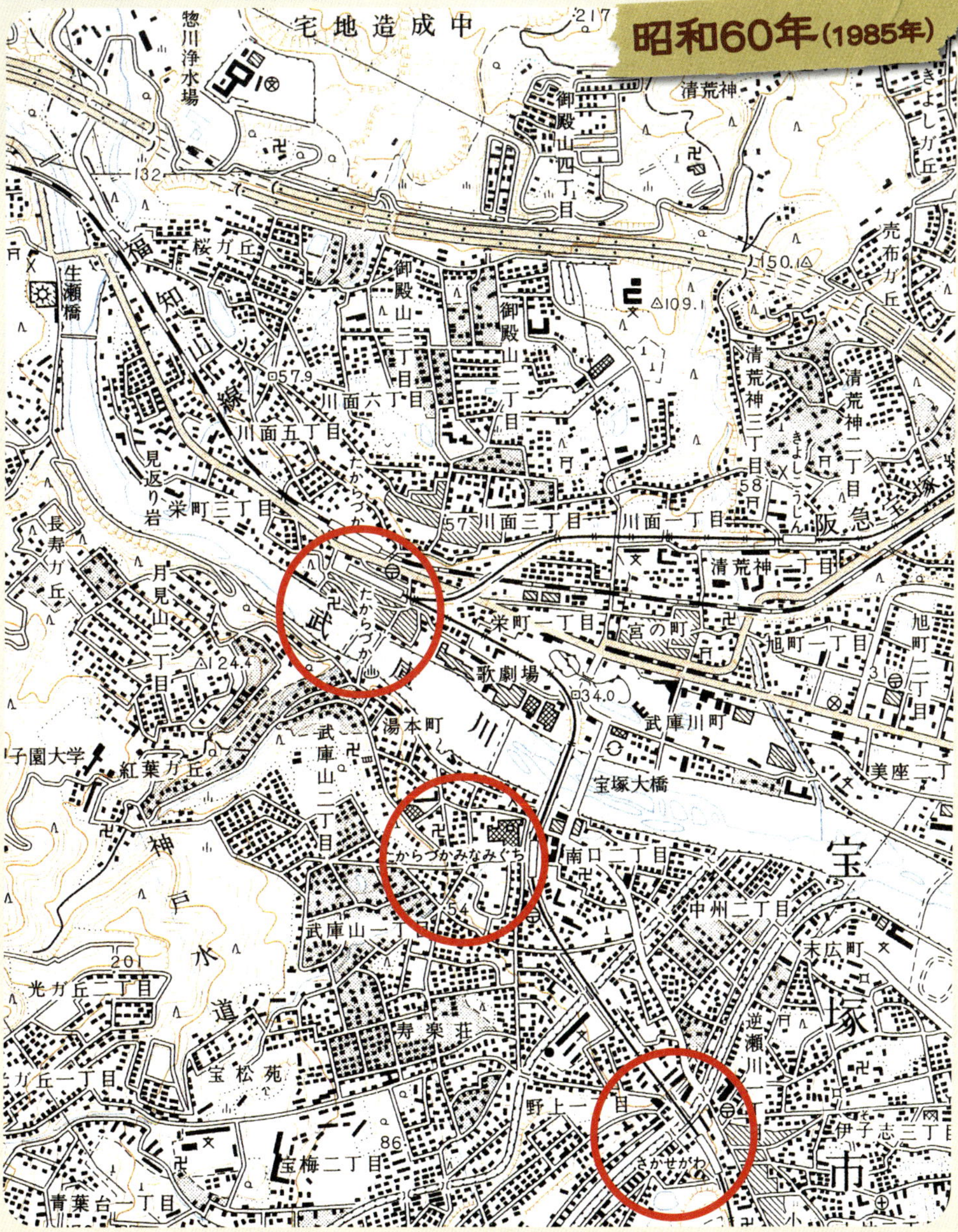

地図の北側を中国自動車道が走り、北西には宝塚市で最大規模の惣川浄水場が置かれている。この東側では「すみれガ丘」の宅地造成中で、「文」の地図記号は、1985年開校の兵庫県立宝塚北高校である。福知山線の西側、武庫川には生瀬橋が架かっている。この西側（地図外）には、1898年に阪鶴鉄道の終着駅「有馬口」駅として開業した、福知山線の生瀬駅がある。このあたりは生瀬村と名塩村が合併して誕生した塩瀬村だったが、1951年に西宮市に編入された。

宝塚ファミリーランドの案内図　所蔵：生田誠

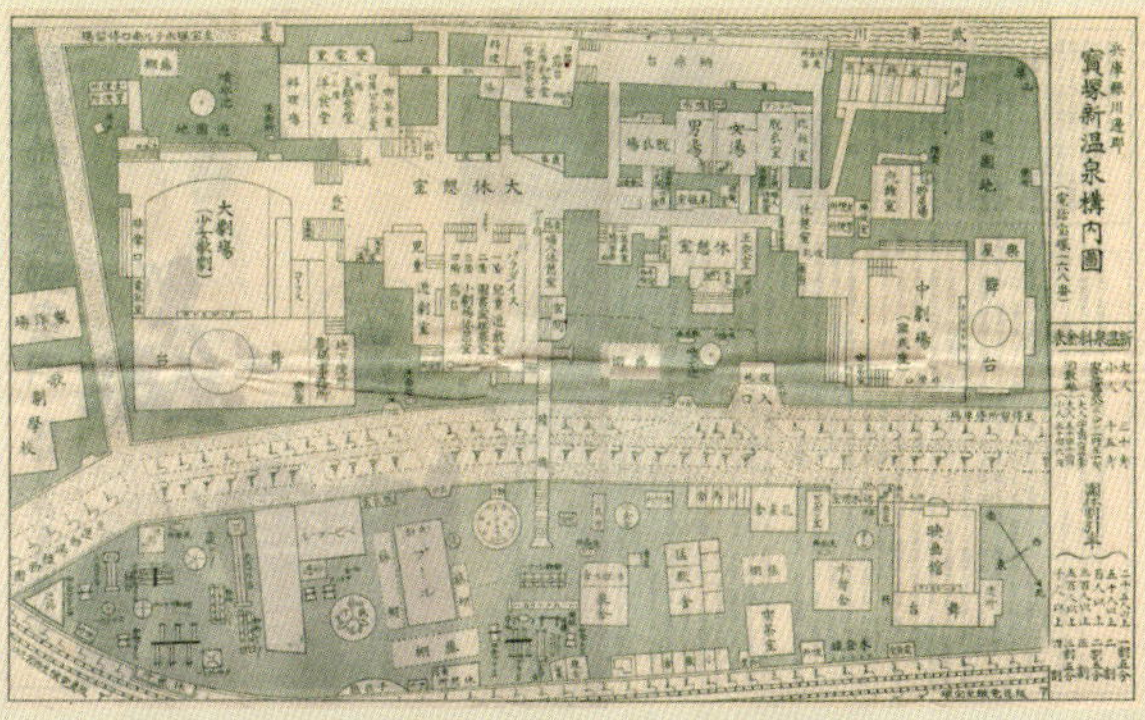

宝塚新温泉の案内図　所蔵：生田誠

陸軍陸地測量部1/25000地形図

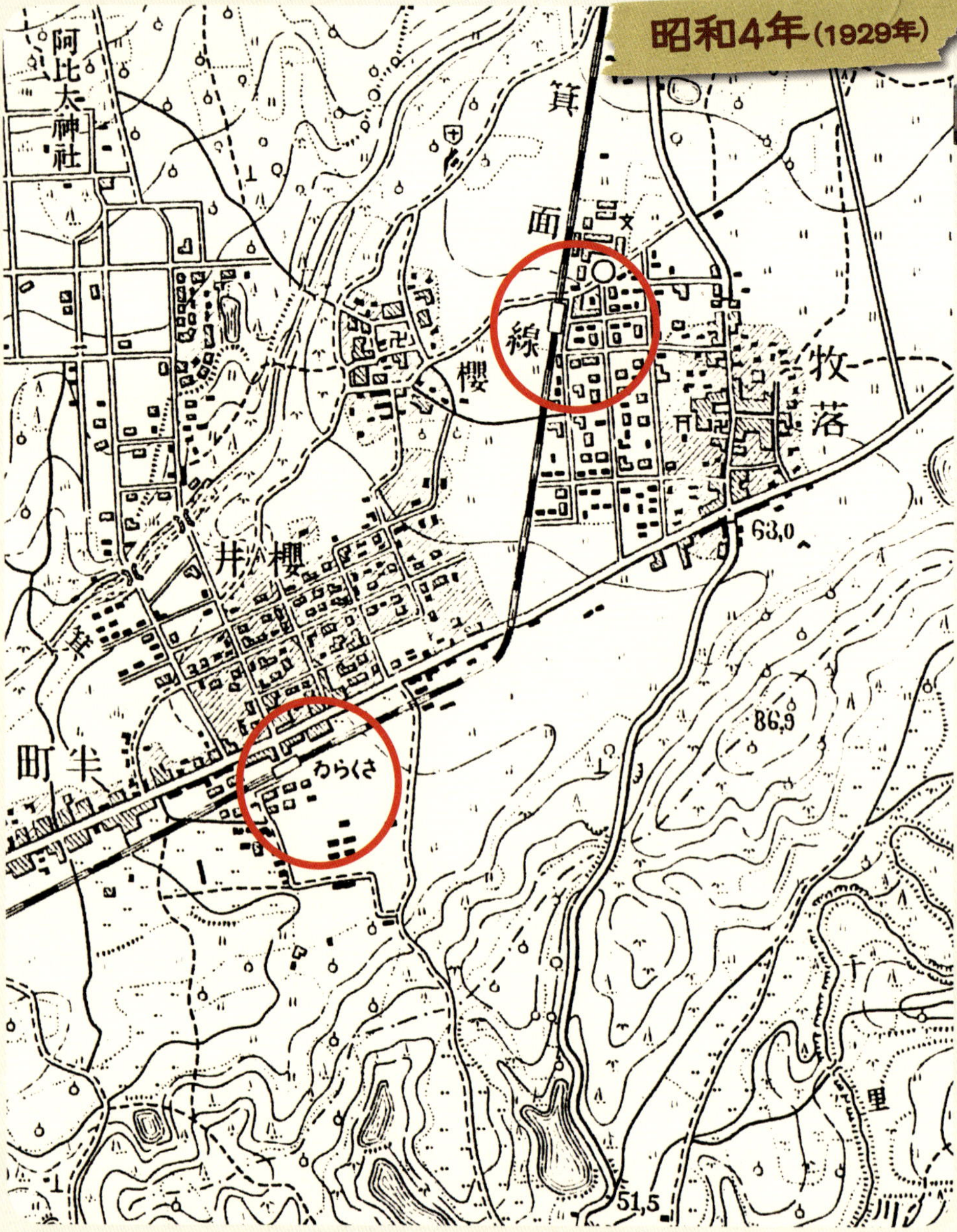

桜井駅の北側には区画整理された住宅地が広がっている。箕面有馬電気軌道(阪急)は、1911年から桜井住宅地の分譲を開始し、これが箕面における大規模な住宅開発の先駆けとなった。この桜井住宅地の南北では、果樹園の地図記号を多く見ることができる。南北を山に囲まれたこのあたりでは、果樹園も開かれており、分譲住宅地にもモモやアンズとった果樹が植えられていたという。牧落駅では、東側に住宅地が形成されていた。

箕面線

桜井、牧落

桜井住宅地、百楽荘で住宅開発

桜井駅

開業年	1910(明治43)年4月12日
所在地	箕面市桜井2-2-1
キロ程	1.6km(石橋起点)
駅構造	地上駅
乗降客	11,083人

牧落駅

開業年	1921(大正10)年12月30日
所在地	箕面市百楽荘1-1-6
キロ程	2.7km(石橋起点)
駅構造	地上駅
乗降客	8,633人

箕面川の南を走る

石橋駅を出た箕面線は、箕面川の南側の箕面市内を走り、次の桜井駅に至る。この箕面線はわずか4・0キロの距離であり、中間駅としてこの桜井駅とともに牧落駅が置かれている。阪急最古の路線のひとつであり、当初は箕面公園、箕面滝に向かう観光路線の意味合いが強かった。また、以前は終着駅である箕面駅からは、箕面温泉に至るケーブルカー(箕面鋼索鉄道線)も運転されていた。

桜井駅が開業したのは、箕面有馬電気軌道が開通した1910(明治43)年3月10日から約1ヶ月が経過した4月12日である。次の牧落駅の開業は1921年12月30日である。

終点の箕面駅が観光地の玄関口としての顔をもっていたのに対し、中間駅であるこの2駅付近では、開業当時から会社員(サラリーマン)も購入できる住宅地が開発された。このうち、桜井駅前には1911年、箕面有馬電気軌道自らが桜井住宅地を開発し、果樹園も開かれて、各住宅には果樹が植えられた。この住宅地では、大きさにかかわらず1200円の均一価格で住宅が分譲され、月賦方式も可能であった。また、牧落駅付近では1924(大正13)年から、関西土地株式会社が分譲地の売り出しを開始した。当初は「新桜井住宅地」の名称だったが、すぐに「百楽荘」の名称を用いて、この名称は

建設省地理調査所1/25000地形図

昭和28年(1953年)

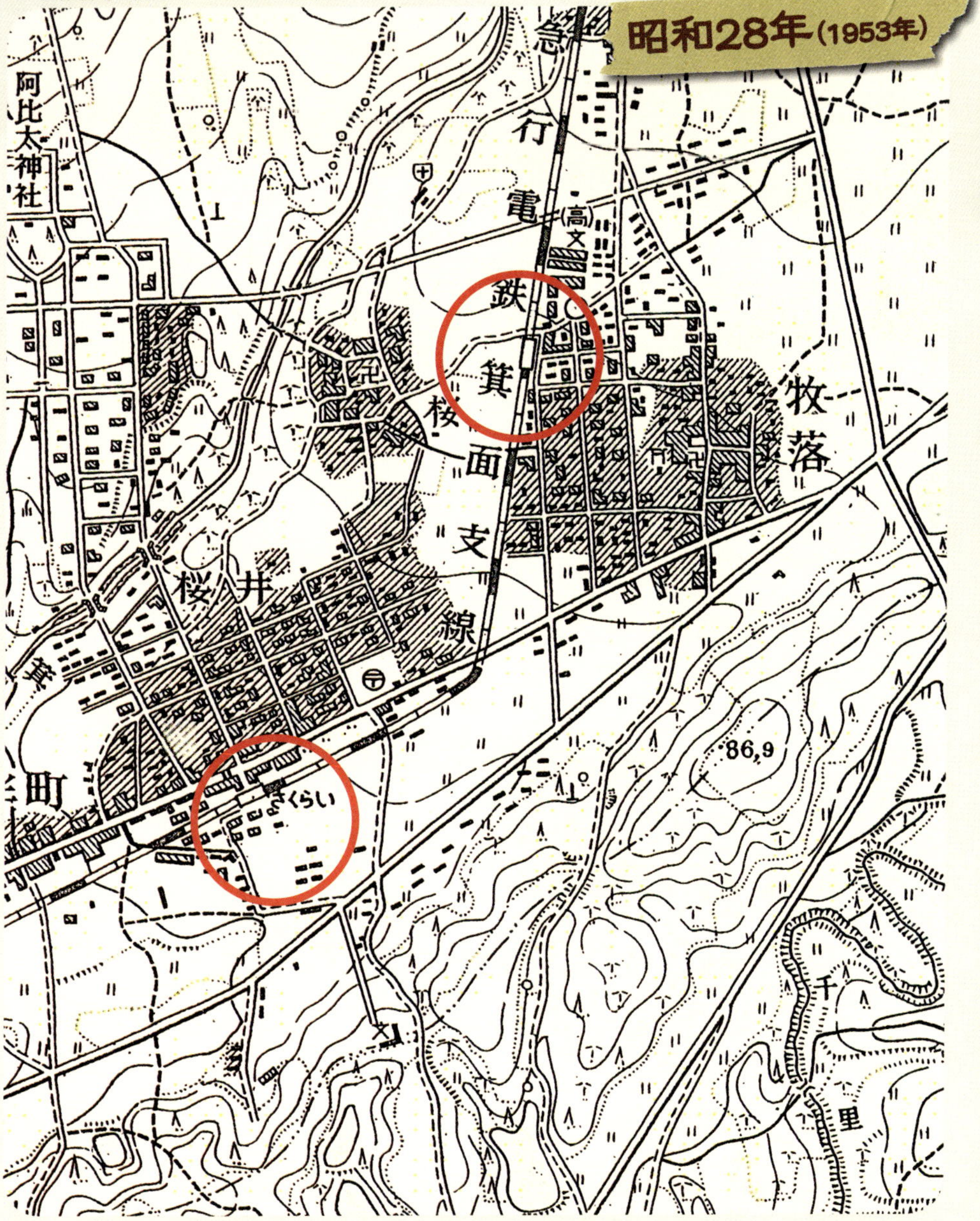

地図の北西には、阿比太神社が鎮座している。素戔嗚命を祀る阿比太神社はかつて箕面駅付近にあったとされ、「桜ケ丘」と呼ばれるこの地に移された。この「桜ケ丘」では、1919年から住宅開発が始まり、1922年には日本建築協会による「桜ケ丘住宅改造博覧会」が開催されている。この博覧会では、モデル住宅が展示され、博覧会が終了した後、そのまま売り出されて話題となった。一方、南側では千里川が蛇行しながら流れている。

桜井住宅地

桜井駅は、池田室町住宅地に次ぐ桜井住宅地(5万5千坪)の分譲に伴い開設された。当時の宣伝用パンフレットには「箕面公園に近き桜井停留所前、箕面川の流れ涼しき、閑静申し分なき新市街」と紹介されている。いずれにしても、阪急沿線におけるあこがれの住宅地の先駆けになったことは間違いない。

春日神社

「桜井」の地名由来に関係している神社。本殿後ろに「薬師井戸」があり、この霊泉を求めて病人が群れを成したという。井戸付近に当時九重桜の名木があり、これが「桜井」という地名になった、と伝えられる。

豊中市宮山町1-1

牧落八幡大神宮

鎮守の森に囲まれた小さな神社は、牧落村の氏神で、寛文2(1662)年、石清水八幡宮の分霊を奉祀したことに始まる。明治末期の神社統合の際、阿比太神社に合祀されたが、昭和20年代に再び元の地に戻った。

箕面市牧落2-12-27

桜井駅に停車する石橋〜箕面間の区間運転列車（昭和29年）。

撮影：石田 一

現在も駅東側の地名として残っている。現在はこの北東に箕面市役所が置かれている。

この百楽荘から道路を挟んだ東側の牧落2丁目には、この地域の氏神である牧落八幡宮が鎮座している。応神天皇を祀るこの神社は、江戸時代の1662（寛文2）年の創建とされ、若宮八幡宮とも呼ばれてきた。

陸軍陸地測量部1/25000地形図「広根」「伊丹」

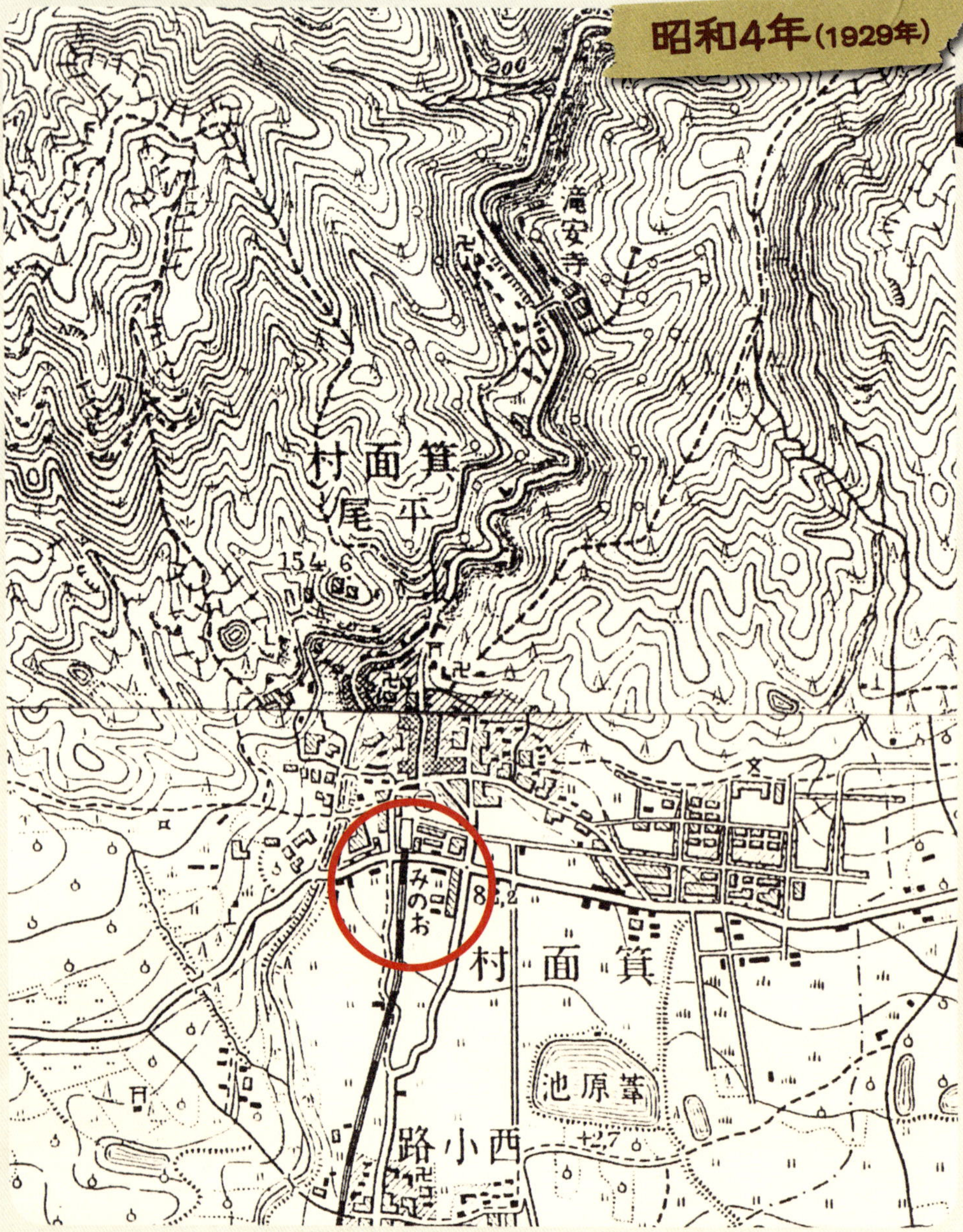

阪急線と沿うように北上してきた箕面街道（大阪府道43号）は、箕面駅を越えても北に進み、滝安寺方面に延びている。阪急の箕面駅は、開業当初はループ線を利用して乗降場を別々に設ける構造であった。この時代、駅周辺は箕面村で、箕面町を経て1956年に箕面市の市制が施行されるが、こうした中で市（町）域は拡大していった。箕面駅の南東には、萱原池が見える。この池の周辺は現在、萱原公園として整備され、西側に箕面市立中央図書館が置かれている。

箕面線

箕面

滝と紅葉の行楽地、大阪の奥座敷

開業年	1910（明治43）年3月10日
所在地	箕面市箕面1-1-1
キロ程	4.0km（石橋起点）
駅構造	地上駅
乗降客	16,426人

箕面有馬電気軌道の終点

紅葉の名所であり、温泉があることでも知られた箕面。大阪の奥座敷として、多くの観光客が訪れる名所であり、この行楽客を目当てに建設されたのが、箕面有馬電気軌道である。現在、この一帯は明治の森箕面国定公園に指定されている。

阪急の箕面駅は1910（明治43）年3月10日、箕面有馬電気軌道の終着駅である「箕面公園」として開業している。

箕面市には京都・大阪と西日本各地を結ぶ大動脈であった西国街道（国道171号）が通っている。この道路は阪急箕面線の南側を石橋駅付近に向かって斜めに南下している一方で、箕面駅付近では大阪府道9号（箕面池田線）が東西に走っている。この道路の北側には、北摂山地（系）が迫っており、地元では「山麓線」とも呼ばれている。

北摂山地には、標高355メートルの箕面山がそびえている。この山麓には、修験道でも知られ、日本の滝百選にも選ばれている箕面滝が存在する。この滝の下に飛鳥時代、役行者が堂を建て、弁財天像を安置したのが箕面寺の始まりで、その後に「瀧安寺」の寺号を得ることとなった。この寺は富くじの発祥地としても知られ、江戸時代から多くの参拝客が訪れていた。

1871（明治4）年に箕面は公園

箕面公園昆虫館

箕面公園内にある昆虫を集めた博物館。国産を中心に6000種以上の標本があるという関西一の昆虫館だ。見どころは、10種400頭もの蝶が間近で見られる「放蝶園」。色とりどりの蝶が舞い飛ぶ様は圧巻だ。

箕面市箕面公園1-18

箕面山聖天宮 西江寺

箕面山は古来より瀧を中心に山林の修行道場として発展し、日本でもっとも古い修行地の一つだ。聖天さんと呼ばれる「西江寺」は、658年飛鳥時代、役行者(えんのぎょうじゃ)によって開山された。1300年余の歴史がある本堂には、役行者作日本最初の大聖歓喜天が祀られ、現在も地元の氏神として「聖天さん」と呼ばれ信仰を集めている。

箕面市箕面2-5-27

国土地理院1/25000地形図「広根」「伊丹」

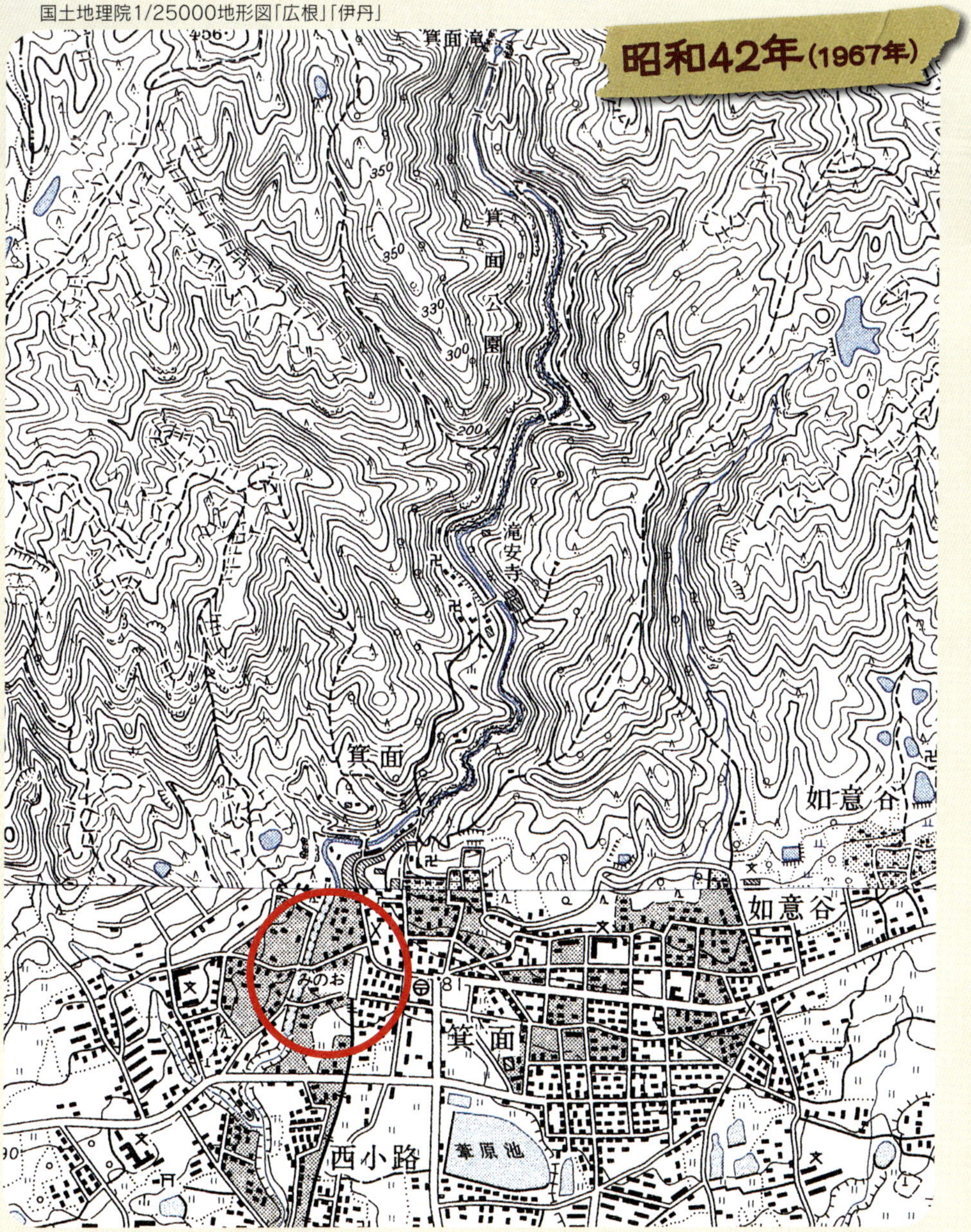

箕面川沿いには、箕面公園が整備されており、早くからハイキングコースとして親しまれてきた。北側には「日本の滝百選」に選ばれた箕面滝があり、古くは修験道の道場だったこの滝は、落差33メートルの見事な風景を見せている。南側では戦後間もない1946年に箕面学園高校が開校している。駅の西側で「文」の地図記号で示された、この私立高校とともに、南西には1947年に箕面市立第一中学校、1965年に西小学校も開校している。

箕面大滝

紅葉の名所である箕面大滝は、江戸時代の『摂津名所図会』にも描かれた北摂の名所で、現在は「日本の滝百選」にも選定されている。滝の落差は33メートルで、古くは修験道の道場であった。江戸時代までは瀧安寺の寺領であったが、明治維新後は「公園地」となり、1898年に大阪府営箕面公園となった。その後、1967年に「明治百年」を記念して、国定公園に選定。現在は明治の森箕面国定公園の中に含まれている。

地の指定を受け、1775年には勝地となって、公園化が進められた。箕面駅が開業すると駅付近に動物園、遊園地が開設され、遊歩道なども整備された。阪急が経営する箕面動物園は、1916（大正5）年に閉鎖され、動物たちは宝塚に移されている。この跡地には1951（昭和26）年に箕面観光ホテルが建てられ、その後に温泉が発見されたことで、1965年に箕面スパーガーデンが造られた。また、駅の北西である池田市側には、箕面ゴルフ倶楽部、池田カンツリー倶楽部という2つのゴルフ場も存在する。

開業当時の箕面公園駅は、折り返し用のラケット状のループ線を特殊な形態の駅で、その後に現在のような形に改められた。現駅名である「箕面」になったのは時期不詳だが、1931年頃に改称したとされている。

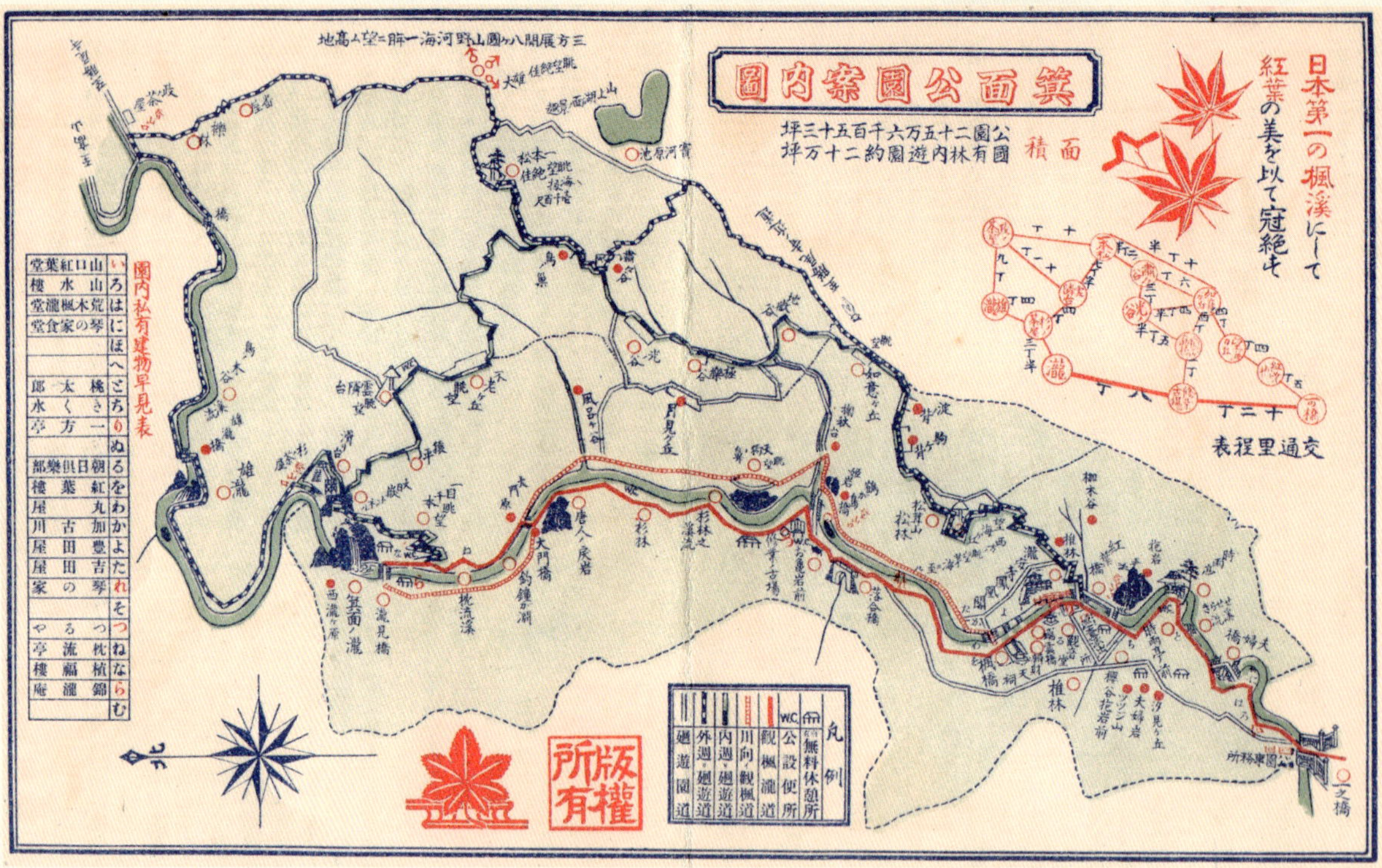

箕面公園案内図
(昭和初期)
所蔵:生田 誠

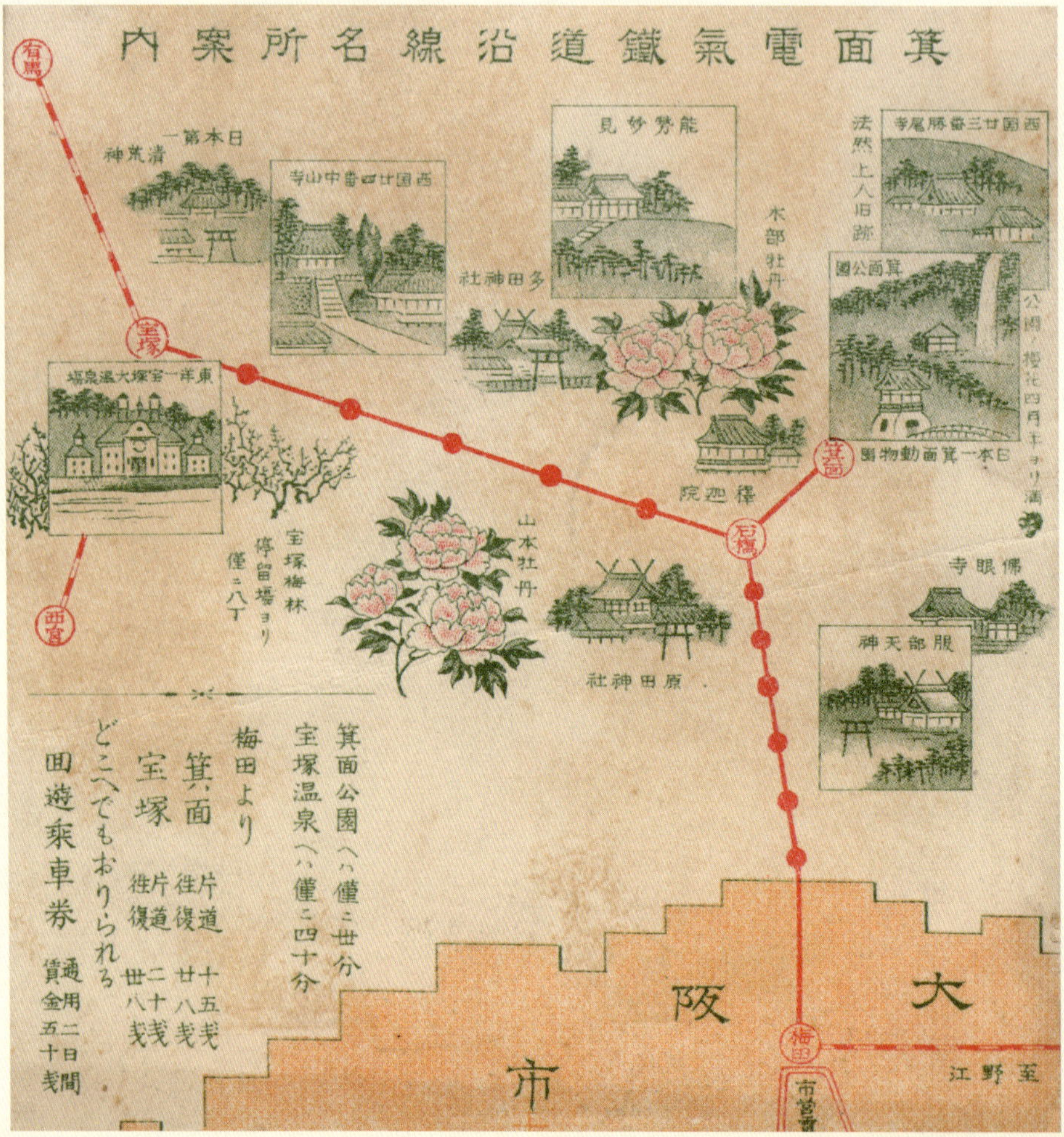

箕面有馬電気軌道の
沿線名所案内
(大正時代)
所蔵:生田 誠

2章
神戸線、伊丹線
甲陽線、今津線

三宮駅に改称される前日の「阪急神戸駅」。(昭和43年)

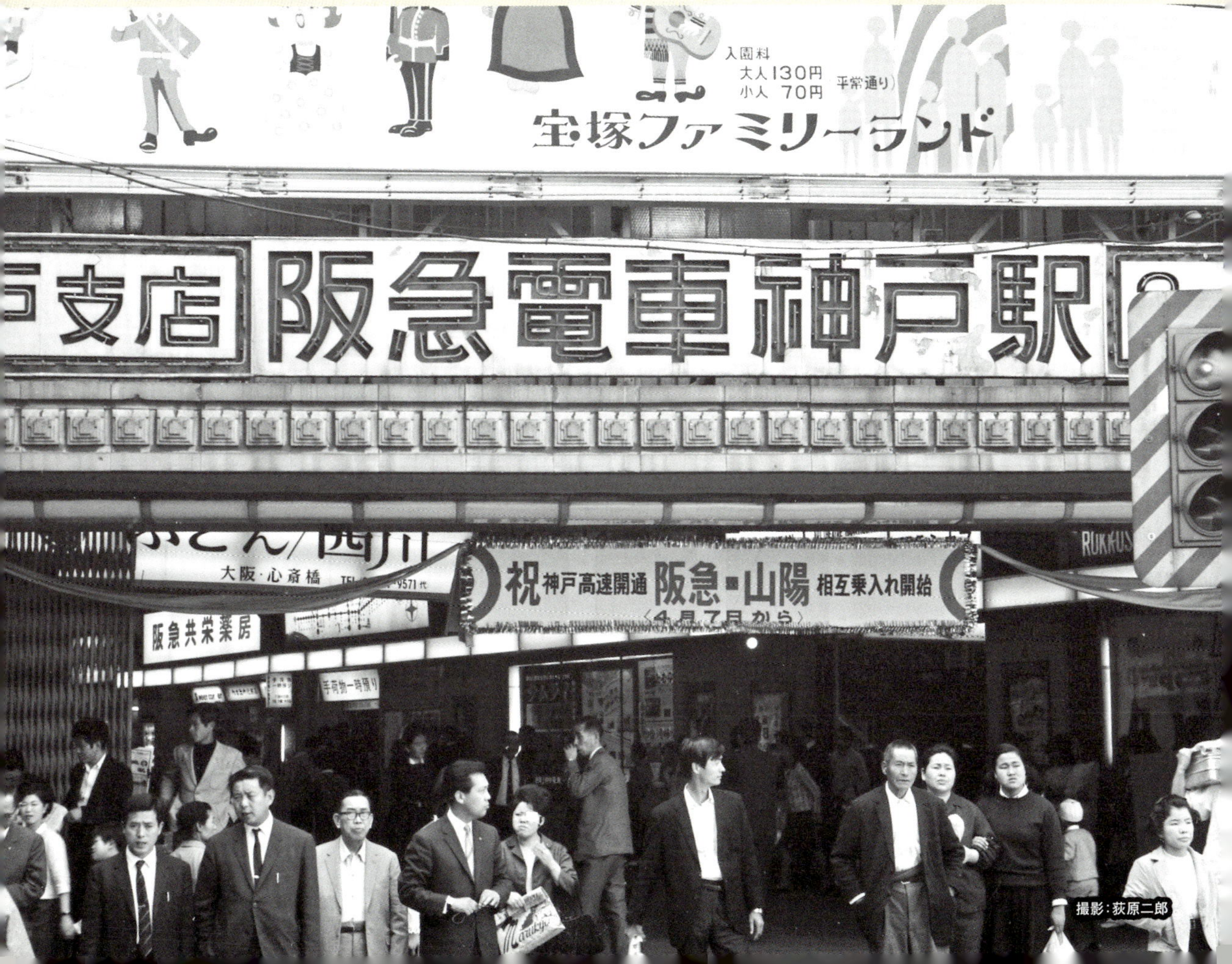

撮影：荻原二郎

陸軍陸地測量部1/10000地形図

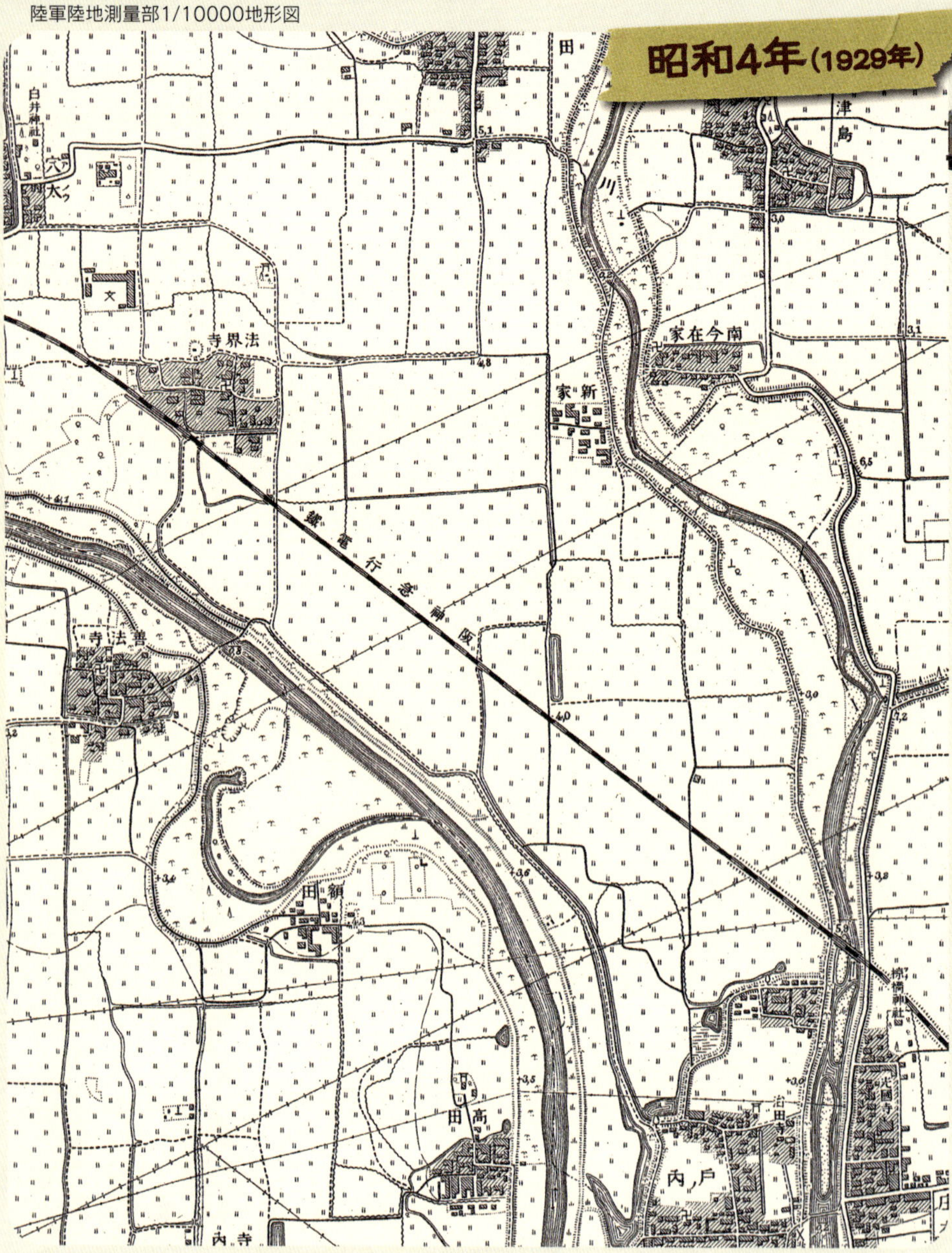

猪名川と藻川は、地図外の南側で合流する。その中間に阪急の宝塚線が通り、「法界寺」の集落付近には後に園田駅が置かれる。北西に見える学校は園和小学校である。北西には「穴太」の地名が見え、白井神社がある。尼崎市には複数の白井神社が存在するが、東園田の白井神社は「歯神社」と呼ばれ、歯の病気の快癒や健康を願う人々から崇敬を集めてきた。「穴太（あのう）」の地名は、石垣造りの技能集団「穴太衆」ではなく、古代の渡来氏族「穴太氏」との関連があるとされる。

神戸線

神崎川、園田

猪名川沿いに園田競馬場

神崎川駅

開業年	1920（大正9）年7月16日
所在地	淀川区新高6-14-16
キロ程	4.1km（梅田起点）
駅構造	地上駅
乗降客	17,401人

園田駅

開業年	1936（昭和11）年10月20日
所在地	尼崎市東園田町9-48-1
キロ程	7.2km（梅田起点）
駅構造	高架駅
乗降客	30,532人

北東に延びる神戸線

神戸線における十三駅の隣駅である神崎川駅は1920（大正9）年7月16日である。駅は神崎川の手前に置かれ、その先に神崎川橋梁が架かっている。駅との間には防潮扉が設置されており、これが使用される時には梅田〜園田間が運休となる。駅の東側には阪急の神崎川変電所が存在したが、2005（平成17）年に解体、撤去されている。

次の園田駅は、猪名川と藻川に挟まれた場所に置かれている。「園田」といえば、地方競馬の園田競馬が有名だが、この競馬場は駅から少し離れた北側の猪名川沿いにある。阪急の園田駅は、園田競馬場の開催時における臨時駅としてスタートした歴史をもつ。競馬場の開設は1930（昭和5）年で、ときを同じくして臨時駅が開業したとされるが、正確な月日などは不詳である。1936年10月20日に正式な駅として開業している。

園田駅は現在、尼崎市東園田町に置かれているが、1947（昭和22）年に尼崎市に編入される前には、川辺郡に園田村が存在した。園田村の中心地は藻川の西側の園田中学校・小学校付近で、園田村時代の村役場もこのあたりに置かれていた。このあたりは現在、山陽新幹線が走っているが、尼崎駅と福知山駅を結ぶJR福知山線はその西側を通ってい

香具波志神社と上田秋成

神崎川近くの香具波志神社には、「上田秋成寓居、加島鋳銭座跡」の碑が建つ。上田秋成は、雨月物語の作者で有名な江戸時代の国文学者。幼い頃に天然痘にかかり、養父がこの神社に祈願して回復したという話が伝わる。後年、神社の神官藤家時らの招きで神社境内の一隅に居住。68首の和歌を奉納した。没後は境内に墓も建てられている。

大阪市淀川区加島4

田能遺跡

園田駅から市バスで「田能口」へ行き、北へ15分ほど歩くと「田能遺跡」に着く。この遺跡は、弥生時代の集落跡が史跡公園として整備されたもの。昭和40年代の発掘調査では墓地も発見された。その後、国指定史跡となり、資料館も開館。貴重な遺物が保管＆展示されている。公園は平成19(2007)年、「日本の歴史公園100選」に選定されている。

尼崎市田能6-5-1

建設省地理調査所1/10000地形図

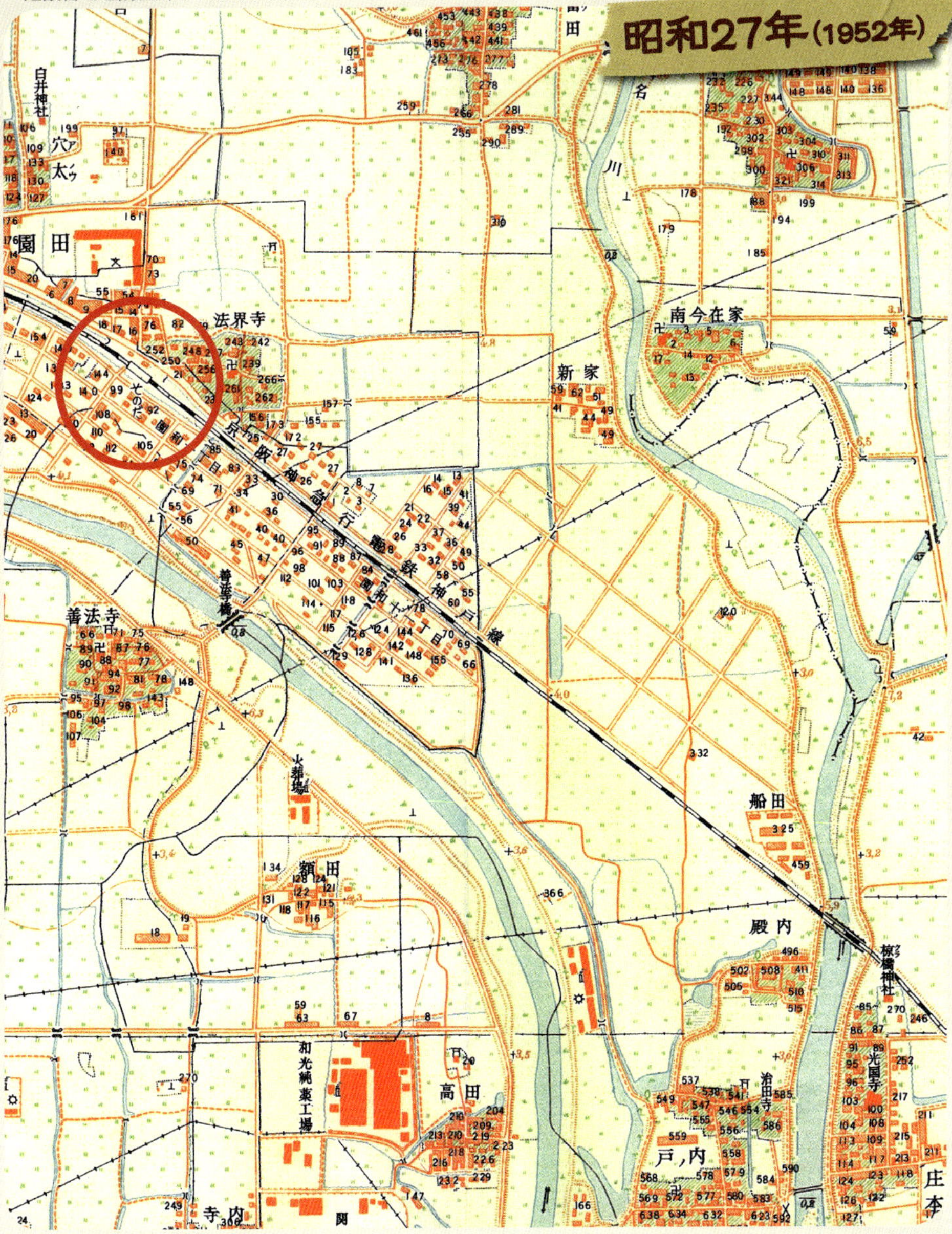

園田駅の開業とともに周辺にも集落が広がり、藻川を挟む「善法寺」地区との間には善法寺橋が架けられている。この橋は人道橋で、現在は上流に園田橋が架橋されている。現在は少し離れた下流に東園田橋が出来て、名神高速道路の橋梁も存在する。猪名川を越えた神崎川駅側には、椋橋神社（総社）が鎮座している。ここは豊中市庄本町で、現在は隣接して庄本幼稚園が存在する。椋橋総社は「鯉の宮」と呼ばれる素戔嗚命を祀る社で、鯉伝説が残されている。

所蔵：上野又勇

園田競馬場

1960（昭和35）年にスタンドを新築してから入場人員や売上は地方競馬3位を記録。1966年にはスタンド増強工事も完成して全盛期を迎えていた（写真は1967年撮影）。

尼崎市田能2-1-1

る。この福知山線にはＪＲの塚口駅があり、阪急の塚口駅はさらに西側に位置している。

　園田競馬場から北西の猪名川沿いでは、1965年の園田配水場の建設時に弥生式土器が発見された。この場所は弥生時代の田能遺跡と認められ、現在は国の史跡に指定されて、尼崎市立田能資料館も開館している。この遺跡は一部が伊丹市にまたがって存在する。

陸軍陸地測量部1/10000地形図

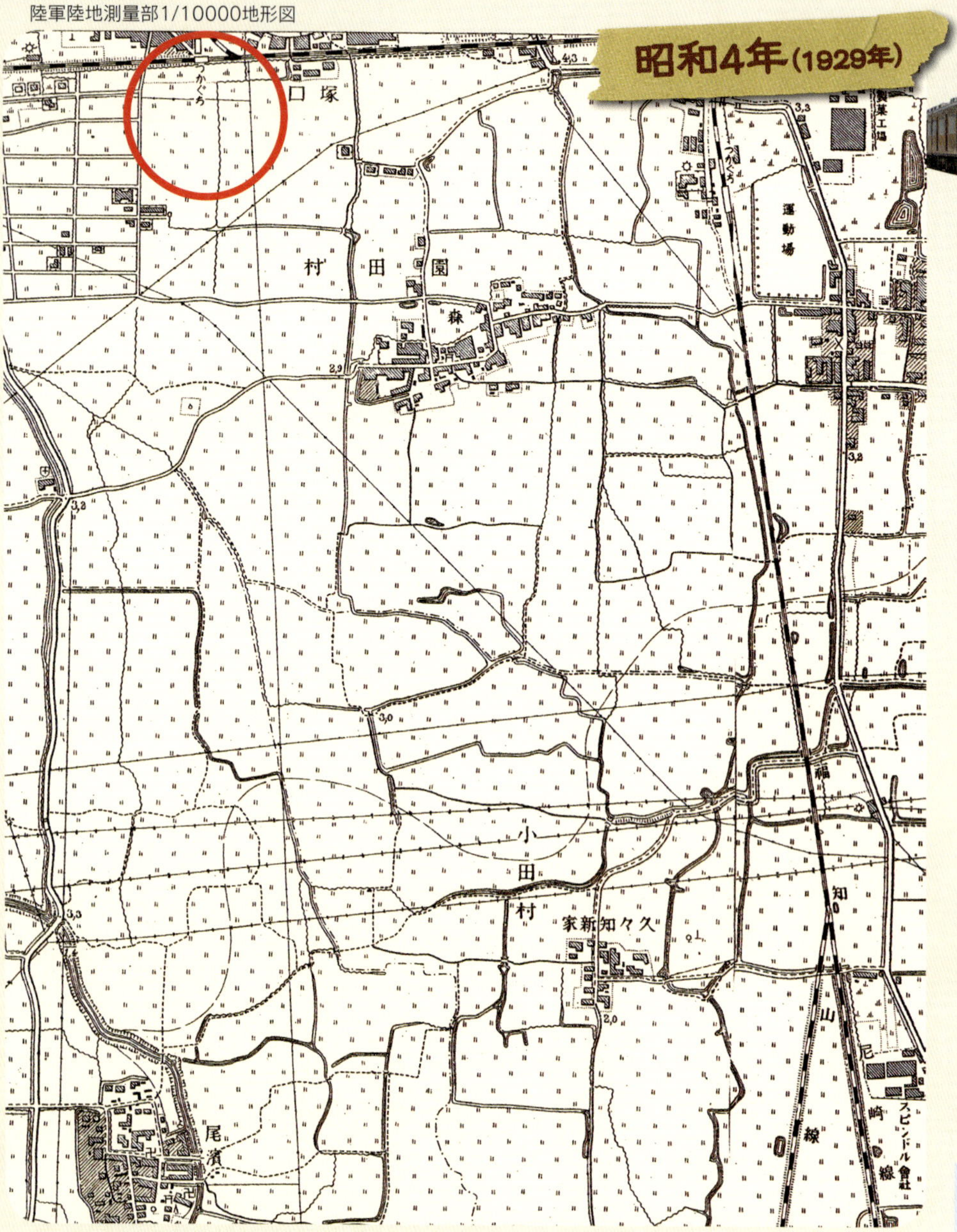

神戸線
伊丹線

塚口

神戸線・伊丹線の分岐点

この当時、地図の北側は園田村で、南側は小田村となっていた。その北側を阪急神戸線が通り、伊丹線との接続駅である塚口駅が置かれている。一方、東側には福知山線が通り、国鉄の塚口駅が置かれていた。南に延びている福知山線は、この頃は途中で尼崎線（支線）と分岐しており、福知山線（本線）は東海道本線と接続する神崎（現・尼崎）駅に至るが、貨物支線の尼崎港線は東海道本線の線路を越えて、金楽寺駅方面に向かっていた。

開業年	1920（大正9）年7月16日
所在地	尼崎市塚口本町1-1
キロ程	10.2km（梅田起点） 0.0km（塚口起点）
駅構造	地上駅
乗降客	58,599人

東に福知山線の同名駅

神戸線の線路は北に延びるJR福知山線の線路を越えて、塚口駅に至る。塚口駅は阪急の神戸線、伊丹線の分岐点となっており、1920（大正9）年7月16日に神戸線、伊丹線が同時に開業した際に開業している。一方、南東に存在する福知山線の塚口駅は、1891（明治24）年に川辺馬車鉄道の駅として開業している。その後、摂津鉄道、阪鶴鉄道を経て国鉄の駅となった。

「塚口」の地名由来は宝塚と同様に、塚（古墳）に由来する。かつて、塚口駅付近には、池田山古墳をはじめとする塚口古墳群が存在したが、大正、昭和前期における土取りのために完全に消滅した。中世には浄土真宗興正寺別院の塚口御坊を中心とする寺内町が形成された。江戸時代には塚口村となったが、1889年に立花村の一部となり、1942（昭和17）年に尼崎市に編入された。

阪急の塚口駅の南東、少し離れた場所には、尼崎市都市緑化植物園（上坂部西公園）とピッコロシアター（兵庫県立尼崎青少年創造劇場）が存在する。都市緑化植物園は地元では「みどり園」として市民に親しまれ、地元出身の劇作家を顕彰する「近松門左衛門へのオマージュ」と題されたモニュメントが設置されている。また、1978（昭和53）年に開館したピッコロシアターは、大・中・小の3つの

近松門左衛門ゆかりの地 広済寺、近松公園＆記念館

曾根崎心中や心中天網島など多くの名作を残した、江戸時代の浄瑠璃・歌舞伎作者・近松門左衛門。塚口はその近松のゆかりの地だ。市内の広済寺には墓もある。広済寺の離れは"近松座敷"と呼ばれ、晩年の近松の仕事場だった。寺のすぐそばは近松公園で、園内には近松生誕250年を記念した近松記念館がある。館内には、近松愛用の文机など遺品が展示されている。晩年の仕事場である「近松座敷」の模型も見られる。

尼崎市久々知1-4-38

伊居太神社（伊居太古墳）

近松公園の東に鎮座する伊居太神社の境内には、市内最大の前方後円墳（伊居太古墳）がある。この古墳は5世紀頃に築造された、と伝わる。平成7年1月の阪神淡路大震災で社殿などが倒壊したが、その後、氏子たちにより新社殿が再建された。

尼崎市下坂部4-13-26

建設省地理調査所1/10000地形図

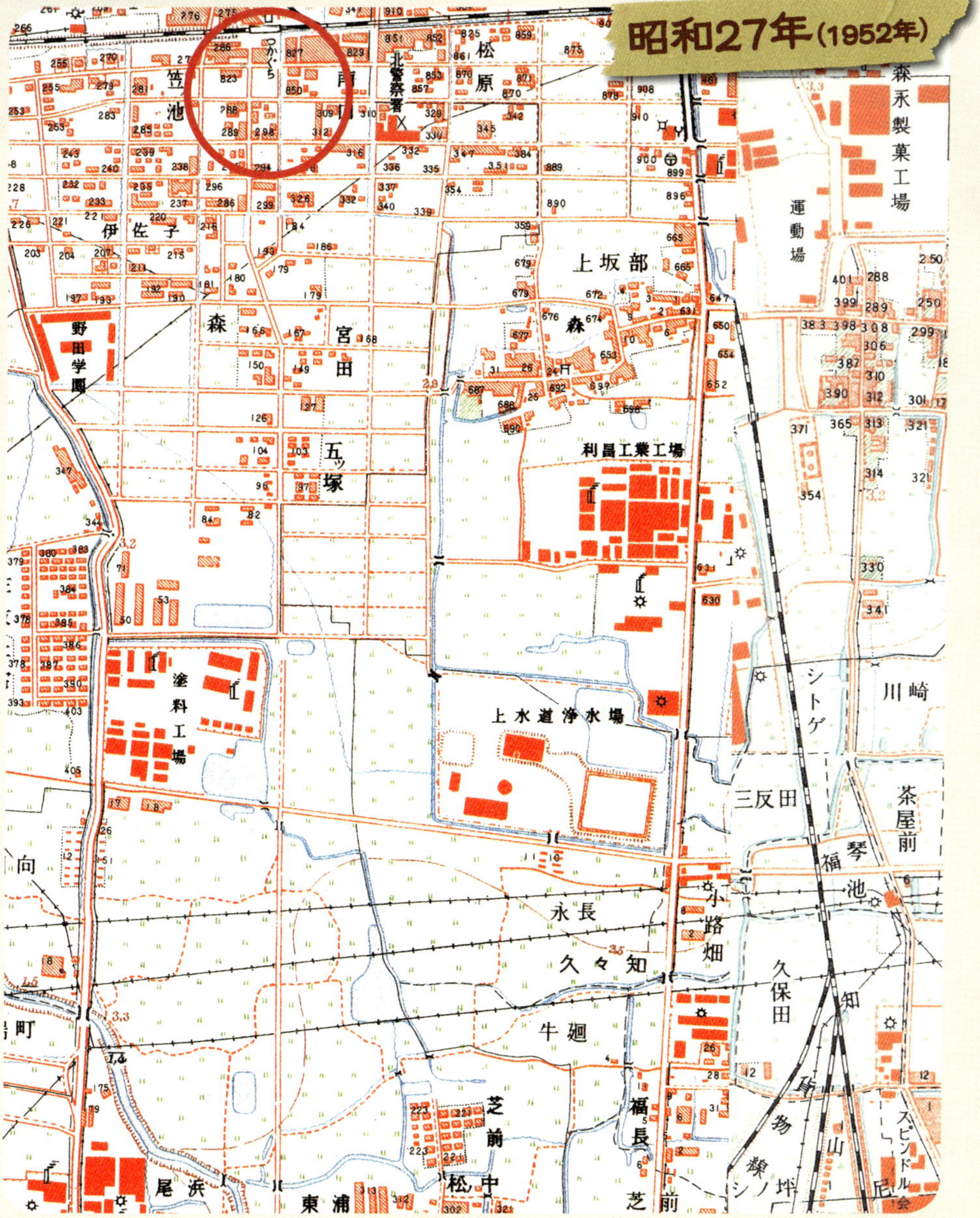

この頃になると、阪急神戸線の南側にもかなりの数の住宅が建てられている。小田村は1936年に尼崎市と合併しており、1947年には園田村も尼崎市の一部に変わっている。地図の東側には、上水道浄水場が誕生している。これは現在の阪神水道企業団尼崎浄水場である。この南側には、名神高速道路が東西に走り、尼崎インターチェンジが置かれている。上水道浄水場の西側には、塗料工場も存在し、西側に隣接して住友社宅が建てられている。

塚口駅北口（昭和49年）　所蔵：上野又勇

ホールを有し、兵庫県立ピッコロ劇団の作品などが上演されている。

また、阪急の塚口駅の周辺には、尼崎市立尼崎高校（市尼）、兵庫県立尼崎北高校、園田学園女子大学・短大といった高校、大学がある。なお、尼崎高校は2校あり、阪神本線の大物駅付近には、県立尼崎高校（県尼）が置かれている。

陸軍陸地測量部1/10000地形図

昭和4年(1929年)

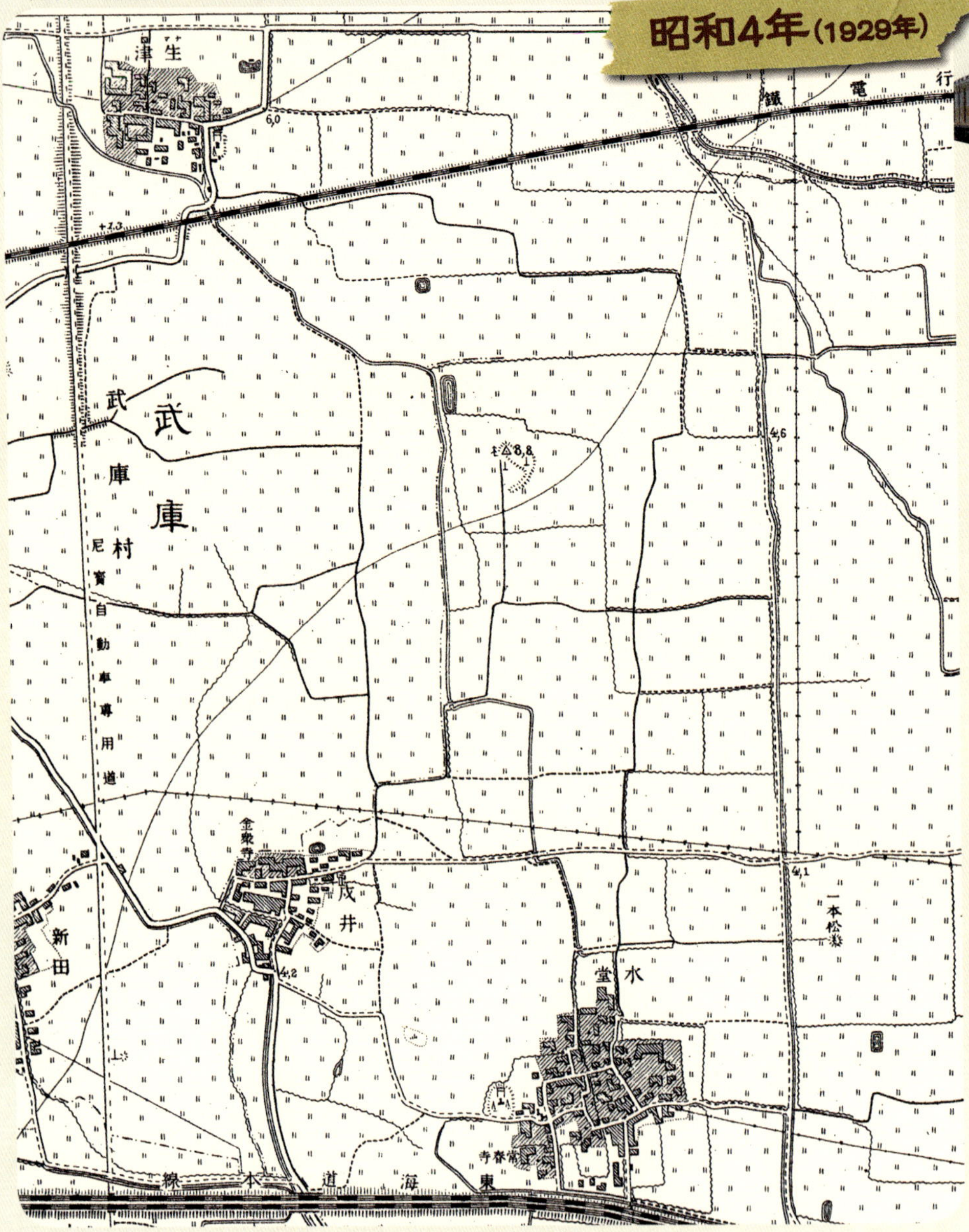

この時期、まだ武庫之荘駅は開業していない。武庫之荘駅が開業し、北側に高級住宅地が開発されるのは1937年である。このあたりはほんどが農地で集落も少ない中、西側では「尼寳自動車専用道」が建設されていた。この自動車専用道路は当初、阪神の子会社である宝塚尼崎電気鉄道(尼宝電鉄)が、大正末期から鉄道の建設を計画したものの実現に至らず、自動車専用道に変わり、1932年から路線バスの運行が行われることとなる。

神戸線

武庫之荘

武庫川の流れ、武庫郡にあった

開業年	1937(昭和12)年10月20日
所在地	尼崎市武庫之荘1-1-1
キロ程	12.3km(梅田起点)
駅構造	地上駅
乗降客	59,095人

阪急が開発した住宅地

宝塚線の宝塚駅、今津線の宝塚南口駅付近から南に流れてきた武庫川は、この武庫之荘駅と西宮駅との中間で、今度は阪急神戸線と交差することとなる。

「武庫之荘」の「武庫」については、「(難波の)向こう」から来たといった説のほか複数が存在する一方で、武庫川とともに六甲山が「武庫山」と呼ばれ、武庫郡が置かれるなど広い範囲で地名などに使用されてきた。明治時代には、現在の芦屋市や神戸市須磨区なども武庫郡に含まれた時期があった。このうち、1889(明治22)年に成立した武庫村が現在の武庫之荘駅付近にあたり、それ以前にあった東武庫村、西武庫村、武庫庄村などが合併して誕生したものである。

武庫之荘駅の開業は、神戸線の開業からしばらくした1937(昭和12)年10月20日である。この時期はまだ、武庫村が存在し、5年後の1942年に尼崎市に編入された。阪急がこの時期に新駅を設けたのは、駅の北東で自社経営の武庫之荘大住宅地を売り出す目的があったからである。イギリスで生まれた田園都市の理念をもとにした街づくりがなされ、区画整理されたこの住宅地は、駅前ロータリーから北西に直線に道路が延び、現在も阪神間の高級住宅地となっている。

一方、南側を走る東海道線では、一

建設省地理調査所1/10000地形図

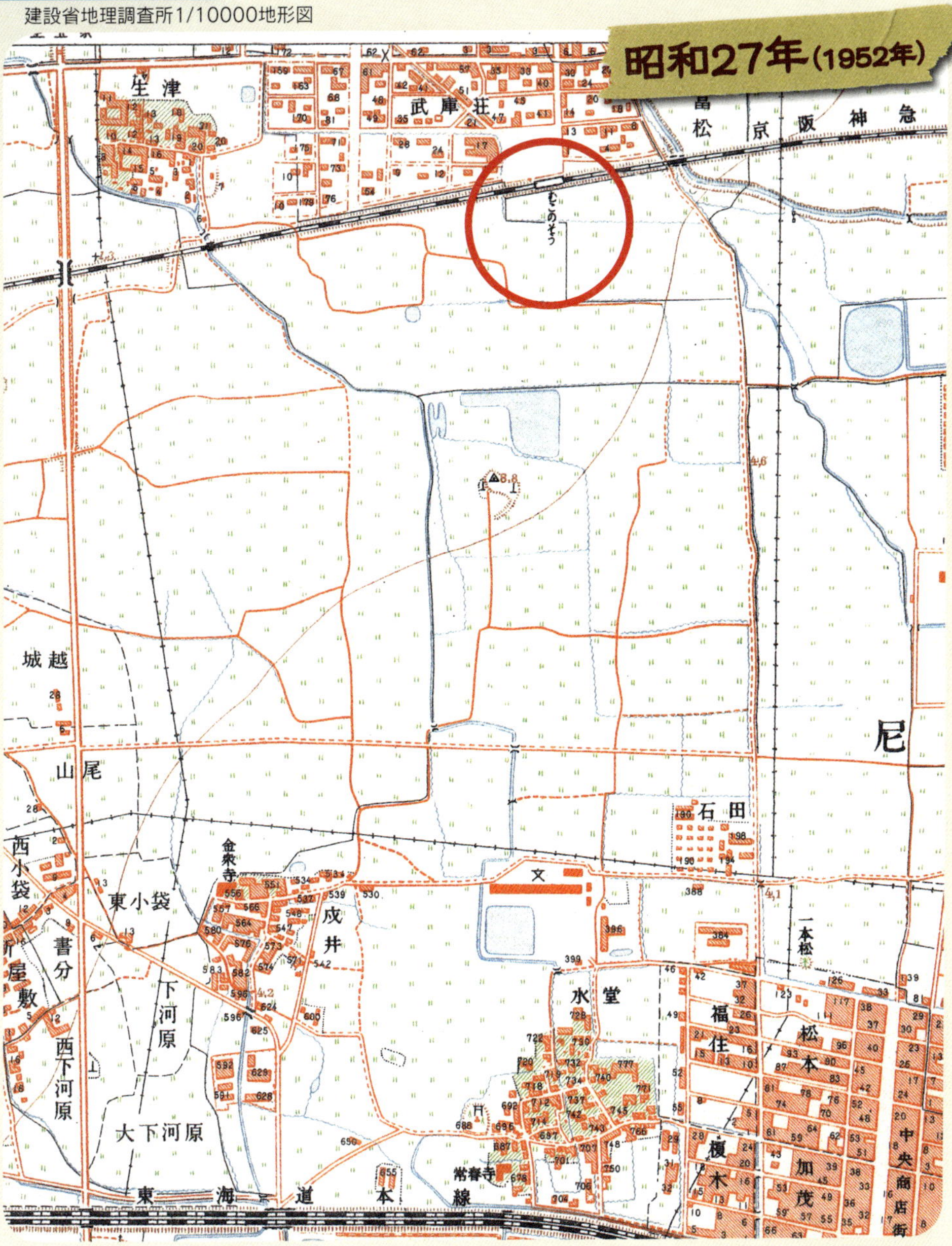

武庫之荘駅が開業し、駅前北側には住宅地が誕生していたもの、南側一帯は依然、田畑のままである。西側の自動車専用道は1942年に兵庫県に買い上げられ、県道42号となっていた。武庫郡の武庫村は既に尼崎市に変わっている。南側を走る東海道線には、1934年に立花駅が新設され、市街地が北に延びていた。地図の南側には、戦後間もない1947年に立花中学校が誕生しており、この西側には1967年に立花西小学校が開校する。

大井戸公園

多くの野鳥がいる緑豊かな公園。約130種類、2000本のバラ園もあり、季節になると美しい花々を愛でることができる。また、園内には、今から7世紀頃（古墳時代後期）に造られた、と伝えられる直径13mの円墳「大井戸古墳」もある。

尼崎市南武庫之荘3-425

生島神社

かつて立花地区の上ノ島・栗山・大西・三反田は「生島」と呼ばれていた。そしてこの4ヵ村の産土神が生島神社だった。中世には生島荘の氏神だったと考えられている。明治維新以前は生島明神、生島弁財天と呼ばれたが、明治6(1873)年に「生島神社」と改められた。

尼崎市栗山町2-24-33

上ノ島弥生遺跡

弥生時代前期にこの地に住んでいた、とされる尼崎最古の農耕集落跡。西摂平野を代表する遺跡でもある。低湿地に立地するため、土器や石器のほか、炭化米・ブドウ・マクワウリ・フクベ・ヒシなどの植物の種子や建築用材と考えられる材なども発掘されている。これら出土遺物は尼崎文化財収蔵庫に展示されている。

尼崎市上ノ島町3-1-2

武庫之荘駅前（昭和34年）　撮影：中谷一志

足早い1934年7月20日に立花駅が誕生している。こちらも神崎（現・尼崎）～西ノ宮（現・西宮）間には明治初期の開業以来、駅は存在せず、川辺郡立花村の住民らの嘆願が実現した形である。この立花村も武庫村と同じ1942年に尼崎市に編入されている。

陸軍陸地測量部1/10000地形図「西宮北部」

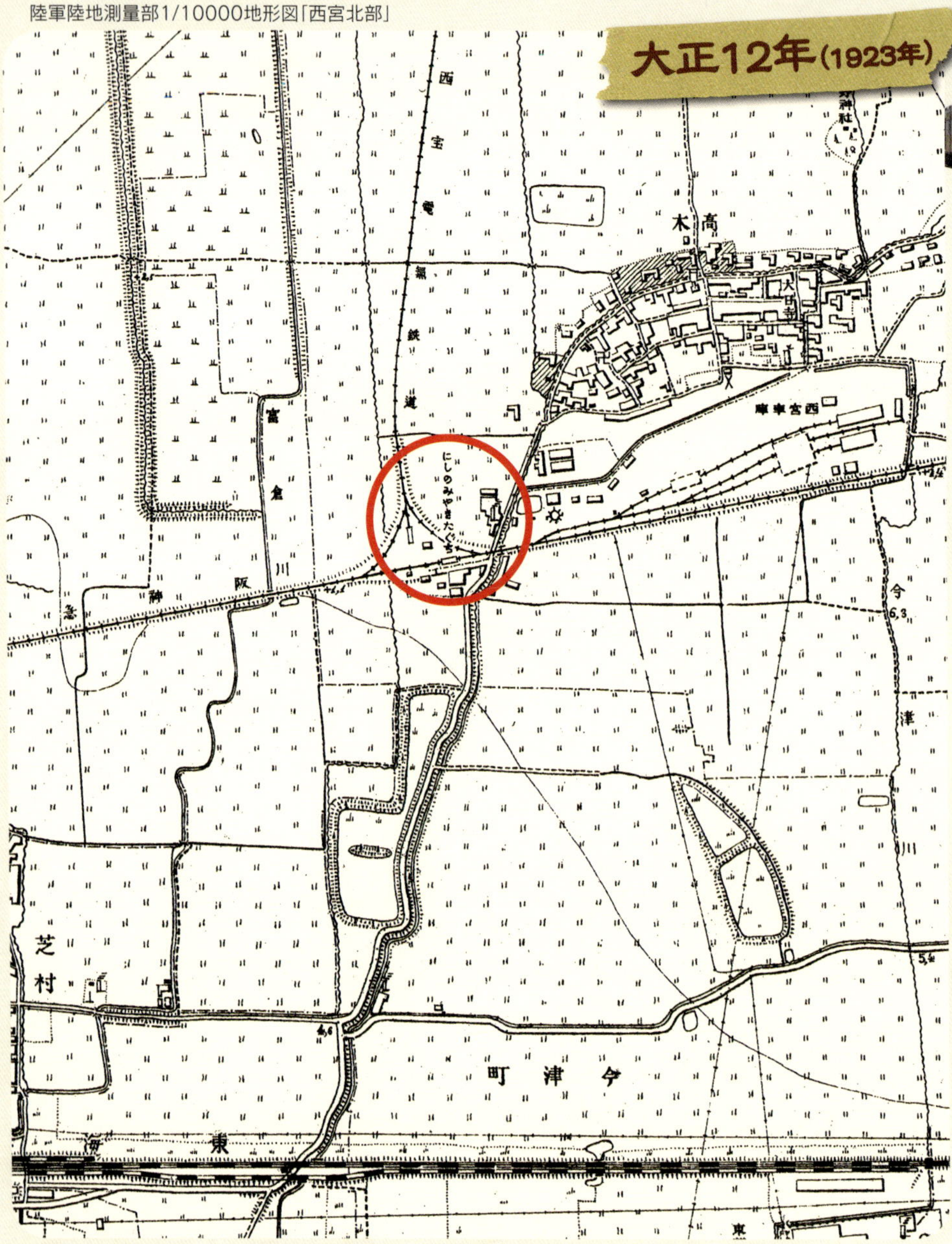

地図上には南側に今津町、芝村の文字が見えるが、北側の西宮北口駅付近は当時、瓦木村であり、これらの町村は1933年に西宮市に編入されている。西宮北口駅と宝塚駅を結ぶ西宝電気鉄道（現・今津線）は見えるものに、南側の西宮北口〜今津間の区間は開業していなかった。西宮北口駅の北東には、既に阪急の西宮車庫が置かれており、北側に大日寺、熊野神社が存在する。地図の南西部分には、後に名神高速道路が通ることとなる。

神戸線
伊丹線

西宮北口

神戸線と伊丹線が交差する

開業年	1920（大正9）年7月16日
所在地	西宮市高松町6-20
キロ程	15.6km（梅田起点） 7.7km（宝塚起点）
駅構造	地上駅 （5号線のみ高架ホーム）
乗降客	99,441人

かつては阪急西宮球場

西宮は、全国のえびす神社の総本社で、十日戎や福男選びで有名な西宮神社があることで知られる。この神社は、阪神本線の西宮駅の南西にあり、阪急の西宮北口駅からはかなり離れた場所に鎮座している。一方、プロ野球、阪急ブレーブス（現・オリックス・バファローズ）の本拠地であった阪急西宮球場（阪急西宮スタジアム）は、この西宮北口駅のすぐ南東に存在した。

阪急が1920（大正9）年7月16日、神戸線の開通と同時に西宮北口駅を開設したとき、この地は武庫郡瓦木村で、駅周辺には田園風景が広がっていた。通勤・通学（交通）には不便な場所であったこの駅付近だが、1921年に西宝（現・今津）線の西宮北口〜宝塚間、1926年に今津線の西宮北口〜今津間が開業し、神戸線・今津線のダイヤモンドクロス（平面軌道交差）が誕生して交通の利便性が増していった。瓦木村は太平洋戦争中の1942（昭和17）年に西宮市に編入されている。

この駅付近では、1937年に博覧会「大毎フェアランド」が開催された。この博覧会の終了後、跡地を利用して建設されたのが阪急西宮球場である。ここでは、プロ野球の公式戦のほか、ボクシングの試合、音楽コンサートなどさまざまなイベントが開かれ、西宮競輪も開催されて

陸軍陸地測量部1/10000地形図「西宮北部」

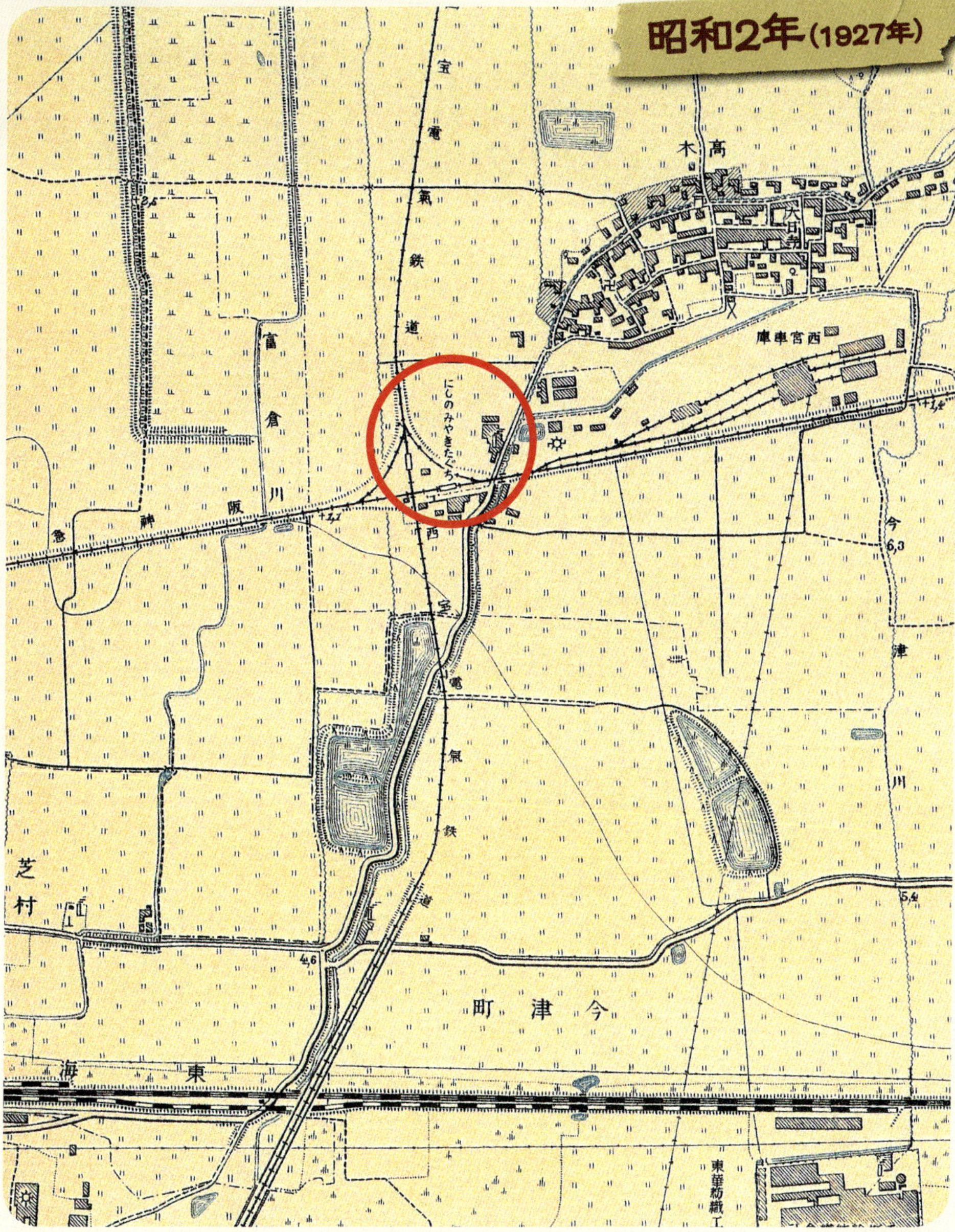

宝塚〜西宮北口を結ぶ西宝線が1921（大正10）年9月に開業してから約5年後の1926年12月に西宮北口〜今津間（1.6キロ）が延伸開業して全通した。このときから西宮北口駅では鉄道路線の平面交差（ダイヤモンドクロス）が始まり、1984年3月に西宮北口駅での平面交差が解消されて南北の線路が分断されるまで約58年間にわたり続けられた。南に見える東海道線とのクロスは、後から開業した西宝線が跨いで越えている。

ダイヤモンドクロス

阪急西宮北口駅といえば、神戸線と今津線が十字型に交差する平面交差「ダイヤモンドクロス」が有名だった。しかし、神戸線のホーム延長工事のために、昭和59(0000)年3月に撤去。駅舎も改築によって橋上化され、今津線は南北に分断された。阪急西宮ガーデンズ北側の緑地(高松ひなた緑地)にはダイヤモンドクロスの「井ゲタ」の鉄路モニュメントがある。

西宮市高松町 阪急西宮ガーデンズ北側。

西宮車庫

西宮北口駅の東側にあり、神戸線(本線、今津線・甲陽線・伊丹線)の車両が所属する車庫。阪急神戸線開業時の大正9(1920)年に開設された。かつては車庫の東側に西宮工場があったが、昭和43(1968)年に完成した正雀新工場に統合。工場部分は留置線の拡張用地に使用されている。阪神淡路大震災後、敷地北側の一部を道路拡幅のために供出し、やや面積が狭くなっている。

阪急西宮ガーデンズ

2008年11月にグランドオープンした。主要テナントは、阪急百貨店、TOHOシネマズ西宮OS、イズミヤ。スタジアム跡地に建設されたこともあり、ギャラリーや屋上ガーデンには西宮球場のホームベースなど、敷地内には阪急ブレーブスや阪急電鉄に関するものが展示されている。

西宮市高松町14

いた。しかし、施設の老朽化により2002(平成14)年に閉鎖され、解体された。現在は大型商業施設「阪急西宮ガーデンズ」が開業している。

南東にあっ阪急西宮球場に対し、北東には阪急西宮車庫が置かれている。この車庫は1920年に神戸線の開業と同時に開設され、かつては西宮工場も存在した。

この西宮市は、大阪市と神戸市のほぼ中間に位置している。大阪と神戸という大都市に挟まれた形の阪神間には、この西宮市をはじめとして、

建設省地理調査所1/10000地形図「西宮北部

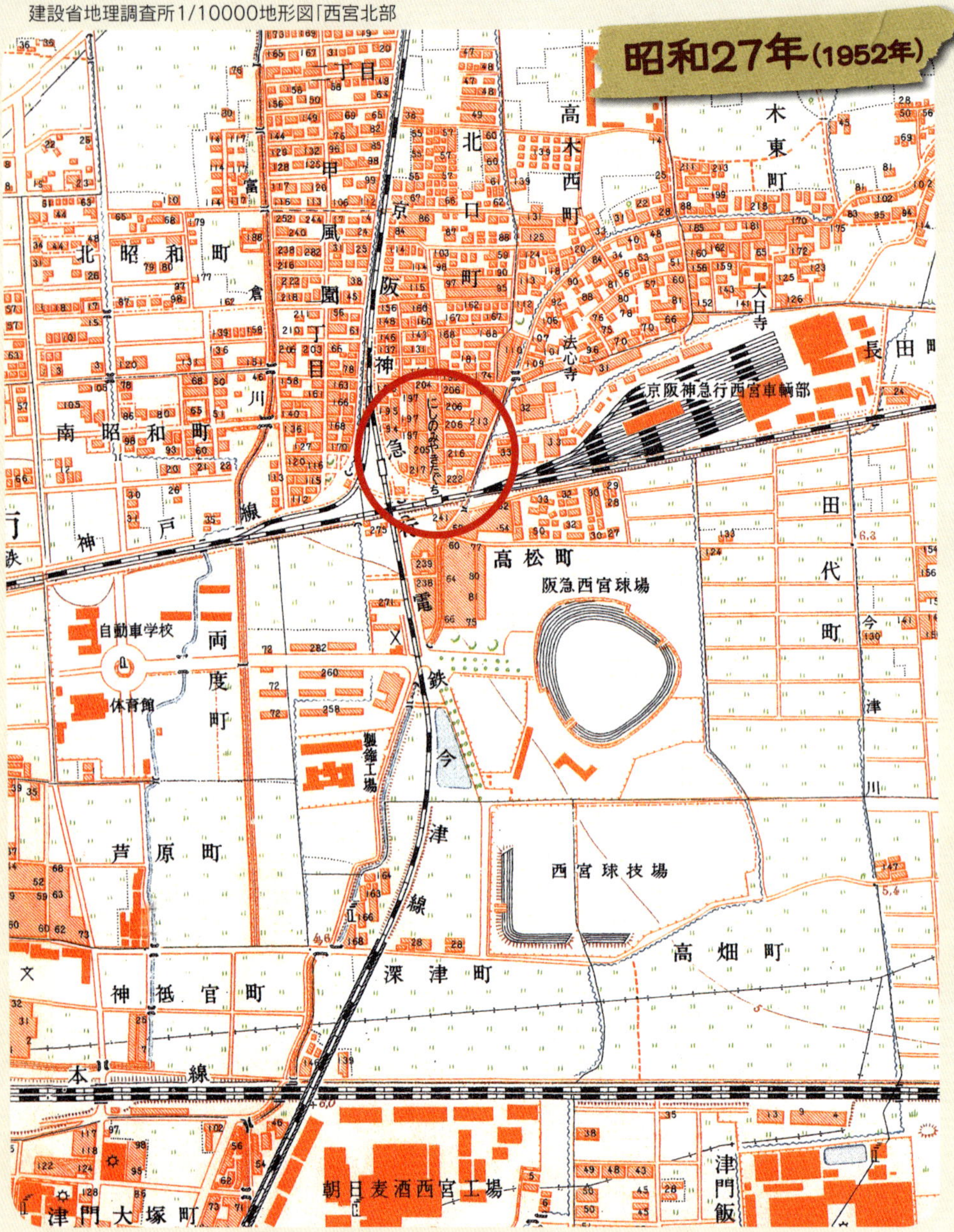

阪急が京阪神急行電鉄と呼ばれていた頃の地図であり、戦前の「西宮車庫」は、「京阪神急行西宮車輌部」と記されている。駅の北側には、今津線に沿う形で「西宮七園」のひとつ、「甲風園」の住宅地が広がっている。南側にも新しい地名が生まれているものの、今津線の東側に阪急西宮球場、西宮球技場、西側に自動車学校、体育館などが出来ている中で、まだ農地が多く残っていた。国鉄線の南側には、朝日麦酒(アサヒビール)西宮工場が誕生している。

阪急西宮球場

阪神が建設した甲子園球場に対抗し、阪神電鉄が1937年に建設したのが、阪急西宮球場(スタジアム)である。建設地に選ばれたのは、西宮北口駅の南東で開催された「大毎フェアランド」の跡地で、米・シカゴの「リグリー・フィールド」などを参考として、日本初の二階建てスタンドを有する全面天然芝の野球場が完成した。当時創立されて間もない職業野球(プロ野球)の「阪急軍(後の阪急ブレーブス)」の本拠地となって野球の試合が開催されたほか、多くのイベントにも使用された後、2002年、施設の老朽化などが原因で営業を終了した。跡地には2008年、大型商業施設「阪急西宮ガーデンズ」が誕生している。

大毎フェアランド

大阪の二大新聞社、「大阪朝日新聞社(大朝)」と「大阪毎日新聞社(大毎)」は、新聞の販売部数以外でもイベント開催などで競い合い、ともに博覧会の開催を積極的に行った。大毎は1937年、阪急の西宮北口駅付近で「大毎フェアランド」を開催。当時の社会状況に合わせ、「日独協定記念館」「ファンチョン・マルコ・ショウ」などのパビリオン、アトラクションが話題となった。開催終了後の跡地には翌年、「阪急西宮球場」が誕生している。

尼崎市、伊丹市、宝塚市、芦屋市といった個性豊かな都市が存在している。この地域はもともと地域住民の文化的な意識も高く、資産家や芸術家らが移り住んだことで豊かな文化的土壌が育まれてきた。この5市に加え、当時は独立した町村(御影町・住吉村・魚崎町)だった神戸市東灘区も含んだ地域が「阪神間モダニズム」の地とされている(諸説あり)。

この「阪神間モダニズム」という言葉は1990年代、西宮市にある西宮市大谷記念美術館や芦屋市立美術博物館などを中心にした、地元の研究者や学芸員が提唱したもので、それぞれの美術館、博物館、文学館などで研究や発表・展示が行われた。

この中では、絵画、彫刻といった美術、文学、音楽、写真作品などとともに、各地に大正・昭和戦前期に建てられた建造物が多く残っていたことで、再評価、保存する動きとなって現れた。しかし、1995(平成7)年に発生した阪神淡路大震災は、これらの建造物に多大な被害を与え、地域に残された芸術作品にも危機が訪れた。この被害からの救済、復興なども必要となったのである。

阪神間モダニズムの代表的建造物としては、旧山邑邸、滴翠美術館、白鶴美術館、御影公会堂などである。また、活躍した芸術家としては作家の谷崎潤一郎、画家の小出楢重、写真家の中山岩太、作曲家の貴志康一らが挙げられる。

国土地理院1/10000地形図「西宮北部」

昭和61年(1986年)

西宮神社

毎年1月に行われる「十日戎」では、福笹を求める大勢の人で賑い、「開門神事福男選び」でも全国的に有名で西宮神社。全国に3000社以上ある「えびす神社」の総本社で、地元では「西宮のえべっさん」と親しまれている。創建は不詳ながら、大阪湾から引き上げられた御神像を祭ったのが起源といわれ、平安時代には廣田神社の摂社となっていた。御祭神は第一殿が「えびす大神(蛭児大神)」、第二殿が「天照大御神、大国主大神」、第三殿が「須佐之男大神」となっている。室町時代に造られた日本最古の築地塀「大練塀」と「表大門」は、国の重要文化財に指定されている。

西宮市社家町1-17

白鹿(辰馬本家酒造)

西宮に本社を置く「辰馬本家酒造株式会社」は、「白鹿」のブランドで有名な清酒メーカー。スタートは1662(寛文2)年、初代辰屋吉左衛門が西宮の自宅の井戸から取った水で酒造りを行ったことで、初代は酒造りとともに酒樽の製造も行っていた。「白鹿」のブランド名は古代中国の神仙思想に登場する白い鹿による。良質の井戸水を「宮水」として販売し、樽廻船による回漕業や金融業を手掛け、明治以降は本業の「辰馬本家酒造」を中心に「辰馬汽船」「辰馬海上火災保険」などを含む「辰馬財閥」に発展した。「甲陽学院」の創立にも深く関わっている。

西宮市鞍掛町8-21

阪急西宮球場のスタンドの形が変わり、スイミングスクールなども誕生。駅付近で、スポーツ・パークとして整備されつつあった。西側の今津線沿いの深津町には、兵庫県自動車学校も存在している。この南側には、深津小学校・中学校も開校している。一方、阪急第ニグラウンドやテニス場を跨ぐ形で、名神高速道路が大きくカーブして通っている。北側に目を転じれば、高級住宅地である「甲風園」西側の「北昭和町」や「南昭和町」に住宅地が誕生している。

所蔵：上野又勇

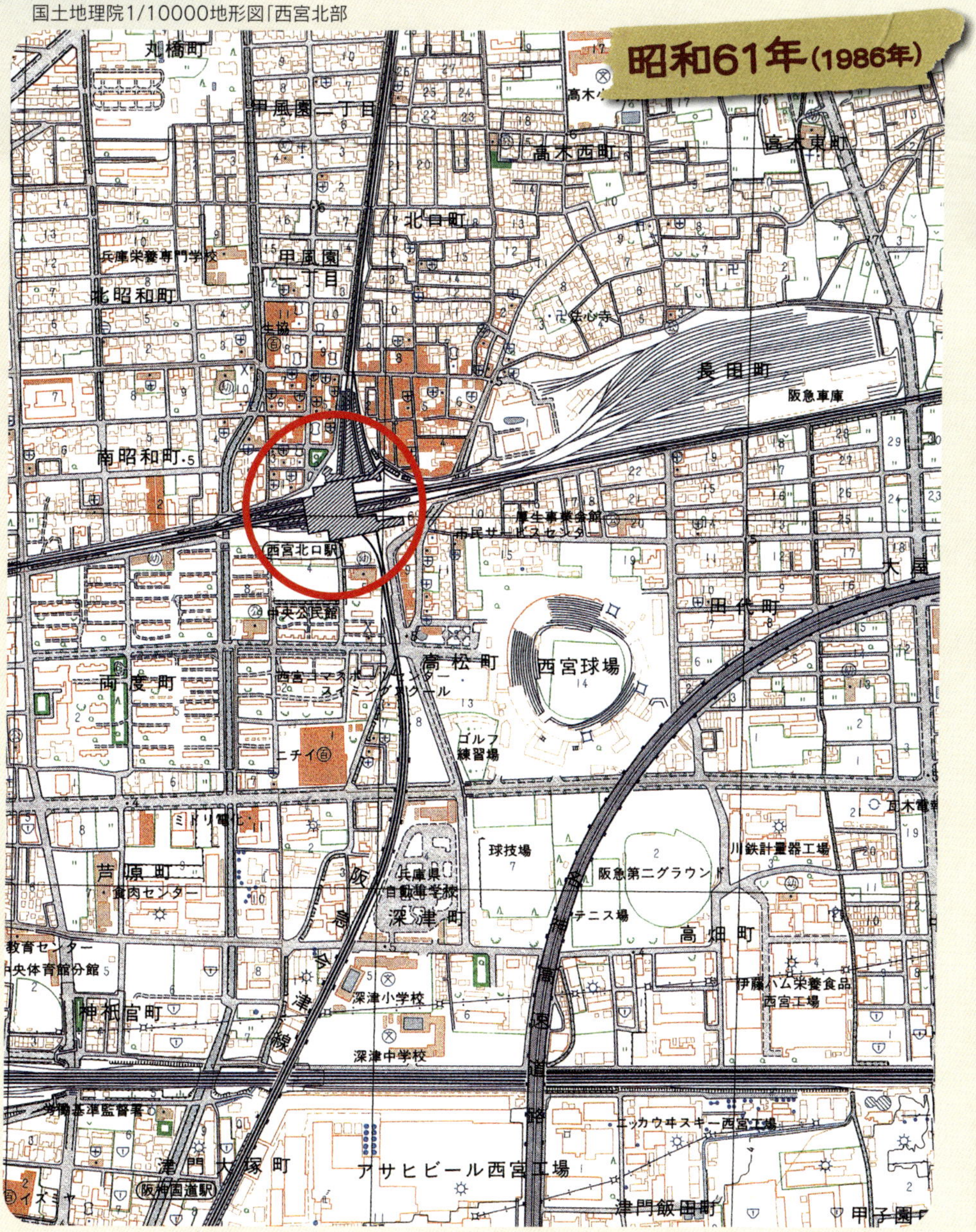

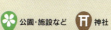

陸軍陸地測量部1/10000地形図

昭和4年（1929年）

「夙川」は川の名、駅名で現在の西宮市内には「夙川」の地名（住居表示）は存在しない。この当時は武庫郡大社村で、既に夙川駅周辺では住宅地としての開発が進んでいたが、まだ農地は残っていた。国鉄（東海道）線の南側を通っている阪神国道線には、西宮西口、森具といった電停が見える。阪急線、国鉄線に挟まれた夙川沿いの内瀬池（片鉾池）周辺はその後、夙川公園として整備され、現在は夙川公民館も置かれている。

神戸線

夙川

夙川沿いは春の花見の名所

開業年	1920（大正9）年7月16日
所在地	西宮市相生町2－1
キロ程	18.3km（梅田起点） 0.0km（夙川起点）
駅構造	地上駅
乗降客	27,299人

もとは香櫨園だった

明治後期の地図を見れば、夙川が流れるこのあたりは武庫郡大社村で、遊園地として知られた香櫨園が広がっていたことがわかる。現在、香櫨園は阪神本線の駅名（以前は香枦園）、地名になって夙川の下流に存在するが、もとは上流のこの付近にあった。また、武庫郡にあった大社村は1889年に広田村、中村などが合併して成立した。この村名は苦楽園口駅の東側に鎮座し、官幣大社として有名な廣田神社から名付けられた。

香櫨園は1907（明治40）年、香野蔵治と櫨山慶次郎により夙川の西側に開かれた遊園地である。二人の名を一字ずつとって「香櫨園」と名付けられ、山側には温泉も存在した。しかし、この遊園地は1913（大正2）年に廃園となり、一部の施設が下流に移された。これが後の香櫨園で、移転先には御前浜と呼ばれた海水浴場があり、国の史跡である西宮砲台が現在も残されている。

夙川駅は1920（大正9）年7月16日の神戸線開通時に開業している。1924年10月1日、甲陽園駅に至る甲陽線が開通した。この駅の南側を走る東海道線には、長く駅が置かれていなかったが、2007（平成19）年3月18日にさくら夙川駅が開業している。当初の仮駅名としてはJR夙川駅が候補に上がっていた

建設省地理調査所1/10000地形図

昭和27年（1952年）

夙川公園

正式名称は「夙川河川敷緑地」と呼ばれる都市公園。川の両岸には桜と松の並木が続き、南は香枦園浜の海岸部から、北は銀水橋までの約4km、20.8haに渡って整備されている。桜の名所として有名で、「日本さくら名所100選」にも選ばれている。

西宮市大井手町ほか
夙川駅＆苦楽園口駅すぐ

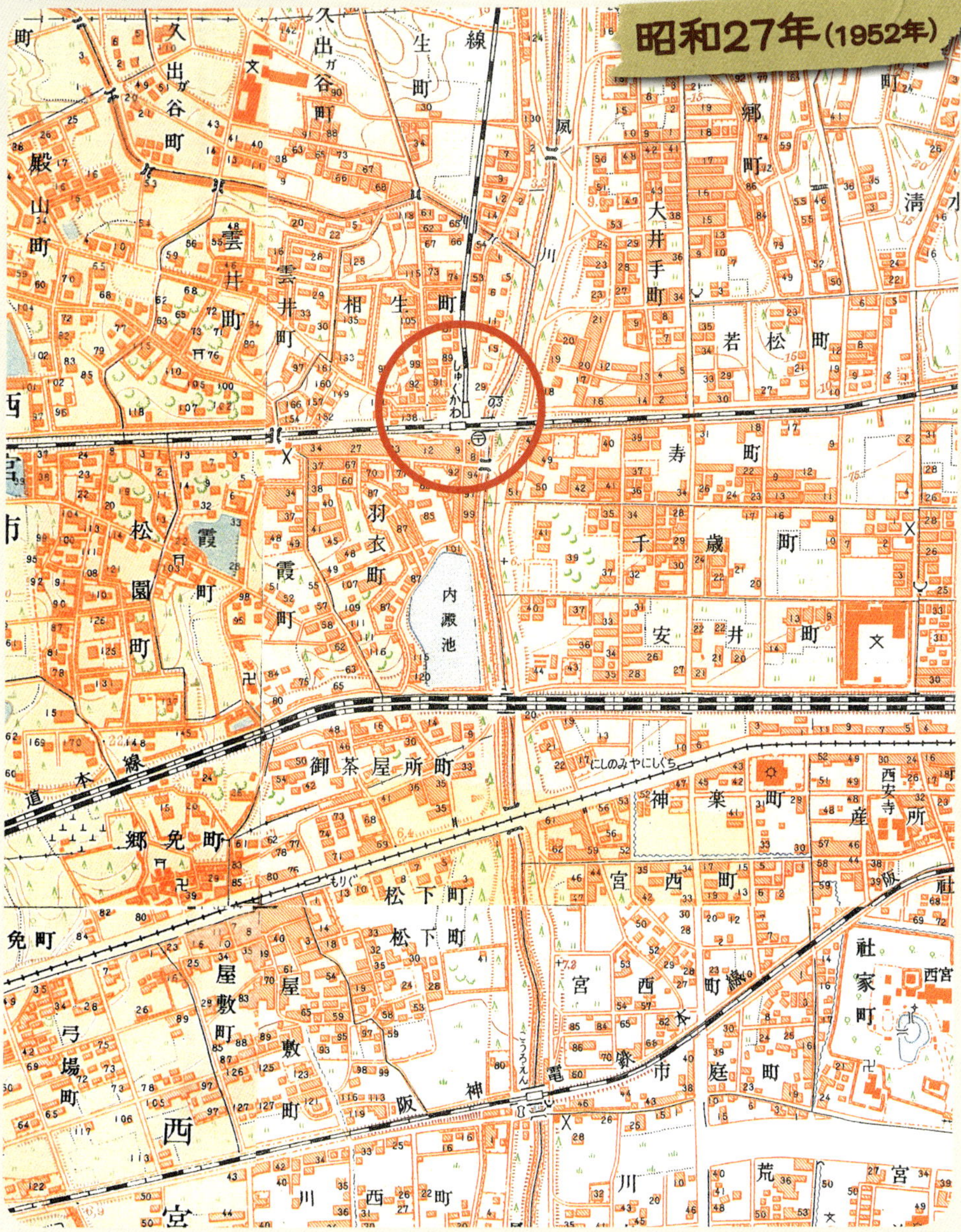

かつては"香櫨園"と呼ばれた夙川

明治40(1907)年の頃、現在の夙川駅西側（羽衣町・霞町・松園町・相生町・雲井町・殿山町周辺）には、「香櫨園遊園地」が開設されていた。"香櫨"は、開設に尽力した大阪商人、香野蔵治と櫨山慶次郎の名前を一文字ずつ取って名付けられたものだ。約8万坪の広大な敷地には様々な施設が点在し、日米野球に供するためのグラウンドもあったという。しかし、開園当初は活況を呈したが、次第に衰退。開園6年後には閉鎖された。一部の施設は河口へ移り、その名残が阪神香櫨園の駅名である。

南側を走る阪神本線には香枦園（現・香櫨園）駅が置かれている一方で、戦前の地図（1929年）の地図で夙川駅付近に見えた「香櫨園」の地名は消えている。香櫨園駅の北側、夙川沿いには1976年に辰馬考古資料館が開館している。ここでは辰馬悦蔵が収集した考古資料、美術品が公開されている。阪神本線沿いの南東には「社家町」が見え、西宮神社の境内が広がっている。東海道線の南側、郷免町付近には現在、大手前大学さくら夙川キャンパスが誕生している。

廣田神社

広田山の山麓にある廣田神社は神功皇后ゆかりの神社。広田山公園を含む広い境内を有する兵庫県一の古社であるが古くは甲山の山麓にあり、幾度かの遷座を行っている。六甲山はこの神社の社領だったとされ、山頂の六甲山神社は摂社である。また、西宮神社（戎社）も摂社であった。「天照大御神之荒御魂」が御祭神で、創建は神功皇后西征時の201年（神功皇后摂政元年）とされる。明治維新後の1871（明治4）年、兵庫県内で唯一の官幣大社となった。

夙川駅（昭和41年）　撮影：荻原二郎

が、夙川沿いの夙川公園が桜の名所として有名であることから、「さくら」を冠した駅名となった。夙川駅の南西には、関西におけるバロック音楽の聖地として知られる、カトリック夙川教会が存在する。この教会は1921年に開かれ、1932（昭和7）年に「ゴシック・リバイバル様式の大聖堂（カテドラル）」が誕生し、この地のランドマークとなってきた。

 遺跡など　　公園・施設など　　神社　　寺

陸軍陸地測量部1/10000地形図

芦屋の中心部は、最初に駅が置かれた阪神本線の芦屋駅周辺であり、特に芦屋川沿いに精道村役場、芦屋警察署、公会堂などが置かれている。一方、北東の国鉄芦屋駅付近にはまだ農地などが残っていた。阪急の芦屋川駅の西側にある「卍」の地図記号は、浄土宗の寺院、安楽寺で、阪神の芦屋駅の西側の「卍」は真宗仏光寺派の如来寺である。一方、阪神駅の東側の「文」は精道小学校で、精道村以来の伝統を引き継いでいる。

神戸線

芦屋川

モダニズムの名建築に触れる

開業年	1920年(大正9)年7月16日
所在地	芦屋市西山町1-10
キロ程	21.0km(梅田起点)
駅構造	地上駅
乗降客	18,220人

名建築を探訪する

芦屋川に沿って北上する兵庫県道344号は、奥山精道線と呼ばれている。「精道」とはこの道路の起点であり、阪神本線の芦屋駅に近い国道43号・阪神高速3号神戸線と交わる精道交差点によるが、芦屋市の前身であった精道村にも由来している。この道路が国道2号と交わる西側には、芦屋川に架かる業平橋も存在し、この橋の北東に東海道線の芦屋駅が存在する。2つの芦屋駅は阪神本線の駅が早く1905(明治38)年4月12日、遅れた東海道線の駅は1913(大正2)年8月1日に開業している。

こうした2つの先行駅が存在することから、阪急神戸線の開通時の1920(大正9)年7月16日に開設された駅名には「芦屋川」が選ばれた。この川の畔には桜の並木が植えられており、春には多くの花見客が訪れる。その後、駅の南西の神戸市東灘区には、1996(平成8)年に東海道線の新駅である甲南山手駅も開業している。

芦屋川駅の北西、芦屋川の支流である高座川沿いの山芦屋町には、山口銀行をはじめとする山口財閥の当主だった、山口吉郎兵衛が集めた陶器や人形などのコレクションを公開する滴翠美術館が存在する。「滴翠」は茶人としても知られた山口の雅号で、建築家の安井武雄が設計した洋

建設省地理調査所1/10000地形図

昭和27年(1952年)

在原業平の別荘地

芦屋市には「業平町」という町名があり、芦屋川沿いの国道2号線の交差点に架かる橋は「業平橋」。これらは伊勢物語の主人公とされる平安時代の歌人・在原業平が芦屋に別荘を構えた名残と言われている。また業平の父・阿保親王の墓（阿保親王塚）も芦屋市翠ケ丘町にあり、宮内庁の手で整備されている。

芦屋市谷崎潤一郎記念館

明治・大正・昭和の華やかな日本の文化を筆にとどめた小説家谷崎潤一郎。昭和63(1988)年、彼が愛した芦屋の地にできた谷崎潤一郎記念館は、谷崎の好んだ数寄屋風の邸宅を模し、庭園も併設。館内には、遺族から寄贈された谷崎愛用の机、硯・筆、美術品など、さまざまな資料が収蔵・展示されている。

芦屋市伊勢町12-15
月休　大人300円

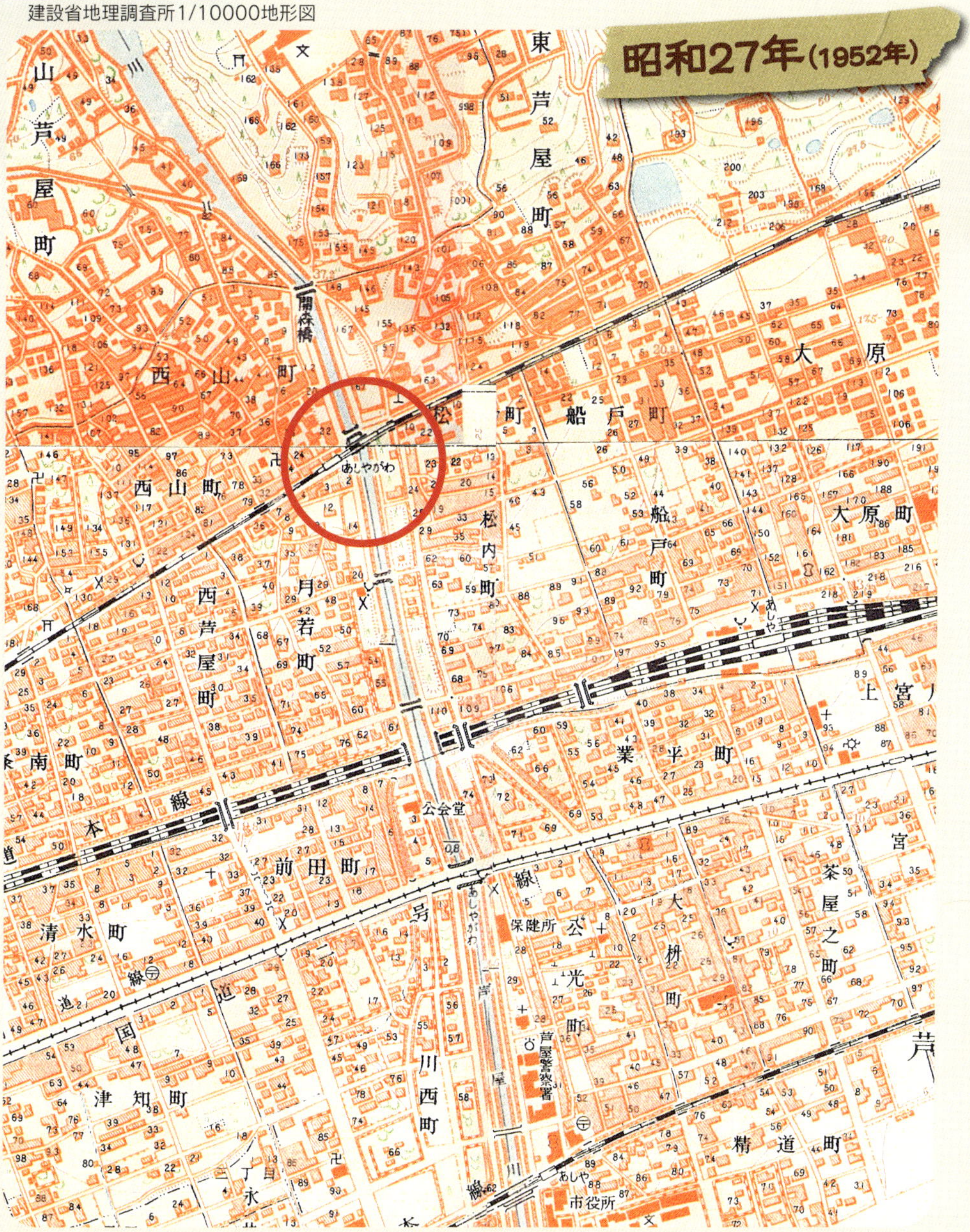

芦屋川には、国道2号が通る業平橋がある。この橋は在原業平ゆかりの歴史ある橋で、芦屋川には多くの橋が架かる。地図で最も上流に見えるのが開森橋で、阪神本線を越えた下流側（地図外）には鵺塚（ぬえづか）橋がある。能楽の「鵺」で有名な、魔物の死骸を載せたウツボ舟が流れ着いたのが芦屋浜で、この地に葬られて鵺塚が出来て、橋名が生まれたとされる。現在も川沿いの芦屋公園内には「鵺塚」が建つ。一方、阪急駅の北側には1933年開校の山手小学校が見える。

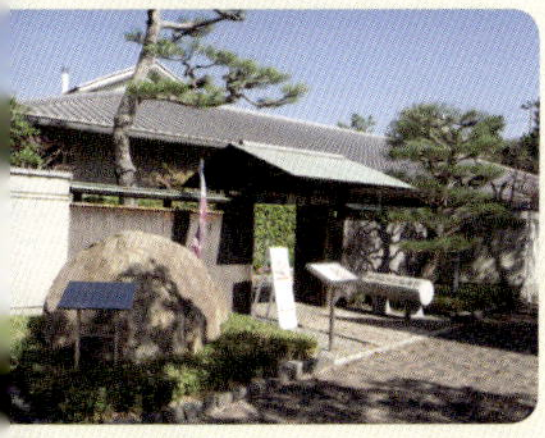

旧山邑家住宅（淀川製鋼所迎賓館）

芦屋川と芦屋市内を望む南斜面に建てられた淀川製鋼所迎賓館（ヨドコウ迎賓館）は、灘五郷の酒造家で「櫻正宗」の八代目当主だった山邑太左衛門の別邸として、1924年に竣工した。設計したのは旧帝国ホテルなどを手掛けた建築家、フランク・ロイド・ライトで、地上5階建て。ライトの住宅作品としては日本に残る貴重な建造物である。1974年、国の重要文化財に指定された。建物の内部とともにバルコニーからの眺望も素晴らしい。1989年から一般公開が開始されたが、修復による閉館期間も設けられている。

館は関西モダニズム建築の代表作とされている。

一方、この東側の芦屋川沿いの山手町には、ヨドコウ迎賓館（旧山邑家住宅）が存在する。このヨドコウ迎賓館は建築家、フランク・ロイド・ライトが設計した名建築として有名で、1924（大正13）年に竣工、戦後は淀川製鋼所（ヨドコウ）の所有となり、社長邸、独身寮などとして使用されていた。1974（昭和49）年に国の重要文化財に指定されている。この建物は阪神・淡路大震災で被災して修復された後、1998年から一般公開されている。

陸軍陸地測量部1/10000地形図

昭和7年(1932年)

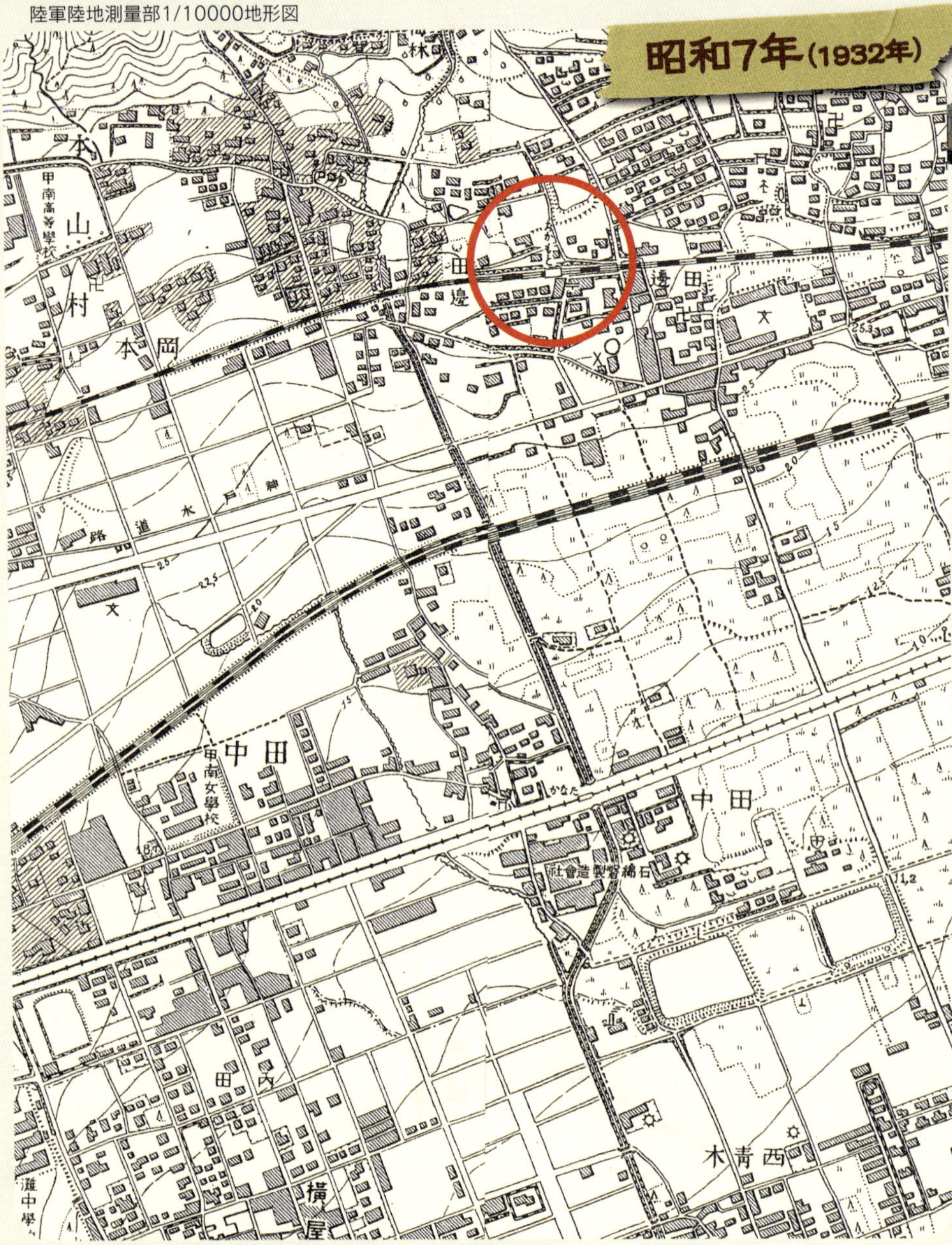

神戸線

岡本

観梅の名所として名高い地

阪急神戸線に岡本駅が置かれている一方で、国鉄の摂津本山駅は見えない。この駅が開業するのは1935年である。岡本駅の北側には、「摂津名所図会」にも登場する岡本梅園が見える。この頃、既に梅林の中に住宅が建っていたことがわかる。南西には甲南高等学校(旧制)が存在し、戦後は甲南大学となった。その後、ここの校地では手狭になり、1963年に移転したが、この発祥の地は甲南大学岡本キャンパスとして残されている。

開業年	1920(大正9)年7月16日
所在地	神戸市東灘区岡本5-1-1
キロ程	23.4km(梅田起点)
駅構造	地上駅
乗降客	27,905人

南側にはJRの摂津本山駅

東西に延びる阪急神戸線、JR東海道線には、岡本駅と摂津本山駅が並列する形で置かれている。この両駅は阪急の岡本駅が先行する形で誕生した。岡本駅は1920(大正9)年7月16日の神戸線開通時に開業している。一方、摂津本山駅は1935(昭和10)年12月25日の開業である。

岡本駅の誕生当時、このあたりは武庫郡の本山村で、岡本はその大字のひとつであった。岡本の地は山麓にあった岡本梅林が江戸時代から観梅の地として有名で、「摂津名所図会」にも登場する。大阪~神戸間の官設鉄道(東海道線)開通時に駅は置かれなかったものの、梅の花が咲くシーズンにはこのあたりの区間で徐行運転を行い、乗客に梅花の鑑賞のサービスを行ったといわれている。岡本梅林は戦中・戦後の宅地化などで失われていくが、地元の熱意で復活し、1982(昭和57)年に岡本梅林公園が開園している。

この岡本駅の西側には、甲南大学の岡本キャンパスが広がる。この北側には、天王宮素盞嗚神社が鎮座しているが、かつてはさらに北側の六甲山の山麓(岡本山)に二楽荘が存在した。二楽荘は、西本願寺の22世法主で大谷探検隊を組織したことでも知られる大谷光瑞の別荘で、総面積24万6000坪という広大な敷地を有していた。本館にはインド室、ア

保久良神社

鳥居前の常夜灯は、古代から大阪湾の沖を通る船の目印となり、"灘の一つ火"と呼ばれてきた。現在も毎夜点灯されている。また、この神社は、本殿周辺に巨大な岩(磐座)が規則性を思わすように配置されており、古代文明・カタカムナの聖地として、知る人ぞ知る人気スポットになっている。

神戸市東灘区本山北町680

岡本梅林

江戸時代から「梅は岡本、桜は吉野、蜜柑紀の国、栗丹波」として、有名な梅の名所であったのが「岡本梅林」である。尼崎藩主も梅の花を観るために訪れた。明治時代には乗客を楽しませるために、南側を走る東海道線の列車が一時停車をしたといわれる。1938年に阪神大水害や太平洋戦争の戦災で被害を受け、周辺の宅地開発の影響も大きく、一時は消滅の危機を迎えていたが、地元の手で復活を遂げ、1982年に「岡本梅林公園」が開園した。

建設省地理調査所1/10000地形図

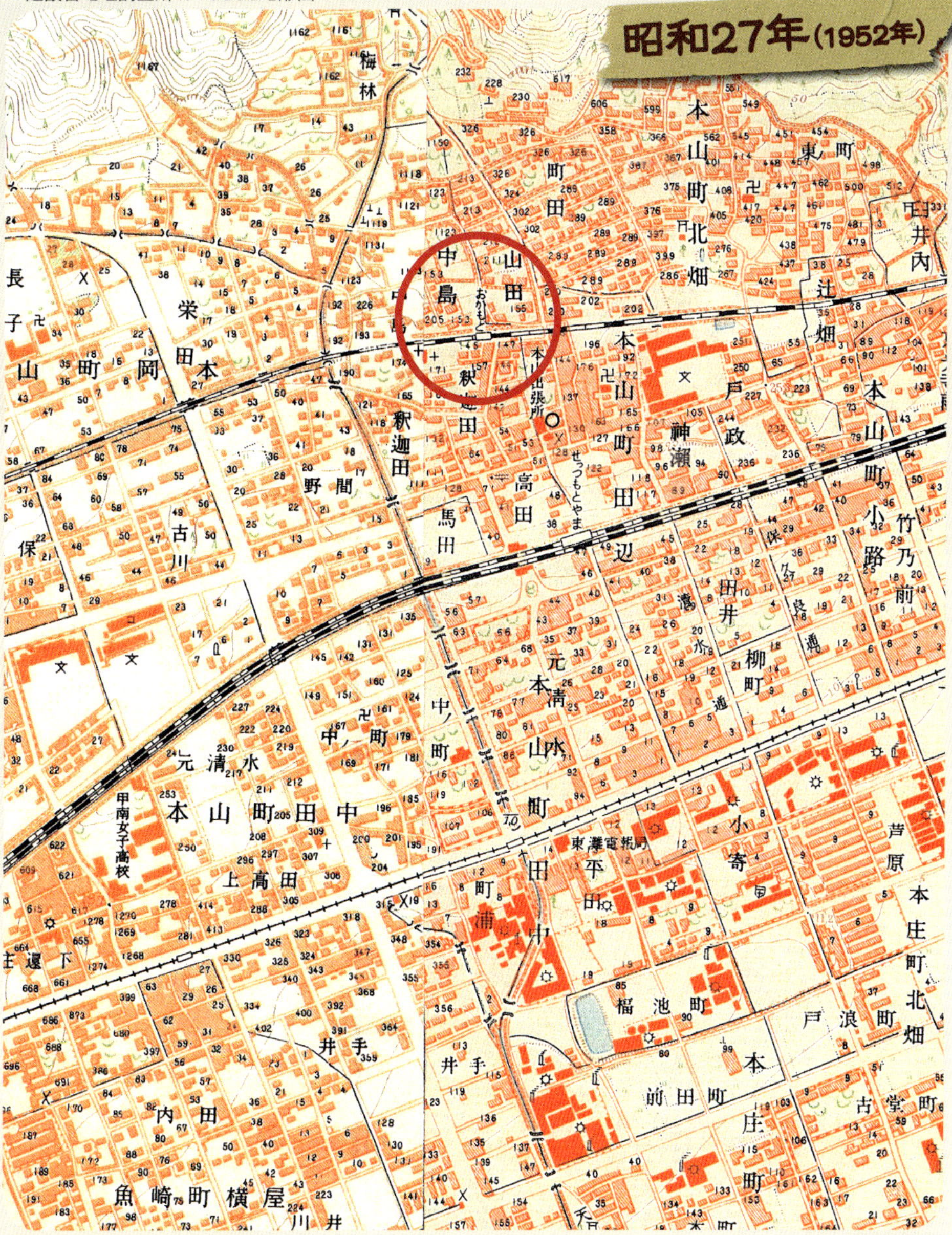
昭和27年(1952年)
本山町北畑
本山町田辺
本山町小路
元清水
本山町田中
魚崎町横屋

阪急の岡本駅が特急停車駅でもあるのに対し、南側の摂津本山駅は普通列車しか停車しない駅である。地図外ではあるが、阪神本線には青木駅が置かれており、こちらも隣駅の魚崎駅が特急停車駅となっている。地図の南側には「魚崎町横屋」の地名が見える。西側の国鉄線沿いには、南に甲南女子高校があるが、現在は現在の甲南山手駅の北側に移転し、1986年に神戸市立本山南中学校が開校している。北側に並ぶ2つの学校は、本山中学校と本山第二小学校である。

岡本八幡神社

鎌倉幕府が誕生した1192年頃、岡本にはすでに村(岡本郷)が形成されていた。当時隆盛を誇る源氏にあやかり、氏神である八幡大神(応神天皇)を村の鎮守として祀ったのがこの神社だ。豊臣秀吉も参拝した、と伝わる由緒ある神社だ。

神戸市東灘区岡本6-10-1

ラビア室など世界各地をイメージした部屋があり、このほかに園芸試験所や気象観測所もあった。また、別荘内には山麓から本館につながる3本のケーブルカーも敷設されていた。これらの施設は火災で焼失するなどして、現在は見られない。

一方、駅の北東には神戸薬科大学、神戸女子大学のキャンパスが存在する。神戸薬科大学には1935年にこの地に移転した際に設立された、薬草園から発展した薬用植物園が附属しており、日程の予約をすれば一般の人も来園・鑑賞が可能である。

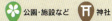

陸軍陸地測量部1/10000地形図

昭和2年(1927年)

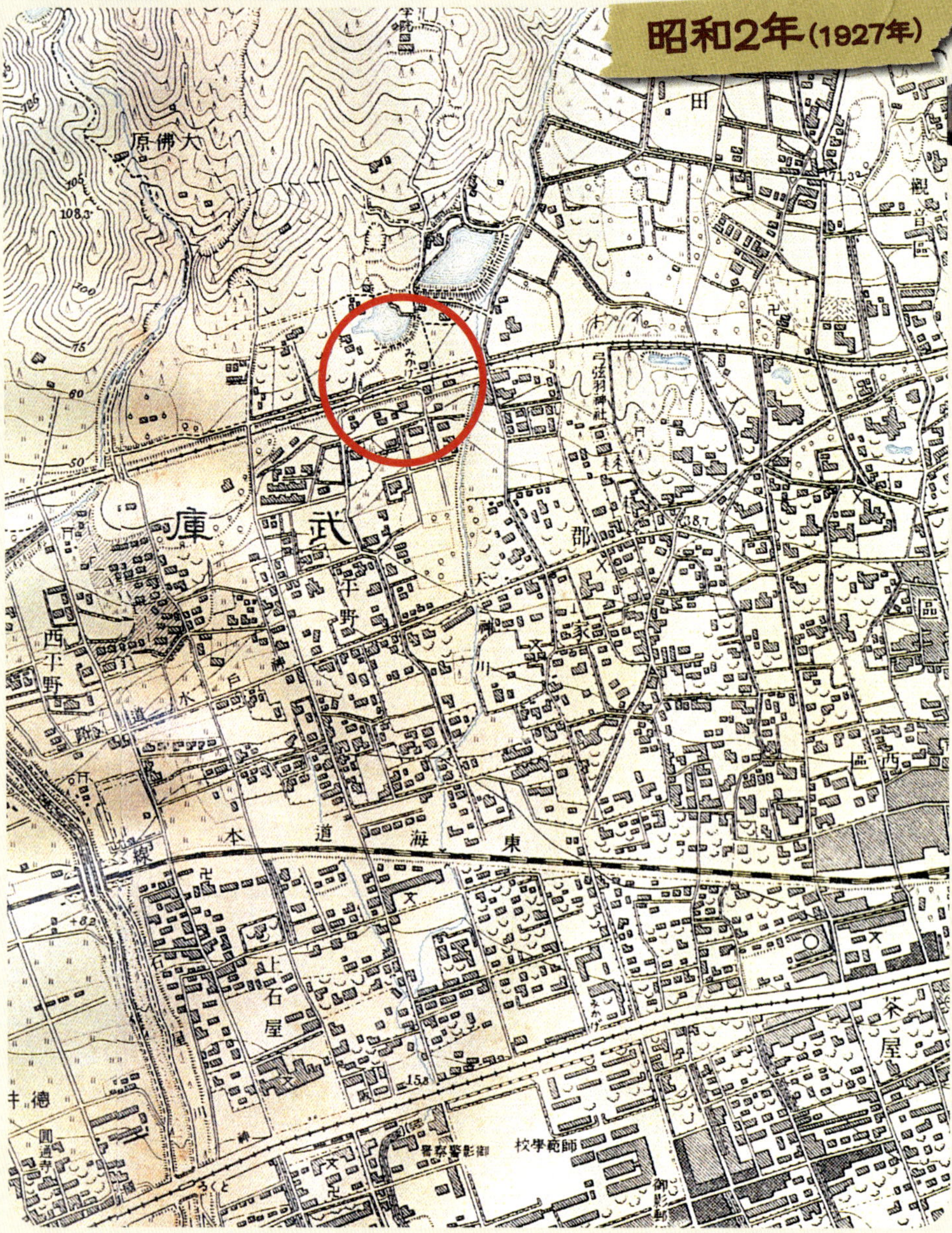

神戸線

御影

灘五郷の中、酒造会社が並ぶ

「御影」という地名から、「御影石」を思い浮かべる方も多いだろう。六甲山の山麓にある石切り場からは良質の花崗岩が産出し、「(本)御影石」として墓石などに利用されてきた。そのため、旧御影村には石工が多く住んでいたという。この地に阪急神戸線が通り、御影駅が開業したのは1920年である。この御影駅に対応する国鉄の駅は、歴史の古い住吉駅(地図外、東)で、1874年に開業している。また、阪神本線には住吉駅、御影駅が置かれている。

開業年	1920(大正9)年7月16日
所在地	神戸市東灘区御影2-1-1
キロ程	25.6km(梅田起点)
駅構造	地上駅
乗降客	16,438人

阪神本線にも御影駅

「灘五郷」と呼ばれる5つの土地は、兵庫（神戸）の酒どころとして全国に有名である。そのひとつである「御影郷」には白鶴酒造、菊正宗酒造、剣菱酒造といった名高い酒造メーカーあり、阪急の御影駅の南側に酒蔵などが存在している。

1920（大正9）年7月16日の神戸線開通時に開業した阪急の御影駅とともに、阪神本線にも御影駅が存在しており、歴史的には阪神の駅の方が先に開業している。また、その間を走る東海道線には住吉駅が置かれている。この住吉駅は1874（明治7）年に開業した歴史の古い駅である。阪神本線には、御影駅の東側に住吉駅が存在している。阪神の御影駅と住吉駅は1905年4月12日、阪神本線の開通時に同時に開業しており、両駅の駅間は0・5キロとかなり短い。

阪急の御影駅の周辺は関西を代表する高級住宅地で、白鶴美術館、香雪美術館が存在し、かつては深田池公園の北側に豊雲記念館（小原流芸術参考館）も存在した。また、駅に近い弓弦羽神社やJR東海道線の住吉駅に近い本住吉神社といった古社も鎮座している。

弓弦羽神社の東側には、朝日新聞社の創始者で茶人として知られた村山龍平の邸宅があり、そのコレクションを収蔵、展示するため、

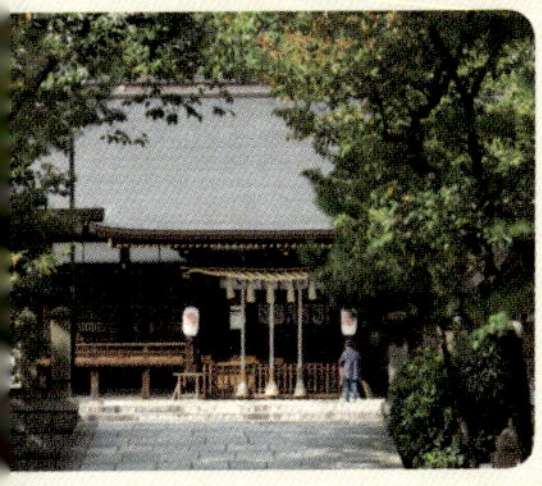

建設省地理調査所1/10000地形図

昭和27年（1952年）

弓絃羽神社

「弓弦羽神社」は阪急の御影駅の南東、香雪美術館に隣接する形で鎮座する。神功皇后が三韓征伐の帰途、忍熊王が謀叛を企てたことを知り、この地で弓矢・甲冑を埋めて熊野大神を斎奉したことで、戦に勝ったことが神社の由来とされている。旧御影・郡家村の氏神で、熊野三山の神を祭神とする。地元の酒造会社の信仰が篤く、元旦には菊正宗・白鶴・剣菱の樽酒が「灘の旨酒・呑み比べ」として振る舞われる。スポーツにもゆかりが深く、フィギュアスケートの羽生結弦選手が参拝したことでも有名になった。

神戸市東灘区御影郡家2-12-1

菊正宗酒造記念館

企業博物館「菊正宗酒造記念館」は1962年、国の重要有形民俗文化財「灘の酒造用具」に指定された酒造資料を展示する酒造記念館として、御影本町にあった1659年築の本店蔵（酒蔵）を、魚崎西町に移転して開館した。阪神淡路大震災で建物は倒壊したが、4年後の1999年に復興オープンしている。展示のほか、利き酒や酒類の購入もできる。

神戸市東灘区魚崎西町1-9-1

旧村山家住宅・香雪美術館

朝日新聞社を創立した村山龍平は1900年頃に御影郡家の土地を購入し、和洋の建物を合わせ持った邸宅を建築した。1973年には敷地内に美術品コレクションを紹介する香雪美術館がオープンしている。建物（洋館、書院棟、茶室棟など）と土地は2011年、「旧村山家住宅」として、国の重要文化財に指定された。

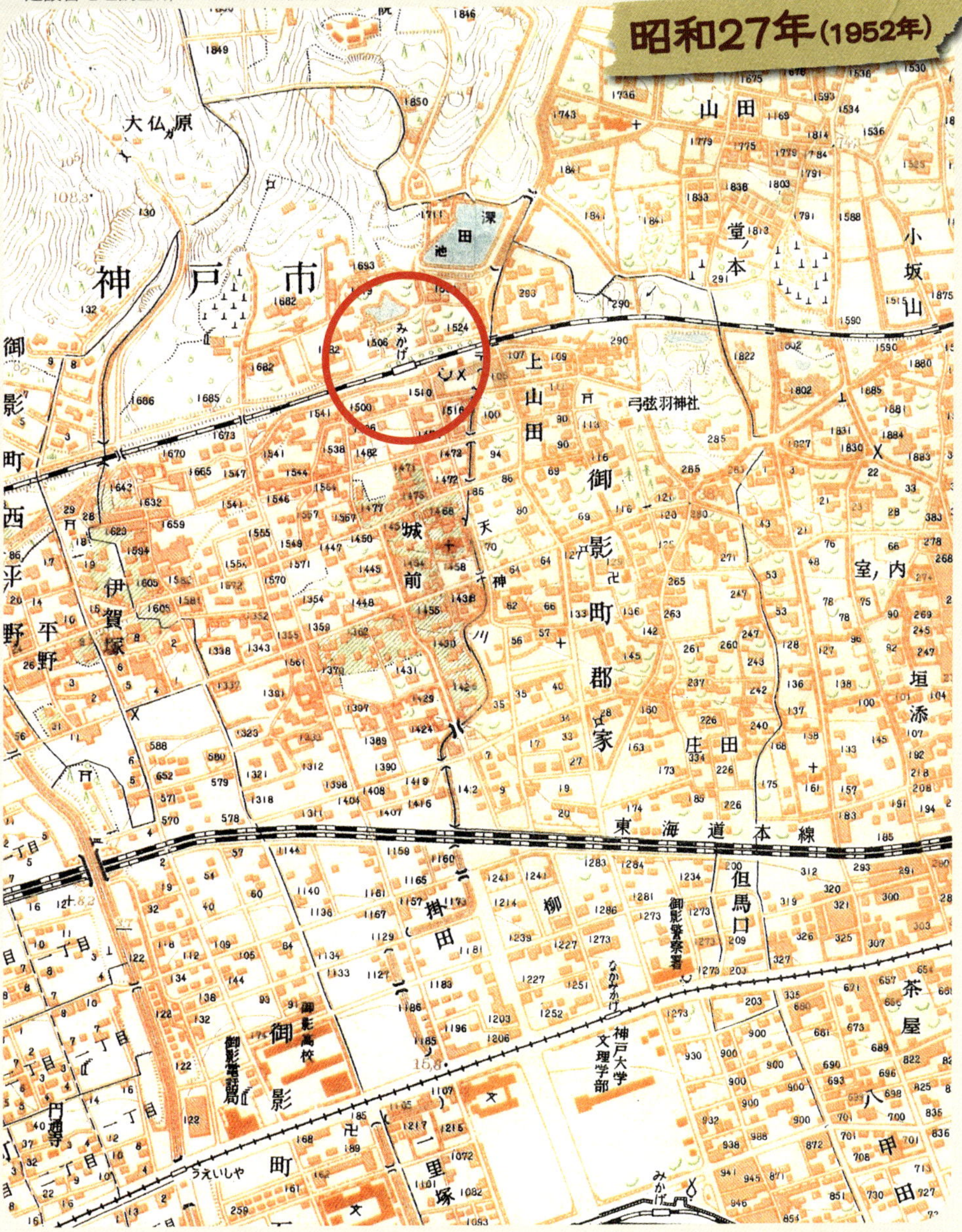

阪急の御影駅の東側には、弓弦羽神社が鎮座している。また、駅の北側には深田池が存在し、住宅地の中において深田池周辺は公園として整備されている。さらに北側には甲南病院があり、現在はこの西に頌栄短期大学のキャンパス、頌栄幼稚園が存在する。南側では、東海道線の南を走る国道2号を阪神国道線（軌道線）が走っていた。この周辺には御影高校、御影警察署が置かれており、神戸大学文理学部（当時）のキャンパスもあった。

1973（昭和48）年に香雪美術館が開館した。館名の「香雪」は村山の雅号で、東洋美術の名品を所蔵していることで知られ、旧村山邸の建物旧村山家住宅）は国の重要文化財に指定されている。

また、駅の北東を流れる住吉川沿いには白鶴美術館が建っている。この美術館は地元の白鶴酒造の創業者であった7代目嘉納治兵衛のコレクションを公開するもので、1931（昭和6）年に財団法人を設立、1934年に開館した。中国の青銅器、陶磁器のコレクションが有名で、本館建物も登録有形文化財に登録されている。また、1995（平成7）年には絨毯美術館もオープンした。

陸軍陸地測量部1/10000地形図

現在も六甲駅の南側には、鬱蒼とした緑が広がっている場所が存在する。地図で鳥居の地図記号で示されている六甲八幡神社で、その東側に「八幡」の地名が見える。この神社は創建年代が不詳ながら、平安～鎌倉時代といわれている。本殿は奈良の春日大社の旧社殿を移築した「春日移し」と伝わる。南側に見える「文」は、1886年に八幡小学校として開校した、現在の六甲小学校である。この時期、六甲道駅は開業していなかった。

神戸線

六甲、王子公園

六甲山・摩耶山の登山口

六甲駅	
開業年	1920（大正9）年7月16日
所在地	神戸市灘区宮山町3-1
キロ程	27.4km（梅田起点）
駅構造	地上駅（橋上駅）
乗降客	29,566人

王子公園駅	
開業年	1936（昭和11）年4月1日
所在地	神戸市灘区王子町1-4-20
キロ程	29.2km（梅田起点）
駅構造	高架駅
乗降客	18,597人

北に神戸大学キャンパス

六甲駅は六甲山、摩耶山への登山玄関口となっている。駅の北側には六甲ケーブルの始発駅である六甲ケーブル下駅、西側には摩耶ケーブルの始発駅である摩耶ケーブル駅が置かれている。

この六甲駅は1920（大正9）年7月16日、阪急神戸線の開通時に開業している。また、駅の南側を走る東海道線には六甲道駅が存在する。六甲道駅は少し遅れた1934（昭和9）年7月20日の開業で、当時の住吉～東灘（現・摩耶）間に新設されている。六甲駅が置かれているのは神戸市灘区宮山町で、その北側には神戸松蔭女子学院大学や神戸大学の六甲台・鶴甲キャンパスが存在する。

神戸大学の六甲台キャンパスは、戦前には前身である神戸商科大学のメインキャンパスであった。また、北東には親和中学校・親和女子高等学校も存在する。

次の王子公園駅は西側に広がる神戸市立王子動物園、神戸文学館の最寄り駅である。1936（昭和11）年4月1日、阪急神戸線の神戸（現・神戸三宮）駅までの延伸時に開業した際の駅名は「西灘」で、1974（昭和59）年6月1日に現在の駅名となっている。

神戸市立王子動物園は、1951年に開催された日本産業貿易博覧会（神戸博）の跡地を利用して開園

六甲八幡神社

阪急六甲駅前の緑のオアシスになっている「六甲八幡神社」。厄除の神様として知られ、氏子から「やくじんさん」と呼ばれ親しまれている。毎年1月18日、19日に行われる厄除大祭には約10万人の参拝客が参道や境内を埋め尽くす。参道には百数十軒の出店も並び、最終日の22時に行われる"湯立ての神事"は見応えがある。

神戸市灘区八幡町3-6-5

六甲山への登山口

六甲山の玄関口で知られる阪急六甲駅。この地の発展は、明治28(0000)年に英国人A・H・グルームが六甲山に登り、避暑地として気に入り、別荘を建てたのが始まり。明治34(1901)年、日本初のゴルフ場「六甲山ゴルフ遊技場」は彼の手によってつくられた。当初は富裕層の別荘地として人気が高かった六甲山も、大正9年、阪急の開通により登山客やハイキング客が増加。阪急六甲駅はその最寄り駅として現在に至る。

建設省地理調査所1/10000地形図

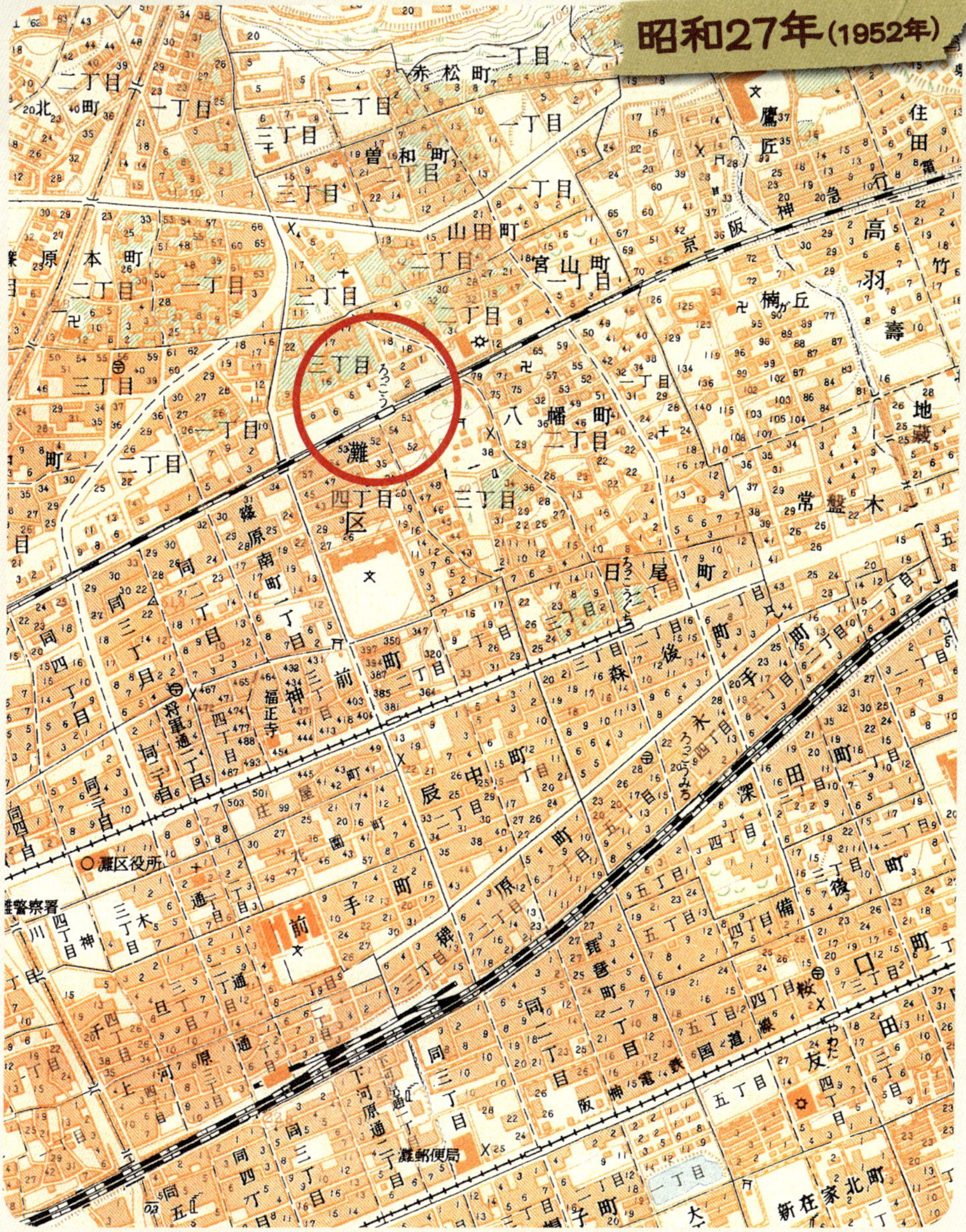
昭和27年(1952年)
灘区役所
灘郵便局
灘
区
八幡町
高羽
将軍通
福正寺
徳井
宮山町
曽和町
赤松町
鷹匠
神戸市電
阪神電鉄国道線

東海道線には六甲道駅が開業し、その南側の国道2号には阪神電鉄国道線（軌道線）が走っていた。戦前の六甲村は神戸市となり、灘区が置かれている。現在、灘区役所は六甲道駅の南側にあるが、この当時は西側の将軍通に存在した。「将軍通」は「大将軍」という陰陽道の金星に由来し、この付近には福正寺がある。阪急の六甲駅付近では、六甲小学校の校地が移転している。地図北東には、高羽小学校が開校している。

六甲山からの眺望

している。神戸市には、戦前から諏訪山公園内に諏訪山動物園があったが、戦後に移転した形である。現在は、園内北東隅に国の重要文化財に指定されている異人館「旧ハンター住宅」が移築されている。また、園内南側には2006年に神戸文学館が開館した。神戸ゆかりの作家の作品などを紹介するこの文学館には、1904年に関西学院の初代チャペルとして建てられた建物があり、2008年に登録有形文化財に指定されている。

この駅の南東を走る東海道線には、摩耶駅と灘駅が置かれており、どちらも乗り換えが可能な距離となっている。

陸軍陸地測量部1/10000地形図「神戸首部」

この当時、国鉄の三ノ宮駅は、西側の現在の元町駅付近に置かれていたため、この地図では駅を見ることはできない。阪急もまだ、三宮駅延伸を果たしていなかった。その一方で、阪神本線は三宮駅を経由して、南側の滝道駅まで路線を延ばし、ここで神戸市電と連絡していた。滝道駅の南側、加納町には東遊園地が存在する。この都市公園は、1868年に「外国人居留公園」として開園した日本最初の西洋式運動公園で、当初は外国人専用であった。

神戸線

春日野道、神戸三宮

みなと神戸、観光の玄関口

神戸三宮駅	
開業年	1936(昭和11)年4月1日
所在地	神戸市中央区加納町4-2-1
キロ程	32.3km(梅田起点) 2.8km(新開地起点)
駅構造	高架駅
乗降客	108,868人

JR、阪神などと連絡

神戸三宮駅の1つ手前の駅、春日野道駅は1936（昭和11）年4月1日に開業している。南側には阪神本線の春日野道駅が存在し、阪急と阪神の連絡駅となった。阪急はこの春日野駅の手前で東海道線の横を並走する形となり、阪急の春日野道駅は東海道線の北側に高架駅として存在する。一方、阪神の春日野道駅は阪神国道（国道2号）の下の地下駅となっている。この2つの駅名の由来である「春日野」は、山側の籠池通付近には春日明神があり、「春日野」と呼ばれていたことに由来する。

ここから、阪急線は東海道線の北側を走り、終着駅の神戸三宮駅に至る。その途中、山陽新幹線の新神戸駅方面から流れ下って神戸湾に注ぐ、生田川を越えることとなる。このあたりの生田川は生田川公園として整備され、春には桜の花見を楽しむことができる。

神戸三宮駅付近は、JRの三ノ宮駅、阪神の神戸三宮駅のほか、ポートライナー（神戸新交通）の三宮駅、神戸地下鉄西神・山手線の三宮駅が置かれ、フラワーロードを南に行った場所には地下鉄海岸線の三宮・花時計前駅が置かれている。神戸一の繁華街である。このあたりも1995（平成7）年に発生した阪神・淡路大震災で大きな被害を受けたが、そこから復興を遂げ、さらに

神戸市立博物館

この博物館は、神戸市立南蛮美術館と神戸市立考古館が統合し、昭和57(1982)年に開館した。国際文化交流をテーマに、神戸の移り変わりを古代から近代まで常設展示。南蛮人やキリスト教に関する美術、金山平三や小磯良平ら神戸ゆかりの芸術家の作品など約5万点を所蔵・展示している。

神戸市中央区京町24

神戸華僑歴史博物館

神戸の海岸通り、南京町の東西に位置する、日本で唯一の華僑博物館である。神戸と華僑の関わりや、神戸港の開港から現在に至るまでの写真や文献、書画、骨董など約1,000点を収蔵。また、神戸華僑来日の経緯やコミュニティー発展の様子などがパネルや写真で展示されている。

神戸市中央区海岸通り3-1-1
神戸中華総紹介(KCC)ビル2階
水曜と土日祝休館
大人300円。

三宮神社

「三宮」という地名の由来にもなっている神社。海と向き合う神戸の地だけに、航海の安全と商工業の繁栄を守る神として、古くから信仰されてきた。創設の時期は未詳だが、祭神は水の神である湍津姫命(たきつひめのみこと)。境内に「河原霊社」や「史蹟　神戸事件発生地碑」と当時の大砲が置かれている。

神戸市中央区三宮町2-4-4

陸軍陸地測量部1/10000地形図「神戸首部」

昭和7年(1932年)

東海道線の三ノ宮駅はこの前年（1931）年に高架化され、西の元町駅側から現在地に移転してきた。阪神は三宮付近の雲井通（三宮）駅から南進した滝道駅が神戸側の終着駅であった。一方、阪急は当時、暫定的な神戸（後の上筒井）駅が終着駅で、三宮にターミナルの神戸（現・神戸三宮）駅を設けるのは1936年とかなり遅れている。西側では、生田神社と真っ直ぐに延びる参道が存在感を示していた。神戸港側では貨物線、引き込み線が複数存在している。

発展を続けている。

この神戸三宮駅が1936年に開業する前は、少し離れた場所に上筒井（初代神戸）駅が存在した。開業当時の二代目神戸駅は、地上6階（塔屋を含む）、地下1階の神戸阪急ビル東館（駅ビル、阪急会館）と一体化し、三宮の地に堂々たる偉観を誇っていた。このビルは阪神・淡路大震災で被災して改築され、現在は暫定ビルの駅として営業している。

神戸三宮駅の西側には、生田神社が鎮座している。この生田神社（の神）が神戸の地名の由来であり、この神社の8つの裔神のひとつ（神）を祀る三宮神社から、「三宮」の地名が誕生した。また、駅の南側には神戸市役所が置かれており、西側の元町にかけては神戸市立博物館、大丸神戸店などが存在する。このあたりの海岸沿いには幕末から明治にかけて、神戸外国人居留地が続いていた。

明治から大正、昭和にかけて、ミナト神戸には、外国人観光客を迎えるためのクラシックなホテルが存在した。その代表的なものが、1870（明治3）年に開業したオリエンタル

建設省地理調査所1/10000地形図「神戸首部」

昭和27年（1952年）

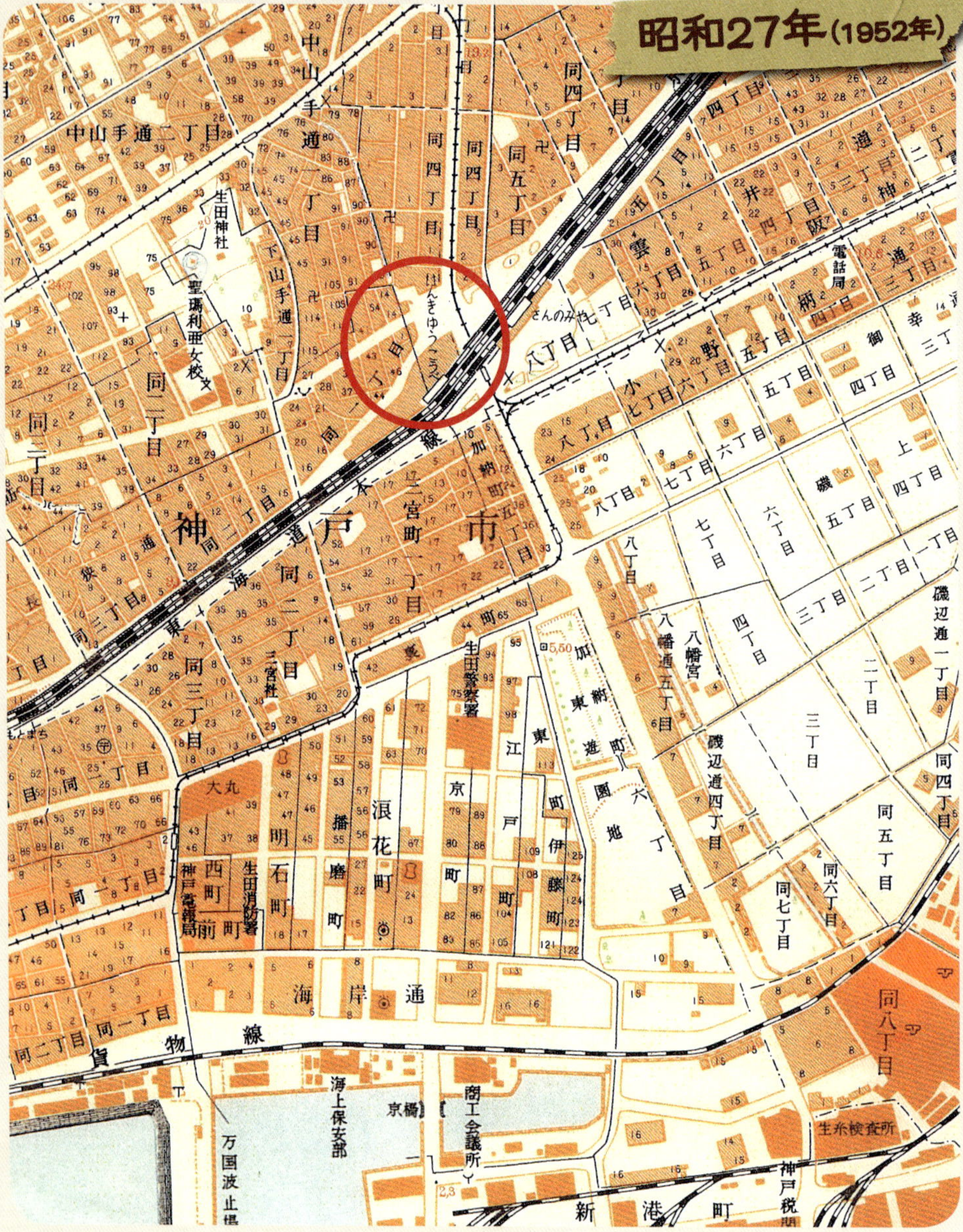

神戸市電が走っていた頃の戦後の地図であり、阪神本線は戦前の1936年に元町駅まで延伸していたが、地下線・地下駅であるために（神戸）三宮駅は地図上に記されていない。国鉄線の北側、三ノ宮駅の側には、阪急三宮（現・神戸三宮）駅が見える。現在はフラワーロードの西に建つ神戸市役所は、まだ移転する前であった。この2年後の1957年、生田区（現・中央区）加納町の東遊園地に移転し、8階建ての本庁舎（現・2号館）が竣工した。

阪神間モダニズム

大阪と神戸という大都市に挟まれた形の阪神間には、東から尼崎市、伊丹市、宝塚市、西宮市、芦屋市といった個性豊かな都市が存在する。この地域はもともと地域住民の文化的な意識も高く、資産家や芸術家らが移り住んだことで豊かな文化的土壌が育まれてきた。この5市に加え、当時は独立した町村（御影町・住吉村・魚崎町）だった神戸市東灘区も含んだ地域が「阪神間モダニズム」の地をされている（諸説あり）。この「阪神間モダニズム」という言葉は1990年代、地元の研究者や学芸員が提唱したもので、地元の美術館、博物館、文学館などで研究や発表・展示が行われるようになった。

この中では、絵画、彫刻といった美術、文学、音楽、写真作品などとともに、大正・昭和戦前期に建てられた建造物が多く残っていたことで、再評価、保存する動きとなって現れた。しかし、1995年に発生した阪神淡路大震災は、これらの建造物に多大な被害を与え、地域に残された芸術作品にも危機が訪れた。この被害からの救済、復興なども必要となったのである。

阪神間モダニズムの代表的建造物としては、旧山邑邸、滴翠美術館、白鶴美術館、御影公会堂などである。また、活躍した芸術家としては作家の谷崎潤一郎、画家の小出楢重、写真家の中山岩太、作曲家の貴志康一らが挙げられる。

ホテル（初代）と、1908（明治41）年開業のトア（トーア）ホテルである。このほかにも、戦前には山手通に近い場所に富士ホテルなどがあった。

また、阪神間の各地には甲子園ホテル、芦屋国際ホテル、パインクレストホテル（西宮）といった、昭和のモダニズム建築を代表するホテルがあった。六甲山には、六甲山ホテル、ホテル六甲ハウスといったリゾートホテルも建設されていた。ここでは、こうした戦前のホテルのパンフレット（一部）や絵葉書を紹介する。

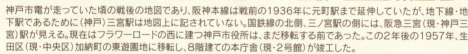

国土地理院1/10000地形図「神戸首部」

昭和61年(1986年)

フラワーロード

県道30号新神戸停車場線の愛称で、加納町1丁目から神戸税関前交差点までを結ぶ三宮の主要道路。明治の初期までは生田川の水路だった。神戸開港時の外国人居留地の整備の際、この旧生田川は道路になった。戦後、歩道や中央分離帯に花が植えられ、道路に面する市役所に花時計が誕生したことから「フラワーロード」と命名された。

異人館通り

明治元(1867)年の神戸港開港に伴い、外国人住宅地として誕生した北野異人館街。その異人館(洋風建築物)が数多く残存する山本通り界隈が"異人館通り"と呼ばれている。英国館、洋館長屋ベンの家、旧サッスーン邸、うろこの家、山手八番館、風見鶏の館などを巡る人が多い。

神戸市北野町周辺

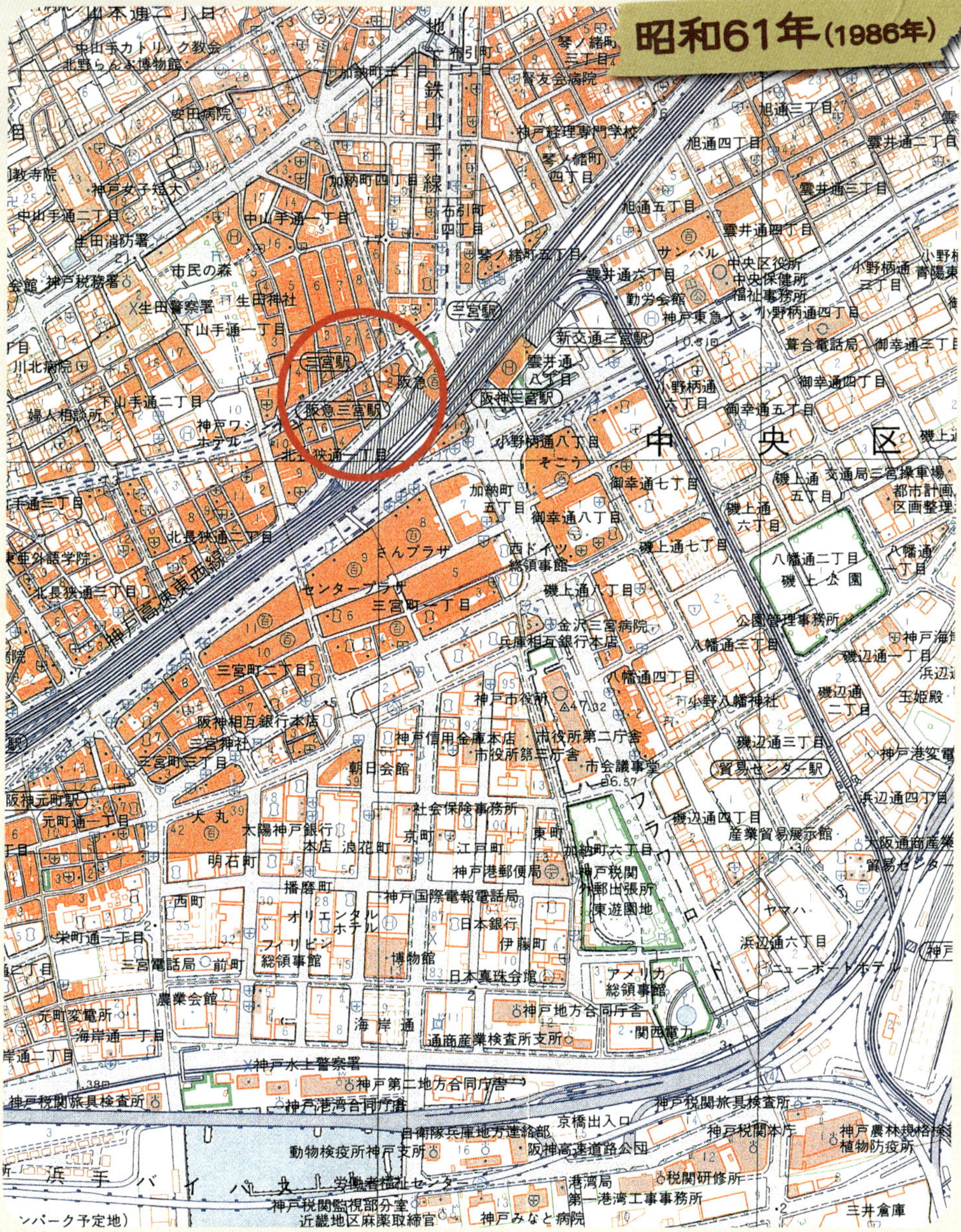

戦前からある国鉄の三ノ宮駅、阪急三宮駅、阪神三宮駅に加えて、1981年に開通した神戸新交通ポートアイランド線の三宮駅、1985年に開通した神戸市営地下鉄西神・山手線の三宮駅が見える地図である。この南側にはさんプラザ、センタープラザといった神戸を代表する商店街がある。また、神戸市役所には第二庁舎、第三庁舎が誕生している。海岸通付近には神戸市立博物館、オリエンタルホテルが存在している。

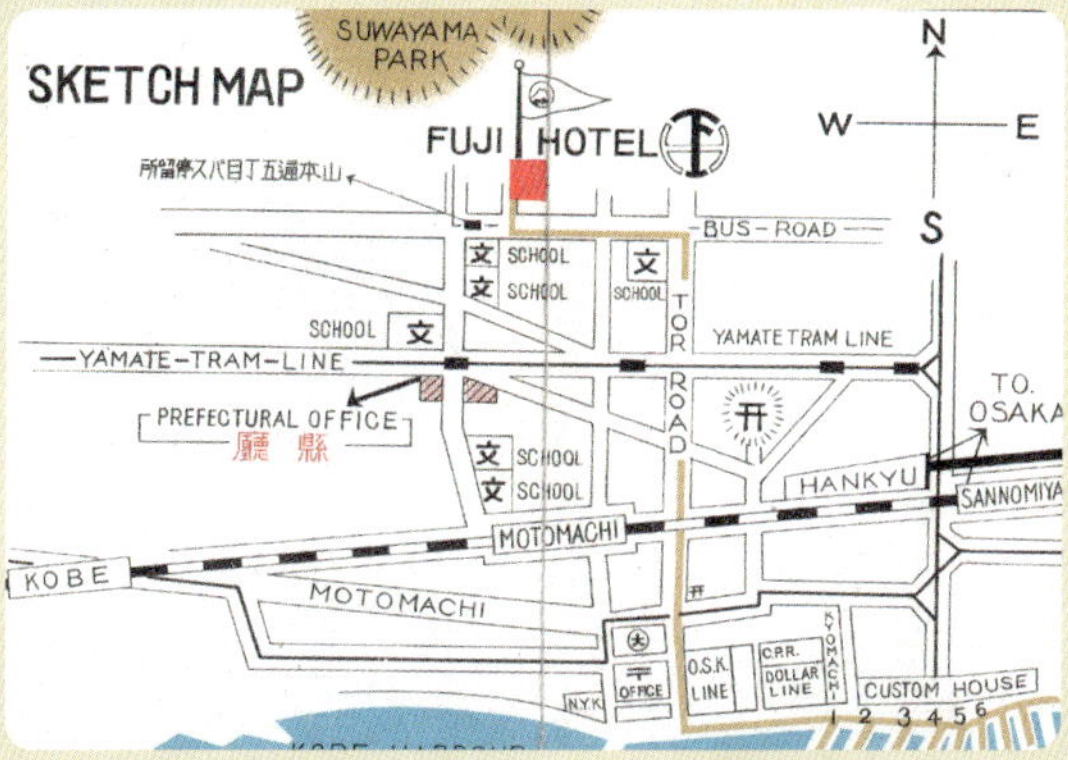

陸軍陸地測量部1/10000地形図「神戸首部」「神戸首部」

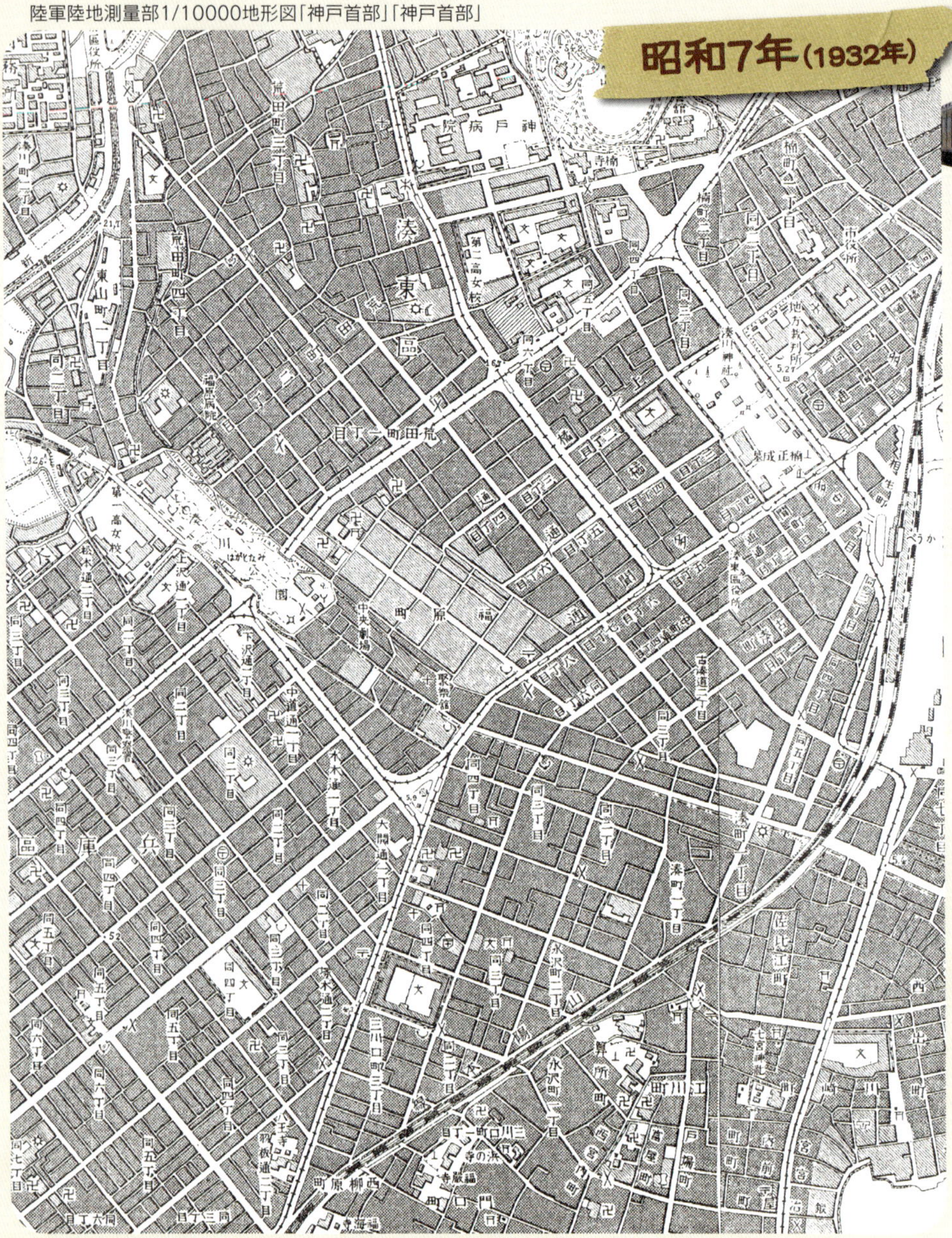

地図の南東を東海道本線・山陽本線が走り、神戸駅が両線を接続する起終点駅となっている。神戸駅の西側には、湊川の戦いで敗れる楠木正成の墓があり、湊川神社が鎮座している。このあたりは神戸市湊東区で、神戸駅西側に区役所が置かれていた。「湊東区」の文字が見える付近には神戸病院、楠寺（広厳寺）などが存在する。この広厳寺も楠木正成ゆかりの寺院で、江戸時代の寺の再興には、水戸藩主の徳川光圀（水戸黄門）が助力したといわれている。

神戸高速線

高速神戸、新開地

神戸の中心、多聞通り下を走る

高速神戸駅

開業年	1968（昭和43）年4月7日
所在地	神戸市中央区多聞通3-3-13
キロ程	0.6km（新開地起点）
駅構造	地下駅
乗降客	15,266人（降車客含まず）

新開地駅

開業年	1968（昭和43）年4月7日
所在地	神戸市兵庫区新開地2-3B-1
キロ程	神戸三宮から2.8km 梅田から35.1km
駅構造	地下駅
乗降客	14,690人（降車客含まず）

山陽電鉄・神戸電鉄と連絡

阪急神戸線の終着駅は神戸三宮駅だが、その先には阪急神戸高速線の路線が続いている。この神戸三宮～新開地間の路線には花隈、高速神戸の中間駅があり、新開地駅では山陽電鉄、神戸電鉄と接続している。この区間は1968（昭和43）年4月7日に神戸高速鉄道の路線として開通し、花隈、高速神戸、新開地駅が開業した。現在も神戸高速鉄道が路線を保有しているが、2010（平成22）年からは、阪急が列車運行や駅の管理などを行っている。

この線はほぼ全線が地下区間であるため、神戸市の東西のメインストリートである多聞通（県道21・国道28号）の下を走っている。神戸三宮駅付近の地上区間から地下に入った1・3キロの地点に花隈駅が置かれている。花隈駅付近には室町時代に築かれた花隈城の跡地である花隈公園のほか、モダン寺と呼ばれる本願寺神戸別院などが存在する。

本願寺神戸別院は1639（寛永16）年に創建された善福寺を前身とし、1917（大正6）年に本堂が焼失した後、1929（昭和4）年にインド式を取り入れたモダンな寺院となった。現在の建物は1995（平成7）年に改築されている。

次の高速神戸駅は約200メートル東にある東海道線の終着駅、JR神戸駅との連絡駅となっている。高

建設省地理調査所1/10000地形図「神戸首部」「神戸西部」

昭和27年(1952年)

花隈公園

織田信長が配下の武将・荒木村重に命じて花隈城を築かせたが、後に村重が信長に背き落城。その跡地が「花隈公園」になった。遺構は残っておらず、すべて模擬だが、周囲が石垣でぐるりと囲われた公園で、歴史を感じさせる佇まいが印象的。桜が植えられており春はお花見が楽しめる。

神戸市中央区花隈町1

 湊川神社

楠木正成を祀る神社。地元では「楠公さん」と親しまれている。戦災で焼失した社殿は、昭和27(1952)年に復興新築された。様式は権現造に似た八棟造りで鉄筋コンクリート造。戦後の新しい神社建築様式としての代表的な建物と言われている。境内には楠公ゆかりの宝仏殿や神能殿がある。

神戸市中央区多聞通3-1-1

 神戸ハーバーランド

昭和57年11月に営業を終了した湊川貨物駅や沿岸一帯の工場跡地約23haを再開発した神戸市の観光スポット。平成25(2013)年4月には新名称「umie(ウミエ)」がオープン。またアニメキャラクター・アンパンマンのテーマパークと商業施設からなる神戸アンパンマンこどもミュージアム＆モールも開業した。

神戸市中央区波止場町

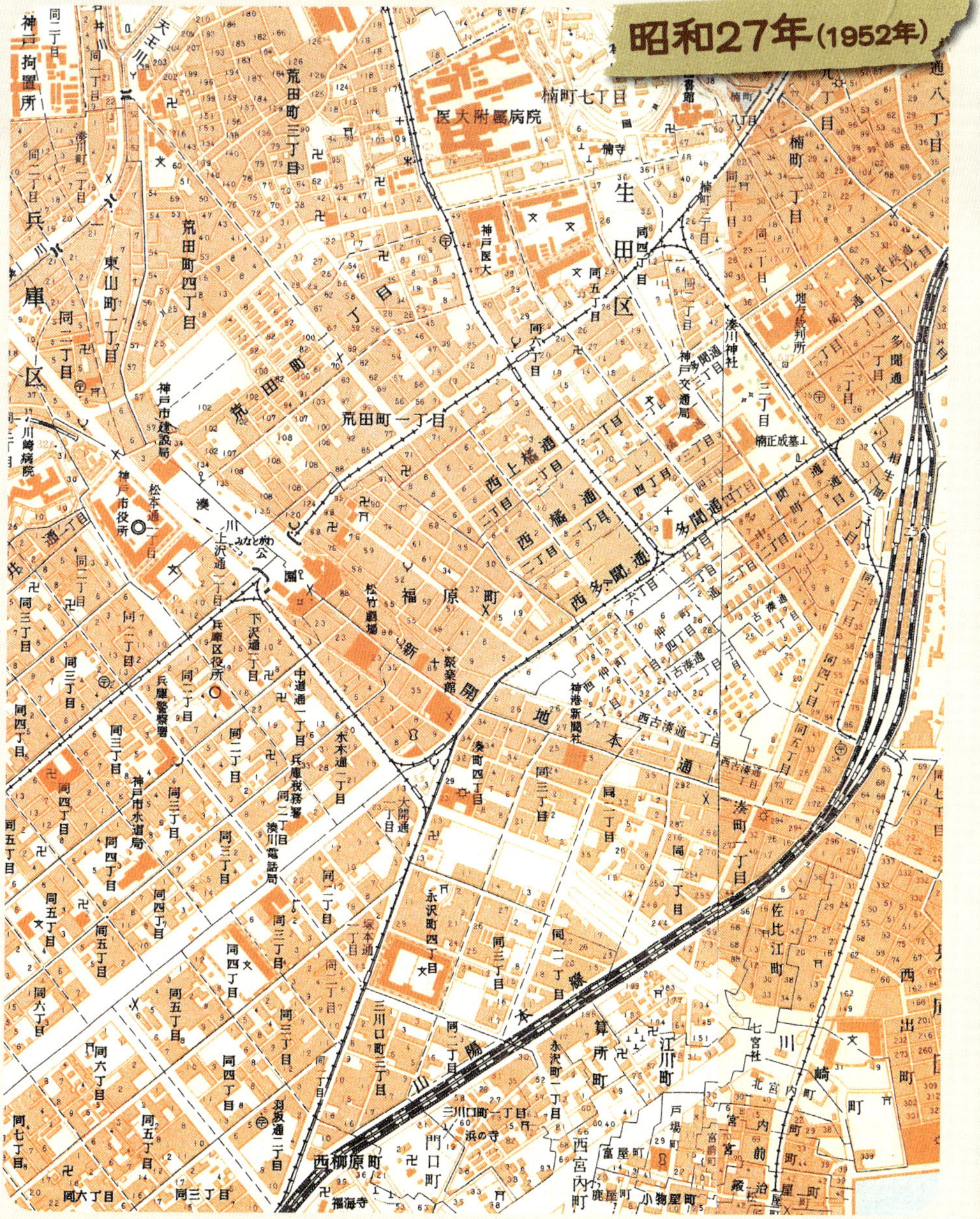

戦前にあった湊東区の一部は、1945年に神戸区と合併して生田区となっていた。生田区は1980年、葺合区と合併し、現在の中央区が誕生した。現在の新開地駅が置かれているあたりは、戦前には神戸市電の路線や神戸電鉄線が集まる場所で、神戸一の興行街であった。この時代、「新開地」には聚楽館、松竹劇場といった映画館が残っていた。北西には湊川公園があり、神戸電鉄の始発駅である湊川駅が置かれていた。

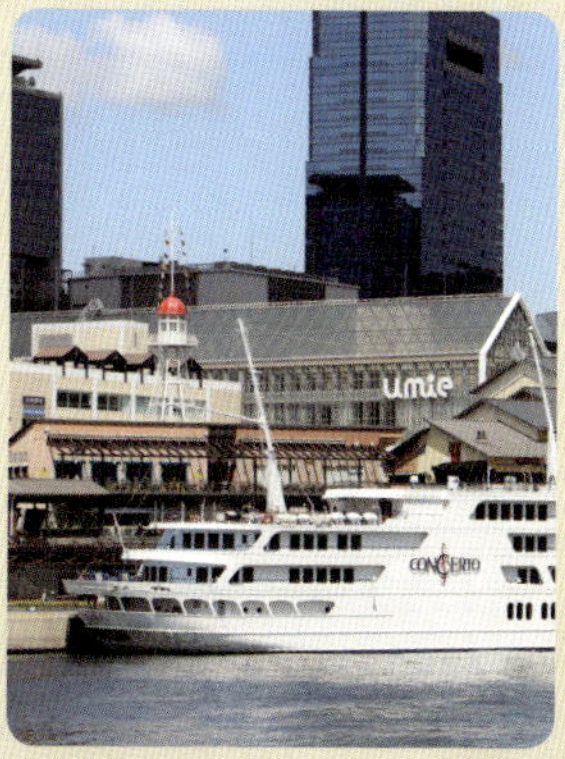

速神戸駅のすぐ北側には、鎌倉時代末期に南朝方の武将として活躍した楠木正成を祀る湊川神社が鎮座している。正成は1336(建武3)年に足利尊氏らと戦った湊川の戦いで敗れて自害した。

次の新開地駅付近はかつて神戸一の興行街であり、聚楽館などの劇場、映画館が建ち並んでいた。ここは明治時代に新湊川が開削され、旧湊川が埋め立てられて誕生した新しい土地である。北西には湊川公園が存在し、地下鉄西神・山手線の湊川公園駅がある。また、新開地駅で連絡する神戸電鉄が北西に伸び、湊川駅も置かれている。湊川駅は、以前の神戸電鉄のターミナル駅であったが、現在は延伸により新開地駅に移っている。

陸軍陸地測量部 1/25000地形図「伊丹」

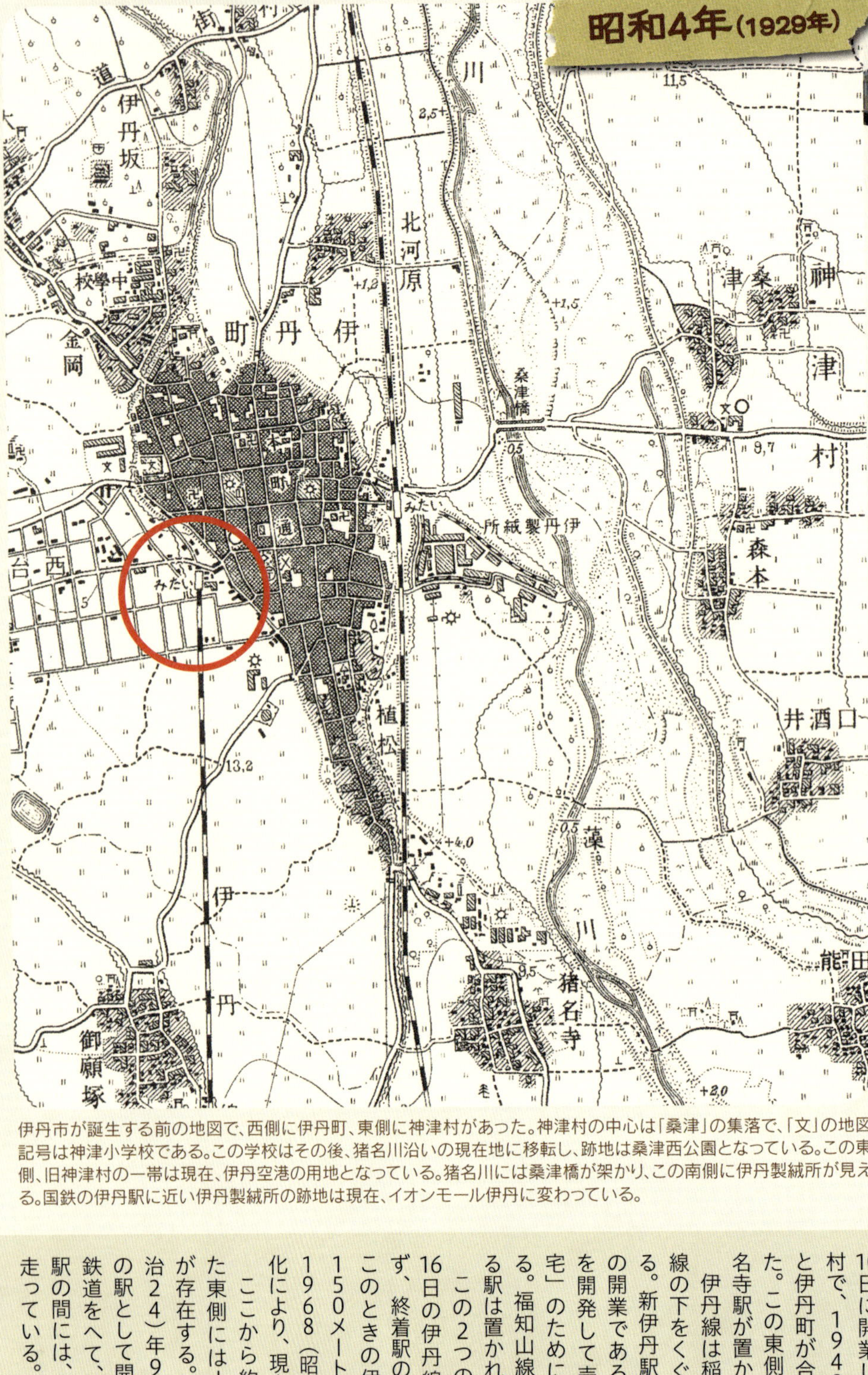

伊丹市が誕生する前の地図で、西側に伊丹町、東側に神津村があった。神津村の中心は「桑津」の集落で、「文」の地図記号は神津小学校である。この学校はその後、猪名川沿いの現在地に移転し、跡地は桑津西公園となっている。この東側、旧神津村の一帯は現在、伊丹空港の用地となっている。猪名川には桑津橋が架かり、この南側に伊丹製絨所が見える。国鉄の伊丹駅に近い伊丹製絨所の跡地は現在、イオンモール伊丹に変わっている。

伊丹線

新伊丹、伊丹

伊丹線の終着点、伊丹空港の地

新伊丹駅

開業年	1935(昭和10)年3月1日
所在地	伊丹市梅ノ木2-4-1
キロ程	2.2km(塚口起点)
駅構造	地上駅
乗降客	7,392人

伊丹駅

開業年	1921(大正10)年5月10日
所在地	伊丹市西台1-1-1
キロ程	3.1km(塚口起点)
駅構造	高架駅
乗降客	22,593人

酒どころでも有名

塚口駅から北に向かう伊丹線には、稲野、新伊丹、伊丹の3駅がある。塚口駅のすぐ北側は伊丹市であり、3駅ともに伊丹市に位置している。

稲野駅は1921(大正10)年5月10日に開業した。当時は川辺郡稲野村で、1940(昭和15)年に稲野村と伊丹町が合併して伊丹市が成立した。この東側にはJR福知山線の猪名寺駅が置かれている。

伊丹線は稲野駅の北側で山陽新幹線の下をくぐり、次の新伊丹駅に至る。新伊丹駅は1935年3月1日の開業である。この駅は阪急が沿線を開発して売り出した、「新伊丹住宅」のために駅を新設したものである。福知山線には新伊丹駅に対応する駅は置かれていない。

この2つの駅は1920年7月16日の伊丹線の開通時には存在せず、終着駅の伊丹駅のみが存在した。このときの伊丹駅は現在地より約150メートル南東に位置しており、1968(昭和43)年11月9日に高架化により、現在地に移転している。

ここから約600メートル離れた東側にはJR福知山線の伊丹駅が存在する。こちらは1891(明治24)年9月6日、川辺馬車鉄道の駅として開業し、摂津鉄道、阪鶴鉄道をへて、国鉄の駅となった。両駅の間には、兵庫県道13号が南北に走っている。JR伊丹駅のすぐ西側

建設省地理調査所 1/25000地形図「伊丹」

昭和28年(1953年)

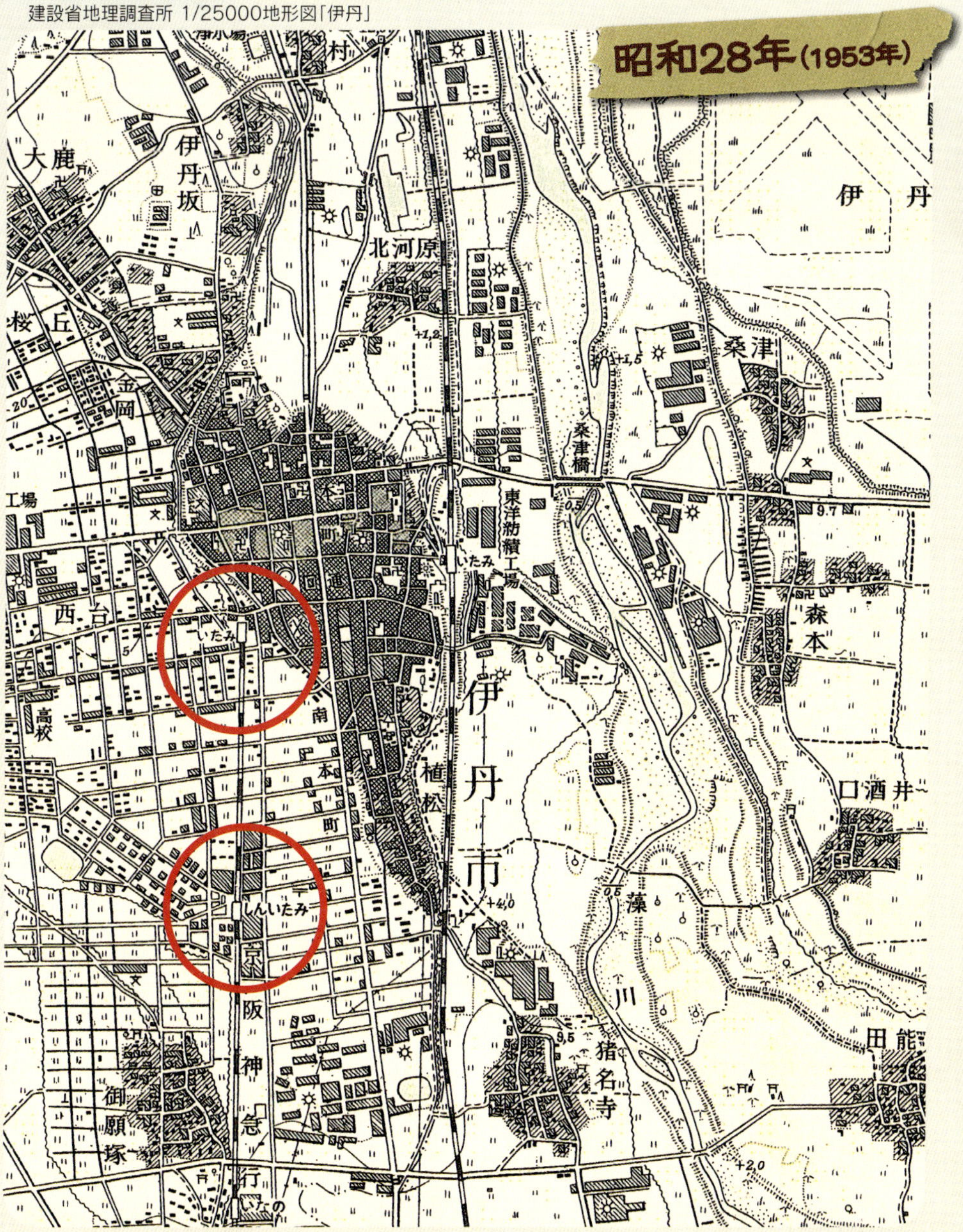

阪急の伊丹線沿いでは戦前、既に伊丹駅西側の西台地区では住宅地開発が進んでいたが、この頃になると伊丹駅の東側、新伊丹駅周辺も区画整理が行われ、住宅の数が増加している。新伊丹駅の開業は戦前の1935年である。戦後しばらくは、阪急の伊丹付近に伊丹市役所(旧伊丹町役場)が存在した。また、伊丹製絨所は、東洋紡績工場に変わっており、猪名川沿いには工場が出現している。阪急線の西側には(伊丹)高校が見える。

昆陽池公園

都市部では珍しい野鳥のオアシス。関西屈指の野鳥の飛来地で、秋から冬にかけてはカモなど多くの水鳥が飛来。また、春には白鳥の抱卵やヒナたちを引き連れで泳ぐ姿も見られる。もともとこの地は、奈良時代の名僧・行基が築造した農業用のため池だった。これを市が昭和43年に一部公園化し、その後、現在の姿に整備した。広さ27.8haのうち自然池は12.5ha、貯水池は4.5ha。対岸には伊丹昆虫館もある。

伊丹市昆陽池3丁目

伊丹市立美術館＆柿衞文庫

美術館の基本概念は、風刺とユーモア。19世紀フランスの画家オノレ・ドーミエの風刺作品を中心に、ユニークな作品を展示する。一方、同じ建物内にある柿衞文庫は、芭蕉や蕪村、子規の原本、自筆の掛け軸などを所蔵。日本三大俳諧コレクションの一つとして注目されている。

伊丹市宮ノ前2-5-20

御願塚古墳

伊丹市の南郊、阪急伊丹線稲野駅の西側にある。前方後円墳で、墳丘の周囲には水をたたえる周濠が巡っている。墳丘は、前方が短く低く造られた、いわゆる典型的な帆立貝式の古墳だ。5世紀の豪族の墳墓と言われている。昭和41年3月に兵庫県の指定文化財(記念物)に認定された。

伊丹市御願塚4-10-11

現在の伊丹市役所は両伊丹駅の北西、西国街道(国道171号)沿いに置かれている。この北西には昆陽池、瑞ケ池があり、昆陽池公園、伊丹史跡公園などが広がっている。伊丹史跡公園は、伊丹廃寺跡を整備したもので、北側には陸上自衛隊伊丹駐屯地、川西駐屯地などがある。

には、有岡(伊丹)城跡が存在する。この城は南北朝時代に伊丹氏の手で築城され、後には荒木村重の支配下となり、この城で荒木村重軍は織田信長軍との間で死闘を繰り広げることとなる。

陸軍陸地測量部 1/25000地形図「宝塚」「西宮」

地図の東側に見える神戸線の夙川駅からは、甲陽線が北に伸びている。途中駅として苦楽園口駅が置かれ、甲陽園駅が終着駅となっている。この時代は西宮市になる前の大社村で、南側には「香櫨園」の地名が見える。以前はこの地に遊園地が置かれていたが、既にこの時期には夙川の下流（海側）に移っていた。地図の中ほど西側は、芦屋の高級住宅地として有名な六麓荘である。その北側に苦楽園の住宅地が開かれる。

甲陽線

苦楽園口、甲陽園

西宮七園・苦楽園の玄関口

苦楽園口駅

開業年	1925（大正14）年3月8日
所在地	西宮市石刎町1-22
キロ程	0.9km（夙川起点）
駅構造	地上駅
乗降客	7,484人（降車客含まず）

甲陽園駅

開業年	1936（昭和11）年4月1日
所在地	伊丹市梅ノ木2-4-1
キロ程	2.2km（塚口起点）
駅構造	地上駅
乗降客	7,392人

夙川に沿って北へ

夙川駅から北に延びる阪急甲陽線には、苦楽園口、甲陽園の2駅が置かれている。この「苦楽園」と「甲陽園」は、今津線沿いの「甲東園」、阪神本線沿いの「甲子園」などとともに、高級住宅地「西宮七園」のひとつであった。この甲陽線の沿線は、西宮市になる前は武庫郡の大社町であり、村名の由来となった廣田神社が鎮座している。

苦楽園駅の西側に広がる苦楽園の玄関口となった苦楽園口駅は、1924（大正13）年10月1日、甲陽線が開通した際に越木岩信号所として開設された。翌年3月8日、駅に昇格したことで、「苦楽園口」の駅名が採用された。苦楽園は当初、別荘地として開発され、開発に関わった中村家の家宝である苦楽瓢という瓢箪にちなんで「苦楽園」という名称が生まれた。その後、ここで温泉が発見され、旅館などが建つ行楽地となったが、やがて温泉は枯渇し、以後は住宅地として開発されることとなる。

一方、駅の西側の市境を越えた芦屋市には、六麓荘（町）と呼ばれる有名な高級住宅地が存在する。この六麓荘は1928（昭和3）年、大阪財界人の森本喜太郎が発起人となった株式会社六麓荘の手で開発された。その後、1937年に芦屋高等女学校（現・芦屋学園）が誕生、1939

国土地理院 1/25000地形図「宝塚」「西宮」

昭和43年(1968年)

北山緑化植物園

昭和57年に開園した植物園。総面積は9ha。園内には260種1500株の温室植物を栽培する展示温室・緑の相談所・北山山荘などの施設が点在する。お弁当を持って、ピクニック気分で訪れる家族ずれも多い。

西宮市北山町1-1
水休(祝日は翌日)

堀江オルゴール博物館

故・堀江光男氏が欧米から収集した貴重なアンティークオルゴールを展示した博物館。19世紀から20世紀初頭にかけてのシリンダーオルゴールやディスク型オルゴール、自動演奏器など約360点のを所有。

西宮市苦楽園四番町7-1
月休(祝日は翌日)
大人900円

越木岩神社

東六甲山麓唯一の霊場で、天然記念物の森におおわれた霊験あらたかな神社。創立は古く、一千年前の延喜式神名帳に記載されている大国主神社が前身と言われている。越木岩・苦楽園・夙川・鷲林寺・柏堂という関西の高級住宅地の産土神としてあがめられており、子授け・安産祈願でも知られる。

西宮市甑岩町5-4

面には、1970年代に西宮北高校、苦楽園小学校、苦楽園中学校が相次いで開校することとなる。また、この時期、甲陽園駅の西側の「甑岩」付近には夙川短期大学があったが、2013年に神戸ポートアイランドのキャンパスへ移転した。芦屋市の「六麓荘町」には、戦前の芦屋高等女学校から発展した芦屋学園、芦屋大学などがキャンパスを構えている。

年には芦屋国際ホテルも開業し、現在のような高級住宅地に発展した。甲陽園駅は甲陽線の終着駅として、1924年10月1日に開業している。駅名の由来となったのは「西宮七園」のひとつ、甲陽園であり、この甲陽園は1918年に本庄京三郎が「甲陽土地」を設立し、住宅地としての開発が開始された。現在、この甲陽園は地名や小学校名にもなっている。

この甲陽園でも開園後に温泉が発見され、甲陽園カルパス温泉としても有名になった。さらにこの温泉を中心に遊園地や料亭なども誕生し、映画製作会社の東亜キネマが経営する甲陽園撮影所も建設されるなど、戦前には一時、大勢の行楽客が訪れる観光地に発展し、その中でも有名な料亭の甲陽園つる家や播半は、戦後も営業を続けていた。しかし、多くの施設は閉鎖され、その後は住宅地に変わって現在に至っている。

陸軍陸地測量部 1/25000地形図「宝塚」

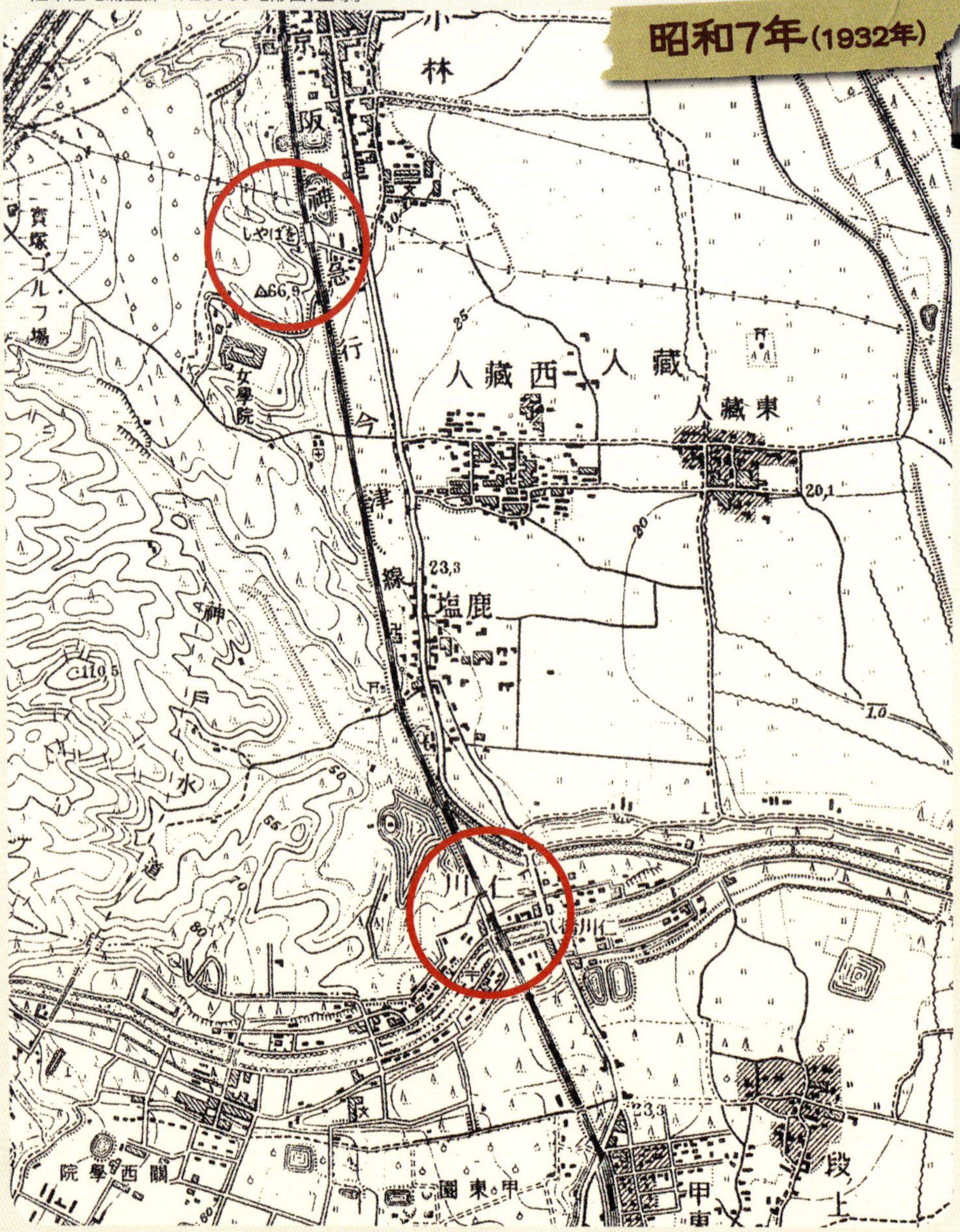

東に武庫川の流れがあり、西側は丘陵、山地となっている。ここには神戸水道が通っていた。この神戸水道は千苅ダム（貯水池）から山中のトンネルを使い、神戸市内に水道を供給するもので、「武庫川導水路」とも呼ばれていた。また、西側には関西の名門ゴルフコースである宝塚ゴルフ倶楽部（場）があり、東側には小林聖心女子学院（女学院）の校地が開かれている。南側ではゆるやかに仁川が流れ、仁川橋が架けられていた。

今津線

小林、仁川

仁川にはJRA阪神競馬場

小林駅

開業年	1921（大正10）年9月2日
所在地	宝塚市千種2-1-1
キロ程	2.8km（宝塚起点）
駅構造	地上駅
乗降客	17,288人

仁川駅

開業年	1923（大正12）年12月28日
所在地	宝塚市仁川北3-3-5
キロ程	4.5km（宝塚起点）
駅構造	地上駅
乗降客	24,847人

小林に聖心女子学院高校

六甲山上道路（県道16号）で北側の逆瀬川駅と結ばれている宝塚ゴルフ倶楽部、西宮カントリー倶楽部は、距離的にはこの小林駅の方が近い。宝塚ゴルフ倶楽部と小林駅の中間には、小林聖心女子学院高校・中学校・小学校がある。カトリック聖心会のミッション・スクールである小林聖心女子学院は1923（大正12）年に住吉村（現・神戸市東灘区）に開校した前身の住吉聖心女子学院が、1926年に現在地に移転し、小林聖心女子学院となった。この学校の校舎本館は1927（昭和2）年、建築家のアントニン・レーモンドが設計して建てられたもので、国の登録有形文化財に指定されている。

小林駅は1921年9月2日、西宝（現・今津）線の開通時に開業している。駅名の読み方は「おばやし」で、駅の東側は小林1〜5丁目となっている。駅が誕生した当時、このあたりは武庫郡良元村で、それ以前は小林村が存在した。その後に良元村となり、1954（昭和29）年に宝塚町と合併して宝塚市となった

今津線には小林駅の南側に鹿塩駅が置かれてきた歴史がある。現在の阪神競馬場のある場所に存在した軍需工場、川西飛行機製作所宝塚製作所に勤める工員の通勤用の駅で、1943年から太平洋戦争の終戦直後まで設置されていた。

国土地理院 1/25000地形図「宝塚」

昭和42年(1967年)

伊和志津神社

延喜の御世から近郷の尊崇を集めた宝塚随一の古社。安土桃山時代、戦国武将・加藤清正が朝鮮出征の時に虎を生け捕りにして持ち帰り、境内で飼育した、と伝えられる。本殿は、一間社春日造、柿葺で、江戸時代中期の建築と考えられている。平成7(1995)年に県道工事に伴い、交差する参道は立体交差化し、拝殿などが新築された。

宝塚市伊子志1-4-3

平林寺

寺伝によれば、飛鳥時代、用明天皇の命で聖徳太子が創建し、平安時代に如一尼が再興しやという。真言宗単立の寺院で、武庫七寺の一つ。天正6(1578)年に荒木村重の反乱に巻き込まれて焼失したが、江戸時代に再興された。本尊は釈迦如来で市指定有形文化財。

宝塚市社町4-7

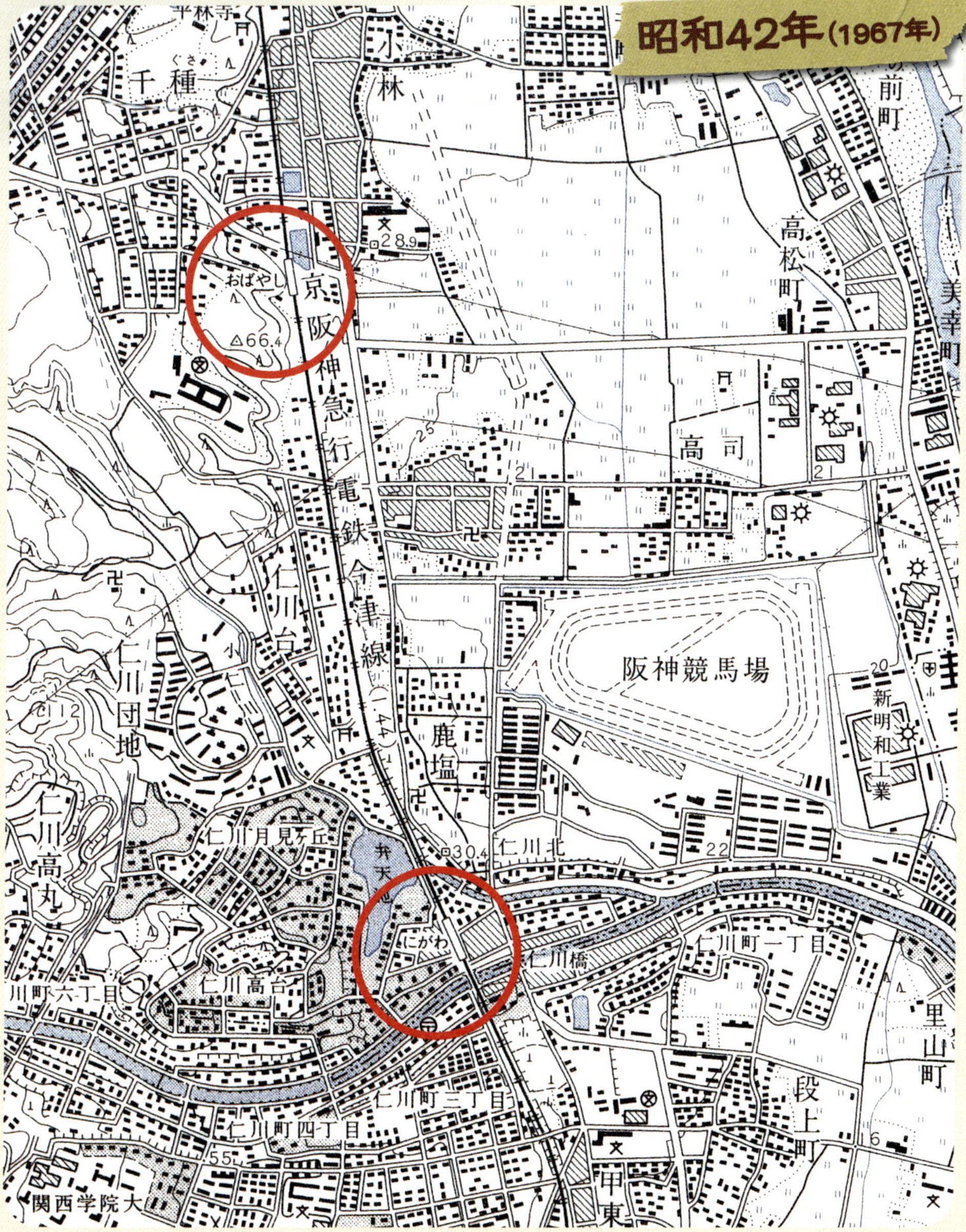

戦前の地図(1932年)とは異なり、南西の甲東園、仁川台方面で多くの住宅が建ち並んでいる。仁川団地も建設されていた。今津線の東側における最も大きな変化は、仁川駅の北東に阪神競馬場が誕生したことである。この阪神競馬場は、戦前、海(南)側にあった鳴尾競馬場を移したもので、仁川競馬場とも呼ばれていた。競馬場の東側、武庫川に近い新明和町には、川西航空機の流れを汲む会社である新明和工業の宝塚工場、本社が置かれている。

所蔵：上野又勇

次の仁川駅との間には仁川が流れ、西宮市と宝塚市に境界線が存在する。この仁川は上流に阪急仁川テニスクラブ、甲山キャンプ場などがある武庫川の支流で、駅の東側で武庫川に注いでいる。仁川駅は西宝線の開通時にはなく、2年後1923年12月28日に開業している。

この仁川駅は北東に存在するJRAの阪神(仁川)競馬場の最寄り駅であり、レースが開催される土日祝日には競馬ファンで大いに賑う駅である。

阪神競馬場は、もともと鳴尾浜にあった阪神競馬倶楽部(鳴尾競馬場)が戦後、仁川に移転してきたもので、それ以前は川西飛行機宝塚製作所が存在した。1949年(昭和24)年にスタンドが竣工し、その後に厩舎なども整備された。現在では淀の京都競馬場とともに関西におけるJRAの二大競馬場となり、春の桜花賞、宝塚記念などの大レースが開催されている。

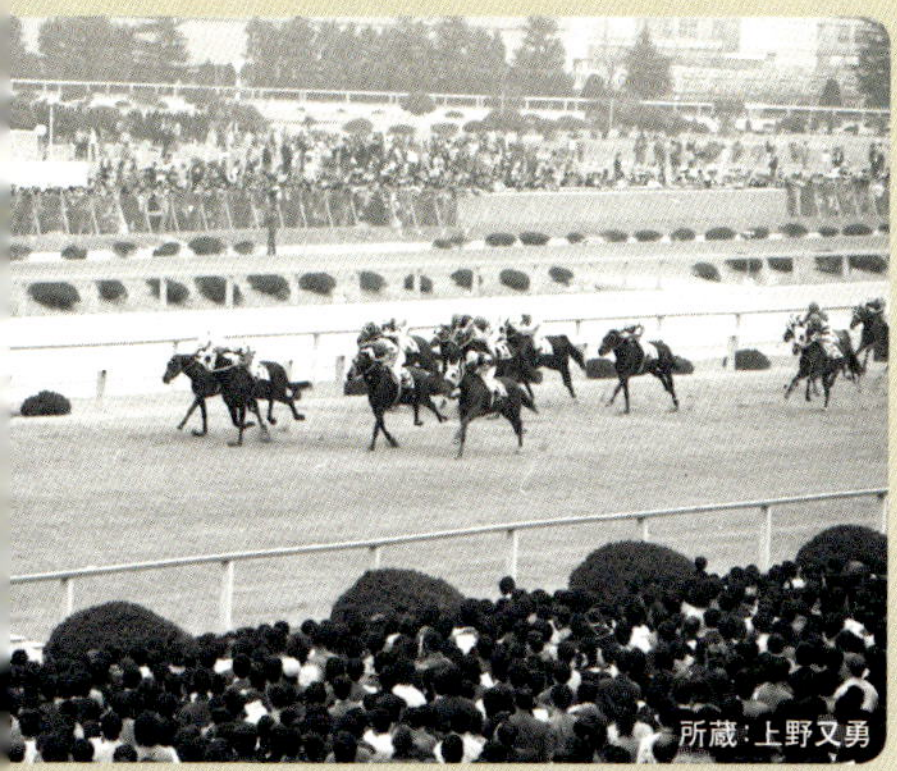

陸軍陸地測量部 1/25000地形図「西宮」

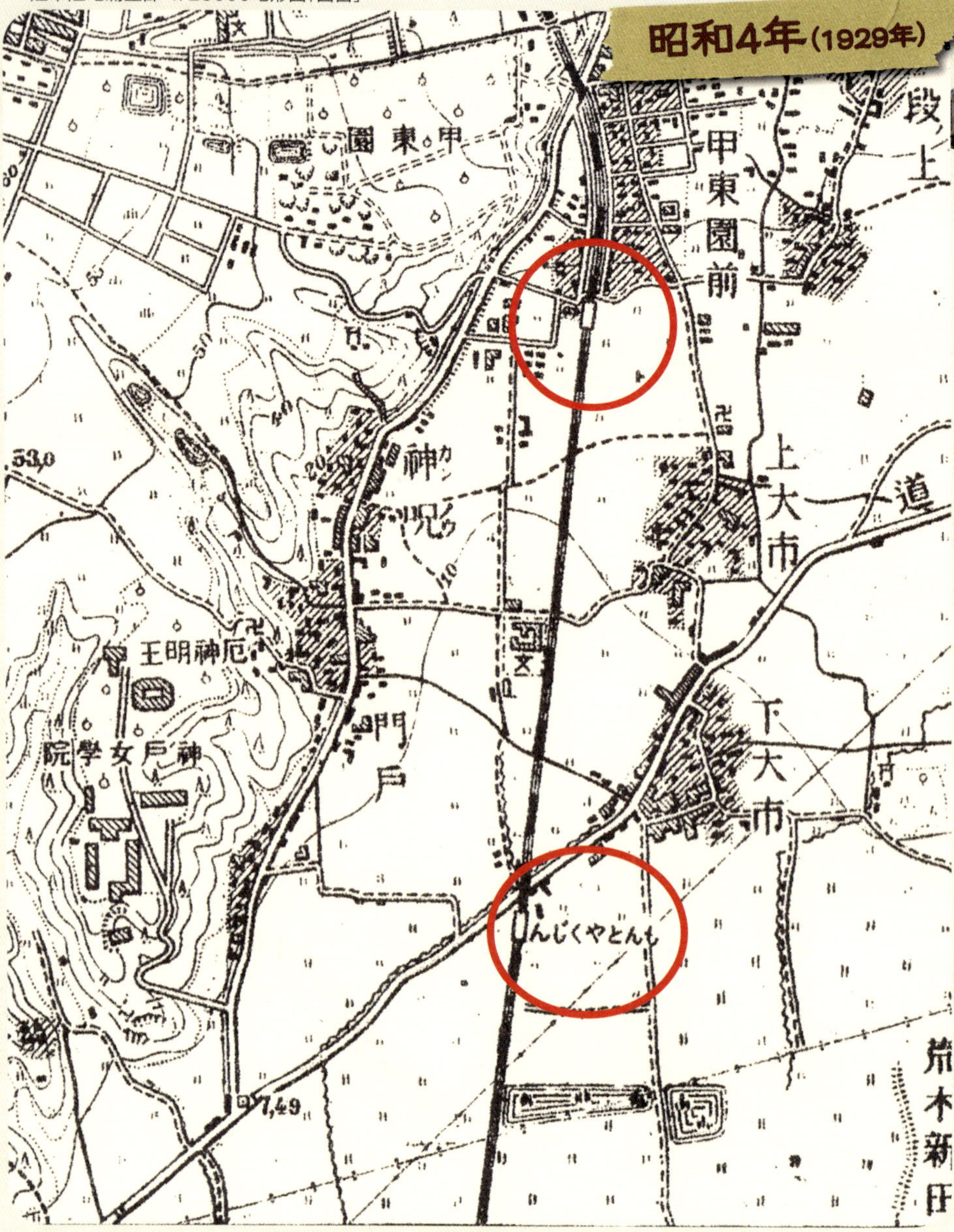

今津線には甲東園駅、門戸厄神駅が置かれている。甲東園駅は、「西宮七園」のひとつ、高級住宅地「甲東園」の玄関口で、当初は果樹園が造られていた土地である。南側の門戸厄神駅はその名の通り、門戸厄神の最寄り駅で、駅の西側に「厄神明王」の記載が見える。正式な名称は松泰山東光寺で、高野山真言宗の別格本山である。この南側には、阪神モダニズムの代表的建築物があることで知られる、神戸女学院（大学）のキャンパスは広がっている。

今津線

甲東園、門戸厄神

厄除けで有名な門戸厄神東光寺

甲東園駅

開業年	1922（大正11）年6月1日
所在地	西宮市甲東園1-204
キロ程	5.4km（宝塚起点）
駅構造	地上駅（橋上駅）
乗降客	26,691人

門戸厄神駅

開業年	1921（大正10）年9月2日
所在地	西宮市下大市東町1-22
キロ程	6.4km（宝塚起点）
駅構造	地上駅
乗降客	20,235人

高級住宅地の甲東園

甲東園駅は西宝（現・今津）線の開業から約1年がたった1922（大正11）年6月1日、小林～門戸厄神間に開業している。このときには仁川駅は存在せず、翌年12月に開業して隣駅となっている。甲東園という駅名は西宮七園のひとつである甲東園に由来する。

現在は西宮市にある甲東園駅だが、1941（昭和16）年に西宮市に編入される前には甲東村があった。甲東村は1889（明治22）年に門戸村、段上村などが合併して誕生している。村名の甲東は、西宮市北西部に広がる甲山の東にあたることから名付けられている。この甲東園は「西宮七園」のひとつとして、大正、昭和初期に開発され、現在は関西を代表する高級住宅地となっている。甲東園のほかには甲子園、甲陽園、甲風園という4つの「甲」の文字がついた住宅地があるが、球場があることで有名な甲子園は年号（干支・甲子）から採用されている。

門戸厄神駅は1921年9月2日、西宝（現・今津）線の開通時に開業した。駅名の「門戸厄神」は、厄除けの神様として関西では有名な、門戸厄神東光寺の門前駅であることから名付けられている。東光寺は、高野山真言宗の別格本山で、829（天長6）年に嵯峨天皇の勅願で、空海が開基したと伝わる。本尊は薬師如

頴川美術館

大阪の銀行家が収集した日本・中国の古美術品の数々が集められている。室町水墨、近世南画などの絵画を中心に、東洋の古美術を広範囲に所蔵。茶道具や中国陶器の逸品が見られる。春秋を中心に企画展・特別点を開催。また文化講座や実技講座など生涯教育活動も行う。

西宮市上甲東園1-10-40
月休、大人600円

門戸厄神
松泰山東光寺

「厄神さん」の愛称で親しまれる松泰山東光寺は、あらゆる災厄を打ち払うという厄神明王(門戸厄神)で有名。厄年に当たる年齢の人が厄払いするほか、十三詣りといい、数えで13歳の子どもが厄除けと学業成就を願って虚空蔵菩薩に詣でる。毎年1月18・19日の厄除大祭には何万人もの参拝者で賑わいを見せる。

西宮市門戸西町2-26

国土地理院 1/25000地形図「西宮」

昭和49年(1974年)

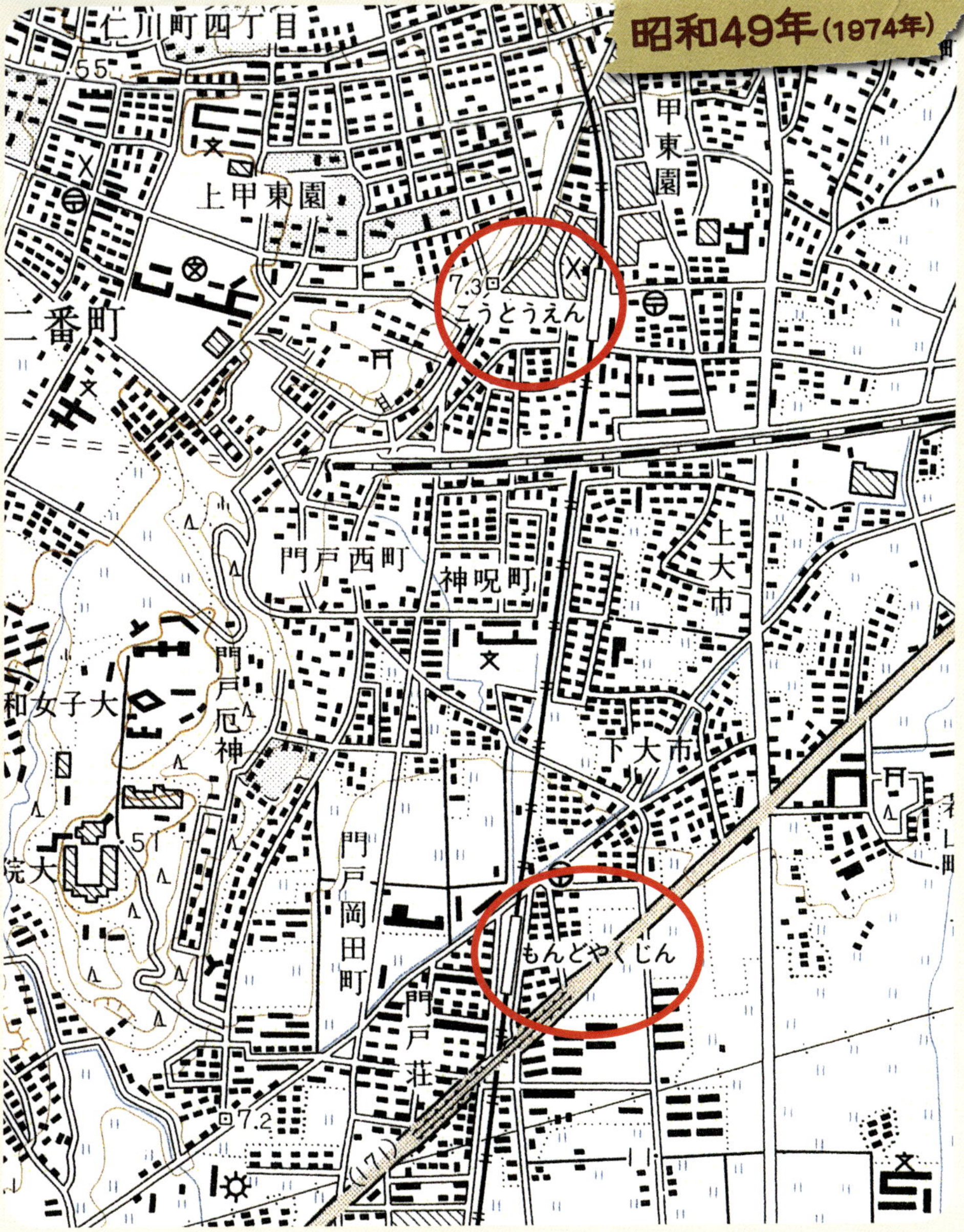

今津線の沿線には住宅が増え、新しい道路も通っている。門戸厄神駅の南側を斜めに横切るのは、国道171号(西国街道)である。甲東園駅の南側を東西に横切る山陽新幹線は、今津線の西側で地下に入ることとなる。神戸女学院のキャンパスの北側には、聖和女子大学のキャンパスは見えるが、合併により、現在は関西学院大学西宮聖和キャンパスとなっている。この東側、神呪町に見える「文」の地図記号は、西宮市立甲東小学校である。

来で、あらゆる災厄を打ち払うとされる厄神明王像（両頭愛染明王像）を祀る厄神堂がある。また、数え年13歳の子どもが虚空蔵菩薩に詣でる寺としても知られ、毎年1月18・19日に行われる厄除大祭には、多くの参詣客が訪れる。

この門戸厄神駅の西側には、複数の大学や高校があり、学生の乗降客も多い。神戸女学院大学や関西学院大学西宮聖和キャンパスには建築家、ウィリアム・メレル・ヴォーリスによる歴史的な建築物（校舎）が残されている。聖和女子学院から発展して開校した聖和大学は、2009（平成21）年に関西学院大学と合併して、校地は関西学院大学西宮聖和キャンパスとなった。

関西学院

「関西学院」は1889年、米・南メソジスト監督教会の宣教師、ウォルター・ラッセル・ランバスにより、原田の森(兵庫県原田村、現・神戸市灘区)に神学部と普通学部により創立された。校名には「西日本の指導者となる」とう意味が込められ、「学校」ではなく「学院」とし、自由な校風で知られるようになった。ランバスに続いては、吉岡美国やC・J・L・ベーツらが学院を発展させた。1929年、上ケ原校地(当時・甲東村、現・西宮市)に移転し、1932年に「関西学院大学」が設立された。上ケ原キャンパスには「阪神間モダニズム」を代表する建築家、ウィリアム・メレル・ヴォーリズによる建築群が残されている。

陸軍陸地測量部 1/10000地形図「西宮」

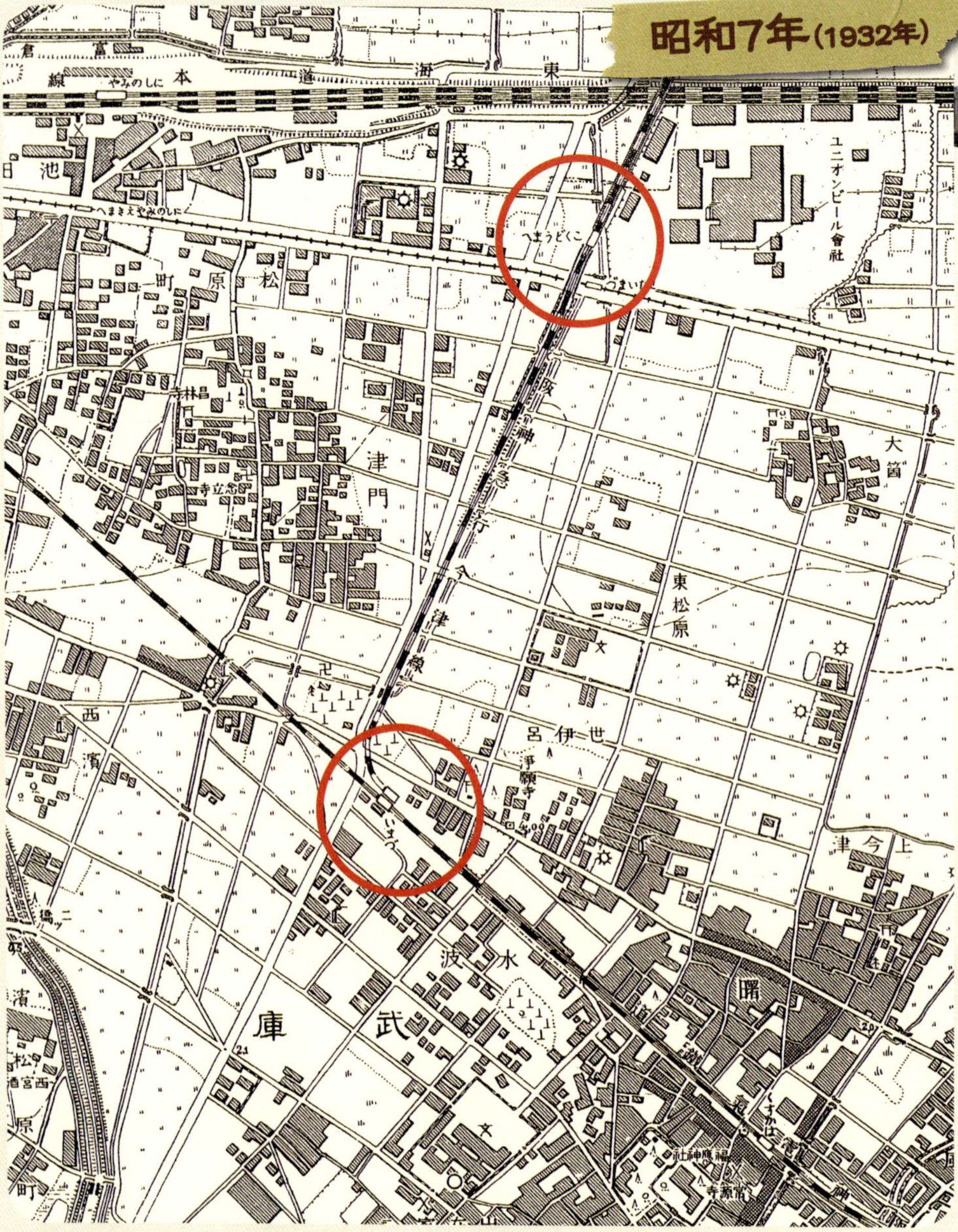

今津線

阪神国道、今津

今津線から阪神本線へ連絡

現在の今津駅は、阪急今津線の駅が北側にあり、阪神本線・今津駅とは逆T字型に線路が北に延びているが、この当時は南北に並んで両線の駅、ホームが存在した。そのため、今津線の電車は駅を出ると大きく右にカーブして、北に向かっていた。北側に阪神国道(国道2号)が通っている一方で、今津駅の南側には「第二阪神国道」(二国)と呼ばれる国道43号が走っており、現在、この上を阪神高速3号神戸線が走っている。この南側に今津小学校、今津中学校が置かれている。

阪神国道駅

開業年	1927(昭和2)年5月10日
所在地	西宮市津門大塚町8-18
キロ程	8.6km(宝塚起点)
駅構造	高架駅
乗降客	2,290人(降車客含まず)

今津駅

開業年	1926(大正15)年12月18日
所在地	西宮市津門呉羽町1-37
キロ程	9.3km(宝塚起点)
駅構造	高架駅
乗降客	24,198人

今津は灘五郷のひとつ

　宝塚駅から南下する阪急今津線は、西宮北口駅で神戸線と接続し、起終点駅の今津駅との間に阪神国道駅が置かれている。阪神国道駅は、今津線が今津駅まで延伸した翌年の1927（昭和2）年5月10日に開業している。駅名の「阪神国道」は、付近を通る国道2号（阪神国道）に由来している。阪神国道駅は国道2号を跨ぐため、開業当初から高架駅として建設されている。

　この国道2号上には、1975年（昭和50）年まで（この区間は前年に廃止）、軌道線の阪神国道線が走っており、津門電停が置かれていた。また、途中の上甲子園電停からは、甲子園電停に向かう甲子園線が分岐していた。

　阪神本線と連絡する阪急今津線の今津駅は、1926（大正15）年12月18日に開業している。一方、阪神の今津駅は1905（明治38）年4月12日の阪神本線の開通時に、現在の久寿川駅が初代今津駅として開業している。1926年に二代目（現）今津駅が開業し、駅名のバトンタッチが行われた。

　この今津川の西側には、東川水系の津門川が流れており、阪神国道駅から今津駅にかけて、西宮市内には「津門」を冠した町名が多数存在する。今津線の東側に校地がある西宮市立津門小学校は、1931年に開

建設省地理調査所 1/10000地形図「西宮」

昭和27年(1952年)

 昌林寺

源氏ゆかりの昌林寺。本尊の木造阿弥陀如来立像は国指定重要文化財。安阿弥様という鎌倉時代後半の形式で作られている。脇侍の勢至菩薩像と観音菩薩像は西宮市指定文化財で、作風から室町時代前半頃の作品と考えられている。源氏伝説ゆかりの寺として有名。

西宮市津門西口町14-12

 松原神社

昌林寺の西にあるのが松原神社。菅原道真公を祀り、学問芸能の神として信仰されている。また、平和の守護神としては日本唯一のものと伝えられる、摂津の名社でもある。7月24、25日に行われる夏祭りは西宮随一の賑わいを見せることで有名。

西宮市松原町2-26

 今津灯台

古い行灯式の灯台で、現役の航路標識として使われている灯台としては日本最古のもの。今津郷の酒造家(後の大関)であった長谷部家が文化7(1810)年に設置。酒樽を積んだ樽廻船や漁船の安全を守っていた。西宮市指定文化財。

西宮市今津西浜町17

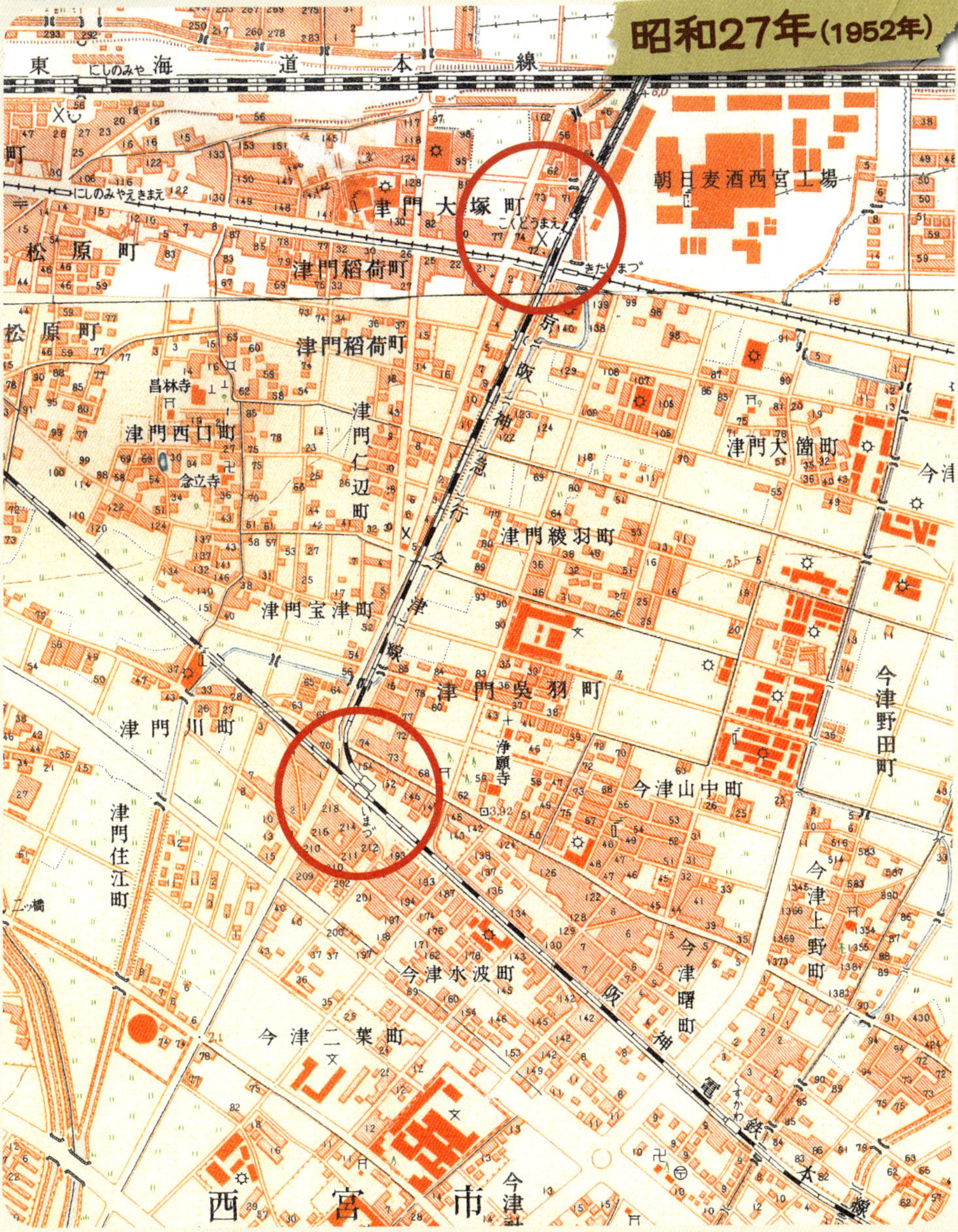

いうまでもないが、第一阪神国道とは大阪と神戸を結ぶ国道2号のことであり、今津線の阪神国道駅は、東西に走る国道との交差点北側に置かれている。開業当時から「阪神国道」の名称だが、地図には「こくどうまえ」と記されている。国道上を走る阪神の軌道線には北今津駅(電停)が置かれ、北東に朝日麦酒(アサヒビール)西宮工場があった。現在、東側を名神高速道路が南北に貫き、その先に関西電力西宮変電所、明治乳業近畿工場が存在する。

今津六角堂

明治15(1882)年に今津小学校の校舎として建設された建物。ピンク色の壁、正面に六角形に見えるバルコニーを配したモダンな様式で、その形から「六角堂」と呼ばれている。1階は六角堂の歴史が分かる展示室になっている。一般の見学も受け付けている。

西宮市今津二葉町4-10

校している。また、今津駅の南側に存在する今津小学校は、1873年に開校したこの地域では歴史の古い学校である。西宮市の中心地は、両駅から少し離れた西側となる。この地域には、阪神の西宮駅とともにJRの西宮駅が置かれている。「十日戎」で有名な西宮神社は、阪神西宮駅の南西に鎮座している。

十六年一月一日訂補

京阪電氣鐵道新京阪線 ㊣

本　　線{天神橋、柴島、淡路、上新庄、京阪吹田、正雀、茨木町、總持寺前、富田町、高規町、上牧、櫻井ノ驛、大山崎、長岡天神、西向日町、東向日町、桂、西京極、西院、京阪京都}…42.4粁 65錢
千里山支線…天神橋、長柄、柴島、淡路、下新庄、東吹田、西吹田、豐津、千里山遊園、大學前、千里山………… 8.4粁 15錢
十三支線…淡路、崇禪寺、南方、十三…………………………………………………… 4.2粁 10錢
嵐山支線…桂、上桂、松尾神社前、嵐山…………………………………………………… 4.1粁 10錢

運轉時間

天神橋―京阪京都
- 特急 40分ヲ要シ {天神橋發・京阪京都發} {7 00 ヨリ 9 30 マデ及 4 30 ヨリ 7 00 マデ} 10分毎ニ運轉 {9 30 ヨリ 4 30 マデ及 7 00 ヨリ 10 00 マデ} 15分毎ニ運轉
- 急行 42分ヲ要シ {天神橋發 6 00 ヨリ 6 30 マデ 15 分毎ニ / 京阪京都發 6 30 ヨリ 7 00 マデ 10 分毎ニ} 及相互發10 20, 10 40, 11 00, 11 30 ノモノ運轉
- 普通 53 分ヲ要シ {天神橋發 5 00 ヨリ 12 00 マデ / 京阪京都發 5 00 ヨリ 12 00 マデ} 10分乃至20分毎ニ運轉

天神橋―千里山………19 分ヲ要シ {天神橋發 5 30 ヨリ 0 03 マデ / 千里山發 5 30 ヨリ 12 00 マデ} 4 分乃至18分毎ニ運轉

淡路―十三……… 8 分ヲ要シ {淡路發 5 25 ヨリ 11 53 マデ / 十三發 5 35 ヨリ 0 07 マデ} 5 分乃至19分毎ニ運轉

桂―嵐山……… 6 分ヲ要シ {桂發 5 50 ヨリ 11 44 マデ / 嵐山發 6 03 ヨリ 11 56 マデ} 10分乃至34分毎ニ運轉

昭和16年1月1日訂補の京阪電気鉄道新京阪線の時刻表。本線（天神橋～京阪京都）、千里山支線（天神橋～千里山）、十三支線（淡路～十三）、嵐山支線（桂～嵐山）の各路線について記されている。天神橋～京阪京都間は10分毎に運転される特急で所要40分であった。

31. 8. 1 訂補

京都―大阪―神戸―宝塚 ㊣ （京阪神急行電鉄）

線名	初電	初電	終電	終電	粁程	運賃	駅名	初電	初電	終電	終電	
京都線	5 11	5 31	23 19	24 00	0.0	円	発 梅田㊐ 着	5 08	6 11	0 13	0 13	特急
	5 16	5 37	23 25	0 06	2.7	10	〃 十三 発	5 03	6 02	0 08	0 08	梅田発 930―1630
	5 27	5 47	23 37	0 15	6.9	20	〃 淡路 〃	4 55	5 55	24 00	24 00	京都発 848―1618
	5 48	6 08	0 02	0 35	23.2	50	〃 高槻市 〃	正 4 46	5 30	23 34	‥	30分毎
	6 09	6 29	0 23		40.6	80	〃 桂 〃	雀	5 09	23 13	…	急行
	6 17	6 37	0 31	…	46.0	90	着 京都 発	発	5 00	23 05	…	梅田発 620―2335
	5 00	5 20	23 30	0 35	0.0	円	発 天神橋 着	5 57	6 18	0 27	…	京都発 605―2235
	5 07	5 27	23 36	0 41	3.3	10	〃 淡路 発	5 51	6 12	0 20	…	10―20分毎
	5 28	5 48	0 02	正	19.6	50	〃 高槻市 〃	5 30	5 48	24 00		普通
	5 49	6 09	0 23	雀 0 49	37.0	80	〃 桂 〃	5 09	5 27	23 38	0 43	10―20分毎
	5 57	6 17	0 31	着	42.4	90	着 京都 発	5 00	5 20	23 30	0 35	
神戸線	5 00	5 15	23 30	0 10	0.0	円	発 梅田㊐ 着	5 41	5 55	0 11	…	特急
	5 05	5 20	23 35	0 15	2.7	10	〃 十三 発	5 36	5 51	0 06	…	梅田発 630―2200
	5 13	5 28	23 43	0 23	10.5	30	〃 阪急塚口 〃	5 27	5 42	23 57		神戸発 635―2200
	5 20	5 35	23 50	0 30	15.9	40	〃 西宮北口 〃	5 20	5 35	23 50	0 25	10―15分毎
	5 23	5 38	23 53		18.6	40	〃 夙川 〃	5 17	5 32	23 47	0 22	
	5 26	5 41	23 56	…	21.2	40	〃 芦屋川 〃	5 14	5 29	23 44	0 19	普通
	5 32	5 47	0 02	…	25.9	60	〃 御影 〃	5 08	5 23	23 38	0 13	
	5 41	5 56	0 11	…	32.5	70	着 阪急神戸 発	5 00	5 15	23 30	0 05	10―12分毎
宝塚線	5 00	5 15	23 30	0 10	0.0	円	発 梅田㊐ 着	5 45	6 00	0 15	…	急行
	5 05	5 20	23 35	0 15	2.7	10	〃 十三 発	5 39	5 54	0 09	池	梅田発 635―2200
	5 20	5 35	23 50	0 30	10.9	30	〃 豊中 〃	5 24	5 39	23 54	田 0 25	宝塚発 635―2210
	5 25	5 40	23 55	0 35	13.8	30	〃 石橋 〃	5 19	5 34	23 49	着	10―15分毎
	5 31	6 46	0 01	池 0 38	17.3	40	〃 能勢口 〃	5 13	5 28	23 43	0 23	普通
	5 45	6 00	0 15	田	24.8	60	着 宝塚㊐ 発	5 00	5 15	23 30	0 10	15 分 毎

線名	初電	終電	粁	運賃	駅名	初電	終電	初電	終電	粁	運賃	駅名	初電	終電	
支線	5 00	23 16	0.0	円	発 桂 着	5 17	23 33	4 52	0 05	0.0	円	発 阪急塚口 着	5 06	0 19	6―12
	5 07	23 23	4.1	10	着 嵐山 発	5 10	23 26	4 58	0 11	2.9	10	着 伊丹 発	5 00	0 13	
	5 10	23 40	0.0	円	発 天神橋 着	5 20	0 27	5 00	23 45	0.0	円	発 今津 着	5 27	23 57	6―15分毎
	5 17	23 46	3.3	10	〃 淡路 発	5 13	0 20	5 04	23 49	1.9	10	〃 西宮北口 発	5 15	23 49	
	5 31	0 01	8.4	20	着 千里山 発	5 00	0 05	5 20	0 09	9.6	30	着 阪急宝塚 発	5 00	23 33	
	4 53	23 55	0.0	円	発 夙川 着	5 05	0 07	4 50	23 58	0.0	円	発 石橋 着	5 07	0 15	
	4 58	24 00	2.2	10	着 甲陽園 発	5 00	0 02	4 57	0 05	4.0	10	着 箕面 発	5 00	0 08	

昭和31年8月1日訂補の京阪神急行電鉄の時刻表。上の新京阪線は京都線となり、神戸線と宝塚線を含めて3つの本線となった。当時すでに神戸線では、梅田発6:30分～22:00まで特急が10～15分毎に運転されていた。

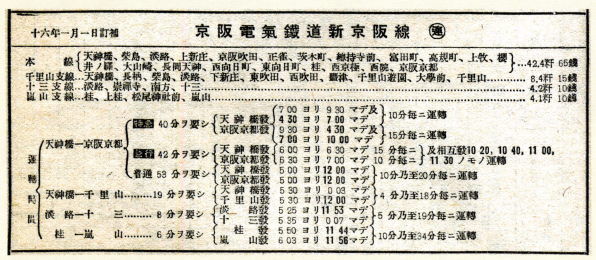

3章
京都線、嵐山線
千里線

ニュータウン建設が進む千里山駅周辺（昭和40年）。

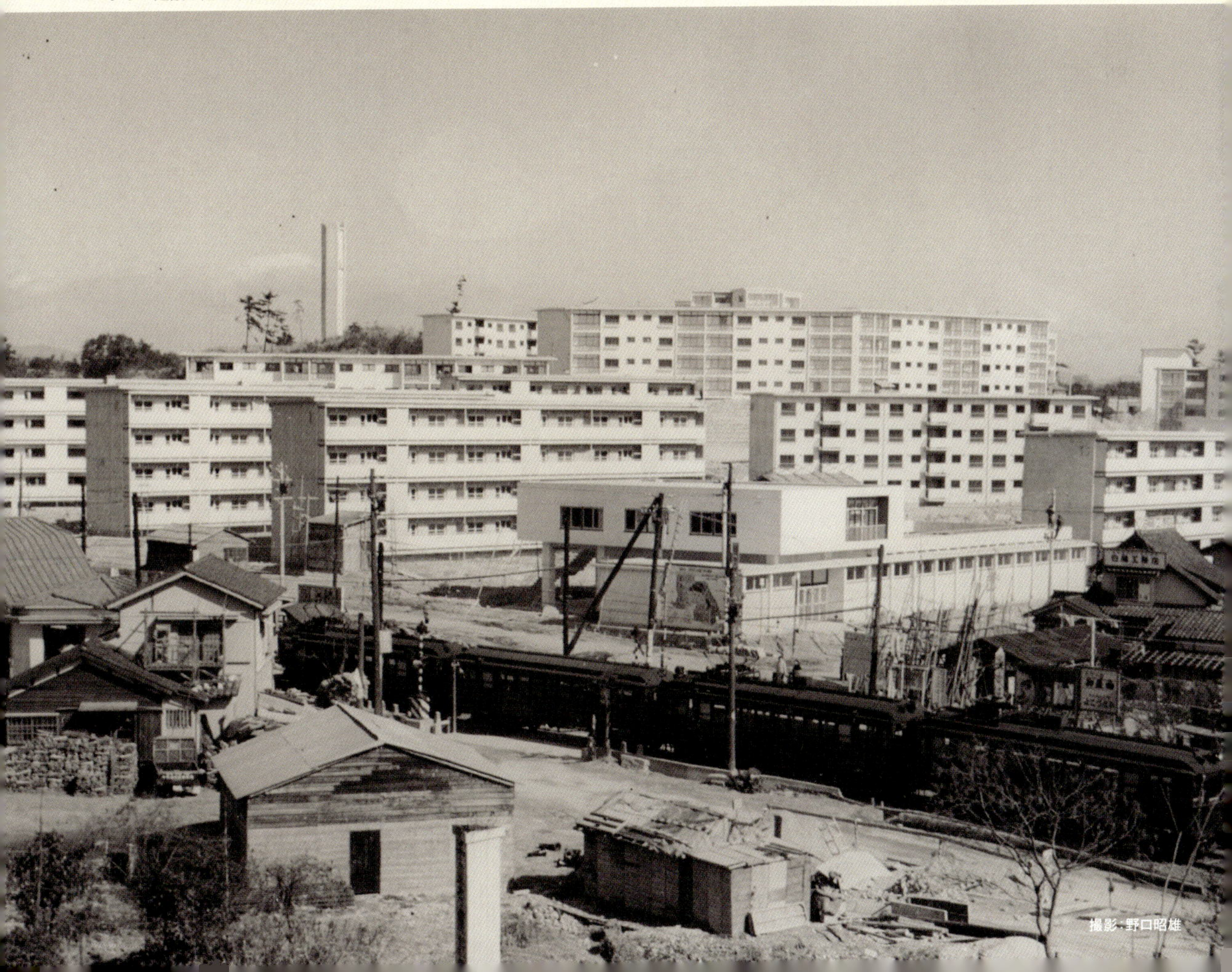

撮影：野口昭雄

陸軍陸地測量部 1/10000地形図「大阪東北部」

昭和4年（1929年）

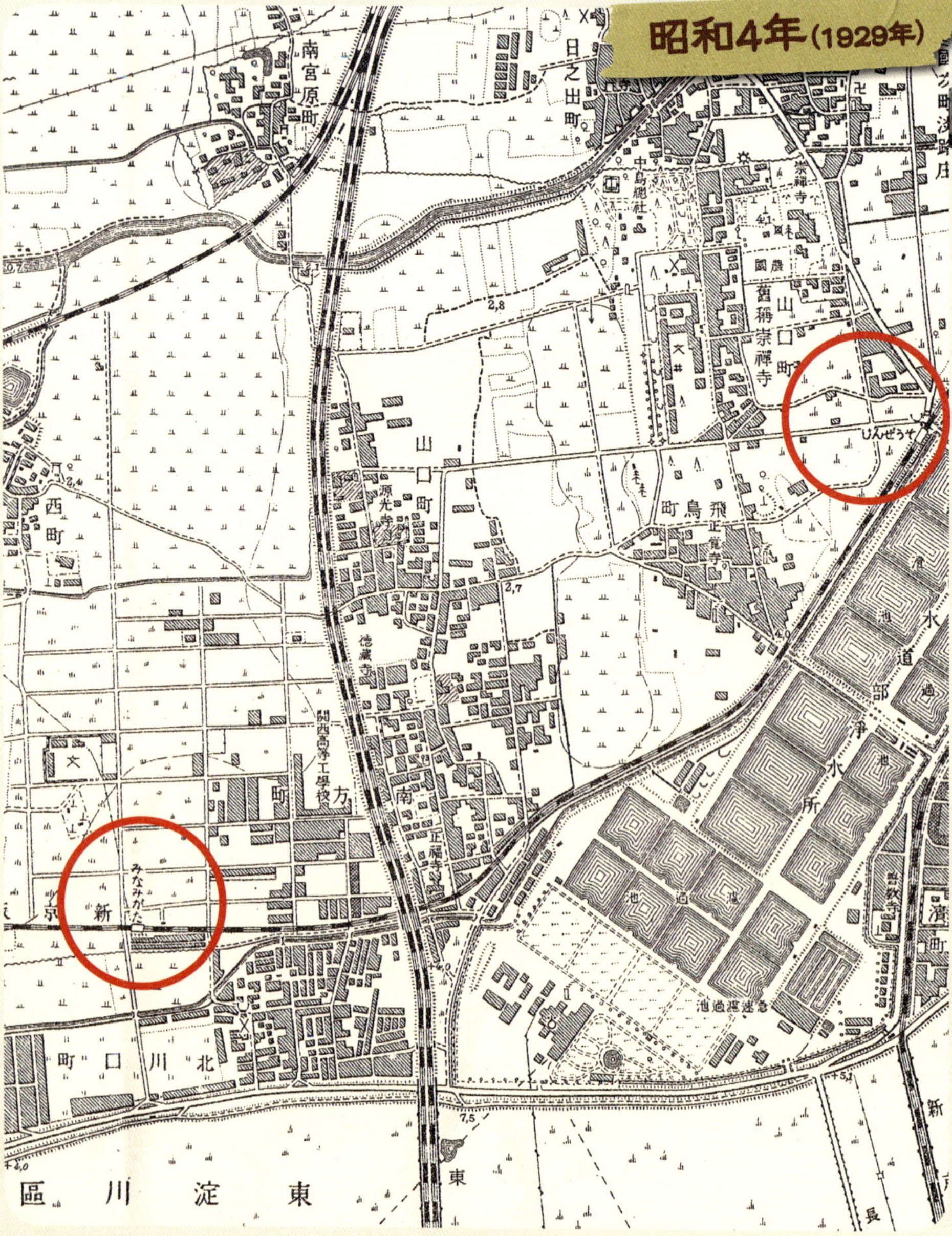

南側に新淀川の広い河川敷が見え、中央を東海道本線が縦断する形で通っている。河川敷は現在、淀川河川公園として整備されている。東海道線沿いには正福寺、徳蔵寺などの寺院が見えるが、阪急の駅名の由来となった崇禅寺は地図北東に位置し、西側に中島総社が鎮座している。東側には、大阪市水道部浄水場（柴島浄水場）が広がっている。一方、南西にある南方駅の北東には、関西高等工学校（現・大阪工業大学）が存在した。

京都線

南方、崇禅寺

細川ガラシャの墓は崇禅寺に

南方駅	
開業年	1921（大正10）年4月1日
所在地	淀川区西中島3-17-3
キロ程	1.9km（十三起点）
駅構造	地上駅
乗降客	36,363人

崇禅寺駅	
開業年	1921（大正10）年4月1日
所在地	大阪市東淀川区柴島1-7-28
キロ程	5.6km（梅田駅起点）
駅構造	地上駅
乗降客	6,331人

御堂筋線に西中島南方駅

京都線の南方駅と崇禅寺駅の駅間は1・3キロと短く、崇禅寺駅のすぐ東側には千里線の柴島駅が存在する。また、南方駅は大阪市高速電気軌道（大阪メトロ）御堂筋線の西中島南方駅と近接している。この南方駅は、北大阪電気鉄道（現・阪急）が十三～豊津間の路線を開いた1921（大正10）年4月1日に開業している。「南方」の地名は淀川沿い（西中島村）で、南向きの船着き場であったから生まれたとされる。

古くはこのあたりは西成郡の西中島村で、現在の阪急京都線が開業する前は東海道本線が大阪～京都間を結んでいた。また、南東を流れる淀川沿いには、大阪と北摂・丹波地方を結ぶ亀岡街道が延びていた。この街道沿いに集落が点在しており、東海道線を挟んで、西側に崇禅寺と中島総社、東側に紡績工場が存在した。この紡績会社は、明治中期に柴島紡績として創設、1899（明治32）年に鐘淵紡績に買収されて中島工場となった。現在は、エバーグリーン淀川（マンション）に変わっている。

崇禅寺は崇禅寺駅の駅名の由来となった曹洞宗の古刹で、天平年間に行基が創建したと伝わる。明智光秀の娘で、肥後細川家の祖である細川忠興の夫人となった細川ガラシャの菩提寺として知られ、江戸時代には崇禅寺馬場の仇討ちで有名になっ

正通院

天満の惣年寄だった金谷歳次郎が、延享3(1746)年に創建した曹洞宗の寺院。本堂前の石像不動は、天保15(1844)年の造立で、“木川のお不動産さん”と呼ばれて広く信仰されている。また、この寺の名を高めているのは、「伊勢参宮名所図会」「山海名産図会」「近江名所図会」などを著した、江戸時代の有名な画家・蔀(しとみ)関月の墓があるからだ。関月の名所図会は、当時、旅行などできなかった人々にたいそう喜ばれたという。

大阪市淀川区木川東1-7-8

崇禅寺

今から1200年余り前、奈良時代の天平年間に行基によって創建されたと伝えられている。播磨守護・赤松満祐に京都で殺害された、室町幕府6代将軍足利義教公の首を葬ったことから、義教の菩提寺となった。義教公の首塚と並んで、敬虔なキリシタン信者の細川ガラシャ夫人の墓もある。夫人は、石田三成勢が人質にしようと攻め込んだ時に忠実な老臣によって37歳の生涯を閉じた。以来、その婦徳を全うしたことへの尊敬と同情を集めている。

大阪市東淀川区
東中島5-27-44

建設省地理調査所 1/10000地形図「大阪東北部」

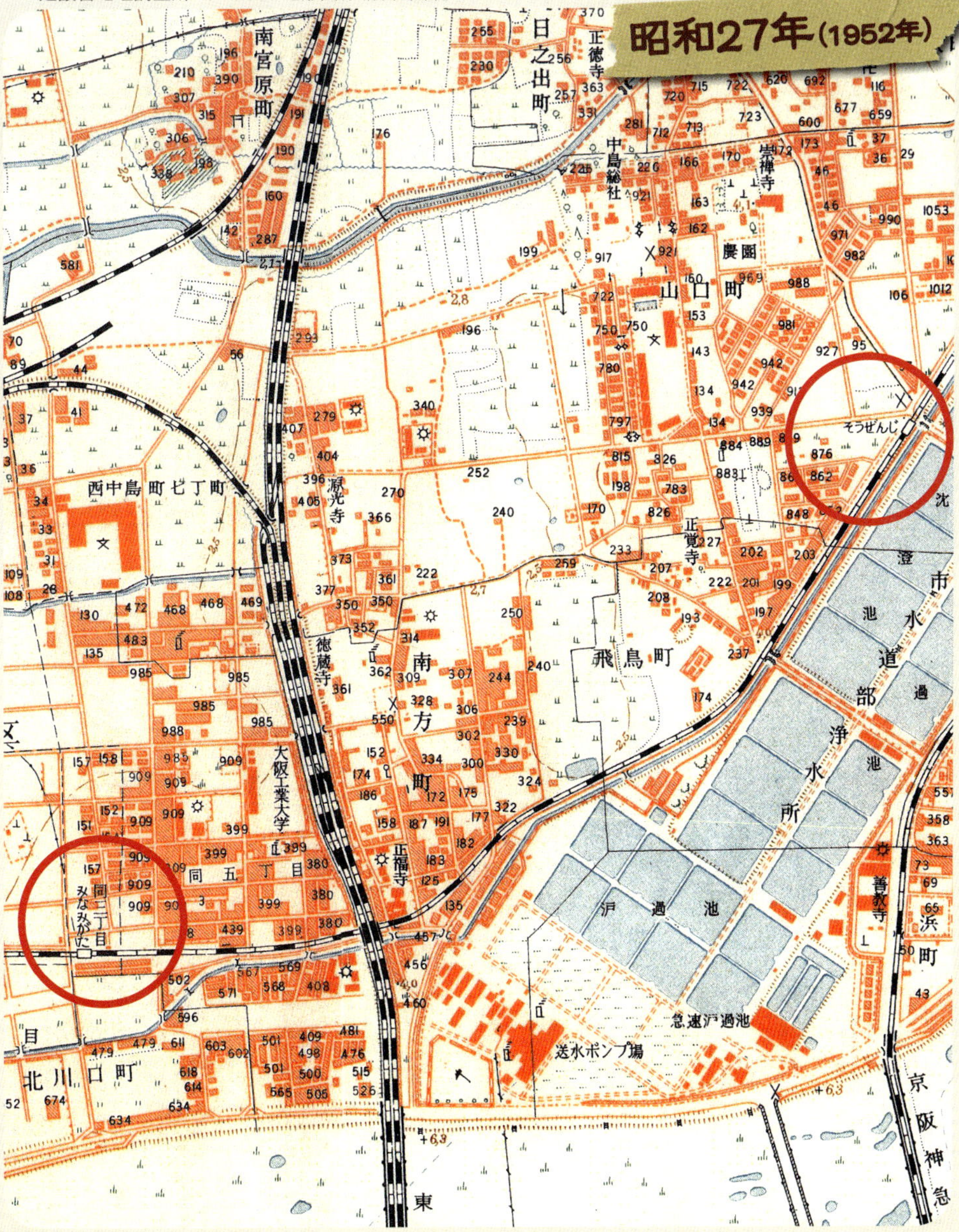

東海道新幹線が開業し、新大阪駅が誕生する(1964年)以前の地図であり、御堂筋の延伸などもあって、この後、北側の地域は激変の時期を迎えることとなる。この頃、既に北側では、東海道線をショートカットして、神戸方面に向かう貨物線が開通していた。国鉄の線路沿いにあった関西高等工学校は、大阪工業大学に変わっている。南方駅の南側、淀川沿いを走る淀川通は、まだ一部しか整備されていなかった。

た。1869年には一時、境内に大阪府の前身のひとつ、摂津県の県庁が置かれていた。崇禅寺駅も南方駅と同じ1921年4月1日に開業している。

崇禅寺駅と柴島駅の間には、大阪市柴島浄水場が広がっている。柴島浄水場は1914年に開場し、当時は東洋一という規模を誇っていた。浄水場だった土地の一部は現在、大阪府立柴島高校の校地となっている。この柴島高校は1975(昭和50)年に開校した。柴島駅は1925年10月15日に開業した。この柴島(くにじま)の地名には、「国島」から転じたという説、「茎島」がなまったという説、また、「クヌギ島」から来たという説などがある。

陸軍陸地測量部 1/10000地形図「吹田西部」

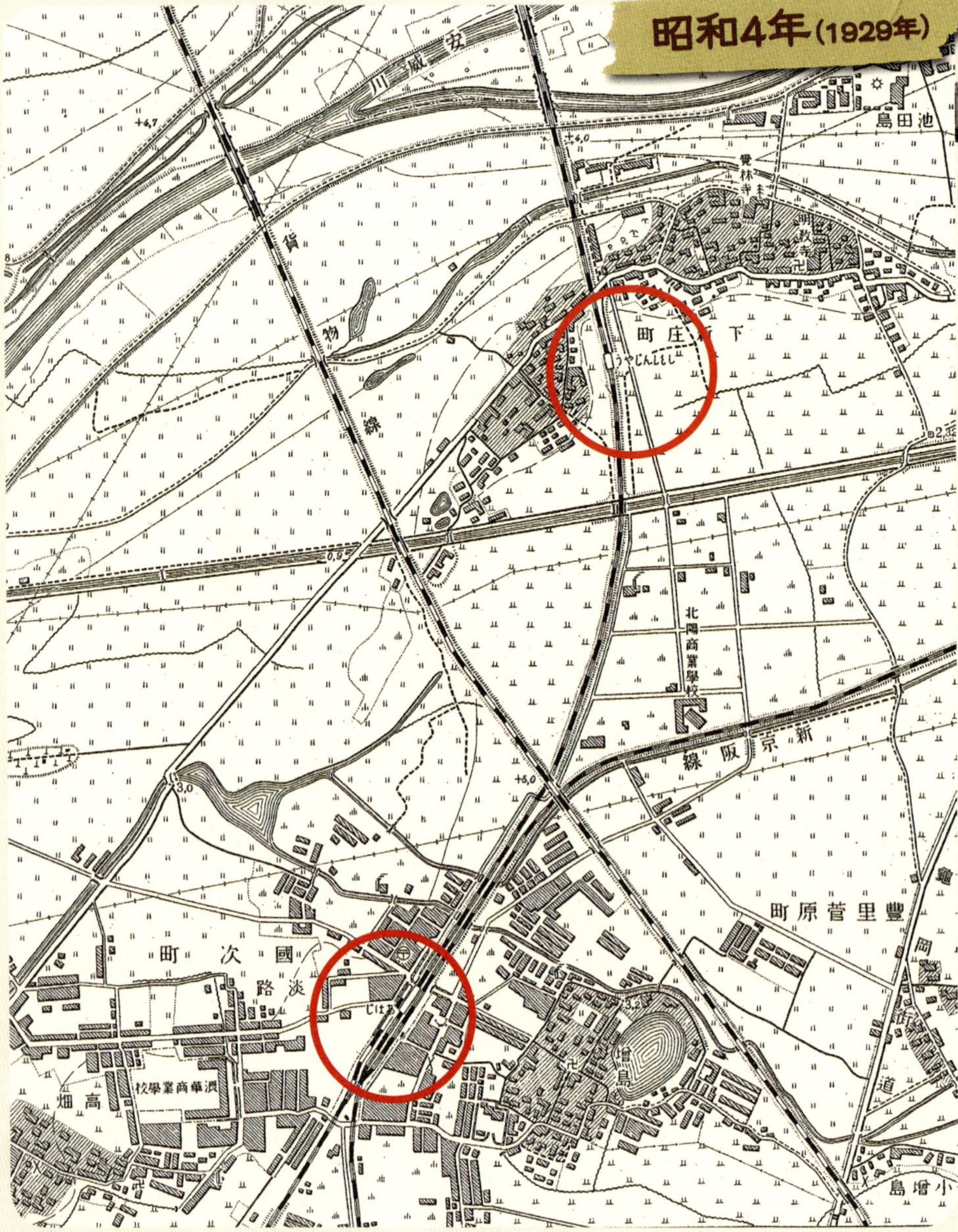

この当時、田畑が広がる中で目を引くのは、淡路駅を挟むように南西にある浪速商業学校（浪商）と、北東の北陽商業学校（北陽）である。現在は大阪体育大学浪商高校・中学校となって熊取町に移転した浪商は、高田繁、香川伸行（ドカベン）らを輩出した高校野球の名門校である。一方、現在は関西大学北陽高校・中学校として上新庄に校地がある北陽も、岡田彰布、又吉直樹をはじめする多彩なスポーツ選手、作家らを世に送り出してきた学校である。

京都線
千里線

淡路

京都線と千里線の分岐点

淡路駅	
開業年	1921（大正10）年4月1日
所在地	東淀川区東淡路4-17-8
キロ程	4.2km（十三起点） 3.5km（天神橋筋六丁目起点）
駅構造	地上駅
乗降客	32,572人

菅原道真が立ち寄った

京都線と千里線の接続駅である淡路駅は、新京阪鉄道（現・阪急）の前身にあたる北大阪電気鉄道が開通した1921（大正10）年4月1日に誕生している。このときの路線は、当時の阪神急行電鉄（阪急）と連絡する十三駅と豊津駅を結ぶもので、淡路駅はその中間駅であった。その後、北側の千里山駅まで路線を延ばした後、1925年10月15日には、千里線の南側にあたる天神橋（現・天神橋筋六丁目）～淡路間が開通。1928（昭和3）年1月16日には、京都線の北側にあたる淡路～高槻町（現・高槻市）間が開通して、現在のような路線となった。

「淡路」の地名の由来は、九州の大宰府に左遷された菅原道真が下向の途中、淀川の中洲であったこの付近に至り、「これが淡路島か」として上陸したこととされ、以前は道真の上陸地にあたる淡路駅の南西側に淡路天満宮が存在した。この淡路天満宮は1910（明治43）年に中島惣社に合祀された。一方、駅から少し離れた東側には菅原天満宮が鎮座している。こちらは江戸時代の寛永年間に勧請され、1902年に現在地に移転してきた。

江戸時代から、淡路駅付近は西成郡の増島村と高畑村で、1871年に両村が合併して淡路村となっていた。1889年に西中島村の一部と

建設省地理調査所 1/10000地形図「吹田西部」

昭和27年（1952年）

菅原天満宮

この天満宮では、天保年間(1830〜43)から、毎年9月9日に「土持ち」という風習が続いている。これは堤防守護の祈りをこめて、境内に土を運んで盛るという行事。昔、菅原道真が九州太宰府へ流される途中、現在の西淡路町あたりへ上陸。当時この辺りは千里山まで海で、多くの島があり、淡路島と間違えて上陸したことから淡路という地名になったと伝えられている。

大阪市東淀川区
菅原2-5-45

中島大水道跡

江戸時代、北中島一帯は1万数千石の米を生産する農村だった。しかし、低湿地で土砂堆積による洪水がひどかった。河川の氾濫は淀川治水工事で防げたが、田畑にあふれた雨水は排除できず、村民は排水路の設置を幕府に訴えたが許可されなかった。そこで近隣の3庄屋が先頭に立ち、無許可のまま排水工事を強行。幕府は工事中断を命じたが3庄屋は抗議の自決をした。これには幕府も折れ、補助金も出し、村民たちの手により全長9.5km、幅19mの中島大水道が完成した。

大阪市東淀川区5-1

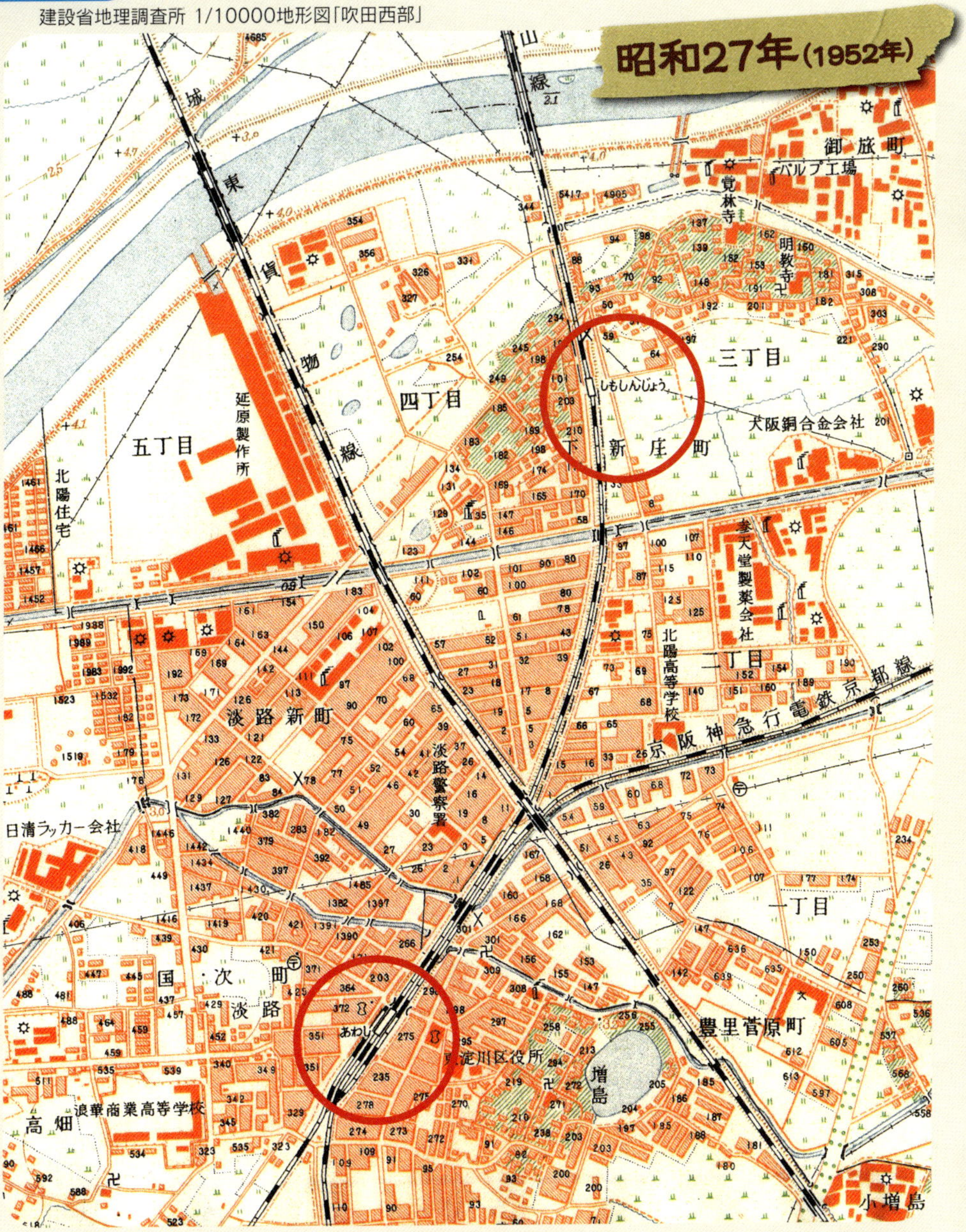

淡路駅の北側には淡路警察署が置かれ、東側には東淀川区役所があり、その先には大きな池が存在した。駅周辺に市街地が広がる中で、延原製所、大阪銅合金会社、参天堂製薬会社、日清ラッカー会社などの工場も生まれている。一方、千里線の下新庄駅付近には、まだ農地がかなり残っていた。神崎川沿いの御旅町に見えるパルプ工場などのうち、日本触媒吹田工場、日本製紙パピリア吹田工場は現在も健在である。

なり、1925年に大阪府に編入されて、東淀川区の一部となった。以前は、淡路駅の東側に東淀川区役所が置かれていたが、現在は移転し、出張所となっている。

淡路駅のすぐ北側には、JRの城東貨物線が通っている。この城東貨物線は1929年3月15日、片町線貨物支線として吹田操車場〜放出間が開通している。その後、2008（平成20）年3月15日、旅客線のおおさか東線として、南側にあたる放出〜久宝寺間が開業した。現在は北側部分の放出〜新大阪間の旅客線化が進められており、最終的には梅田貨物駅跡まで延伸する予定である。2019年春に開業予定の放出〜新大阪間には、京阪線と連絡する野江駅、都島駅、西吹田駅（全て仮称）とともに、阪急京都線と連絡する淡路駅が設置される予定である。JR線の淡路駅は阪急淡路駅の北東に誕生する予定で、このあたりは「淡路」の地名のもととなった菅原道真にちなんだ「菅原」の地名となっている。

阪急において、淡路駅の隣駅（4駅）のうち、最も距離が近いのは北側の千里線に置かれた下新庄駅である。この下新庄駅は淡路駅と同じ1921年4月1日の開業で、京都線の上新庄駅とは直線距離で約1キロ離れている。

🏛 遺跡など　🌳 公園・施設など　⛩ 神社　卍 寺

陸軍陸地測量部 1/10000地形図「吹田西部」

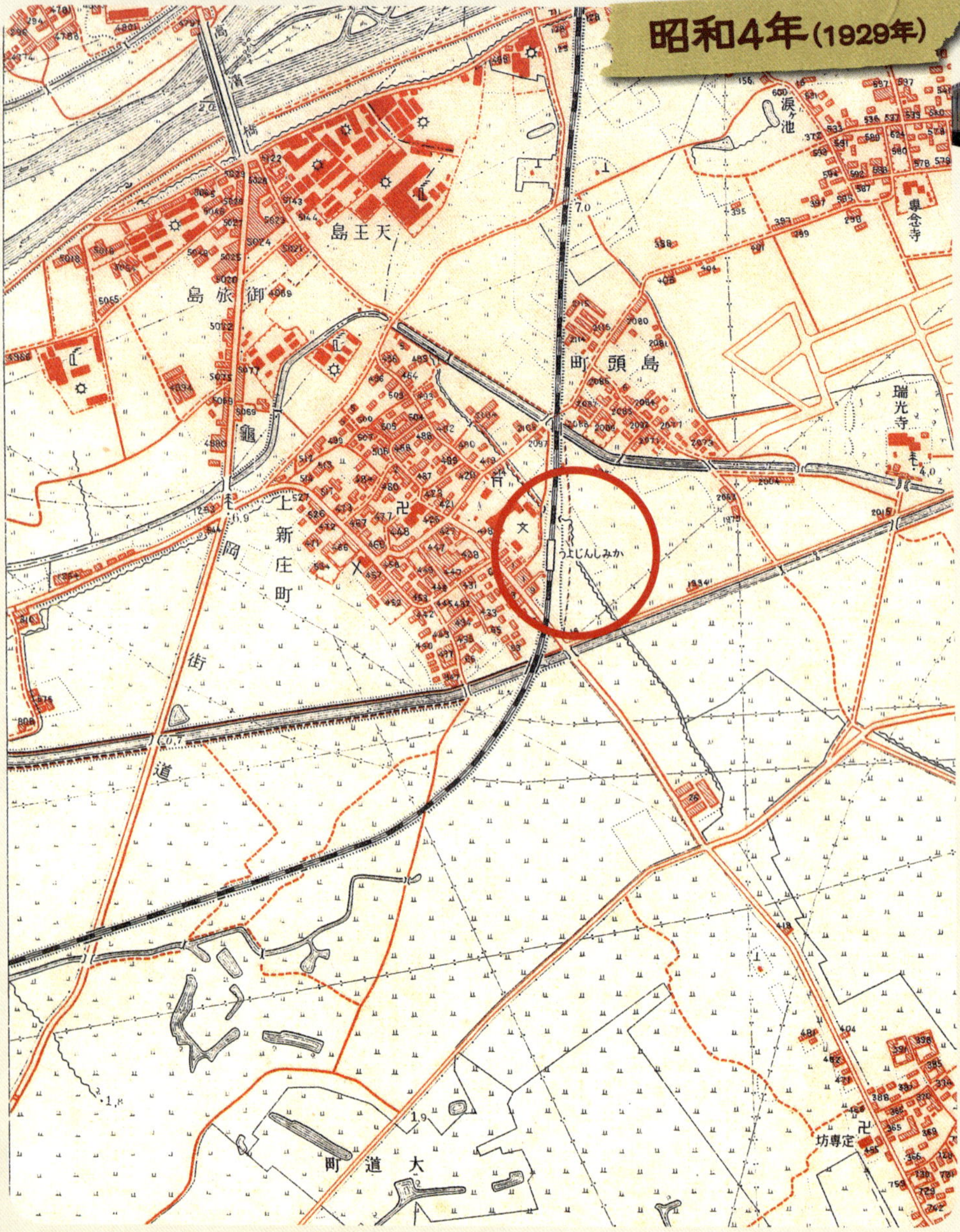

大きくカーブした新京阪線が北に向かう場所に、上新庄駅が置かれている。駅付近は1889年に西成郡の上新庄村、下新庄村が合併してできた新庄村があったが、1925年に大阪市に編入されて、東淀川区の一部となっていた。この当時、北側の神崎川に近い場所には「天王島」「御旅島」といった古い地名が残っていた。水利に恵まれたこの地区には既に多くの工場が誕生していた。神崎川、安威川が合流する場所には高浜橋が見える。

京都線

上新庄

内環状線挟み、南北に長い駅舎

開業年	1928（昭和3）年1月16日
所在地	東淀川区上新庄2-24-5
キロ程	6.3km（十三起点）
駅構造	高架駅
乗降客	47,361人

南側には東海道新幹線

淡路駅で千里線と合流した京都線は再び分かれて北東に向かい、城東貨物線を越え、さらに東海道新幹線の線路と内環状線（国道479号）を越えて上新庄駅に至る。この上新庄駅と隣の相川駅までは大阪市東淀川区に位置している。地図を見れば、南北に長い上新庄駅は内環状線を跨ぐ形になっており、この道路の南側に南口、北側に北口が存在することがわかる。上新庄駅は1928（昭和3）年1月16日、新京阪鉄道時代の淡路〜高槻町間の開通時である。当初は地上駅あったが、1975（昭和50）年に高架駅となり、ホームが京都駅寄りに移動している。

しかし、古い地図を見れば当然ながら内環状線や新幹線ばかりでなく、新京阪線（現・阪急京都線）も見えず、上新庄駅付近は田畑の中に小さな集落が見えるだけである。集落の中には神社や寺院の地図記号が見え、この2つは現在、駅の西側に存在する春日神社、信覚寺である。この付近にある大阪市立新庄小学校は、1875年に上新庄村連合公立小学校として開校し、1894年に現在地に移転した歴史をもつ。また、集落の東側に臨済宗の寺院、瑞光寺の位置が記されており、その場所は現在、内環状線と新幹線が交差する地点の北側である。

上新庄駅から神崎川を越えて、さ

建設省地理調査所 1/10000地形図「吹田西部」

昭和27年(1952年)

瑞光寺

本尊は、"吹田観音"とも呼ばれ、聖徳太子が刻んだといわれる厄除聖観音。かつては中山観音と並び称された寺だ。宝暦6(1756)年に当時の住職が、南紀太地浦を訪れ不漁で困っている漁師のために豊漁を祈願。する、鯨の大群がやってきたので、漁師たちは鯨の骨を寄進し、住職は鯨の冥福を祈って鯨橋をつくったという。これが雪鯨橋という太鼓橋でこの寺の名物となっている。

大阪市東淀川区瑞光2-2-2

松山神社

菅原道真を祀る天満宮で、長岡天神・服部天神と共に"阪急沿線三天神"と言われている。社伝によると、道真公が太宰府へ流される途中、淀川を下ってこの地に立ち寄った。そして辺りに生い茂る小松の美しさにうたれ、「小松の詩」を詠んだ。以来、ここの地名は「小松」となった。

大阪市東淀川区小4-15-38

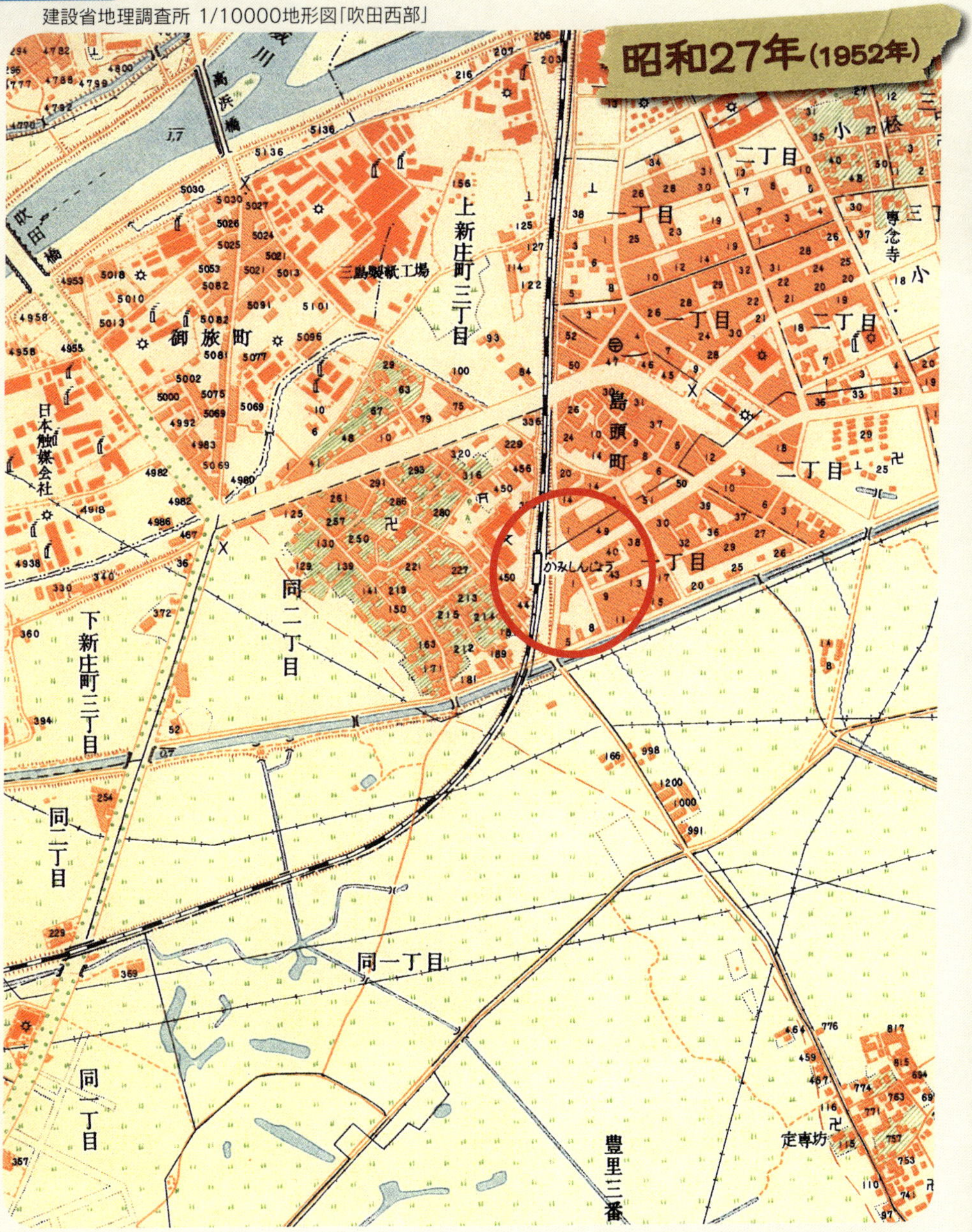

上新庄駅の北側一帯は、朱色に塗られた部分が増え、住宅地や工場が増加していることがわかる。「御旅島」から「御旅町」になった東側には、三島製紙工場がある。京都線東側の神崎川沿いでは、資生堂大阪工場が現在も操業を続けている。また、道路や橋も整備されており、内環状線が通り、神崎川を渡る吹田橋(現・吹田大橋)が架けられている。一方で、地図の南側は戦前の地図(1929年)と風景はほとんど変わっていない。

高浜神社

相川駅の西側には、安威川を渡る橋が架かり、「新京阪橋」という名称が付けられている。この橋が名称の通り、新京阪鉄道が開通した昭和時代に誕生した橋であるのに対し、安威川と神崎川が合流する下流には古くから高浜橋が存在してきた。このあたりはかつて、吹田の渡しがあった場所とされている。吹田(北西)側の地名に高浜町があり、「吹田の大宮」と称されて、地元の崇敬を集めてきた高浜神社が鎮座している。

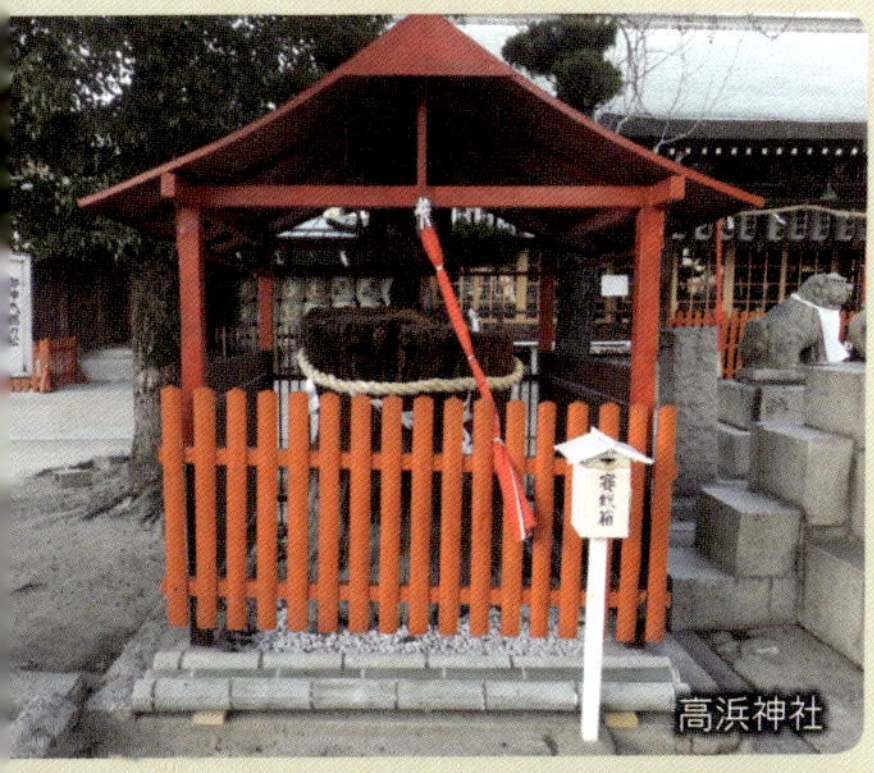

らに安威川を渡る中洲の場所に、相川駅が置かれている。この相川駅は、上新庄駅と同じ1928年1月16日、吹田町駅として開業している。その後、1940年6月15日に京阪吹田駅、1943年10月1日には吹田東口駅と駅名改称を重ねてきた。現在の駅名となったのは戦後の1954(昭和29)年5月1日で、「相川」の駅名は西北を流れる安威川に由来している。

陸軍陸地測量部 1/25000地形図「吹田」

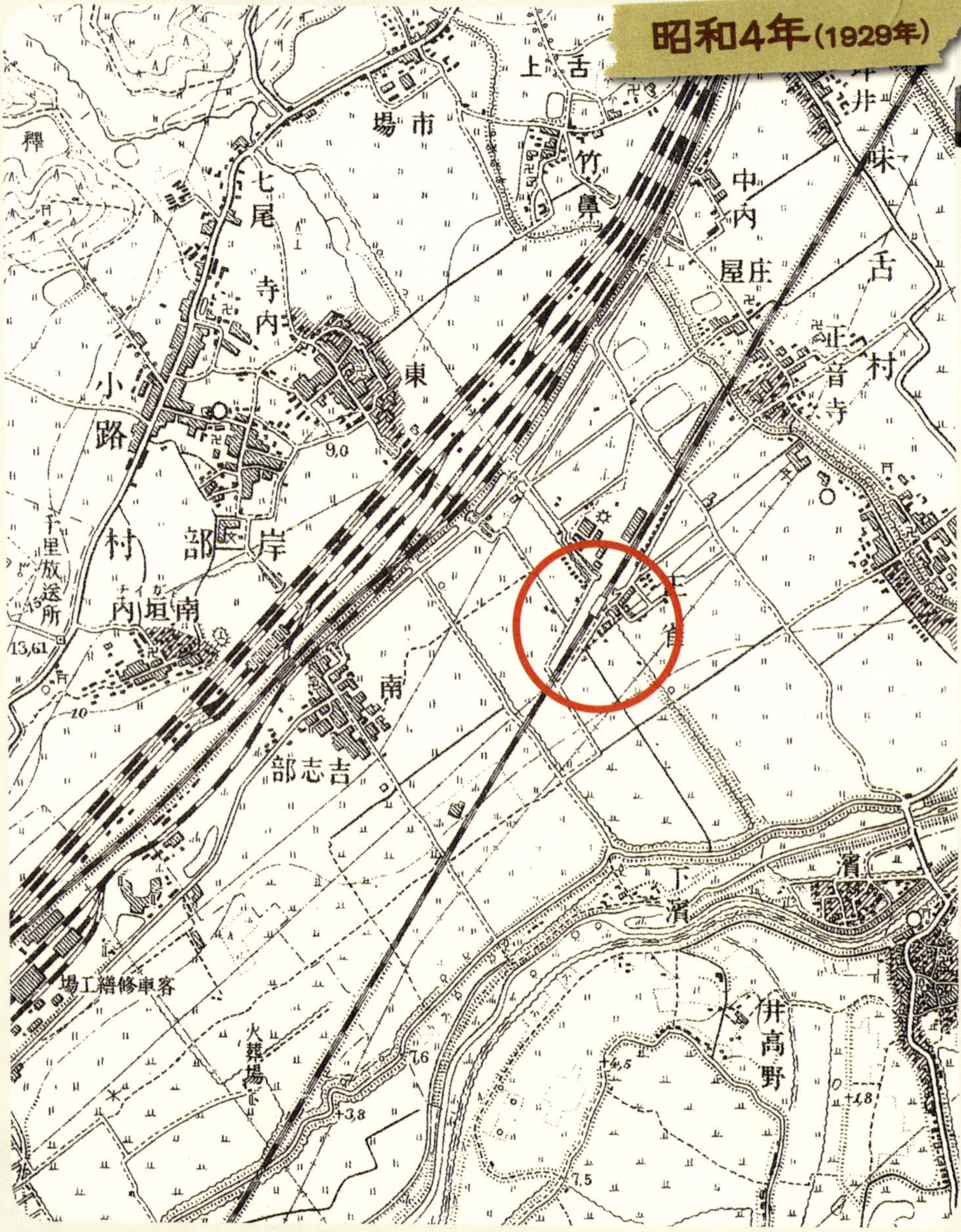

正雀駅と岸辺駅(JR)が置かれている付近では、新京阪線(阪急京都線)と東海道線が接近している。岸辺駅は1947年の開業のため、この地図には見えず、吹田操車場だけが確認できる。また、南側には「客車修繕工場」の文字があるが、1921年に当時の鉄道省神戸鉄道局の吹田工場が開かれ、まずは客車の修理を行って、やがて電車の修理も担当するようになった。隣接する形で吹田機関区も存在した。一方、正雀駅の北側には、新京阪線の車庫、工場が置かれている。

京都線

正雀

阪急の車庫・工場が置かれる

開業年	1928(昭和3)年 1月16日
所在地	摂津市阪急正雀1-1
キロ程	9.4km(十三起点)
駅構造	地上駅(橋上駅)
乗降客	18,730人

現在は摂津市内の駅

地図上では、摂津市と吹田市にまたがる形で置かれているのが正雀駅で、市境には正雀川が流れている。正雀川は千里丘陵から流れる淀川水系の一級河川で、下流で安威川と合流する。現在は暗渠化された部分も多く、ユスリカ対策としてコイが放流されている。

この正雀駅と隣接する形で、阪急電鉄の正雀車庫・工場が存在し、北側には東海道線の岸辺駅も置かれている。かつては、この北側に国鉄の吹田操車場が広がっており、鉄道中心に発展してきた地区に位置している。

正雀駅は、１９２８（昭和３）年１月16日に開業している。一方、岸辺駅は戦後の１９４７（昭和22）年４月11日の開業で、こちらが後発の駅である。正雀駅が開業した当時、このあたりには三島郡味舌（ました）村、岸部村が存在し、岸部村は１９４０年に吹田町などと合併して、吹田市の一部となった。一方、味舌村は１９５０年に味舌町となり、１９５６年に味生（あじふ）村、鳥飼村と合併し、三島町となっている。三島町は１９６６年に市制を施行し、摂津市と改称している。

正雀駅から安威川を越えた東側に広がるのが「鳥飼」を冠した地名である。すぐ東側を淀川が流れる場所で、鳥を飼う人が多くいたことから地名

国土地理院 1/25000地形図「吹田」

昭和47年(1972年)

金剛院

行基の創建と伝えられる金剛院は、1200年以上の歴史を誇る由緒ある寺院だ。鎌倉時代初頭、この地が盗賊に襲われ、困った村人たちがご本尊の薬師如来に祈願したところ、本殿から蜂の大群が出てきて盗賊を退治したという言い伝えから蜂の寺とも呼ばれている。その時に死んだ蜂を供養した、蜂塚と呼ばれる五輪塔が本堂裏に残る。護摩堂の大聖不動明王立像は弘法大師の作と伝えられ、府指定文化財。境内には、水かけ不動、織田有楽斎ゆかりの「野立の井」などがある。

摂津市千里丘3-10-5

味舌天満宮

敷石の参道を抜け鳥居をくぐると味舌天満宮の「あ・うんの狛犬さん」が出迎えてくれる。室町時代、源氏の末裔・馬場当次郎尚久が八幡大神を祀り、村の鎮守とした馬場宮がこの宮の起こり。後に信長の甥に当たる織田尚長が現在の社殿を建て、菅原道真を主祭神にした。こぢんまりと落ち着いた雰囲気が心地よい神社だ。

摂津市三島3-9-3

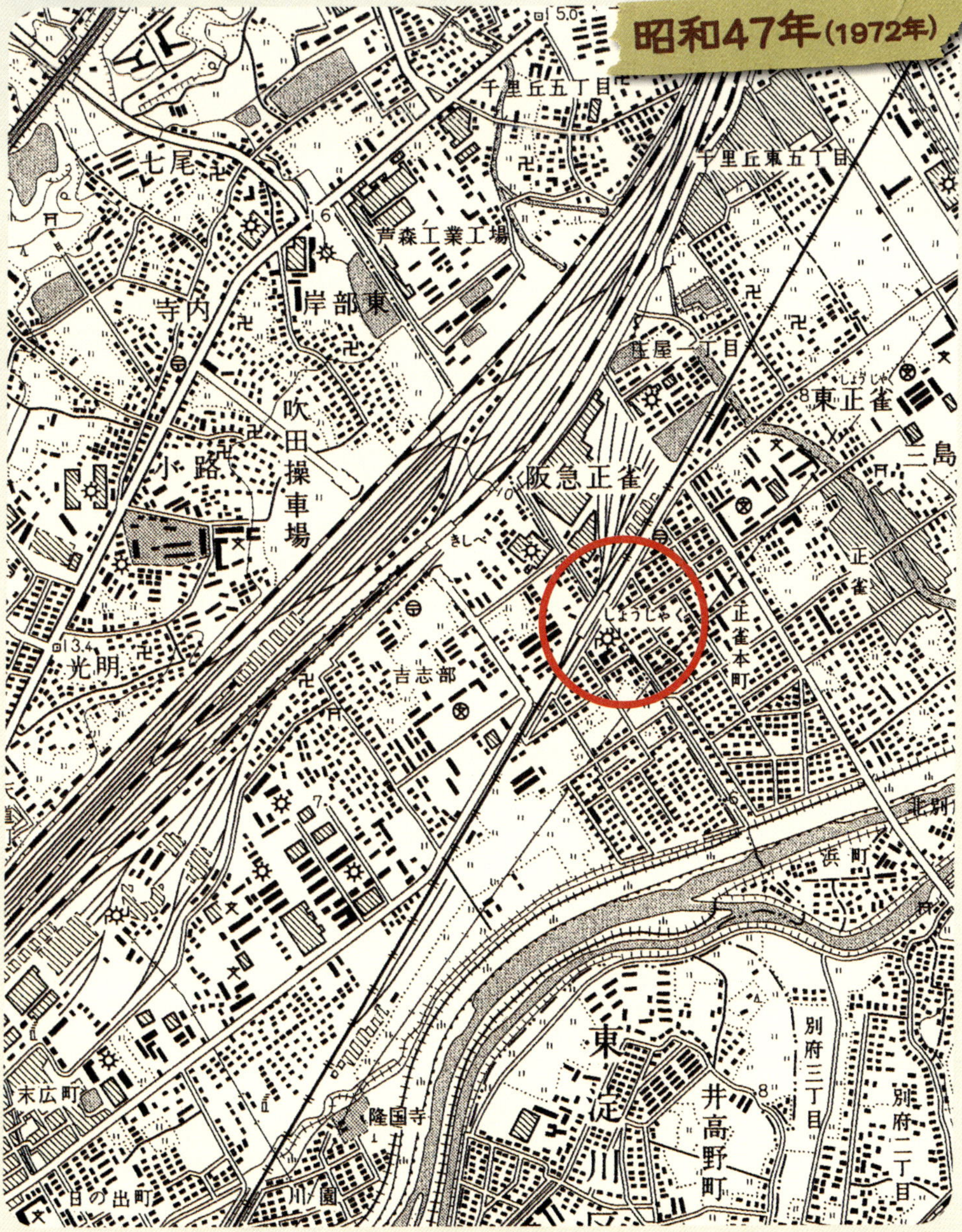

1970年に日本万国博覧会が開催された2年後の地図であり、正雀駅付近でも多くの住宅が建てられている。東海道線には岸辺駅も開業し「吹田操車場」の文字も記されている。国鉄線と阪急京都線に挟まれた南側では、多くの工場も誕生している。その中に第一製パン大阪第一工場があり、現在もパンの生産を続けている。こうした中、人口の増加に対応して、新しい学校も開校していた。山崎製パンの工場の西側に見えるのは、吹田市立第五中学校、吹田東小学校である。

が生まれたとされる。「大和物語」には、亭子の院(宇多天皇)が鳥飼院を訪れ、優れた和歌を詠んだ大江玉淵の娘に着物を与えたという逸話が記されている。このあたりは、淀川を行き来する者を相手にした遊女が多くおり、彼女もそのひとりであった。近代においては、東海道新幹線が開通すると、西側の車両基地として、鳥飼車両基地が誕生している。また、駅北側の阪急の正雀車庫・工場とともに、南側には大阪市交通局(大阪メトロ堺筋線)の東吹田検車場が置かれている。この検車場は、大阪市高速電気軌道)の東吹田検車場が阪急線と相互乗り入れを行うのに伴い、1969年に開設された。また、ここには阪急の東吹田信号所がある。

陸軍陸地測量部 1/25000地形図「吹田」

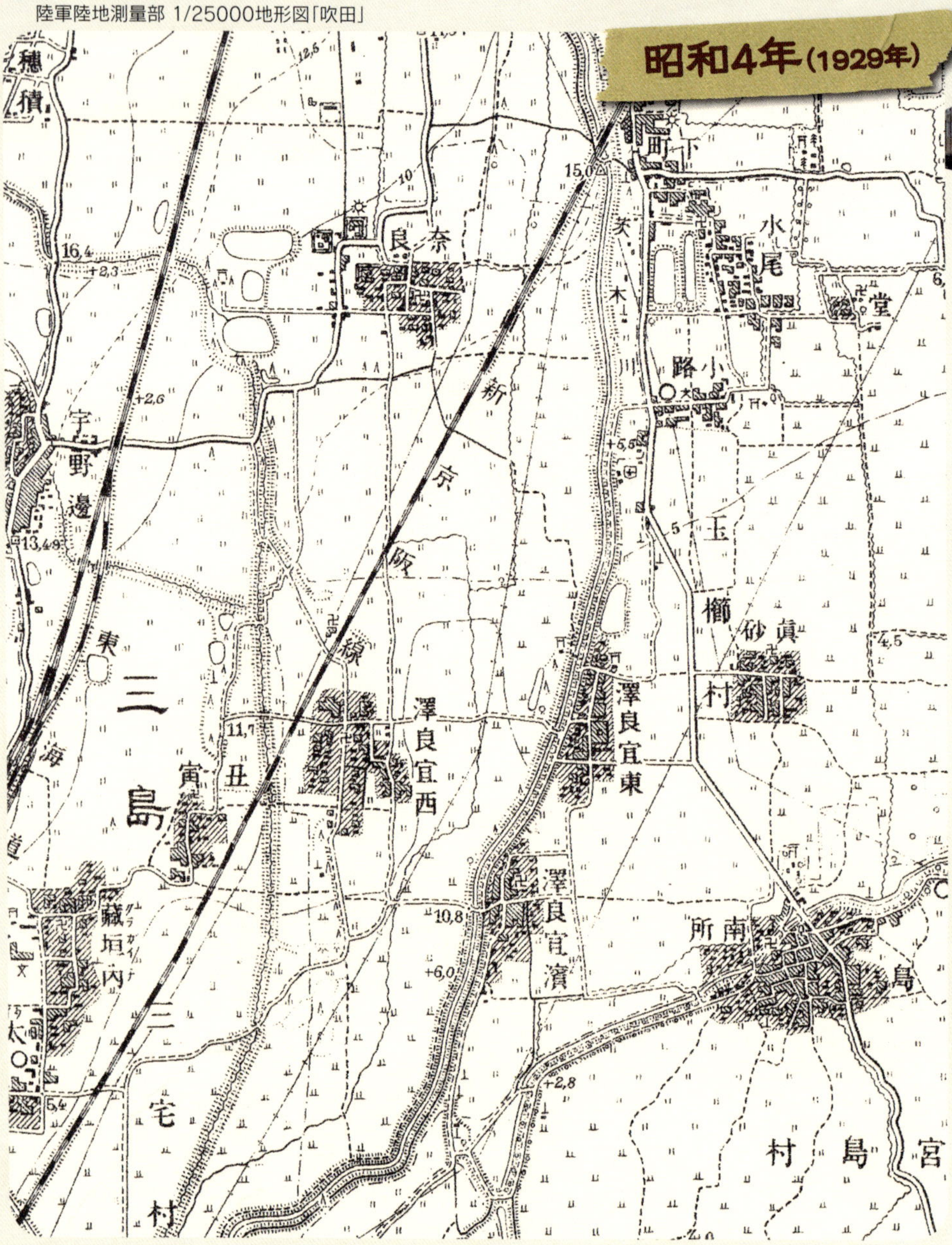

この頃は新京阪線（現・阪急京都線）の東側を茨木川が流れていた。その後、茨木川の流路が変更されると、南側では旧河川沿いに中央環状線ができ、近畿自動車道も開通する。新京阪線時代には南茨木駅は存在せず、開業は日本万国博覧会（大阪万博）が開催された1970年である。地図上には北側に玉櫛村、南側に宮島村の文字が見え、宮島村は1935年に溝咋村と合併して玉島村となった。この玉島村は戦後の1954年、安威村とともに茨木市に編入されている。

京都線

南茨木

大阪モノレールと連絡、空港へ

開業年	1970（昭和45）年3月8日
所在地	茨木市天王2-6-14
キロ程	12.9km（十三起点）
駅構造	地上駅（橋上駅）
乗降客	41,145人

中央環状線が通る

南茨木駅は1970（昭和45）年3月8日、日本万国博覧会（大阪万博）の開催に合わせて開設された、比較的歴史の新しい駅である。この駅が誕生する前は、阪急京都線の正雀〜茨木市間は5・4キロの距離があり、阪急線の中では最長の駅間距離であったが、その後に摂津市駅も誕生しており、現在は摂津市〜南茨木間は2・0キロ、南茨木〜茨木市間は1・9キロと平均的な距離となっている。

明治期の地図を見ると、現在の茨木市の南部には、玉櫛村、春日村、三宅村などが存在したことがわかる。このうち、後に南茨木駅が置かれる春日村、玉櫛村は1943（昭和18）年に茨木町と合併して茨木市になったが、三宅村は戦後まで存在し、1957年に茨木市と三島町（現・摂津市）に分かれて編入されている。東海道線は、このうちの南西にあたる三宅村を通っていた。その後、東側に新京阪線（現・阪急京都線）が開通してもしばらくは駅が置かれなかったのは、先述の通りである。

現在の地図を見れば明らかなように、この南茨木駅付近を近畿自動車道・中央環状線が走っており、大阪高速鉄道大阪モノレール線が沿う形で存在している。大阪モノレール線はまず、1990（平成2）年に北側の千里中央〜南茨木間が開通した。

大阪モノレール線

大阪空港駅から門真市駅までを結ぶ大阪高速鉄道の跨座式モノレール路線。北大阪地区のターミナル・千里中央から大阪国際空港（伊丹空港）、万博記念公園などへのアクセス路線として重宝されている。平成23(2011)年に中国重慶市の重慶軌道交通の新路線が開業するまでは、世界最長の営業距離だった。主要駅にはその認定書が設置されている。南茨木－千里中央間は平成2(1990)年開業。

万博で開業した南茨木駅

昭和45(1970)年に開催された日本万国博覧会（大阪万博）会場へのアクセスとして阪急が開設した「南茨木駅」。同じ目的で千里線にも「万国博西口駅」が開設されたが、この駅は臨時駅扱い。南茨木駅は恒久利用するために新設された。万博期間中は、会場のメインゲートまでを直結するバスが運行されていた。その後、平成2(1990)年に大阪モノレールの駅が開業、接続駅となった。駅周辺は阪急電鉄が開発したマンションが立ち並ぶ。

国土地理院 1/25000地形図「吹田」

昭和42年(1967年)

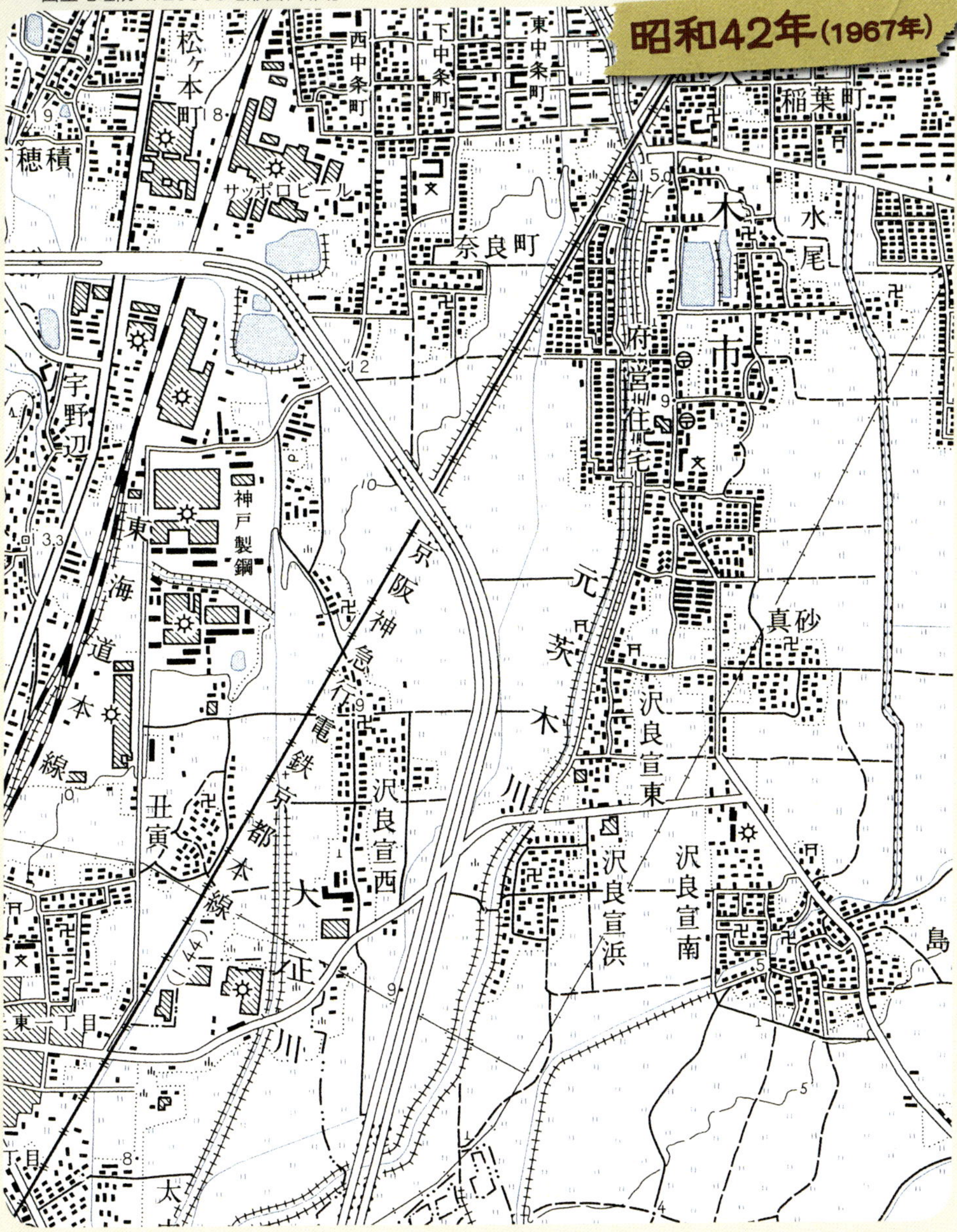

国鉄東海道本線と阪急京都線の間には、サッポロビール、神戸製鋼といった大規模な工場も誕生している。東側では、大阪万博に向けて整備されていた中央環状線が既に姿を見せており、元茨木川沿いに集落が広がってきている。また、阪急線の東側には大正川が流れているが、元は丑寅川と呼ばれた曲線の川で、大正から昭和にかけて直線化され、大正川の名称が生まれている。「沢良宜東」の地名のあたりには、後に大阪モノレール線の沢良宜駅が置かれることとなる。

南茨木駅

南側の南茨木～門真市間が開通するのは1997年で途中駅として沢良宜、摂津駅などが置かれている。まタ、駅の北側を大きくカーブする形で、東海道本線貨物支線（大阪ターミナル線）が通っていることも見て取れる。この貨物線は、吹田ターミナル駅と大阪貨物ターミナル駅を結ぶもので、南東側を流れる安威川と東海道新幹線・鳥飼車両基地に挟まれる形で存在する大阪貨物ターミナル駅は1982年に開業している。また、駅の東側、この貨物線と安威川に近い場所に弥生時代の東奈良遺跡があり、東奈良史跡公園、茨木市立文化財資料館が置かれている。この付近は「沢良宜(さわらぎ)」と呼ばれていた場所で、弥生時代には大規模環濠集落があり、当時は日本最大級の銅鐸・銅製品工場があったとされている。

陸軍陸地測量部 1/25000地形図「高槻」

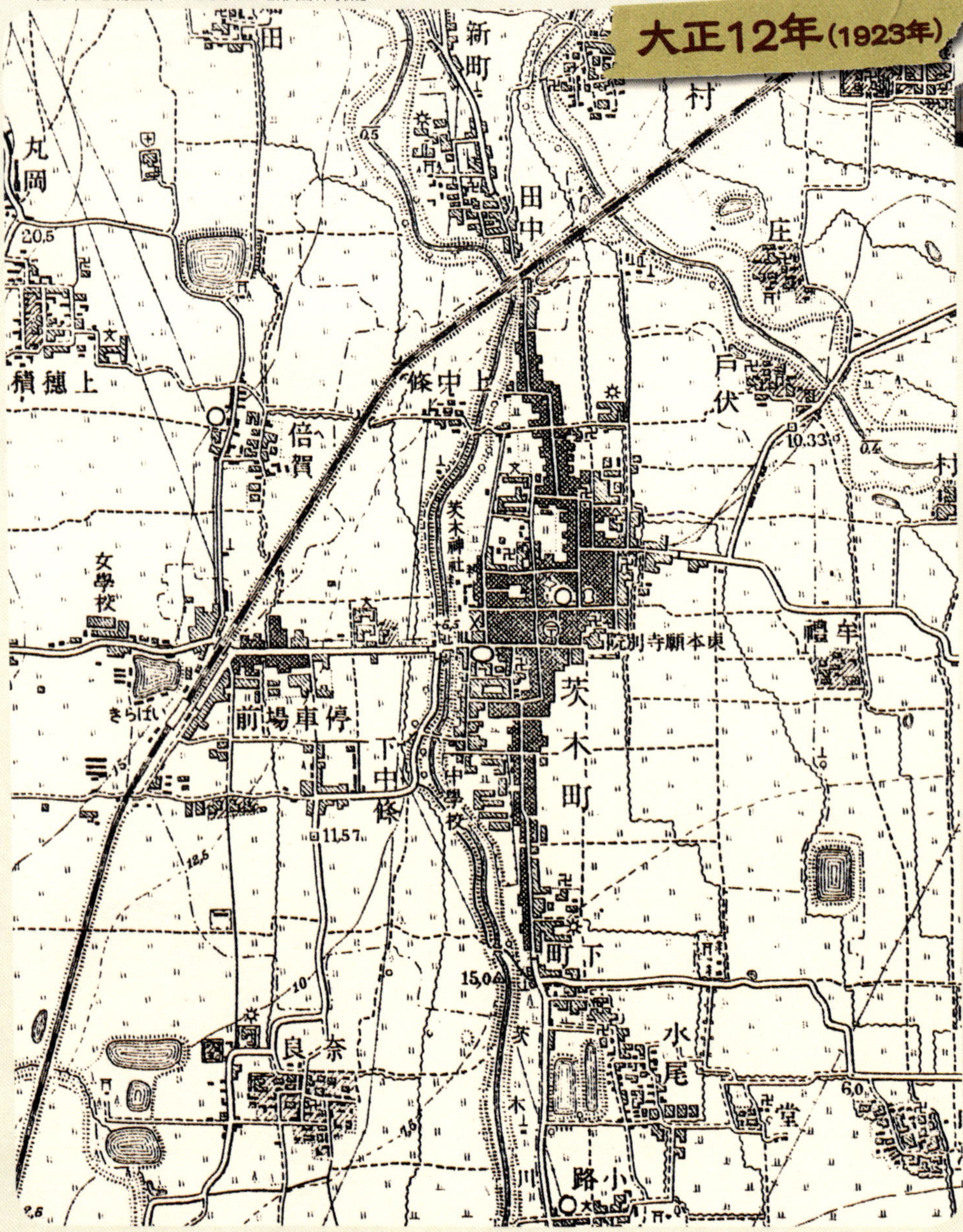

新京阪線(現・阪急京都線)の開通前であり、西側の国鉄東海道線だけが通っている。その東側に茨木川が流れ、茨木町役場などが置かれていた。中央やや上に見える「文」の地図記号は後のノーベル賞作家、川端康成も通っていた「茨木中学校」(旧制)である。現在の茨木高校は1895年、大阪府第四尋常中学校として創立され、1916年に日本最初の学校プールが開設されたことでも知られている。

京都線

茨木市

ノーベル賞作家は茨木中学から

開業年	1928年(昭和3)年1月16日
所在地	茨木市永代町1-5
キロ程	14.8km(十三起点)
駅構造	高架駅
乗降客	58,165人

大阪万博ではバス起点に

茨木市は人口約28万人を有し、その人口は近年も増え続けている。市域は北側に長く伸びているが、中心部は阪急の茨木市駅、JRの茨木駅が置かれている付近で、駅を結ぶ東西の道路が2本存在する。この2本に挟まれた両駅の中央付近に茨木市役所が存在する。北側の道路は府道139号(枚方茨木線)で、淀川を越えて枚方市まで延びている。

茨木市役所の付近には、中央公園と茨木神社があり、神社の東門は旧茨木城の搦手門を移築したものとされている。茨木城跡は茨木市中央公園付近を流れていた旧茨木川の(北)東側に位置し、2つの駅と組み合わせるとトライアングル(三角形)を成す形である。この茨木川は川幅が狭い天井川で、度々氾濫を起こすことから1941(昭和16)年に付け替え工事が行われた。跡地は戦後に整備され、元茨木川緑地、中央公園に変わっている。

阪急線にも近い旧茨木川沿いには、ノーベル賞作家、川端康成の母校として知られる大阪府立茨木高校が存在する。1895(明治28)年に総持寺内に大阪府第四尋常中学校(仮校舎)として創立され、1897年に現在地に本校舎が誕生している。この旧制茨木中学校は戦前、水泳競技の名門として有名で、1916(大正5)年に水泳場を

川端康成文学館

茨木は文豪川端康成の出身地として知られている。そこで市では「川端康成ゆかりのふるさと」として、多くの人に川端康成のことを知ってもらおうと、昭和60(1985)年5月に「川端康成文学館」を開館した。館内には川端康成の遺品・書簡・著書・原稿・写真のほか、祖父母と暮らした屋敷模型など、約400点の資料が常設展示されている。

茨木市上中条二丁目11-25

坂上田村麻呂が開いた町

茨木は、その昔、水辺の荒れ地で、イバラがたくさん茂っていたという。これを平安初期の武将・坂上田村麻呂(758〜811)が、イバラを刈り取って、茨木の町を開いた。この「イバラ」を「切る」が「イバラギ」の地名に由来とされている。市内には、その後、征夷大将軍としても活躍した田村麻呂によって創建された茨木神社がある。

陸軍陸地測量部 1/25000地形図「高槻」

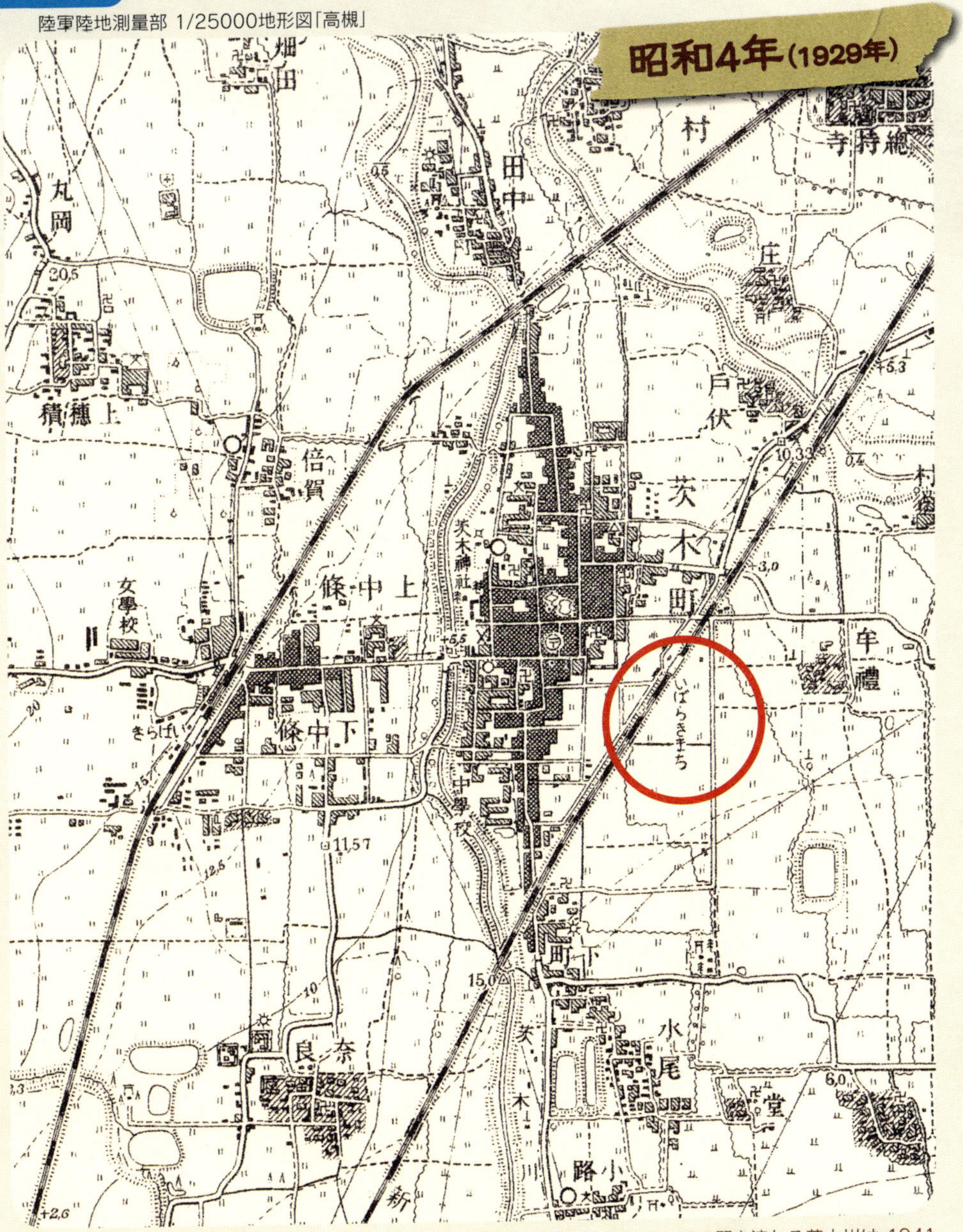

昭和4年(1929年)
丸岡
上穂積
倍賀
田中
総持寺
庄
戸伏
茨木町
上中條
下中條
女學校
茨木神社
牟禮
奈良
水尾
小路

東に新京阪線、西に東海道線が通り、茨木町(現・茨木市)駅と茨木駅が置かれている。その間を流れる茨木川は、1941年に付け替え工事が行われて、現在のようなJR総持寺駅付近で安威川に合流するルートに変わる。川の跡地は戦後に公園化されている。旧河川の付近には茨木城跡、遺構の残る茨木神社、町役場(現・市役所)が存在した。この当時、茨木町の市街地は狭く、工場もまだ進出していなかった。茨木駅の西側の女学校は、現在の府立春日丘高校である。

設け、1932（昭和7）年のロサンゼルスオリンピックの100メートル背泳ぎで銀メダルを獲得した入江稔夫らが、この水泳場から巣立っていった。旧制茨木中学校のプールは当初、生徒が手作業で作った池のようなもので、1916（大正5）年に池を改修して、長さ40メートル、幅27メートルのプールが造られた。1919年には、正式な50メートルプールに改修されている。これは日本初の学校プールといわれ、「日本近代水泳発祥之地」とされ、校内には記念碑が建てられている。

また、JR茨木駅の南側、東海道線の線路沿いには、サッポロビール大阪工場が存在した。この工場は、2008（平成20）年に閉鎖され、2015年に立命館大学の大阪いばらきキャンパスが開学している。

茨木市街の中心に近い場所には、かつて茨木城が存在した。その場所は現在、茨木市立茨木小学校があるあたりとされる。この城を築いたのは、中世においてこの付近を支配していた茨木氏であった。茨木氏は室町幕府に仕える国人領主であり、茨木重朝の代に荒木村重、中川清秀らと対立して、戦いに敗れたために滅亡することとなる。代わって茨木城に入ったのは、織田信長の家臣となった中川清秀であった。

1577（天正5）年、中川清秀は正式に城主となり、荒木村重の信長への反乱では一時、味方したもの

国土地理院 1/25000地形図「高槻」

昭和42年(1967年)

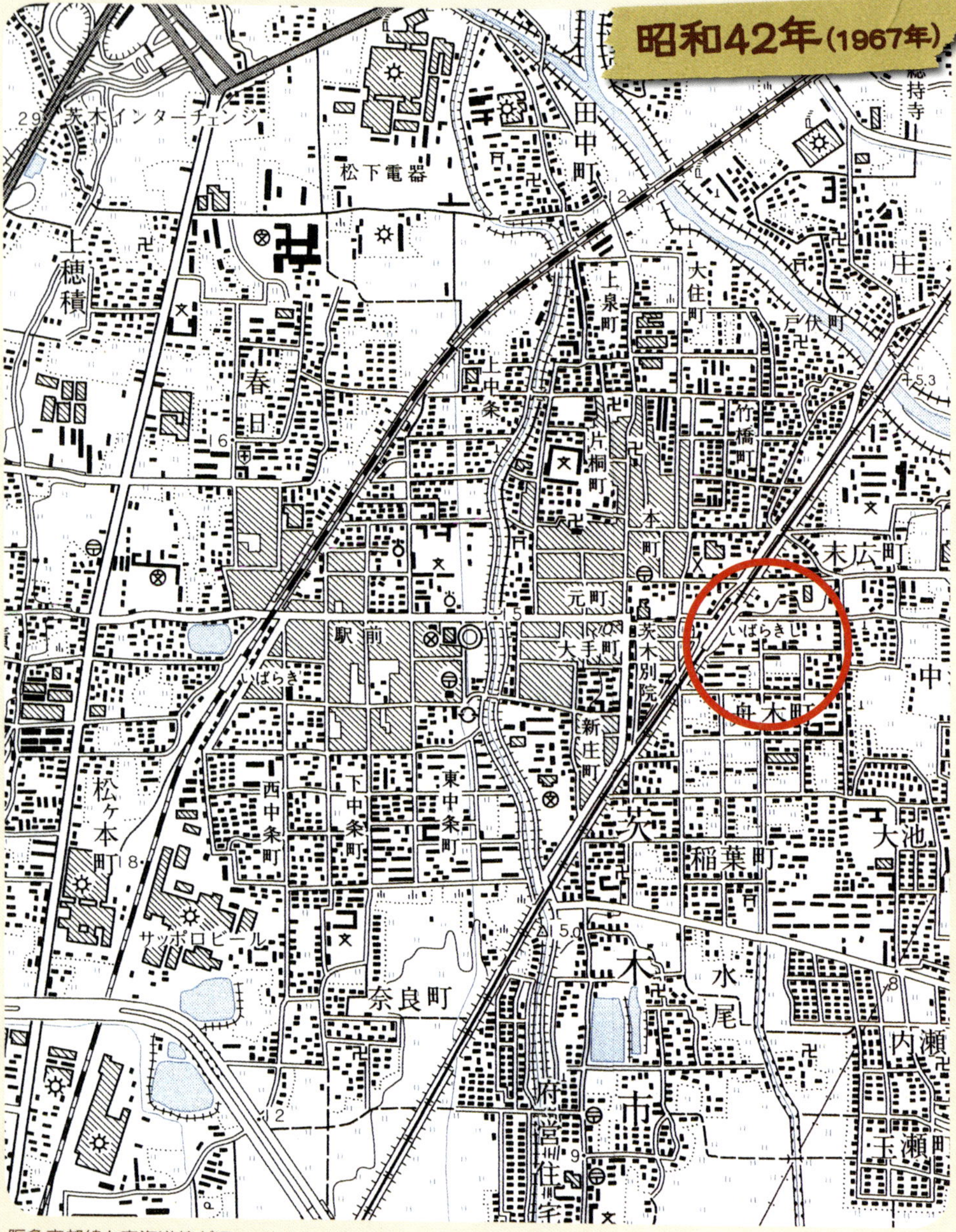

阪急京都線と東海道線が通る、茨木市中心部付近の地図である。北側には安威川、茨木川の流路が見え、付け替えが行われた旧茨木川沿いは、戦後に公園として整備されることとなる。茨木町時代の役場から変わった茨木市役所は、旧茨木川の西側に移転している。茨木市駅付近には、真宗大谷派茨木別院が見える。この茨木別院は1603年、教如上人によって建立された。寺院の土地は茨木城主、片桐且元から寄進された城の一部であった。

茨木城

中世に茨木氏の居城をなった茨木城は、 茨木市街の中心に近い現在の「茨木小学校」付近に存在した。その後、織田信長の家臣、中川清秀の居城となり、関ケ原の戦いの後は豊臣家の家老で豊臣秀頼に仕えた片桐且元、弟の貞隆が城主となっていたが、江戸時代の「一国一城令」で廃城となった。城の建築物は各地に移築され、茨木神社には、城の搦手門が東門として残されている。

茨木神社

茨木市のほぼ中央部に鎮座する。境内北側には、延喜式内社の天石門別神社も建立されている。また、「黒井の清水」と呼ばれる井戸もある。この井戸は、豊臣秀吉が鷹狩りに訪れた際、この水で点てたお茶を飲んだところ大変気に入り、ここの水をわざわざ大坂城へ運ばせたという。東側の搦手門はもともと茨木城の門であったと言われる。

茨木市元町4-3

昭和30年　撮影：荻原二郎

の、後に織田方に寝返っている。本能寺の変の後は豊臣秀吉に仕えていたが、賤ケ岳の戦いで戦死し、その後、茨木は秀吉の直轄地となり、代官が置かれていた。関ケ原の戦い後は、豊臣家の家老で豊臣秀頼に仕えた片桐且元、弟の貞隆が茨木城主となった。しかし、江戸時代に入ると、1615(慶長20)年の「一国一城令」で摂津国(現・大阪府)においては高槻城のみが残され、茨木城は廃城となった。

この城の遺構(建築物)は各地に移築され、搦手門は茨木神社の東門として現存している。

「茨木」の地名の変遷

「茨木」の名は、宝亀年間には「薭切」と書いていたが、後に「荊木」「茨城」などに改められ、現在の「茨木」になったのは、正治年間(1199～1201)のことだと言われる。現在の茨木市の中心部辺りが、イバラが茂っていた場所だとという。昔の茨木は、淀川や安威川など多くの河川が流れる草原で、魚貝・鳥獣も多く獲れ、豊潤な土地は農耕にも適した場所だった。

東奈良遺跡

阪急南茨木駅から東側一帯にある、弥生時代の大規模環濠集落遺跡は、「東奈良遺跡」と呼ばれる。大阪万博開催(昭和45年)に伴って新設された南茨木駅周辺の大規模団地建設の際に発見された。弥生時代のものとしては、前期・中期・後期の方形周溝墓や住居跡、溝など。古墳時代のものとしては、前期の大溝や住居址などが発見されている。南茨木駅の東300mのところには、出土品を所蔵・展示した市立文化財資料館もある。

茨木市東奈良1丁目ほか

国土地理院 1/25000地形図「高槻」

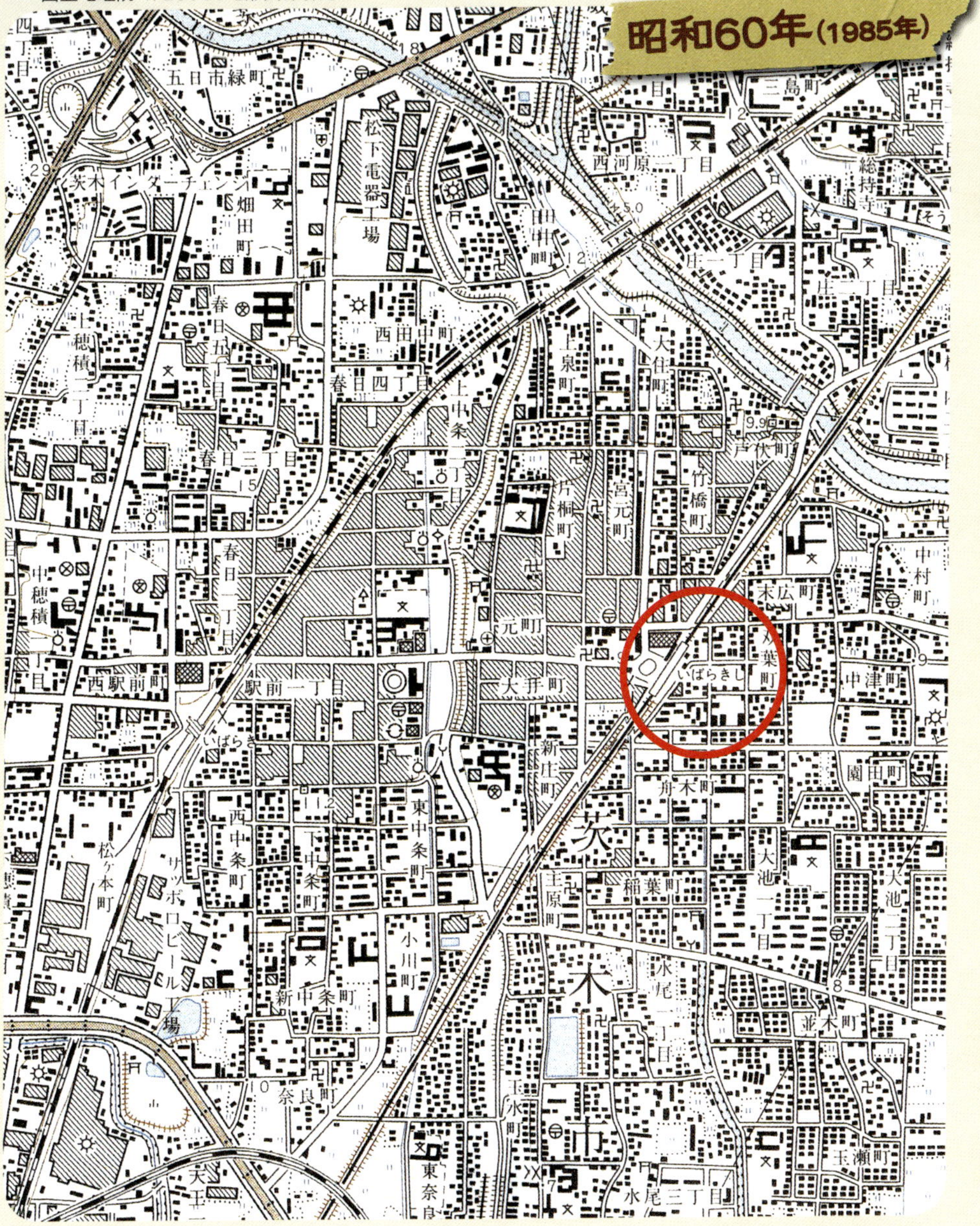

安威川と茨木川の合流地点の南に「田中町」の地名が見えるが、西側にはこの当時、松下電器工場が存在した。現在、工場は撤退したものの、「松下町」の地名はそのまま残っている。茨木市内にはほかにも、東芝工場に由来する「太田東芝町」の地名もある。地図の北東、「三島町」付近の東海道線上には、2018年にJR総持寺駅が開業した。この駅の北西には道路を挟んで、三島小学校と三島中学校が置かれている。

陸軍陸地測量部 1/25000地形図「高槻」

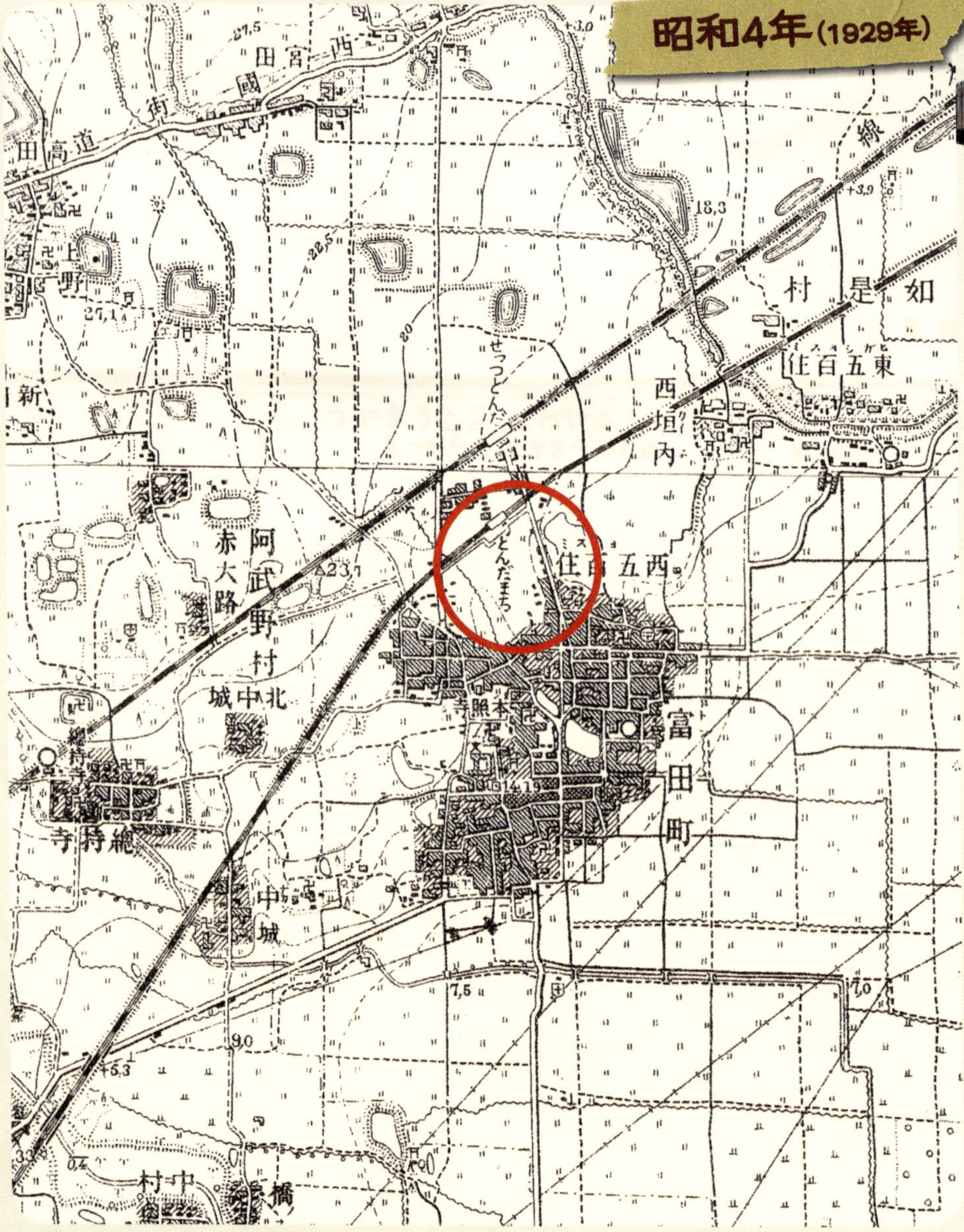

北東に如是村、西側に阿武野村が存在し、南側が富田町であった頃の地図である。北西には西国街道（旧道）が通っているが、この後、少し南側に直線に進む国道171号が通されることとなる。中央付近を並行して走る東海道線には摂津富田駅、新京阪線には富田町駅が置かれている。富田町駅は1957年、富田町が高槻市に編入された際に、現駅名の「富田」に改称されている。両駅の間にはわずかながら、家屋が建ち並んでいる。

京都線

総持寺、富田

西国名所と寺内町があった街

総持寺駅

開業年	1936（昭和11）年4月15日
所在地	茨木市総持寺駅前町7-3
キロ程	16.2km（十三起点）
駅構造	地上駅
乗降客	16,853人

富田駅

開業年	1928（昭和3）年1月16日
所在地	高槻市富田町3-4-10
キロ程	17.3km（十三起点）
駅構造	地上駅
乗降客	18,187人

JRにも2つの後発駅

茨木市駅を出た阪急京都線は、安威川を渡り、総持寺駅に至る。この総持寺駅は茨木市にあるが、間もなく市境を越えて高槻市に入る。次の駅は富田駅である。茨木市～総持寺間は1・4キロ、総持寺～富田間は1・1キロの距離があり、1970年に新設された南茨木駅と茨木市駅との距離（1・9キロ）と比べると少し短い。総持寺駅は1936（昭和11）年4月15日に総持寺前駅として、富田駅は1928年1月16日に富田町駅として開業している。

歴史的に見れば、阪急京都線の前身にあたる新京阪鉄道が開通した当時は、総持寺駅がある周辺は三島郡三島村、富田駅がある周辺は富田町で、戦後にそれぞれ茨木市、高槻市に編入されている。総持寺駅の駅名の由来となった総持寺は、西国三十三箇所第22番札所の高野山真言宗の古刹である。一方、富田駅のあった富田町には臨済宗妙心寺派の普門寺とともに、「富田御坊」と呼ばれた浄土真宗本願寺派の本照寺（光照寺）が存在し、仏教信仰が盛んな土地であった。さらにさかのぼれば、富田駅の北西を通る名神高速道路の付近に太田茶臼山古墳が存在する。この太田茶臼山古墳は、全国第21位の規模の前方後円墳で、第26代継体天皇の陵に治定されている。

両駅の付近では、南から阪急京都

国土地理院 1/25000地形図「高槻」

昭和42年(1967年)

史跡新池ハニワ工場公園

国史跡・今城塚古墳に付随する新池埴輪遺跡の一部を保存する史跡公園。新池東の丘陵上に広がる最古・最大級のハニワ工場跡を整備し、マンガ陶板や復元ハニワを通して、楽しく古墳時代やハニワづくりのようすが学べるように工夫されている。高層住宅群の一画に再現された古代のハニワ工房と窯跡群は一見の価値あり。プロムナードにはマンガと解説、20種類の復元ハニワが並んでいる。

茨木市総持寺1-6-1

継体天皇陵と今城塚古墳

富田駅からは二つの大きな古墳に行くことができる。一つは、継体天皇陵三島藍野陵(茨木市太田3丁目)。茶臼山古墳とも呼ばれるこの古墳は、前方後円墳で、周囲1キロ、墳丘全長226m、前方部147m、後円部径138mの大規模なもの。築造時期は5世紀中頃と見られている。もう一つは、今城塚古墳(高槻市郡家新町)。全長350m、前方部幅140m、高さ12m、後円部径100m、高さ10mで、こちらも大きな古墳だ。埴輪が多く発掘されていることから、こちらが真の継体天皇陵とも言われている。

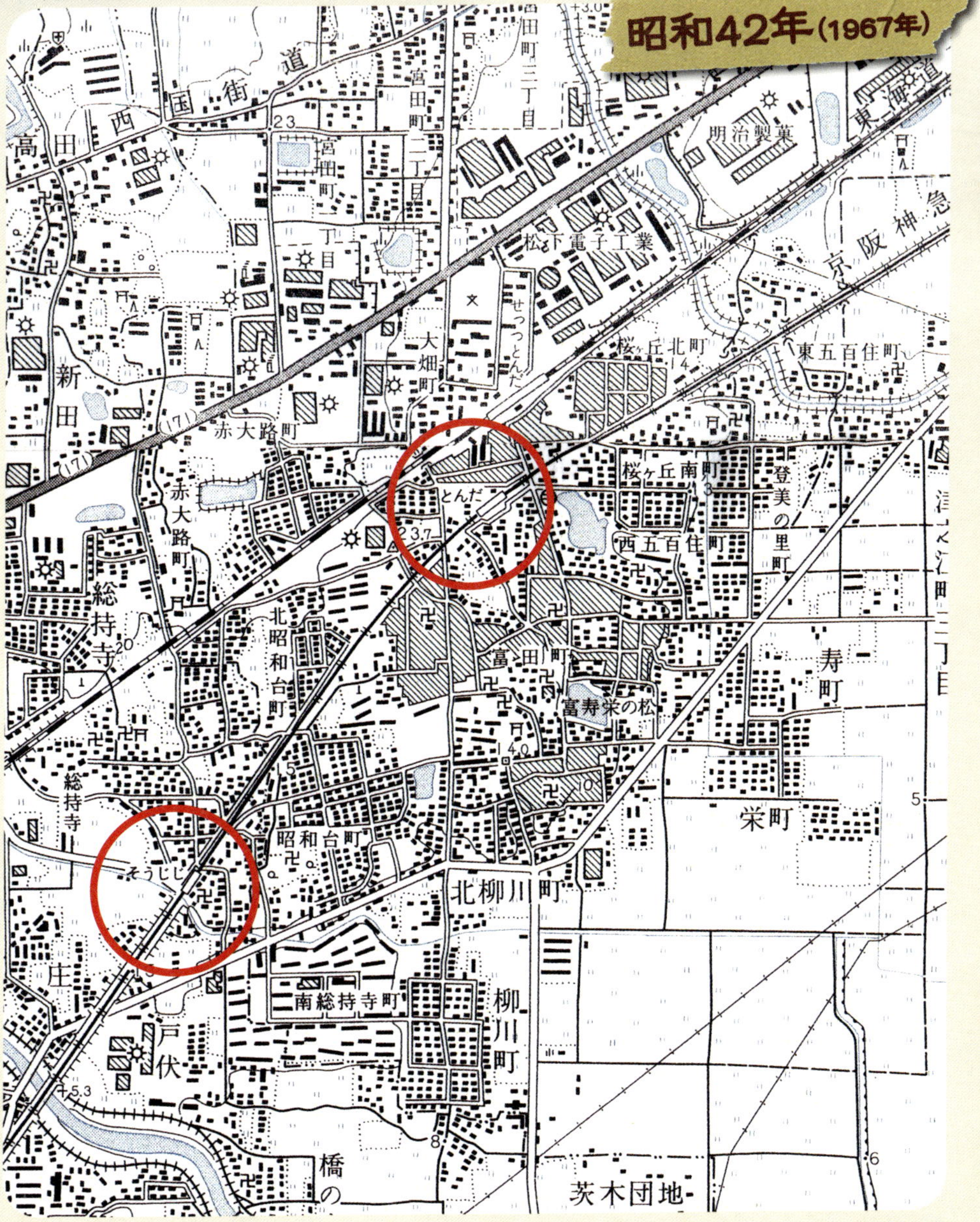

北から旧西国街道、国道171号(西国街道)、東海道本線、阪急京都線が並ぶ形で、南西から北東に走っている。阪急の富田駅、国鉄の摂津富田駅という対になる駅はあるが、JR総持寺駅が開業するのは約50年後である。東海道本線の北側には、明治製菓、松下電子工業といった工場が多数進出している。現在はこうした工場が撤退し、マンションやショッピングセンターなどに変わっている。摂津富田駅の北側には、高槻市立第四中学校が見える。

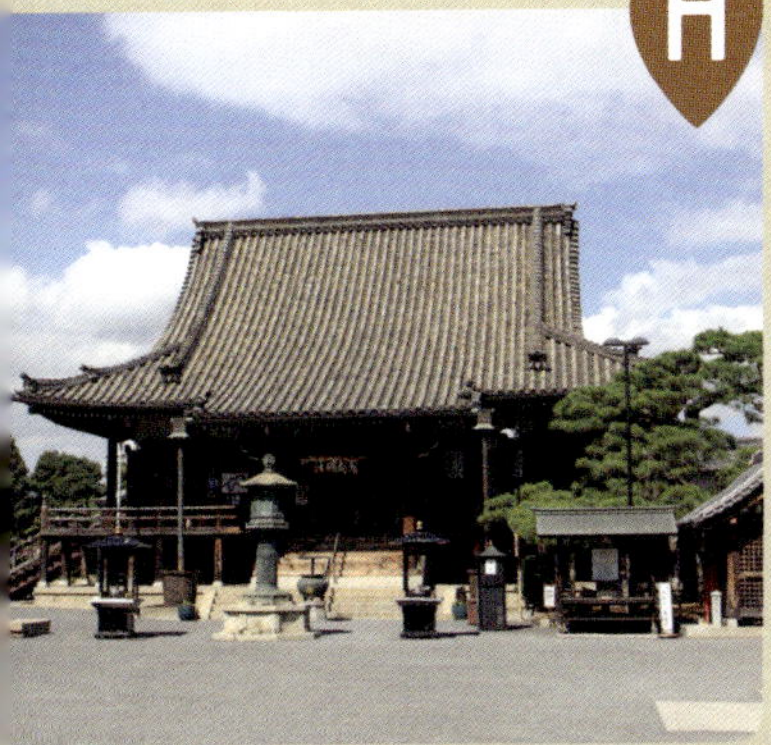

総持寺

現在、阪急の総持寺駅、JR総持寺駅の名称の由来となっている仁、総持寺は江戸時代には西国三十三所の第22番札所(霊場)として多くの参詣客で賑った。高野山真言宗の寺院で、本尊は「亀に乗った観音様」として崇敬を集める「千手観音」である。寺を創建したのは「包丁道」の祖として名を残す平安貴族の藤原山蔭で、現在では毎年4月18日に「包丁式」が行われ、山蔭流の包丁さばきが披露されている。

線、東海道線、国道171号が並んで走っており、東海道新幹線は少し離れた南側を走っている。東海道線には、阪急線の駅に対応する場所にJR総持寺、摂津富田の2駅が置かれている。摂津富田駅は1924(大正13)年、JR総持寺駅は2018(平成30)年の開業であり、ともに後発の駅のため、国名の摂津、JRという冠が付けられている。かつて、この両駅に近い茨木市側には、松下、東芝といった大手電機メーカーの工場が存在した。そこは松下町、太田東芝町という現在の町名が付けられたが、多くの工場は撤退、移転し、跡地で再開発が行われている。

陸軍陸地測量部 1/25000地形図「高槻」「淀」

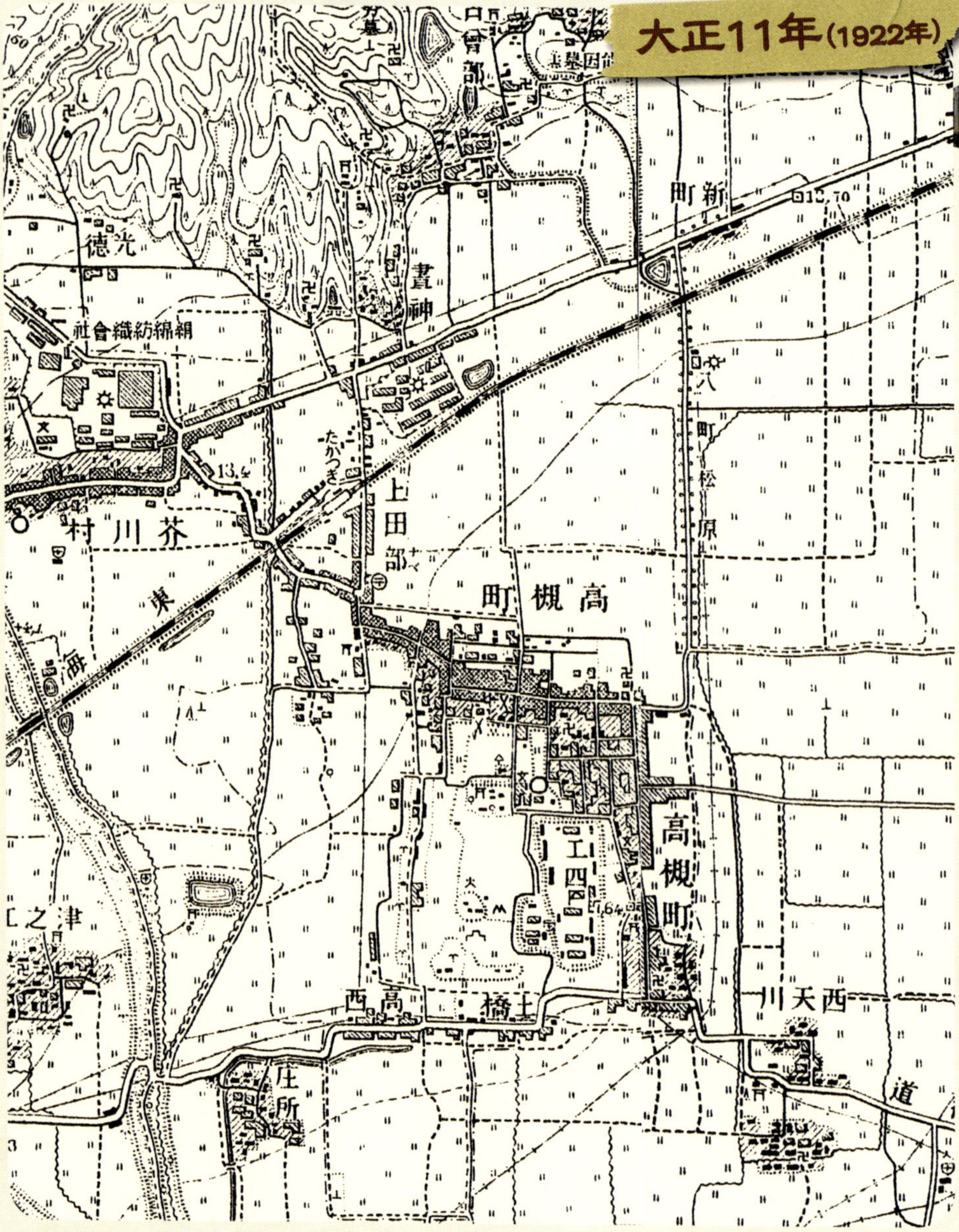

この当時はまだ、新京阪線（現・阪急京都線）が開通しておらず、国鉄の東海道線だけが通っていた。しかし、駅の周辺はまだ開発されておらず、このあたりの中心は山崎道（西国街道）が走る芥川村であった。この芥川村には既に日本絹綿紡織会社の工場が進出していたが、この会社は後に高槻絹糸と変わり、南西にあった芥川小学校の土地を買収することになる。一方、南側は高槻町であり、高槻城跡には1909年から、陸軍工兵第四連隊が駐屯していた。

京都線

高槻市

京阪間の中間点、高槻城あり

開業年	1928（昭和3）年1月16日
所在地	高槻市城北町2-1-18
キロ程	20.6km（十三起点）
駅構造	高架駅
乗降客	58,125人

大阪のベッドタウンに成長

地図上の位置において、高槻市駅には、２つの大きなポイントをある。まずはこの駅が大阪（梅田）～京都（河原町）間のほぼ中間点に位置すること。もうひとつは、お隣の上牧駅との距離が４・３キロで、阪急線の中で最も長いことである。ちなみに高槻市～富田間は３・３キロであり、上牧～水無瀬間の０・８キロ、富田～総持寺間の１・１キロに比べて、かなり離れていることがわかる。

また、大阪外環状線（外環）の一部となっている国道１７０号は、この高槻市駅に近い八丁畷交差点が起点であり、この交差点で国道１７１号と接続している。ちなみに国道１７１（西国街道）号は同じ外環道路の一部で、高槻市駅付近が大阪府内の北の外郭部分にあたることとなる。鉄道線である阪急京都線においても、１９６９（昭和44）年に大阪市営地下鉄（大阪メトロ）堺筋線が開通すると、この駅までの相互直通運転が開始された。以上の点で、高槻市（駅）は、地理的において重要な意味をもつ駅（場所）なのである。

高槻市駅は１９２８（昭和３）年１月16日、新京阪鉄道（現・阪急）が淡路駅から延伸した際に高槻町駅として開業している。このときは終着駅であったが、同年11月1日、京都西院駅までの延伸により中間駅となった。１９４３年１月には、高槻市駅

陸軍陸地測量部 1/25000地形図「高槻」「淀」

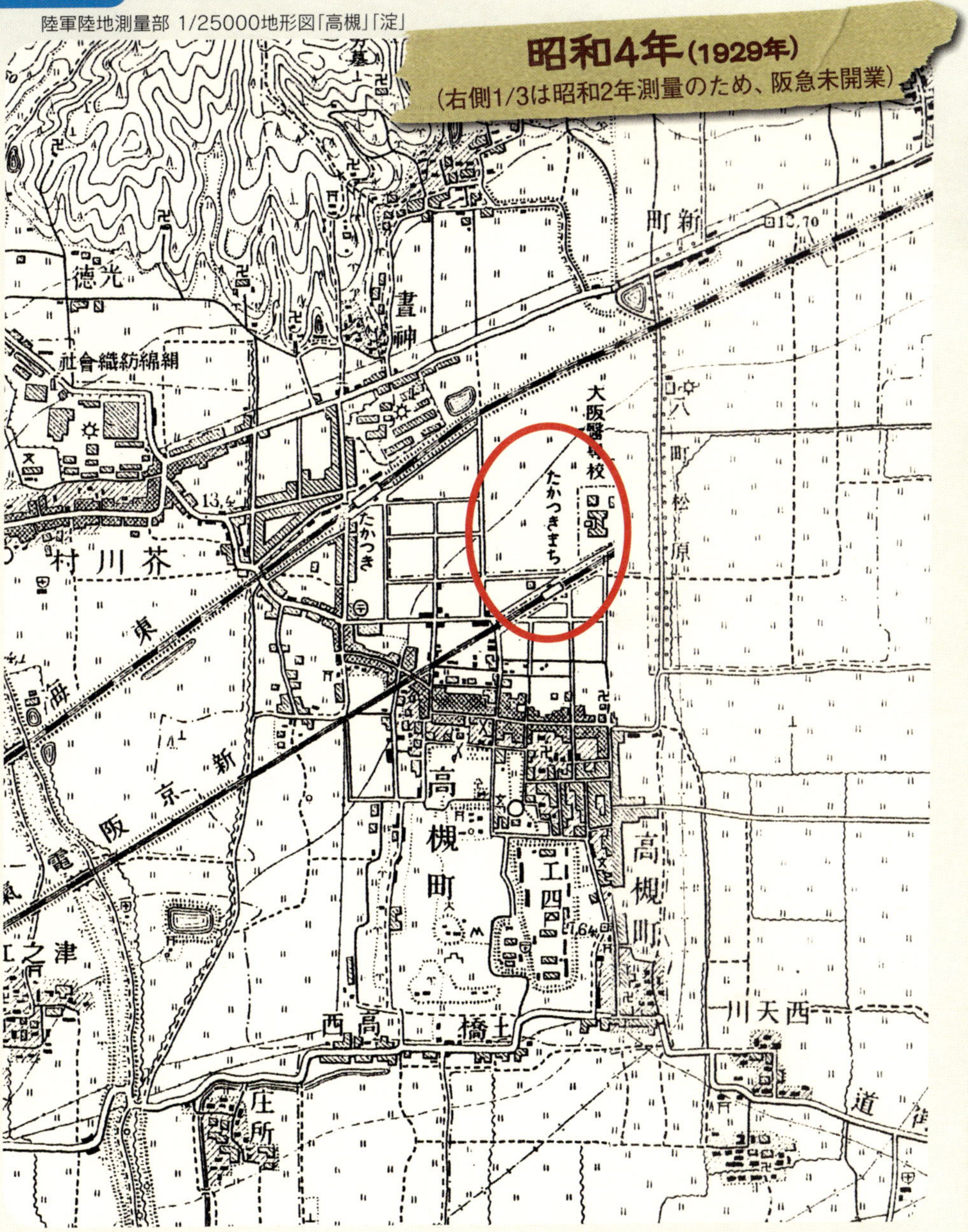
昭和4年(1929年)
(右側1/3は昭和2年測量のため、阪急未開業)
たかつきまち
たかつき

もとは「高月」だった！

高槻という地名は、もとは「高月」と書いていた。その起源は、この地にあった天月弓社が「高月読神」と称していたからだ。また、神武天皇の大和平定に功ががあり、入江三郎を賜った味麻治命(あじまのみこと)が戦に出る時、常に月象の印の旗を使ったことから、「高月」の地名になったとも言われる。室町時代にこの地に高さ60mもある槻の神木があったことから、「高槻」と書かれるようになった。

キリシタン大名・高山右近の高槻天主教会堂跡

高槻という地名は、もとは「高月」と書いていた。その起源は、この地にあった天月弓社が「高月読神」と称していたからだ。また、神武天皇の大和平定に功ががあり、入江三郎を賜った味麻治命(あじまのみこと)が戦に出る時、常に月象の印の旗を使ったことから、「高月」の地名になったとも言われる。室町時代にこの地に高さ60mもある槻の神木があったことから、「高槻」と書かれるようになった。

高槻市城内町3城跡公園内

現在は大阪市のベッドタウンというイメージの高槻市だが、キリシタン大名・高山右近の居城として知られる高槻城以外にも、歴史を物語る場所が残っている。地図北東の「古曽部」地区に見える「能因塚」と「伊勢墓」は、いずれも著名な歌人ゆかりの場所である。能因塚(伝能因法師墳)は平安時代の歌人、能因法師の墓とされ、いまに残る顕彰碑を高槻藩主、永井直清が建立した。また、西側の伊勢墓(伊勢寺)は女流歌人、伊勢の晩年の住居跡とされている。

今城塚古墳

淀川流域では最大級の前方後円墳とされる「今城塚古墳」は、総長約350メートル、総幅約360メートルで、周囲には二重の濠がめぐらされている。第26代継体天皇の真の陵墓と考えられ、2001～2002年に行われた発掘調査では、大王陵における埴輪祭祀を示す貴重な「埴輪祭祀区」が発見された。1958年に国の史跡となり、その後、高槻市の手で「今城塚古墳公園」として整備されている。

と駅名を改称している。高槻市は、現在の人口約35万人で、大阪府では堺市に次いで2番目の中核市となっているが、1943年までは高槻町であり、市に昇格したのは大阪府では9番目であった。

国土地理院 1/25000地形図「高槻」「淀」

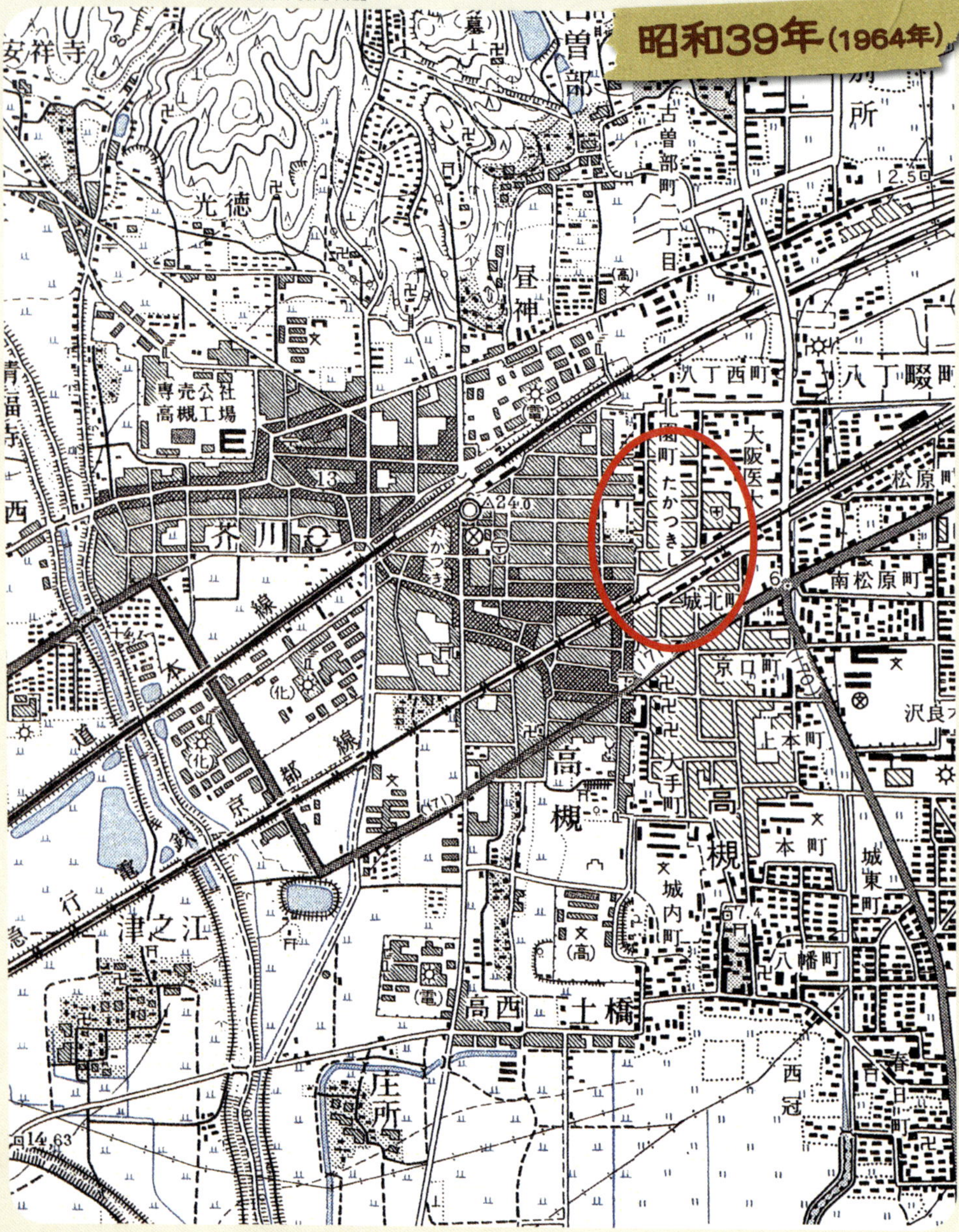

戦前の2枚の地図と異なり、国鉄と阪急の駅が並ぶ高槻市の中心部には、市街地が形成されている。国鉄高槻駅の東側には、高槻市役所が見えるが、現在は阪急の高槻市駅の南側に移っている。また、高槻駅の西側にあった紡織工場は、専売公社高槻工場に変わり、現在はJT医薬総合研究所となっている。また、工場の南西にあった芥川小学校は北東に移転している。南側には国鉄線、阪急線と交差しながら、並行して走っている国道171号が整備されている。

高槻城

キリシタン大名、高山右近の居城として知られるのが高槻城である。築城は南北朝時代にさかのぼり、豪族の入江氏の居館からスタートした。その後、織田信長に仕えた和田惟政の居城となり、続いて入城した高山右近が本格的な城郭を造り上げた。江戸時代は永井家高槻藩3万石の居城であった。明治維新後は、1909年から陸軍工兵第4連隊の駐屯地となっていた。現在は、大阪府立槻の木高校の校地となり、城跡を示す石碑が建てられている。

阪急京都線の北側を東海道本線が走り、高槻市駅に近い場所にJRの高槻駅が置かれている。さらに北側には、旧西国街道が走り、芥川町が存在する。このあたりには芥川宿が置かれ、古い時代の高槻の中心地であった。高槻の名所・旧跡といえば、キリシタン大名、高山右近の居城として知られる高槻城を挙げなければならない。この城の築城は南北朝時代にさかのぼり、豪族の入江氏の居館からスタートした。その後、織田信長に仕えた和田惟政の居城となり、続いて入城した高山右近が本格的な城郭を造り上げた。江戸時代は永井家高槻藩3万石の居城であった。明治維新後は、1909（明治42）年から陸軍工兵第4連隊の駐屯地となっていた。現在は、大阪府立槻の木高校の校地となり、城跡を示す石碑が建てられている。

さらに歴史をさかのぼった古代、高槻には今城塚古墳があった。この今城塚古墳は淀川流域では最大級の前方後円墳とされており、総長約350メートル、総幅約360メートルで、周囲には二重の濠がめぐらされている。第26代継体天皇の真の陵墓と考えられ、2001〜2年に行われた発掘調査では、大王陵における埴輪祭祀を示す貴重な「埴輪祭祀区」が発見された。1958（昭和33）年に国の史跡となり、その後、高槻市の手で「今城塚古墳公園」として整備されている。

国土地理院 1/25000地形図「高槻」「淀」

本行寺

本行寺は高槻藩の初代藩主の永井直清以来、高槻城主の祈願所として厚い庇護を受けてきた。現在も寺の門となっているのは高槻城の高麗門が移築されたものだ。日蓮宗・常智山本行寺と号し、題目宝塔、釈迦多宝二仏を本尊としている。境内には本堂をはじめ妙見堂、大黒殿、客殿、鐘楼などがある。本堂正面に、「唱導殿」と記した額が掲げてあり、これは高槻城主第10代永井直興の子・直寛の書（文政年間）によるもの。

高槻市大手町2-34

野見神社

野見宿弥(のみのすくね)とスサノオノミコトが祭神。9世紀の末、祭神のお告げで疫病がおさまり、人々の信仰を集めたと伝わる。また戦国時代、高山右近が高槻城主の頃、神社が一時この地を追われたとされ、右近の父飛騨守が「もと神の堂ありし処」に建てた高槻天主教会堂の推定地となっている。江戸時代には城内随一の神社として「高槻城絵図」に記されている。境内には、高槻藩永井家初代・永井直清をまつる永井神社があり、かつての高槻城をしのばせる、絵馬が奉納されている。

高槻市野見町6-6

昭和61年(1986年)

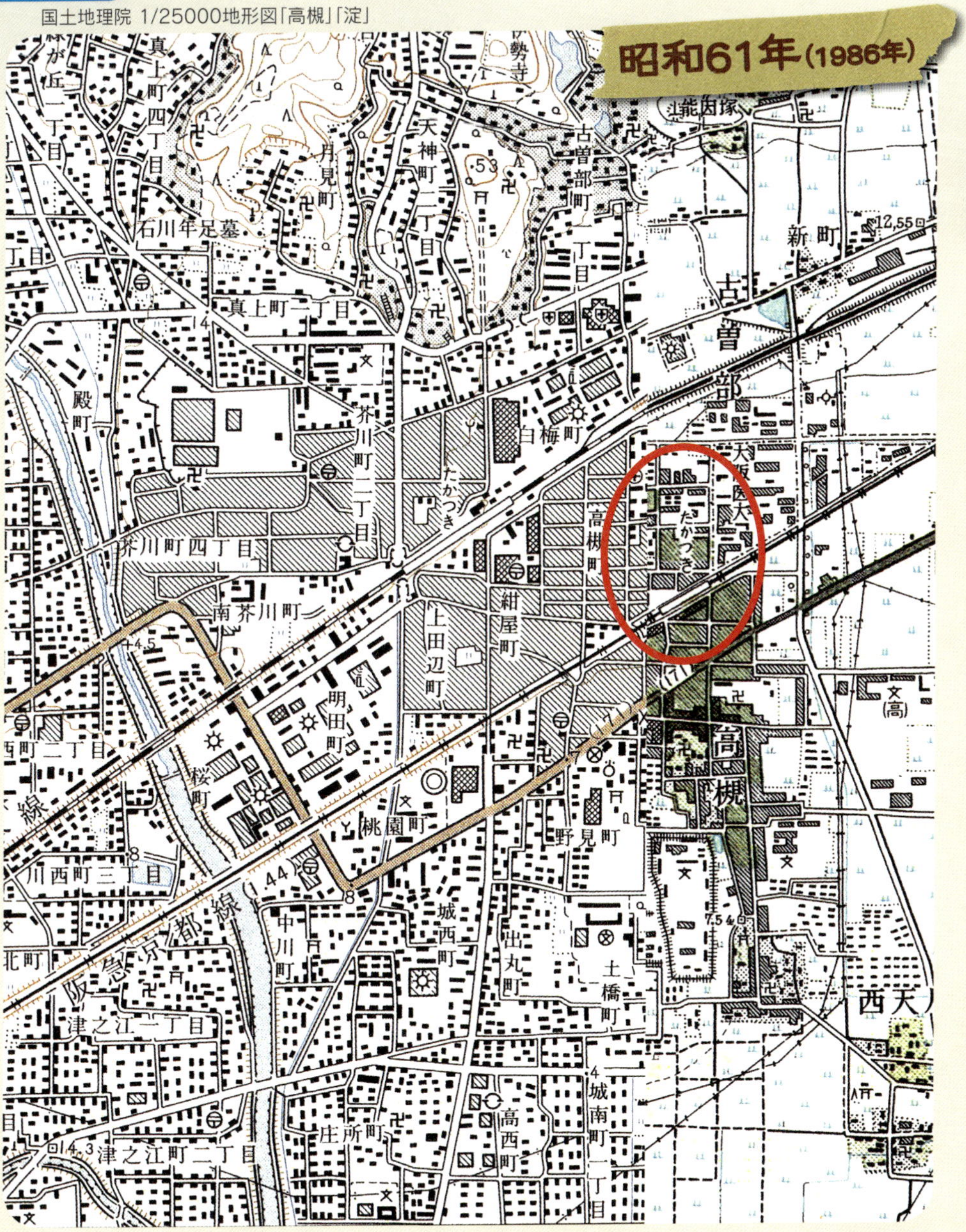

新しい高槻市役所が高槻市駅の南西、阪急京都線の線路沿いの「桃園町」に誕生している。この南東、高槻城があった跡地には「文」の地図記号が記されている。ここは現在、北側に2003年に高槻市立しろあと歴史館が開館し、その南側に高槻市立第一中学校が置かれている。さらに南側が整備されて、高槻城跡公園となっている。また、城跡の西側には、府立島上高校と高槻南高校が統合されて、2003年に誕生した槻の木高校がある。

安満遺跡

昭和3(1928)年、京大の農場建設の際に発見された弥生時代の環濠集落跡。その後昭和41年頃に始まった宅地開発では、農場北側の発掘調査も行われ、比較的大規模の集落があったことが判明した。土器や石器、木製農具、ガラス製勾玉(まがたま)などが出土している。遺跡中心部は国の史跡に指定されている。現在は運動場と公園になっている。

高槻市八丁畷町・高垣町ほか

陸軍陸地測量部 1/25000地形図「淀」

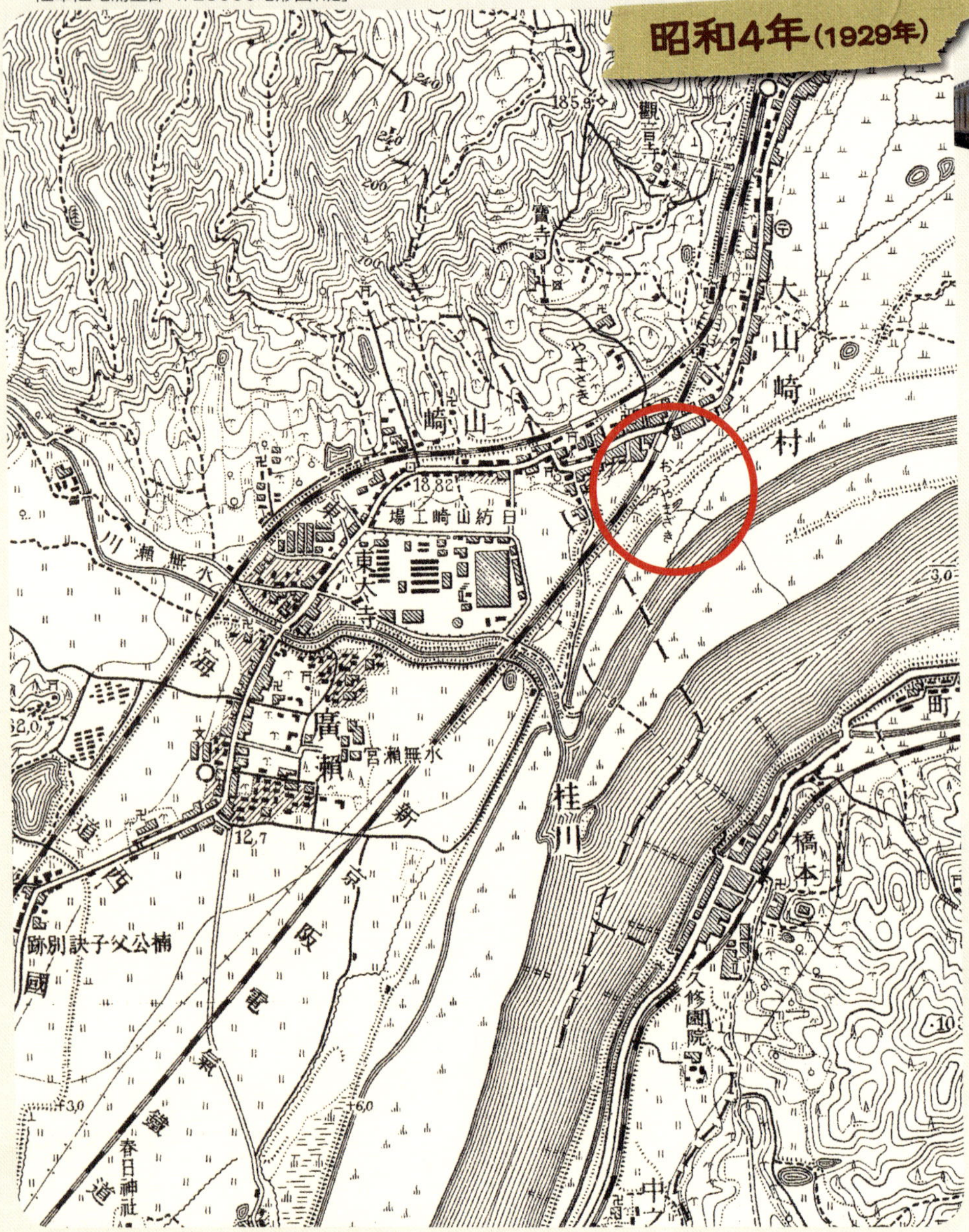

地図の北東は京都府大山崎村(町)で、南西は大阪府島本村(町)である。島本村には日紡山崎工場はあるものの、サントリーの山崎蒸留所はまだ誕生していない。京都府側には宝寺、観音寺などの古刹が見える。島本村には水無瀬川の南側に後鳥羽天皇ゆかりの水無瀬宮があり、さらには南朝方の武将だった楠木正成・正行が最後の別れをした楠公父子訣別跡も存在する。この頃、新京阪線を含めた近畿の鉄道では、こうした名所旧跡を訪ねる旅の宣伝を盛んに行っていた。

京都線

水無瀬、大山崎

三川が合流、淀川は大阪府へ

水無瀬駅

開業年	1939（昭和14）年5月16日
所在地	三島郡島本町水無瀬1-17-12
キロ程	25.7km（十三起点）
駅構造	高架駅
乗降客	10,578人

大山崎駅

開業年	1928（昭和3）年11月1日
所在地	乙訓郡大山崎町大字大山崎小字明島13-2
キロ程	27.7km（十三起点）
駅構造	高架駅
乗降客	7,184人

天王山は天下分け目の地

上牧～水無瀬駅～大山崎間では、阪急京都線は東海道新幹線とほぼ同じ線上を直線で走っている。このうち上牧と水無瀬の2駅は、新京阪線の高槻市～京都西院間の開業時には存在しなかった駅である。この付近は大阪府と京都府の府境にあたり、上牧駅は大阪府高槻市、水無瀬駅は大阪府三島郡島本町、大山崎駅は京都府大山崎町とそれぞれ違う自治体に置かれている。その一方でこの3駅は、東海道新幹線が開業する前年の1963（昭和38）年、開業前の新幹線の線路を借用した仮駅を経て高架化された歴史をもっている。上牧駅は、1934（昭和9）年5月13日に上牧桜井ノ駅駅として、水無瀬駅は1939年5月16日に桜井ノ駅駅として、大山崎駅は1928年11月1日に開業している。

地図を見れば明らかのように、この付近は古来、京都～大阪間における交通の要所であった。京都府側から流れてきた3つの川（淀川、宇治川、木津川）は、水無瀬駅の北西で1本の川（淀川）となる。しかし、この付近には川を渡る橋は無く、代わりに「山崎の渡し」が置かれていた。また、地名は京都府大山崎町の「大山崎」とともに、大阪府島本町にも「山崎」があり、ウイスキーのブランド名でも有名な、サントリー山崎蒸留所は大阪府側に位置している。また、

国土地理院 1/25000地形図「淀」

昭和39年(1964年)

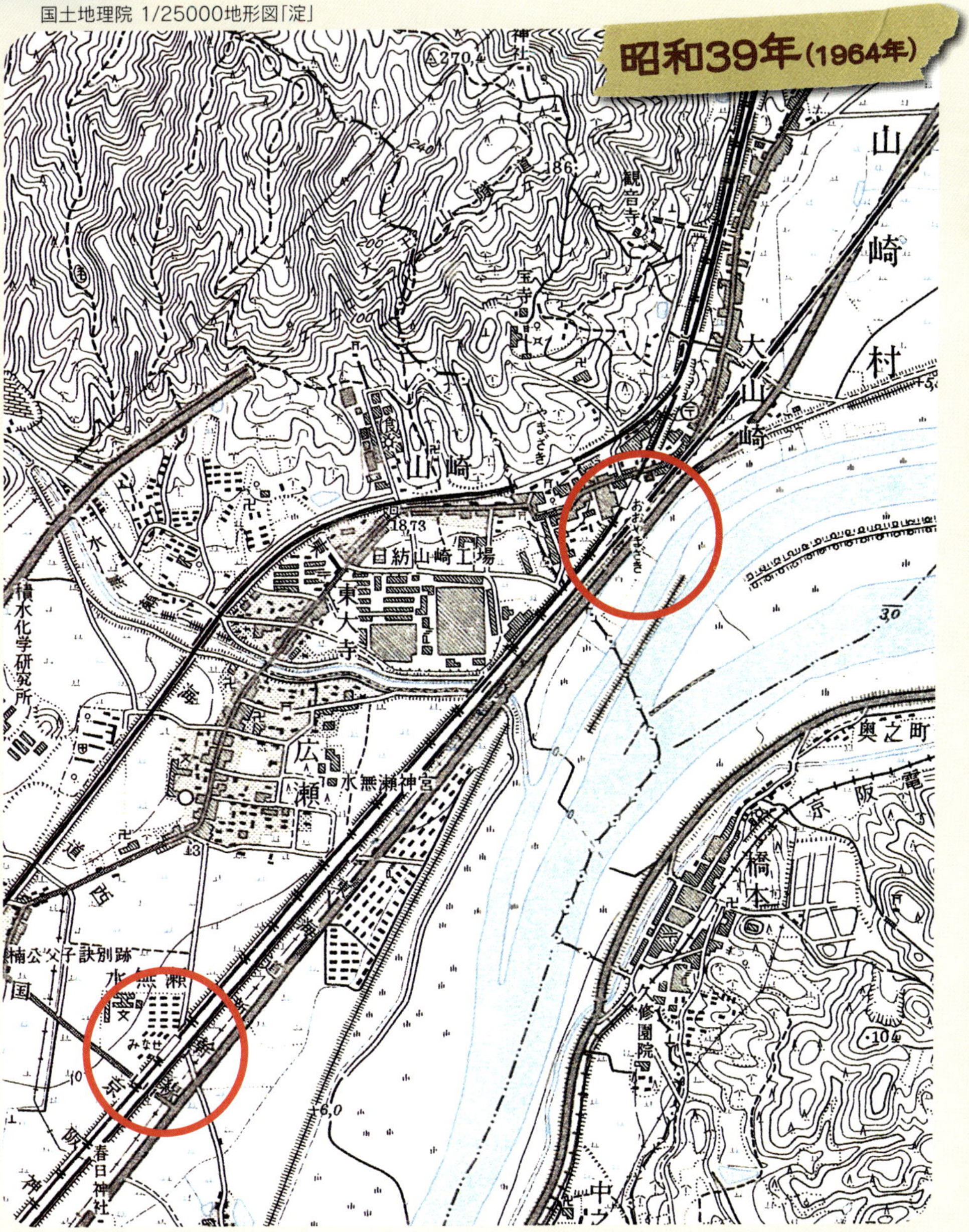

既に名神高速道路は開通して、西側の山下を通る、天王山隧道(トンネル)が設けられている。東側では、阪急京都線と淀川に挟まれた狭い場所を、東海道新幹線が真っすぐ走っている。桂川、宇治川、木津川の三川が合流し、西側からは水無瀬川が注ぐこの地で、後鳥羽院(天皇)は「見渡せば山もと霞む水無瀬川夕べは秋と何思ひけむ」と和歌を詠んだ。日紡山崎工場の北側に見える「食」の工場は、世界的に有名なサントリー山崎蒸留所である。

桜井駅跡

『青葉茂れる桜井の』で歌われる桜井駅跡は、国指定の史跡。南北朝時代の名将楠木正成と息子正行の決別の地として知られている。現在は公園として整備され「桜井駅跡」や「楠公父子決別之所」などいくつかの石碑が立てられている。ここで言う駅とは、馬など旅に必要なものをそろえた施設(駅家=うまや)のこと。この地は古来、京都と大阪を結ぶ交通の要所だった。

大阪府三島郡島本町桜井1丁目

アサヒビール 大山崎山荘美術館

昭和初期に関西の実業家・故加賀正太郎氏が建設した「大山崎山荘」を創建当時の姿に修復した、京都府の登録博物館。建築家・安藤忠雄氏設計の新棟「地中の宝石箱」などを加え、平成8(1996)年4月に開館。館内には、朝日麦酒の創業者・山本為三郎氏が収集した、絵画・陶磁器・染織・古陶磁などのコレクションを中心に、近現代美術作品が展示されている。

京都府乙訓郡大山崎町銭原5-3

水無瀬神宮

水無瀬神宮の境内の井戸から汲み上げられる「離宮の水」は、「名水百選」に選ばれている。この離宮は後鳥羽天皇(上皇)が、佐渡に流された後鳥羽天皇の遺勅により御影堂を建立され、御土御門天皇から「水無瀬宮」の神号を受けた。1939年に「水無瀬神宮」となっている。本殿・客殿は豊臣秀吉の命により福島正則が寄進したもので、茶室「燈心亭」とともに国の重要文化財に指定されている。

大阪府三島郡島本町広瀬3-10-24

JRの山崎駅は京都府と大阪府にまたがる形で駅とホームがある。江戸時代には、京街道から分かれて西国街道に向かう山崎街道(道)が整備された。名作歌舞伎の「仮名手本忠臣蔵」にある、山崎街道の場(五段目)は有名である。さらにさかのぼれば、島本町には平安時代末期から鎌倉時代にかけて、後鳥羽天皇が造営した水無瀬離宮があった。

この離宮の跡地には、1240(仁治元)年に創建された水無瀬神宮が鎮座している。同じく島本町には鎌倉時代末期に歴史的な舞台となった「桜井駅跡」が存在する。この駅は鉄道ではなく、古代に設定された街道の駅家で、南朝方の武将として戦った楠木正成、正行父子の訣別の地となったことで、明治維新後に史跡として有名になった。国指定の史跡となった「桜井駅跡」を訪れる人のため、新京阪鉄道が設けたのが「上牧桜井ノ駅」と「桜井ノ駅」の2駅であり、その後、この地に向かう楠公道路が整備され、両駅も参拝客で大いに賑わった。戦後、この2駅が駅名を改称されて、現在の上牧駅、水無瀬駅となっている。

遺跡など　公園・施設など　神社　寺

陸軍陸地測量部 1/25000地形図「京都西南部」

昭和4年(1929年)

新京阪線(現・阪急)に長岡天神駅はあるが、東海道線には現在の長岡京駅は見えない。前身の神足駅が開業するのは、この地図の2年後の1931年である。この頃、長岡天神駅の南には、長岡競馬場が存在した。この競馬場は1929年に開設され、戦後の1956年頃まで競馬が開催されていた。この長岡競馬場や長岡天満宮はあるものの、地図上に「長岡」の地名は見えない。地図上に見える新神足村が乙訓村、海印寺村と合併し、長岡町となるのは1949年である。

京都線

長岡天神

長岡天満宮と、タケノコの里

開業年	1928年(昭和3)年11月1日
所在地	長岡京市天神1-30-1
キロ程	31.7km(十三起点)
駅構造	地上駅(橋上駅)
乗降客	25,265人

平安京の前には長岡京

阪急の東向日駅とJR向日町駅が至近距離にあるのと同様に、この長岡天神駅はJRの長岡京駅と近い距離に置かれている。もっとも、こちらのJR（当時国鉄）駅は阪急（当時・新京阪）駅よりも開業が遅く、1931（昭和6）年から1995（平成7）年までは神足駅と呼ばれていた。この歴史が示すように、戦後に成立した長岡町の前身に新神足村を含む3村があり、1972年の市制施行で長岡京市が誕生し、JRが駅名を改称したのである。

長岡天神駅は、新京阪鉄道の開通時の1928（昭和3）年11月1日開業。特急、通勤特急も停車する沿線の主要駅のひとつである。駅の所在地は長岡京市天神1丁目。まさに菅原道真を祀る長岡天満宮のお膝元である。この神社は駅西側の八条ヶ池の畔に鎮座し、北側には長岡京記念文化会館や長岡京市立図書館などがある。また、神社に隣接する位置には名産品のたけのこ料理で全国に名を知られる料亭「錦水亭」が店を構えている。この地は菅原道真の所領で、没後に木像が祀られて現在のような大きな神社となった。

この長岡京市と北側の向日市にかけての一帯は、平安遷都（794年）の前に桓武天皇により長岡京が置かれた場所で、奈良時代末期の784（延暦3）年から794年まで、日本

天王山

織田信長没後の1582年、天下人の地位をめぐって、羽柴（豊臣）秀吉と明智光秀が戦ったのが山崎の地。標高270メートルの天王山が戦いの舞台となった。「天下分け目の戦い」と呼ばれた山崎合戦（天王山の戦い）では秀吉が勝利し、光秀は敗走中に死亡。この後の清洲会議をへて、秀吉が天下人（関白）となる。

乙訓寺

聖徳太子の開創とされる真言宗豊山派長谷寺の末寺。延暦4(785)年に早良親王が幽閉され、弘仁2(811)年に弘法大師が別当に任じられている。室町時代に南禅寺末の禅刹になるが、元禄年中(1688～1704)に護持院隆光(りゅうこう)の請いにより真言宗に復帰。寺宝に平安後期の毘沙門天像がある。牡丹が美しいことでも有名で、4月下旬には大輪の花を咲かせ、参拝客の目を楽しませる。

長岡京市今里3-14-7
大人500円

国土地理院 1/25000地形図「京都西南部」

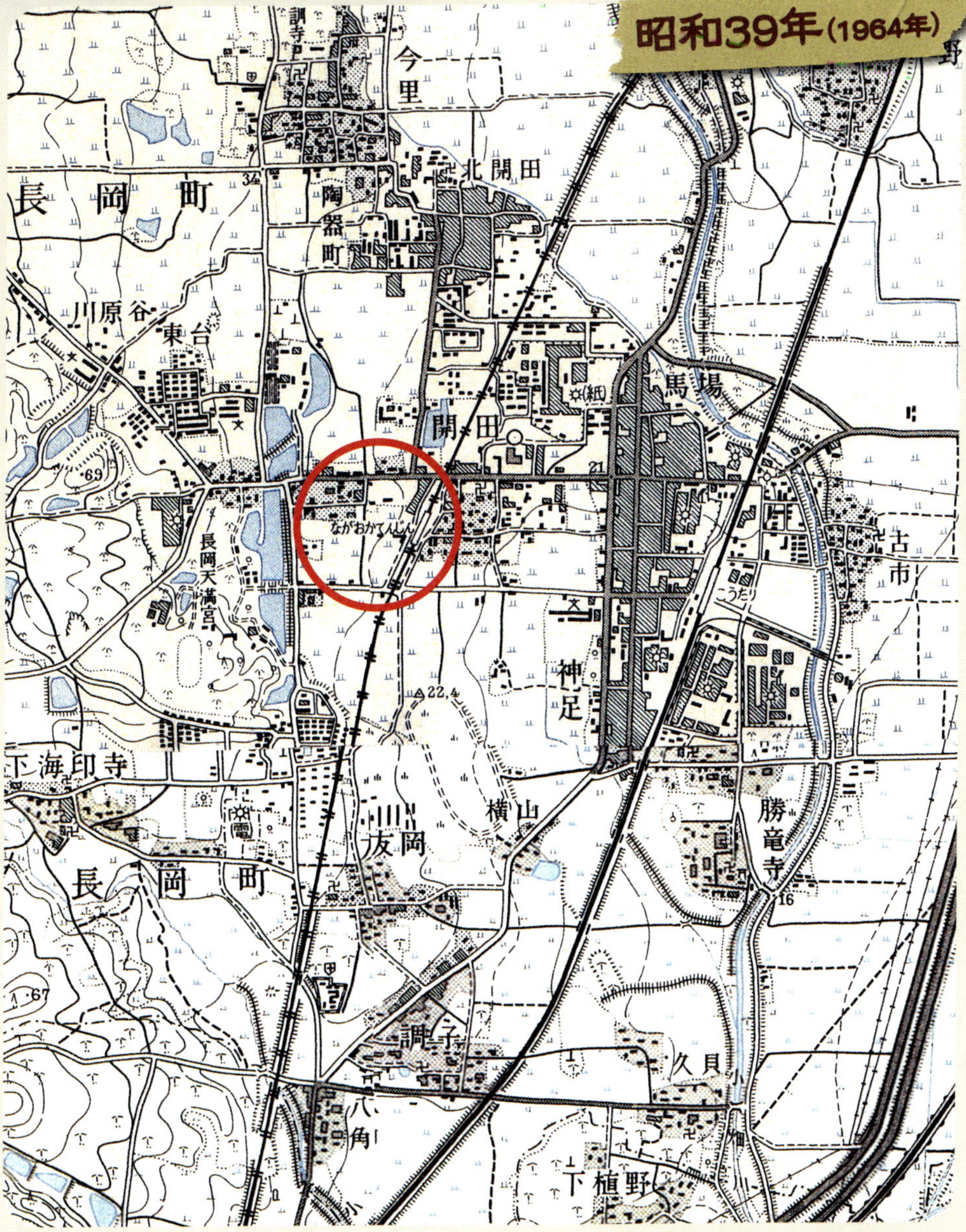

東側の小畑川、西側の八幡池という水にゆかりの場所が目立つカラー地図で、戦前にあった長岡競馬場は姿を消している。阪急の長岡天神駅の東側、東海道線には神足（現・長岡京）駅が開業している。神足駅の南側には「勝竜寺」の地名が見える。現在、勝竜寺城公園が開かれているこのあたりには、かつて勝竜寺と勝竜寺城が存在した。勝竜寺城は茶人として有名な細川藤孝（幽斎）の居城で、明智光秀の娘（玉・ガラシャ）と藤孝の子息、細川忠興の結婚式の場所ともなった。

長岡天満宮

弘法大師の開基による真言宗の寺院。祭神は，学問の神様として有名な菅原道真公。道真公が太宰府へ左遷される途中，かつて在原業平らと共に詩歌管弦を楽しんだこの地に立ち寄り，都を振り返って名残を惜しんだ事から"見返り天神"とも呼ばれる。太宰府までお供をした寺僧に与えた道真自作の木像を安置したことから天満宮となった。

長岡京市天神2丁目15-13

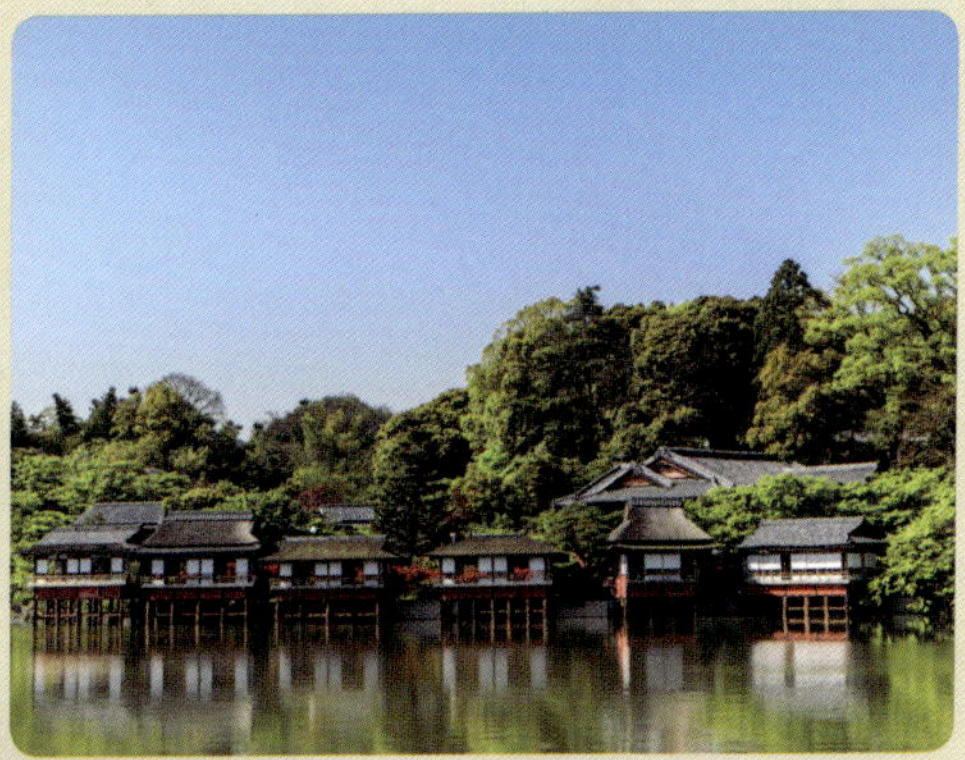

の首都となっている。第二次世界大戦後に本格的に発掘調査が進められ、その遺跡が発見されている。

大山崎駅と長岡天神駅との間には、2013（平成25）年12月21日に西山天王山駅が開業した。この駅の西側には、京都盆地を取り囲む西山が峰を連連ね、その最も南に位置するのが天王山である。織田信長の没（本能寺の変）後に豊臣秀吉（羽柴秀吉）と明智光秀が天下を争った、天王山の戦いで有名な天王山があり、駅名の由来となっている。

陸軍陸地測量部 1/10000地形図「向日町」

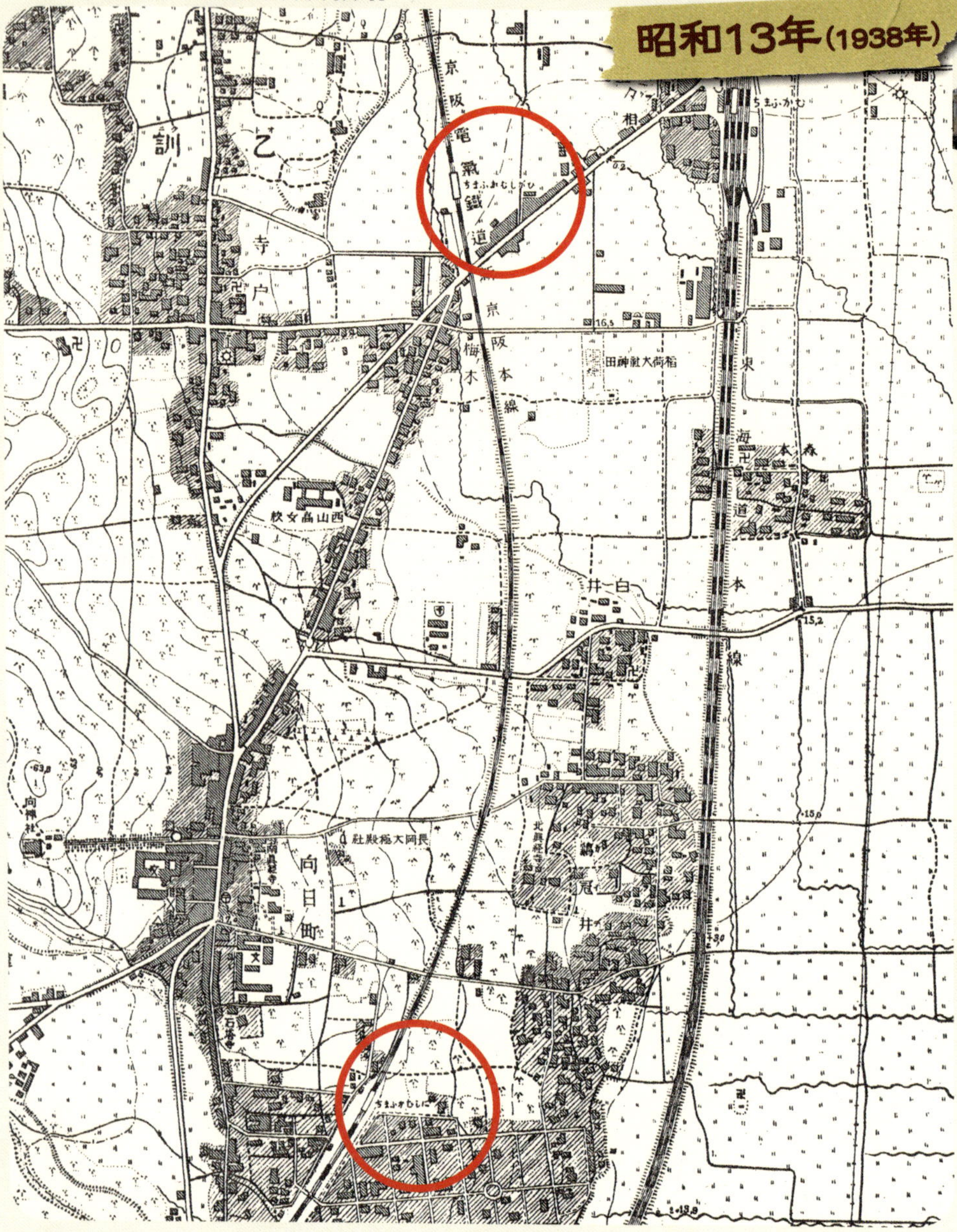

平安遷都（794年）以前に長岡京が置かれていた場所であり、西向日町（現・西向日）駅の北側には「長岡大極殿社」の文字が見える。現在、ここは「長岡宮跡」として整備され、東側を通る道路が「大極殿通」と名付けられている。また、西側は西国街道が通り、早くから発達した地域であった。この北側には、1927年に開校した西山高等女学校（現・京都西山高校）がある。東向日町（現・東向日）駅の西側には、「寺戸」の集落がある。

京都線

西向日、東向日

向日市に2つの玄関口の駅

西向日駅

開業年	1928（昭和3）年11月1日
所在地	向日市上植野町南開23-1
キロ程	33.6km（十三起点）
駅構造	地上駅
乗降客	12,382人

東向日駅

開業年	1928年（昭和3）年11月1日
所在地	向日市寺戸町小佃5-2
キロ程	35.0km（十三起点）
駅構造	地上駅
乗降客	16,643人

JR東海道線は向日町駅

明治時代の地図を見れば、向日市付近では東海道線が南北に走り、京都市内側から斜めに南下する西国街道は、向日町駅付近で鉄道線を横切り南西に向かっていた。その後、昭和初期に西側をゆるやかなにカーブしながら南北を結ぶ新京阪線（現・阪急京都線）が開通。向日町駅のほぼ西に東向日駅が置かれることとなる。その後、1964（昭和39）年に東海道新幹線が東側に開通、さらに東側を国道171号が走るようになった。

東向日駅は1928（昭和3）年11月1日の開業で、当時は東向日町駅と名乗っていた。この東向日駅はJR向日町駅と約500メートル離れており接続は可能である。駅の南東には京都でただひとつの競輪場（向日町競輪場）が存在し、レース開催時には東向日駅から無料バスが運行されている。競輪場のすぐ北側には向日市役所、向日市文化資料館、向日市福祉会館などがある。

この南西に鎮座するのが向日神社で、向日神社が「向日町（市）」の地名の由来とされている。ここから南西に行けば、「長岡宮跡」がある。ここは平安京への遷都前、一時は都が置かれた長岡京の跡地である。すぐそばには、「長岡宮跡朝堂院西第四堂跡朝堂院公園」が整備されており、かつての長岡宮の朝堂院西第四堂、朝

向日神社

「明神さん」で親しまれている向日神社は、奈良時代の養老2(718)年の創建と伝えられる。国の重要文化財に指定されている本殿は室町時代の建築。「三間社流造」と言われる様式は、東京の明治神宮のモデルとなった。境内の大鳥居をくぐると、大木が両側に続く石畳の参道があり、春には桜、秋には紅葉した楓のトンネルができる。

向日市向日町北山65

勝持寺

平安時代末期の歌人、西行法師が出家し、庵を結んだと伝えられる古刹。応仁の兵火で仁王門を除きすべて焼失し、現在の建物は乱後に再建されたもの。重要文化財の薬師如来像や仁王門など、見どころが多い。西行お手植えの「西行桜」をはじめ、100本近い桜が咲き誇ることから“花の寺”と呼ばれている。秋のモミジも素晴らしい。

京都市西京区大原野南春日町1194

建設省地理調査所 1/10000地形図「向日町」

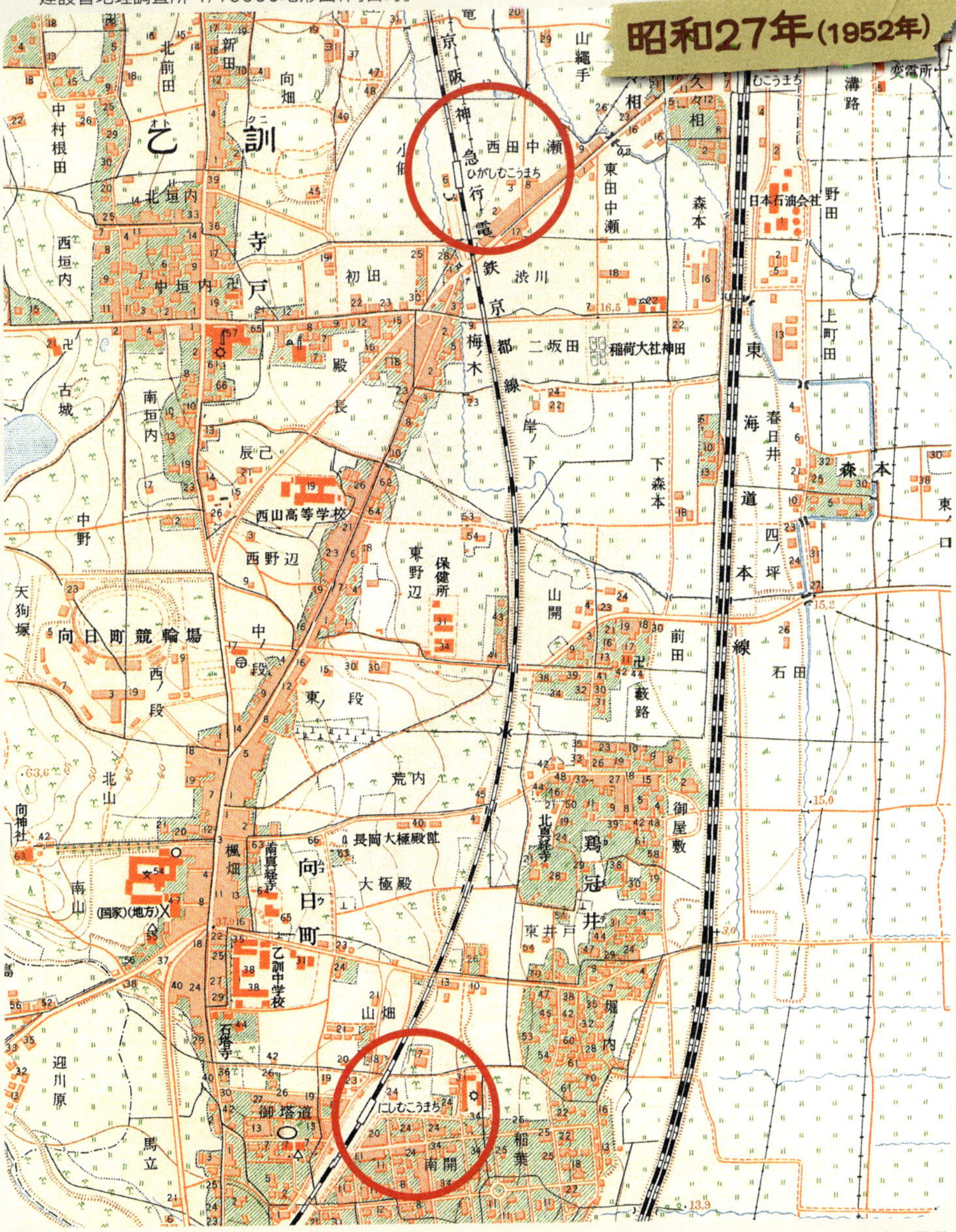

西国街道が通っていた西側の地域に加え、この時期では阪急京都線と東海道線に挟まれた東側では、住宅地の開発が進んでいた。一方、東海道線の東側はまだ農地がほぼそのまま残っている。西側では、西山高等学校の南西に、自転車レースが行われる向日町競輪場が開かれており、現在は競輪場の北側に向日市市役所が置かれている。国鉄の向日町駅前(東側)では、線路に沿う形で日本石油会社の貯油所などが誕生していた。

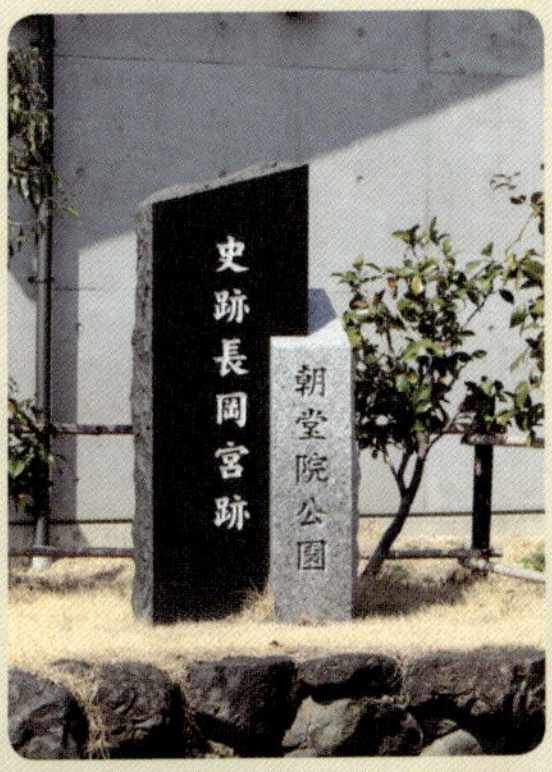

堂院南門の基壇、柱位置などを見学することができる。このあたりは隣駅である西向日駅から至近距離に位置している。隣駅の西向日駅は、東向日駅と同時に開業している。

一方、東側の東海道線付近には工場が多かった。代表的なものは、両線に挟まれた北東にあったキリンビール京都工場である。この工場は1999（平成11）年に操業を終え、跡地には2014年にイオンモール京都桂川が開業した。それ以前の2003年に阪急の洛西口駅、2008年にJRの桂川駅が開業している。このイオンモール京都桂川の北側を通り、2つの駅を結ぶ形で府道201号が東西に走っており、東側では国道171号と合流し、久世橋を渡って京都市内に向かう。

建設省地理調査所 1/10000地形図「向日町」

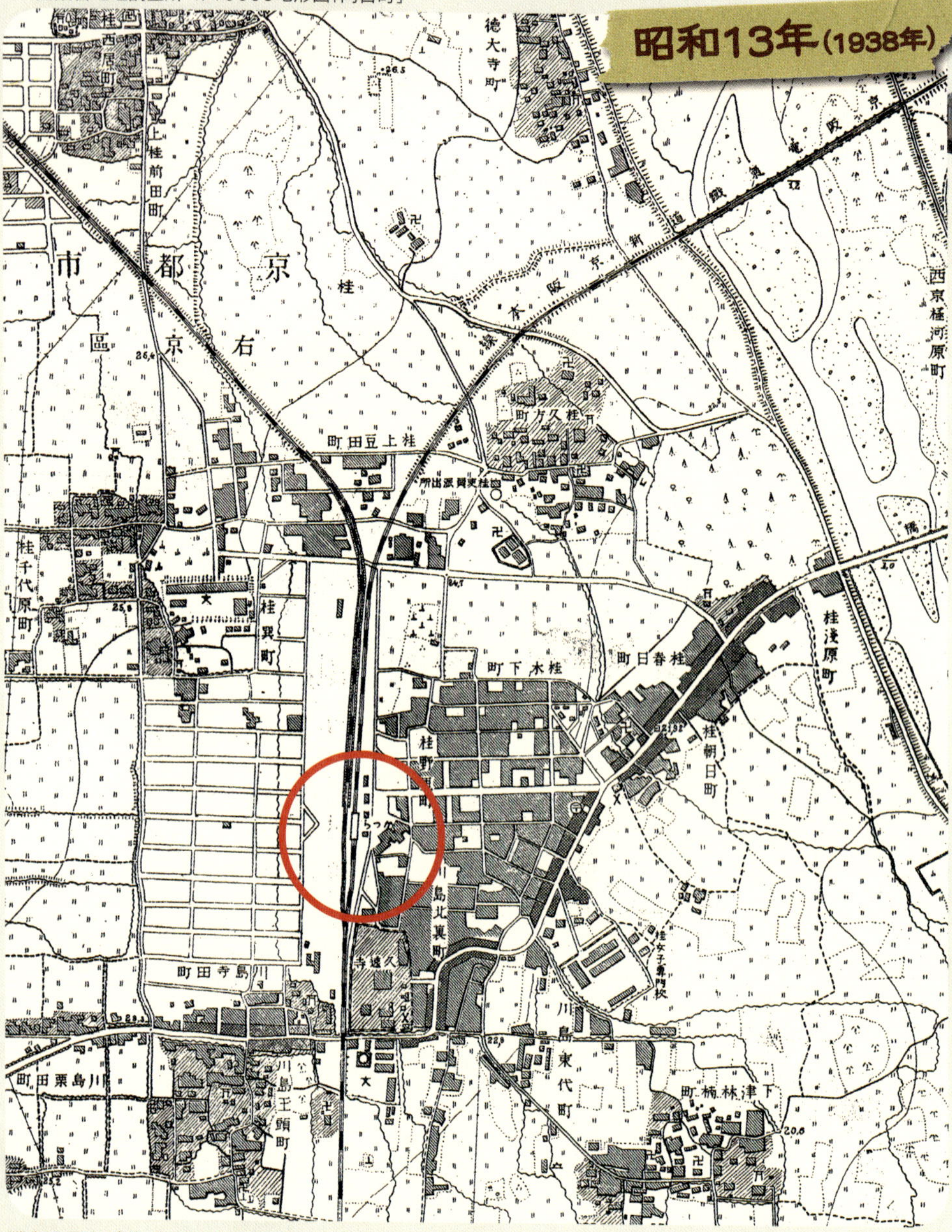

京都線
嵐山線

桂

世界的に有名な桂離宮の地

開業年	1928(昭和3)年11月1日
所在地	京都市西京区川島北裏町97-2
キロ程	38.0km(十三起点) 0.0km(桂起点)
駅構造	地上駅(橋上駅)
乗降客	45,435人

戦争の足音が近づいていた1938年の地図であり、桂離宮の存在は機密のためか、地図上には見えない。しかし、西側には「桂吏員派出所」が置かれており、この付近が重要な場所であったことを示唆している。この「桂吏員派出所」は、戦後の地図（1955年）でも同じ場所に存在する。桂駅の東側には、住宅地が広がっているが、西側にはまだそれらしき存在がない。駅北西の「文」の地図記号は、1872年開校の古い歴史がある桂小学校である。

北に向かう嵐山線

東向日駅方面からほぼ直線で北に進んできた阪急京都線は、この桂駅で東寄りに方向を変えて、桂川を渡ることとなる。これはJR東海道本線・東海道新幹線に比べると北側にあたり、古代の山陰道（国道9号）に近い位置である。阪急の桂川橋梁の南側には有名な桂離宮が存在し、現在は八条通の走る桂大橋も架かっている。

桂駅は新京阪鉄道時代の昭和3（1928）年11月1日に開業している。このときは本線（京都線）だけであったが、8日後の9日には支線である嵐山線が開業した。駅の西側に隣接する形で、京都線の車両基地「桂車庫」がある。

明治前期の東海道本線の大阪～京都間の開業時には、南側に向日町駅が開設されたものの桂付近には駅が設置されなかった。その後、京都～向日町間に新駅が誕生するが、1938年に新設された西大路駅は桂川の東側であり、この桂地区の最寄り駅とはならなかった。現在は、南隣の洛西口駅の東側に桂川駅が誕生している。それだけに、新京阪線（現・阪急京都線）の開通と桂駅の開設は、付近の住民にとって大きな価値があったといえるだろう。

古い地図を見れば、桂離宮の西側、現在の桂駅の付近（北側）には、京都府立農林学校の存在があった。

建設省地理調査所 1/10000地形図「桂」

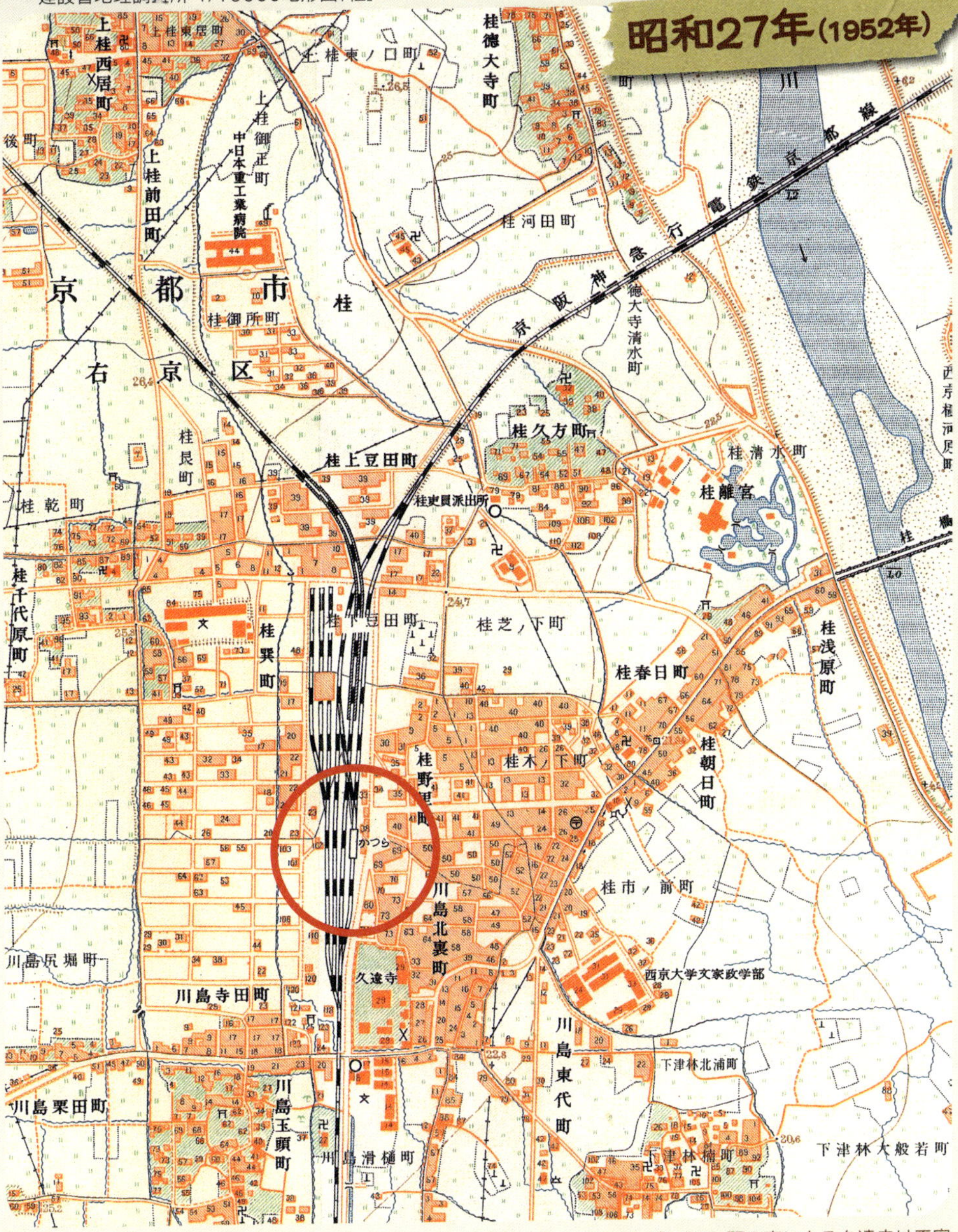

北側に「桂」を冠した地名が広がり、南側では「川島」の地名が使われていることがわかる。駅の東にある久遠寺は平安時代の創建といわれ、後に本願寺の別院となった。現在では本願寺西山別院と呼ばれている。南側に隣接する学校は1872年に川島村小学校として開校した、京都市立川岡小学校である。東側にはこの時代、京都府立大学の前身である、西京大学文家政学部のキャンパスがあったが移転。跡地は京都市立桂東小学校となった。

この学校は、1918（大正7）年に下鴨（現・京都府立大学キャンパス）に移転している。また、その西側には、1872（明治5）年に開校し、1909年に移転してきた現在の京都市立桂小学校が存在する。しかし、こうした駅や学校を除けば、駅の周辺はほとんどが田畑であった。駅の南東には、本願寺西山別院（久遠寺）が残されている。

桂を代表する観光スポットは、先述の桂離宮である。駅からは600メートルほど離れた桂川のほとりに位置し、回遊式の日本庭園と書院造りを基調とした和風建築物で有名である。17世紀に八条宮家（桂宮家）の別荘として造営されたもので、海外でも存在は有名である。現在は宮内庁京都事務所が管理し、参観には事前申し込みが必要となっている。

桂離宮

元和元(1615)年、智仁親王(初代八条宮)が造営に着手し、約47年後の二代目智忠親王の代にほぼ完成した八条宮の別荘。約6万9400㎡の敷地中心に、古書院・中書院・新御殿が並ぶ。また池の周りに書院、茶亭を配した池泉回遊式の庭園は、日本庭園美の集大成とも言われている。見学は事前に宮内庁に要予約。

京都市西京区桂御園

史跡公園 樫原廃寺跡

樫原廃寺は，白鳳時代に創建されて，平安時代中期に廃絶した古代寺院。昭和42(1967)年に行われた発掘調査により八角塔と中門の遺構が検出され，四天王寺式の伽藍配置であったと推定された。平成9(1997)年の調査でも金堂と思われる建物の基壇や北回廊跡が検出され，寺域が推定できるようになった。昭和46年に「樫原廃寺跡」として国指定史跡となり，史跡公園として整備されている。

京都市西京区樫原内垣外町

洛西竹林公園

回遊式庭園として整備された公園で、京都の西南、洛西ニュータウンを見下ろす丘陵地にある。内外からおよそ110種もの竹や笹が集められている。園内中央の池に架かる石橋は、応仁の乱で東軍と西軍が対峙した百々橋が復元されたもの。橋を渡って石段を上ると、さまざまな形をした石造物が並ぶ。これらは室町幕府最後の将軍足利義昭のために織田信長が築いた旧二条城の石垣に使われたもので地下鉄工事の際に発掘された。

京都市西京区大枝北福西町2-300-3

陸軍陸地測量部 1/10000地形図「桂」

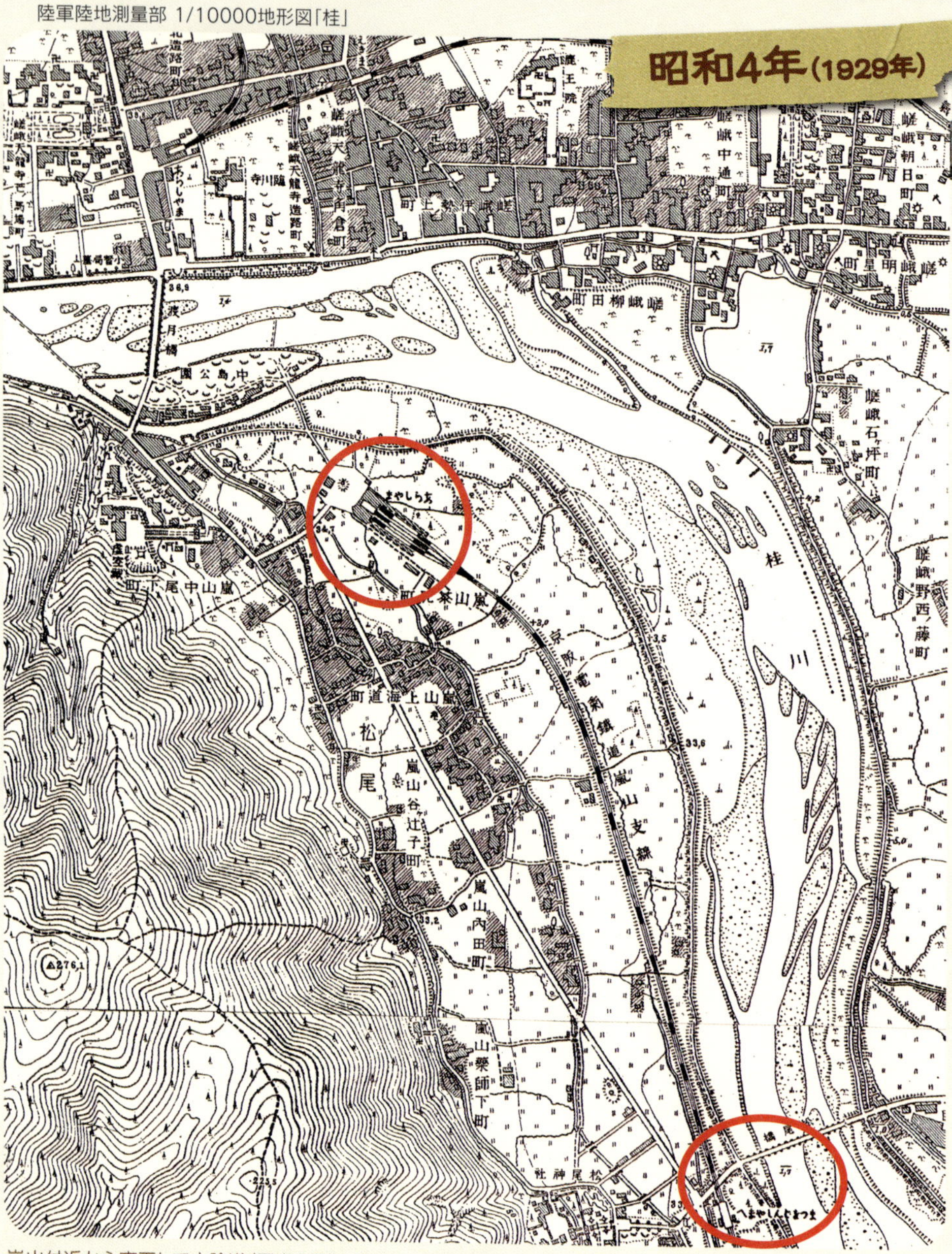

嵐山付近から南下して山陰道（国道9号）と合流する嵯峨街道（府道29号）に沿って集落が続いているものの、東側を走る新京阪線（京阪嵐山支線）の沿線には人家がほとんど見えない。終着駅の嵐山駅は桂川（大堰川）の南に置かれ、渡月橋のたもとから少し離れた東側に位置していた。駅の西側には、虚空蔵法輪寺に向かう参道が見える。桂川の北側には嵐電（京福電鉄嵐山線）の嵐山駅が置かれ、この頃は愛宕山鉄道と連絡していた。（地図上部へ伸びる路線）

嵐山線

松尾大社、嵐山

桂川に渡月橋、桜・紅葉の名所

松尾大社駅

開業年	1928（昭和3）年11月9日
所在地	京都市西京区嵐山宮ノ前町49
キロ程	2.8km（桂起点）
駅構造	地上駅
乗降客	5,403人

嵐山駅

開業年	1928（昭和3）年11月9日
所在地	京都市西京区嵐山東一川町7
キロ程	4.1km（桂起点）
駅構造	地上駅
乗降客	9,637人

嵐電、JR線など連絡

桂駅を出た嵐山線は、次の上桂駅に至る。この駅は1928（昭和3）年11月9日の開業である。上桂駅周辺には世界遺産に指定されている西芳寺（苔寺）のほか、上桂御霊神社、長恩寺など神社仏閣も多い。

次の松尾大社駅は、2013（平成25）年12月に、松尾駅から駅名を改称した。1928年の開業時は、「松尾神社前」を名乗っており、二度目の駅名改称である。駅名通り、秦氏の氏神を祀り、酒の神としても知られる松尾大社の最寄り駅である。

嵐山線の終点は、京都を代表する観光地に位置する嵐山駅である。この嵐山地区では渡月橋と大堰川（桂川）が有名であるが、地名の由来となった「嵐山」は、川の南側にそびえる標高382メートルの山である。平安時代の歌人、藤原公任が「朝まだき嵐の山の寒ければ紅葉の錦着ぬ人ぞなき」の和歌に詠んだことでも知られている。阪急の嵐山駅はこの山の東側に位置している。駅の開業は新京阪時代の1928年11月9日である。

しかし、この阪急の嵐山駅は、観光客で賑う「嵐山」の中心地からは少し離れた場所にある。多くの観光客が訪れる一般的な嵐山地区は、渡月橋を渡った先の大堰川の左岸（北東側）であり、こちら側にはJR山陰本線と京福電鉄嵐山本線（嵐電）が通

松尾大社

界隈には梅津、松尾、葉室という昔からの地名があり、山沿いに自社が散在し、東海自然歩道となっている。特に梅津の松尾大社と梅宮大社は、共に洛西屈指の古社で、酒造の神様として知られる。松尾大社には霊泉・亀の井があり、酒の元水、延命長寿の水として信仰されている。「松尾造り」と呼ばれる本殿(重要文化財)には大山咋神と市杵島姫命が祀られている。

京都市西京区嵐山宮町3

梅宮大社

楼門をくぐると正面に酒造の神、子授け・安産の神など8神を祭る本殿がある。境内には、またぐと子どもが授かるというまたげ石がある。2月、3月には梅が、4月は八重桜、霧島つつじが、5月は平戸つつじ、カキツバタが、6月は花しょうぶ、あじさいなど、花のお寺としても有名。

京都市右京区梅津フケノ川町30

平安貴族の別荘地 嵐山

「嵐山」は、渡月橋の西、右京区と西京区にまたがってそびえる山。標高381.5m。桂川両岸一帯を含めて「嵐山」と呼ばれており、国の史跡名勝地でもある。春は桜、秋は紅葉の名所として有名で、古くから多くの歌に詠まれてきた。平安朝の昔は、宮廷の貴族たちが船遊びを楽しんだ、いわば別荘地だった。現在も京都観光の中心地で、駅を出れば、旅館やホテル、飲食店、土産物屋などが軒を並べている。山腹には、岩田山自然遊園地や虚空蔵法輪寺がある。

京都市右京区嵯峨天龍寺芒ノ馬場町

建設省地理調査所 1/10000地形図「桂」

昭和27年(1952年)

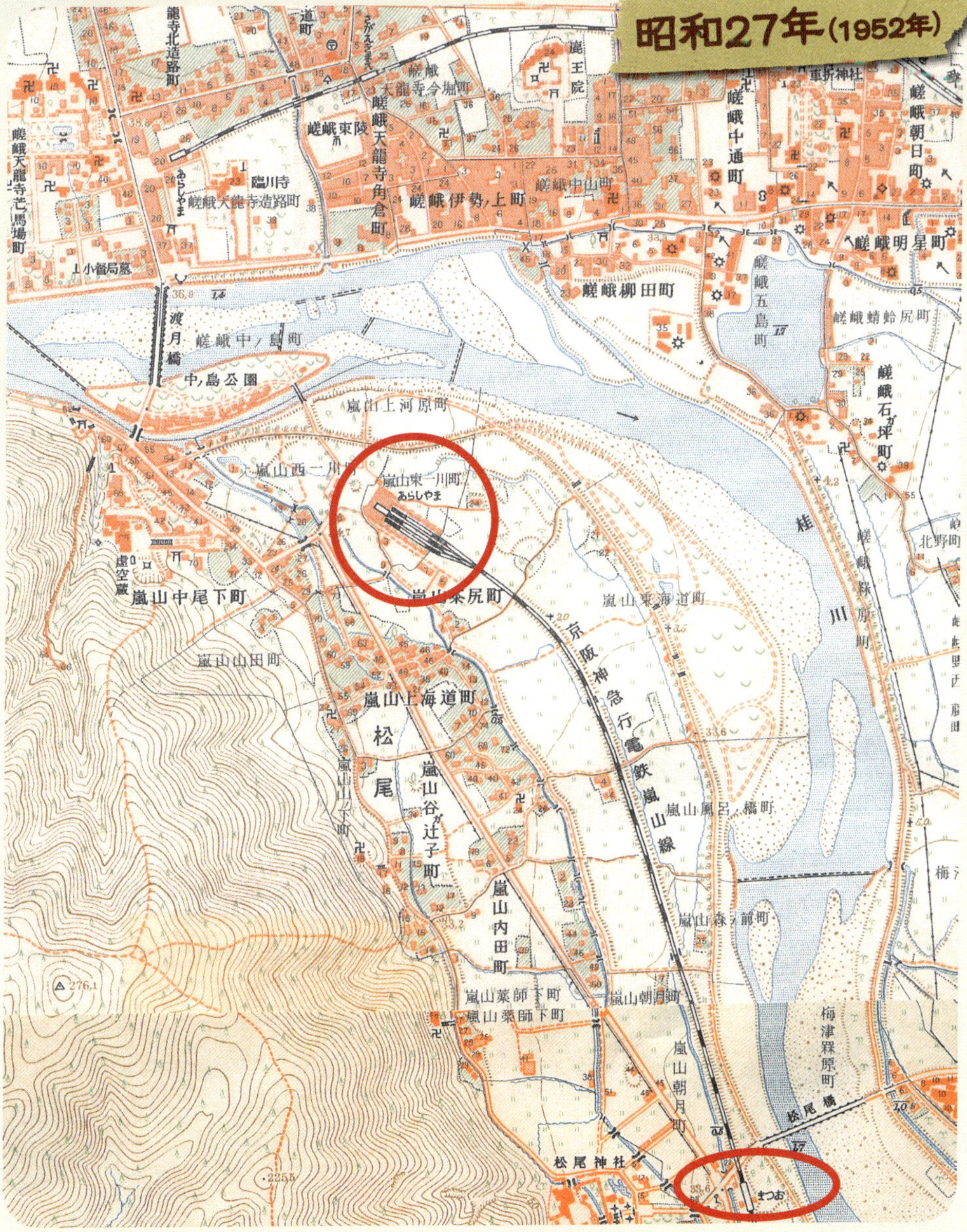

ホテルや遊園地、スキー場があった愛宕山に至る愛宕山鉄道の平坦線・鋼索線は廃止され、嵐電の嵐山駅はすっきりとした形の終着駅になっている。この付近には天竜寺があり、塔頭なども点在している。嵐電には嵯峨駅前(現・嵐電嵯峨)、車折(現・車折神社)駅が見えるが、現在はこの中間に鹿王院駅が開業しており、駅間はさらに短くなっている。南側では、松尾神社前駅は松尾駅に変わり、2013年に現在の駅名に改称されることとなる。

こうした駅に囲まれる形で、名刹の天龍寺がある。さらに山陰本線の北側には常寂光寺、二尊院、清凉寺といった観光名所が点在している。駅を含めたこれらの名所、名刹の所在地は、いずれも「嵯峨」を冠した地名の場所で、一般的には「嵯峨野」と呼ばれている。北側には大沢池、広沢池と大覚寺等がある。

地図を見れば明らかなように、阪急の駅がある南側では山が迫っており、大堰川との間の平地の面積は少ない。一方、対岸では山の麓に位置する2つの池の南側に広い土地がある。こちら側は早くから開発されて市街地となり、鉄道の開通も早かった。南から路線を延ばした阪急(新京阪)は後発の路線でもあり、大堰川の右岸に駅を開設したのである。

り、JRの嵯峨嵐山駅と嵐電の嵐山駅が置かれている。また、山陰本線と並行して嵯峨野観光鉄道が通り、トロッコ嵯峨、トロッコ嵐山の2駅が置かれている。

陸軍陸地測量部 1/10000地形図「京都北部」「京都南部」

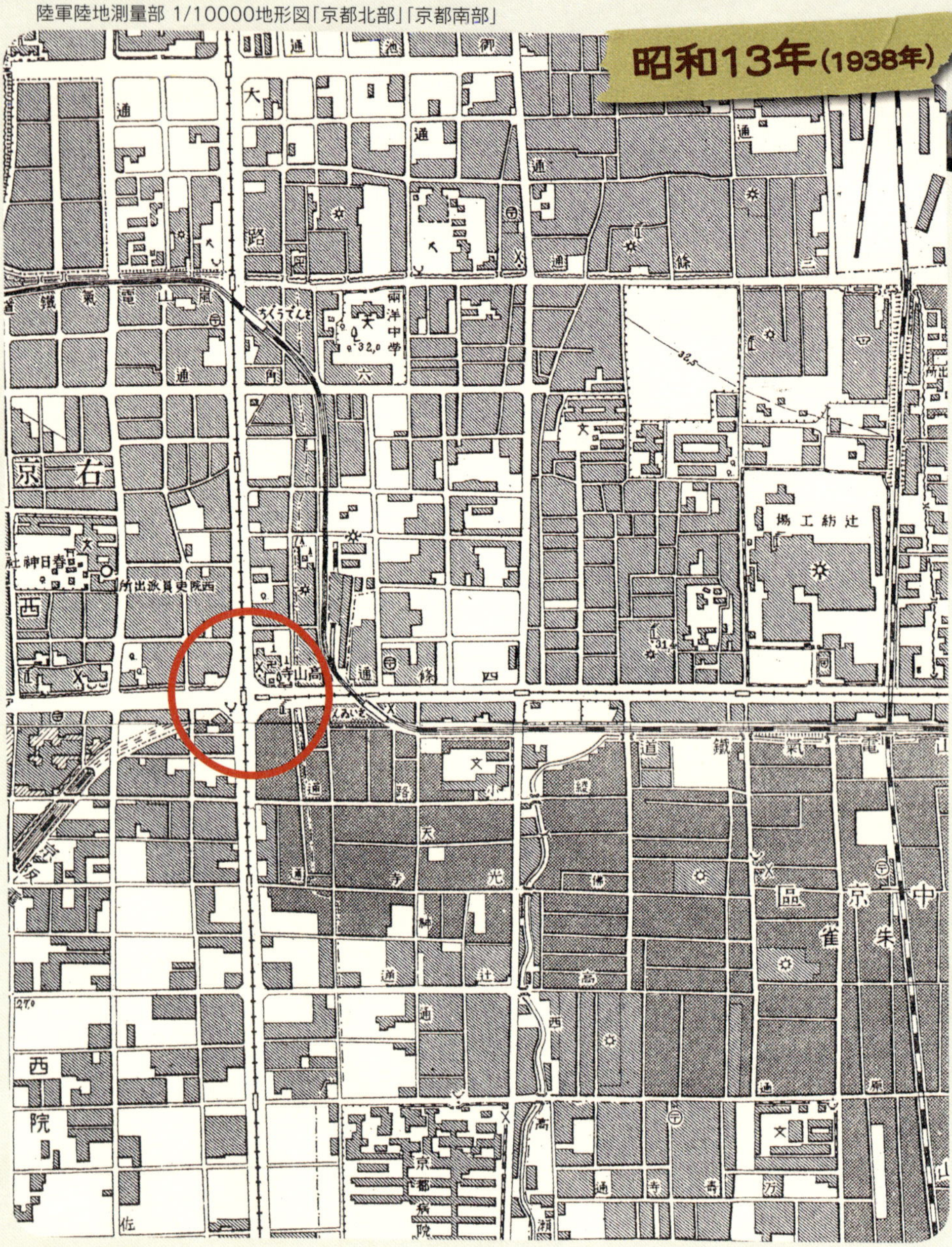

新京阪線(現・阪急)と嵐電(京福)では、西院駅が右京区と中京区に分かれているように、両区の境界線は西大路通の東側に引かれている。また、西院～大宮間では四条通の南側は下京区ではなく、中京区である。既に新京阪線は京阪京都(現・大宮)駅まで延伸していたが、この地図では西院以東の地下線は記載されていない。西院駅のすぐ北東には淳和院跡(離宮)の碑が建つ高山寺があり、駅西北の(西院)春日神社はこの淳和院離宮の守護社とされ、遺構も発掘されている。

京都線

西院

西大路四条交差点に地下駅

開業年	1928年(昭和3)年11月1日
所在地	京都市右京区西院高山寺町38-1
キロ程	41.9km(十三起点)
駅構造	地下駅
乗降客	37,897人

嵐電にも同名の駅

1928(昭和3)年11月1日、新京阪鉄道(現・阪急京都線)が、京都市内まで延伸した際に最初のターミナル駅となったのは西院(当時・京都西院)駅である。この年、京都では昭和天皇の即位御大典が行われ、この行事に合わせて設けられた仮の終点駅だった。当初は地上駅であり、3年後の1931年、大宮(当時・京阪京都)駅まで延伸した。このときに地下駅となって駅名を改称している。京都線の線路はこの駅のすぐ西側から地下に入る形で、関西で最初の地下鉄道となっていた。

この駅は、「碁盤の目」といわれる京都の市街地の西の端である西大路通と四条通の交差点に位置している。このことからいえば、「西大路四条」という呼び名があてはまり、京都市バスの停留所名はこちらを採用している。駅の所在地は、阪急の駅が右京区、京福電気鉄道嵐山本線(嵐電)の駅は中京区になる。この付近では両区の境界線が西大路通の東側にあるためである。1910(明治43)年に開業した嵐電の西院駅は、交差点から少し離れた東側に位置する。

「西院」の地名の由来には諸説があり、淳和天皇の離宮である「淳和院(西院)」や「佐井(さい)通り」、また「賽(西院)の河原」といったものを見ることができる。嵐電の西院駅は「さいいん」ではなく「さい」駅と呼ばれ

建設省地理調査所 1/10000地形図「京都北部」「京都南部」

昭和27年(1952年)

西院春日神社

淳和天皇が退位に伴い淳和院離宮(別名西院・この付近の地名の由来)へ居を移すのに際し、天長10(833)年にその守護社として創建された。付近で当時の淳和院の遺構が発掘され、規模の大きな離宮であったことが判明している。境内には日清戦争以降の戦争における西院地区の戦没者を祀る招魂碑が建てられている。

京都市右京区西院春日町61

日照山高山寺

淳和院の広大な敷地の南東に位置していたとされ、門の前には「淳和院跡」の石碑が建つ。本尊は、室町幕府初代征夷大将軍・足利尊氏が近江・堅田からこの地に移したと伝わる由緒ある地蔵像。室町時代には「京都の六地蔵」の一つとして名高く、安産・子授けのご利益がある子安地蔵尊として信仰され、銀閣寺を建てた室町幕府八代将軍・足利義政の妻・日野富子もここで祈願し、男児を産んだという言い伝えがある。

京都市右京区西院高山寺町18

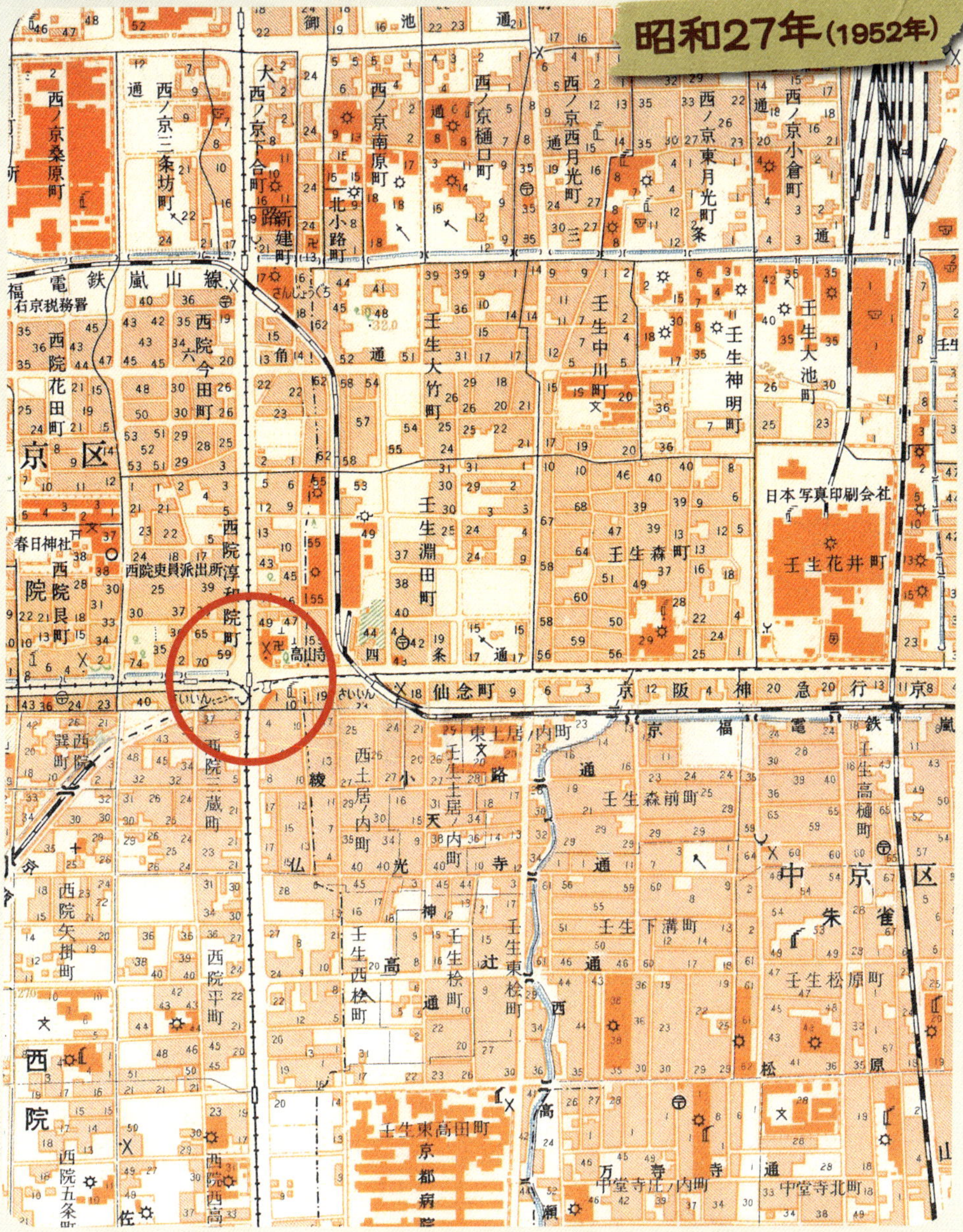

この時代は、四条通に市営のトロリーバスが走っており、西大路四条交差点で、市電(西大路線)と連絡していた。「西院」の地名は西の右京区側に見え、東には中京区側に「壬生」を冠した地名が広がる。戦前(1938年)の地図に見えた辻紡工場は、日本写真印刷会社に変わっている。嵐電(京福電鉄嵐山線)は西院駅から北に向かい、三条口(現・西大路三条)駅付近で再び西に転じて、嵐山駅方面に進む。この三条通から北では、地名が「壬生」から「西ノ京」に変わる。

京都市電が走っていた時代には、西大路通が市街地の西端を南北に走る主要路線であった。この市電や嵐電を利用して、北にある北野天満宮、金閣寺、仁和寺などに向かうのに便利な駅でもあった。一方、四条通は四条大宮が市電の西端で、この西院(現・阪急)の開通・延伸は近隣住民には便利であった一方で、ターミナル駅としての重要性を失わせたともいえなくない。そのため、新京阪線(西大路四条)とはトロリーバスで結ばれていた。

豊臣秀吉が造ったといわれる京都の古い土塁で、当時の市街地の境界を示す「御土居」は、この西院駅の北側ではほぼ西大路通りに重なっており、南側では千本通、JR山陰本線に沿って走っている。古い地図にはその痕跡がうかがえるものもあり、探索を兼ねて歴史散策するのもおもしろい。

 遺跡など　　 公園・施設など　　♁ 神社　　卍 寺

陸軍陸地測量部 1/10000地形図「京都北部」「京都南部」

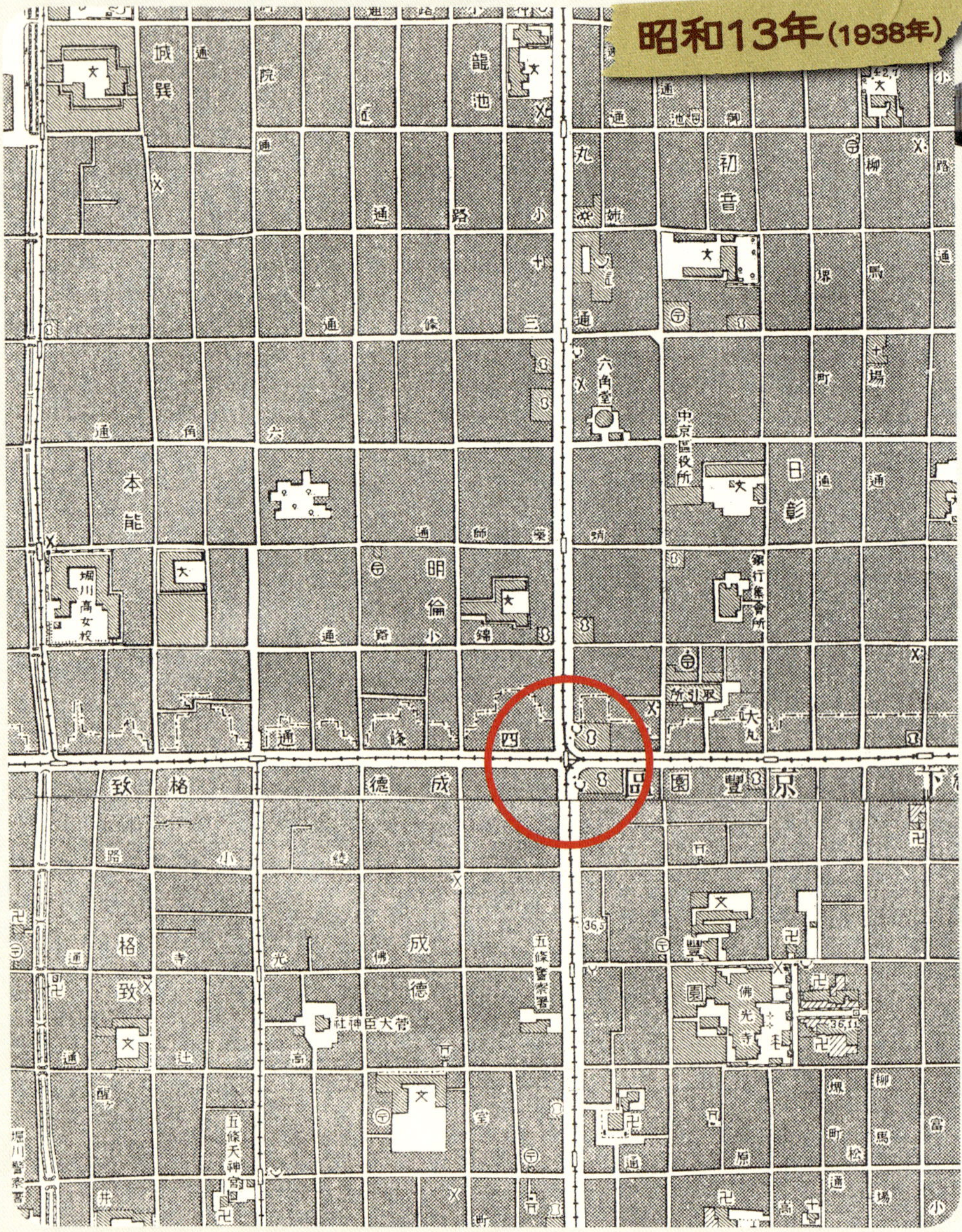

京都市電の四条線と烏丸線が交わる四条烏丸交差点を中心にした地図である。北側を東西に貫くのは御池通であるが、この道路には市電は通っていなかった。既に大丸は現在地に店舗(京都店)を構えている。四条通の北、堀川通沿いに見える市立堀川高等女学校は現在、京都を代表する進学校、堀川高校となっている。六角通の北側にある六角堂は、正式には紫雲山頂法寺で、華道、池坊の発祥の地である。このあたりは現在も古い町屋、路地、ビルが多く残っている。

京都線

大宮、烏丸

京の中心、祇園祭りの舞台

大宮駅

開業年	1931年(昭和6)年3月31日
所在地	京都市中京区四条通大宮西入ル錦大宮町127
キロ程	43.3km(十三起点)
駅構造	地下駅
乗降客	26,206人

烏丸駅

開業年	1963年(昭和38)年6月17日
所在地	京都市下京区四条通烏丸東入ル長刀鉾町17番地先
キロ程	44.4km(十三起点)
駅構造	地下駅
乗降客	78,825人

四条通の地下を走る

京都市内における2つの地下駅ではあるが、大宮駅と烏丸駅は異なった経緯で開業した歴史をもつ。大宮駅が開業したのは、1931(昭和6)年3月31日。京阪電鉄新京阪線の京都側の起点駅としてであり、当時は京阪京都駅を名乗っていた。その後、京阪神急行電鉄(現・阪急電鉄)との合併による「京阪神京都駅」を経て、1963(昭和38)年の河原町駅への延伸時に、現駅名の「大宮」に改称した。そして、このときに唯一の中間駅として置かれたのが烏丸駅である。

大宮駅が置かれているのは、四条通と大宮通が交わる四条大宮交差点で、交差点の反対側には京福電鉄嵐山本線(嵐電)の四条大宮駅が置かれている。つまり、この駅が開業した当時は、この駅は新京阪線、京福線と京都市電が接続する京都市内の西側のターミナル駅であった。この京都市電は大宮通、四条通を走っていたが、交差点の北側では大宮通ではなく、後院通を北上して千本通に抜けていた。西院駅側(西側)には市電の路線はなく、1932(昭和7)年からトロリーバスが運行されていた。

この大宮駅は当初から地下駅で、開業時には相対式ホームが乗車用、降車用と別々に使用されていた。1963(昭和48)年、駅ビルである

壬生寺

平安時代に創建された律宗の古刹。現在は奈良の唐招提寺に属する。本尊の地蔵菩薩は重要文化財。毎年、4月に行われる大念仏堂での『壬生狂言』は、仏教の教えを民に説いて見せる民俗芸能。国の重要無形民俗文化財にも指定され、大勢の見物客を集めている。またこの寺は近藤勇らが宿舎とした新撰組発祥の地としても有名。

京都市中京区壬生梛ノ宮町31

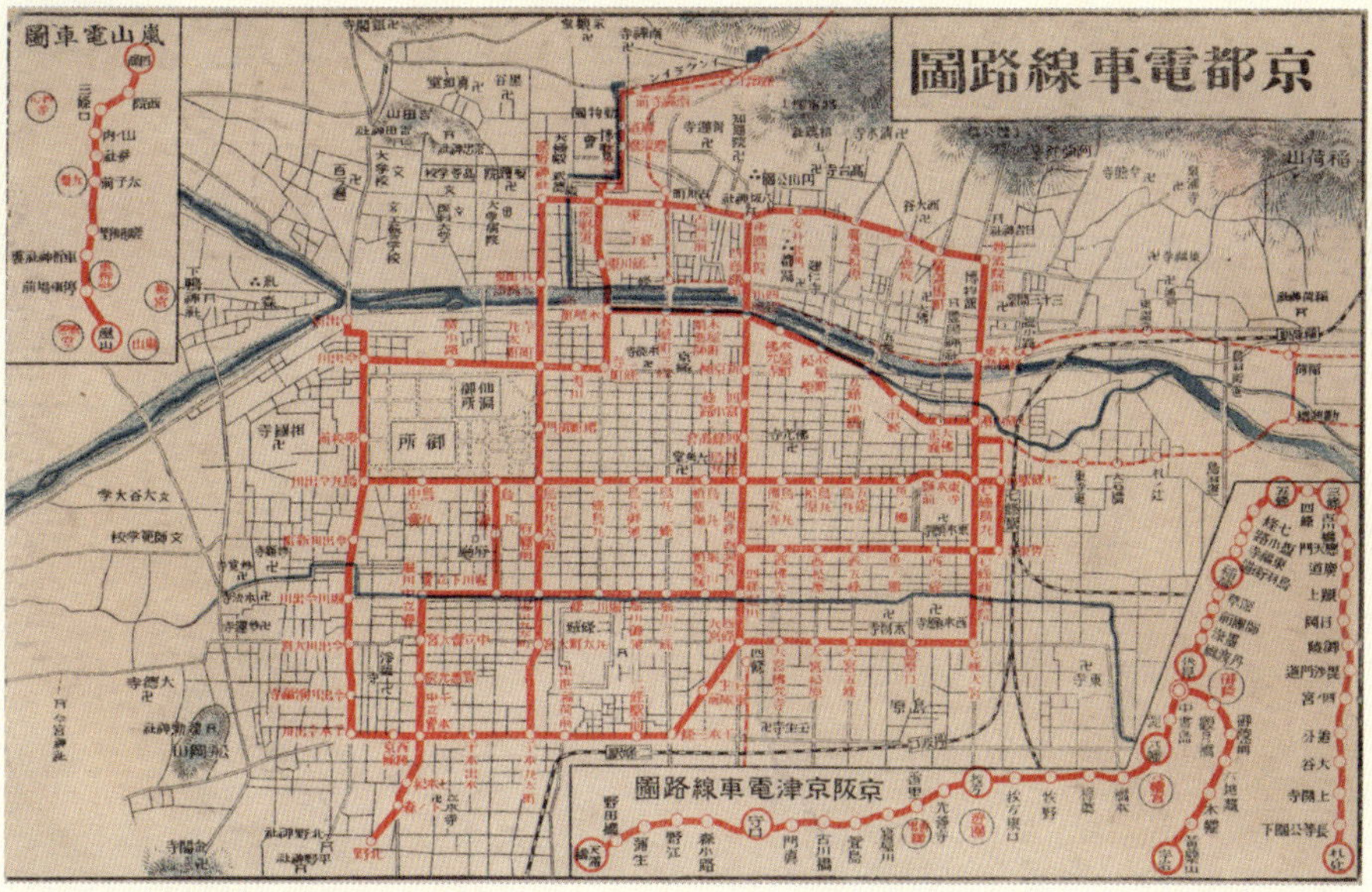

明治28（1895）年に日本初の営業用電気鉄道として開業して以来、路線拡充を図っていた時期の市電と周辺各地の鉄道路線図（大正時代）。

京都鉄道博物館

梅小路蒸気機関車館を拡張・リニューアルし、平成28（2016）年4月に開館した鉄道博物館。2年前に閉館した交通科学博物館の収蔵物の一部も展示されている。基本コンセプトは「地域と歩む鉄道文化拠点」。実物資料をテーマごとに分かりやすく展示。また、実物車両に触れる体験展示で、来館者に鉄道に対する興味を高めるのを目的にしている。

京都市下京区歓喜寺町

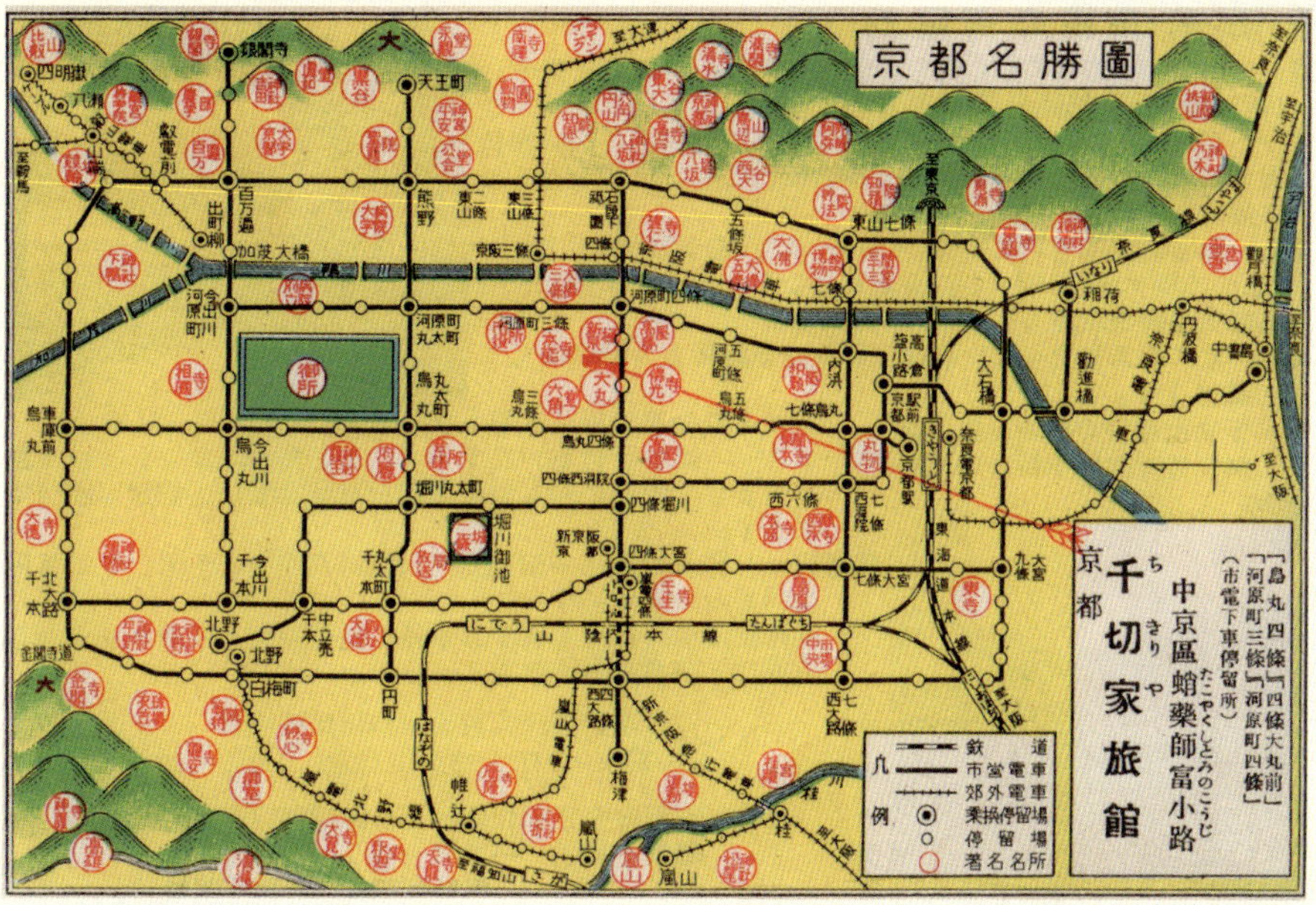

昭和30年頃の京都名勝案内に記載された市電と周辺の鉄道路線図。京都の街を横長に描く際のレイアウトは上の時代から半世紀を経ても変わらない。

大宮阪急ビルが建設された。地下の改札口は、四条通の交差点西側にも設けられている。この駅の西側には壬生狂言で有名な壬生寺があり、西院駅付近まで「壬生」を冠した地名が広がっている。駅周辺には飲食店などが建ち並ぶが、その中には全国各地へ店舗展開を行っている「餃子の王将」チェーンの創業第1号である四条大宮店が店を構えている。

　一方、烏丸駅のある四条烏丸交差点付近は、大手銀行等の支店が建ち並ぶ京都の金融・商業の中心地である。この地に阪急の烏丸駅が開業したのは、1964年の東京オリンピックの前年であった。駅の所在地は京都市下京区長刀鉾町17番地先。「日本三大祭り」のひとつ、祇園祭のクライマックスである7月17日の「山鉾巡行」の先頭を切る長刀鉾が存在する町内に置かれている。毎年7月に開催される祇園祭の宵山、山鉾巡行時は、この駅周辺が一年で最も賑わうシーズンである。

　開業当時、この駅では京都市電の四条線、烏丸線と連絡することができた。その後、1981年5月29日、京都市営地下鉄烏丸線の北大路〜京都間が開業して接続駅となり、京都駅や近鉄線との連絡が便利となって駅としての存在感が増している。地下鉄烏丸線では四条駅の名称が採用されており、それぞれに走っている通（道路）名ではない交差点（四条烏丸）の地名を駅名に用いている。

建設省地理調査所 1/10000地形図「京都北部」「京都南部」

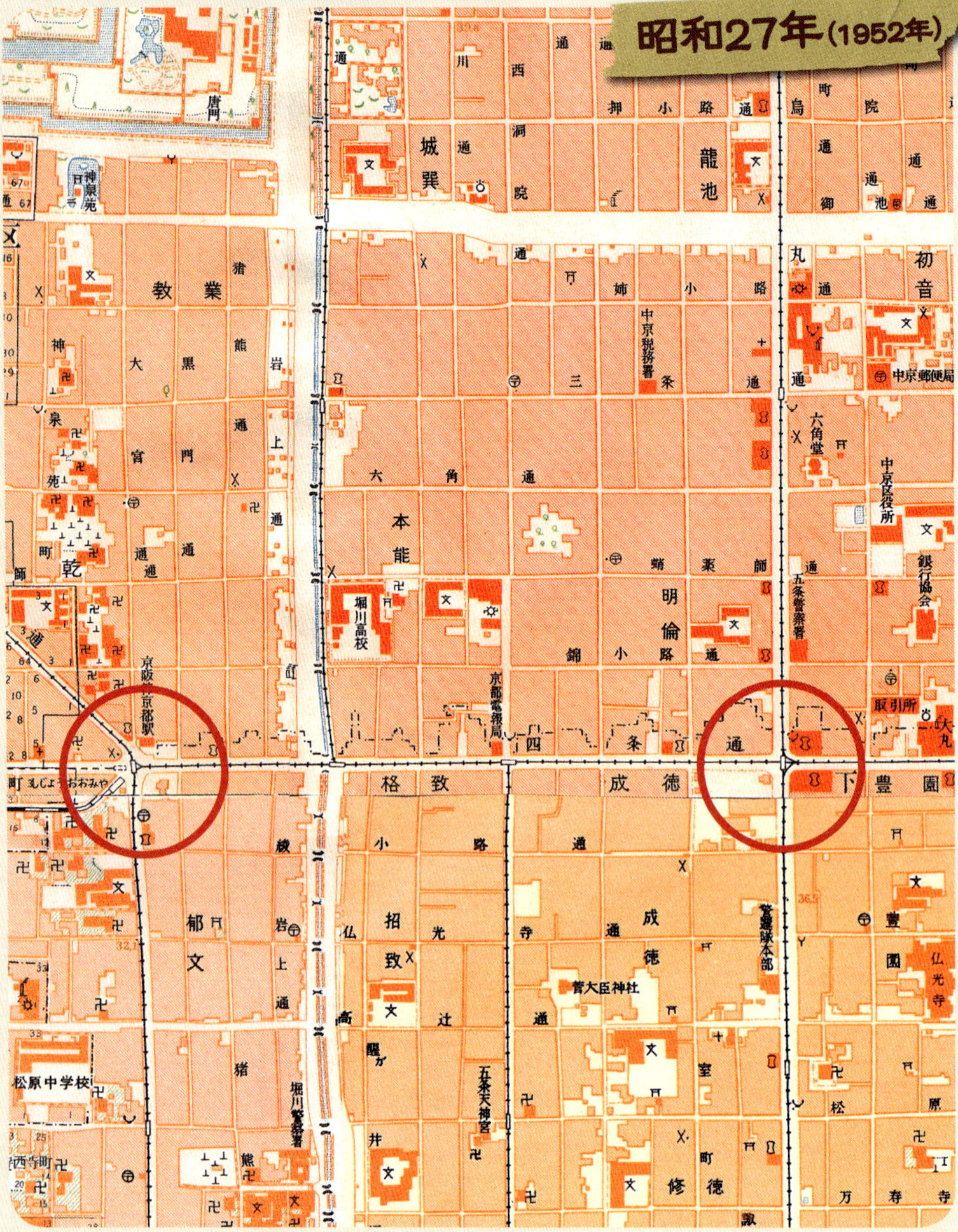

後に烏丸駅が置かれる付近の地図であり、四条通を挟んで、ほぼ北側が中京区、ほぼ南側が下京区となっている。四条烏丸交差点付近は、都市銀行の支店が集まる京都の金融の中心地で「銀行協会」のビルが見える。北東には中京区役所、中京郵便局があるが、この中京郵便局はかつての京都郵便局で、現在の京都中央郵便局の前身である。地図では「文」で示される学校が各地に点在しており、その横に見える「龍池」「初音」「日彰」「格致」などが学校名（通学区域）を示している。

京友禅染体験工房

代々京友禅染を手がけてきた友禅染の老舗「古代友禅苑」が開いている、体験工房。伝統的な着物の柄や動物や花など様々な模様から好きなものを選んで京友禅染（型染）の体験ができる。素材のTシャツやハンカチなどはすべて工房で用意。 体験時間は人数や素材にもよるが30～40分程。作品はそのまま持ち帰りができる。

京都市下京区高辻通猪熊西入る十文字町668

西本願寺

正式名称は「龍谷山 本願寺」。京都市民からは「お西さん」の愛称で親しまれている。豊臣秀吉によってこの地に移された浄土真宗本願寺派の本山。国宝や重文の建物が多いことでも知られている。境内は国の史跡に指定され、「古都京都の文化財」として世界遺産にも登録されている。

京都市下京区堀川通り花屋町下ル門前町60

京都を代表するオフィス街の中心駅である烏丸駅の東側には、京都を代表する百貨店、大丸京都店が店を構えるほか、北側には京都文化博物館がある。また、近年は大宮駅との間において、近代的なホテルやお洒落な飲食店なども増加しており、海外からの観光客も烏丸・大宮の両駅を頻繁に利用するようになった。

京都には1895（明治28）年、日本初の路面電車である「京都電気鉄道」（京電）が開業している。しかし、伏見線や北野線、木屋町線といった京電の路線は、平安京以来の首都であった古都において、拡幅される前の狭い道路を走る路線が多かった。そのため、京都市では明治後期から大正時代にかけての「三大事業」のひとつとして、道路拡築とともに市電の敷設を行うことを計画した。

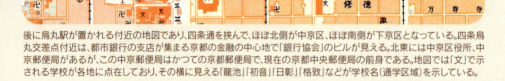

京都市電最初の計画路線は四条線、烏丸線などであった。四条烏丸交差点で交わる四条・烏丸線の主要部分は、明治から大正にかかわる1912年に開業している。このときに四条大宮交差点の北西に壬生車庫が設けられた。この後、京電は市電に吸収されて、一部の路線は廃止される運命となった。

京都を代表する祭礼、祇園祭でメイン会場となる四条烏丸周辺ではあるが、もともとは三条通のように山鉾が立ち、巡行する道路は、狭いところであった。一方、四条通と烏丸通はこのときに拡幅されて、現在のよ

烏丸通

京都市街地の中央部を貫く南北幹線路。北は今宮通から、南は十条通南までを言い、平安京の烏丸小路に当たる。明治10(1877)年の東海道本線開通で駅正面の大通りとして拡幅された。市電が走っていたが廃止され、昭和56(1981)年、市営地下鉄が開通した。通りに面して東本願寺、ビジネス街、京都御所などがある京都の大動脈である。

二条城

徳川家康から家光まで三代かけて完成させた城。御所に対して徳川の威光を示すために建てられたが、15代将軍慶喜の時に、ここで大政奉還が行われた。伏見城の遺構である唐門や国宝二の丸御殿など、壮麗な美しさを誇っている。狩野探幽らが描いた襖絵なども見どころ。

京都市中京区二条通堀川西入二条城町541

東本願寺

全国に9,000の末寺を従える浄土真宗大谷派の本山。かつて本願寺の勢力を懸念した徳川家康が、勢力を二分させて東の地にも本願寺を創建して以来、西本願寺は“お東さん”の愛称で庶民に親しまれている。見どころは、京都三大門の一つである御影堂門と門正面の御影堂。焼失した伽藍を明治に再建した御影堂は、927畳敷きの大広間を持つ世界最大級の木造建築。建造の際に女性信者らが自らの髪を集めて綱に編んで寄進した、資材運搬用の「毛綱」は、今も一部が廊下に残っている。

京都市下京区烏丸通七条上る常葉町754

国土地理院 1/10000地形図「京都北部」「京都南部」

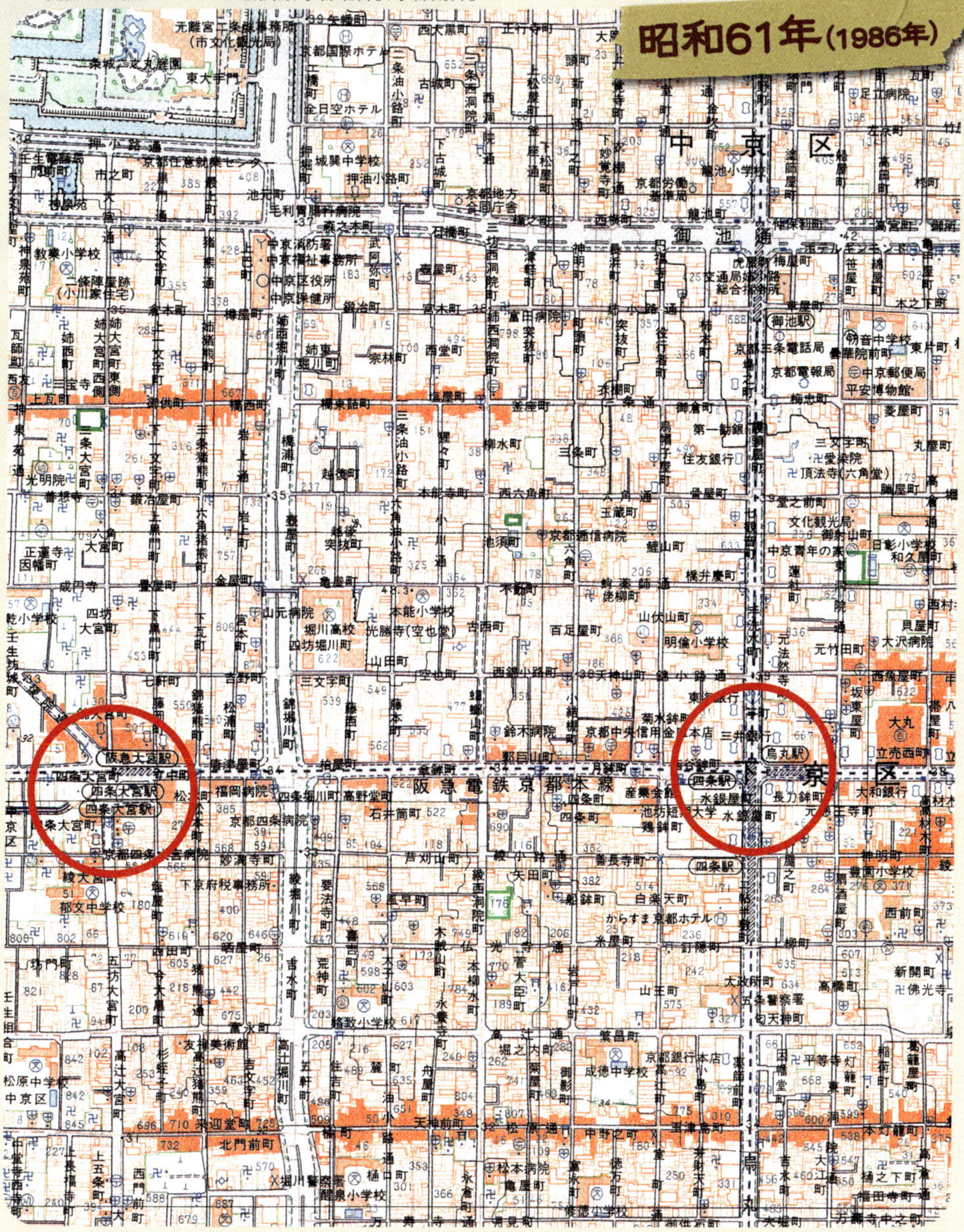
昭和61年（1986年）
中京区
御池通
阪急電鉄京都本線
大宮駅
四条大宮駅
烏丸駅
四条駅
御池駅

阪急線には大宮駅、烏丸駅が置かれ、大宮駅では嵐電の四条大宮駅、烏丸駅では京都市営地下鉄の四条駅と連絡している。烏丸駅付近は、祇園祭で山鉾が建ち並ぶ鉾町であり、「長刀鉾町」「函谷鉾町」「菊水鉾町」「船鉾町」などの町名が見える。「鶏鉾町」付近には池坊短期大学が存在している。この当時は、北側を走る御池通の地下には、地下鉄東西線は開通していなかった。東西線の開通で、御池駅が烏丸御池駅となるのは1997年である。

うな近代的な道路となっていった。京都におけるさらに幅の広い道路である御池通、五条通は、昭和以降に拡幅された道路で、市電が走ることはなかった。

このページでは、四条烏丸交差点付近をトロリーバスが走っていた頃の絵葉書を紹介する。

陸軍陸地測量部 1/10000地形図「京都北部」「京都南部」「大文字山」「山科」

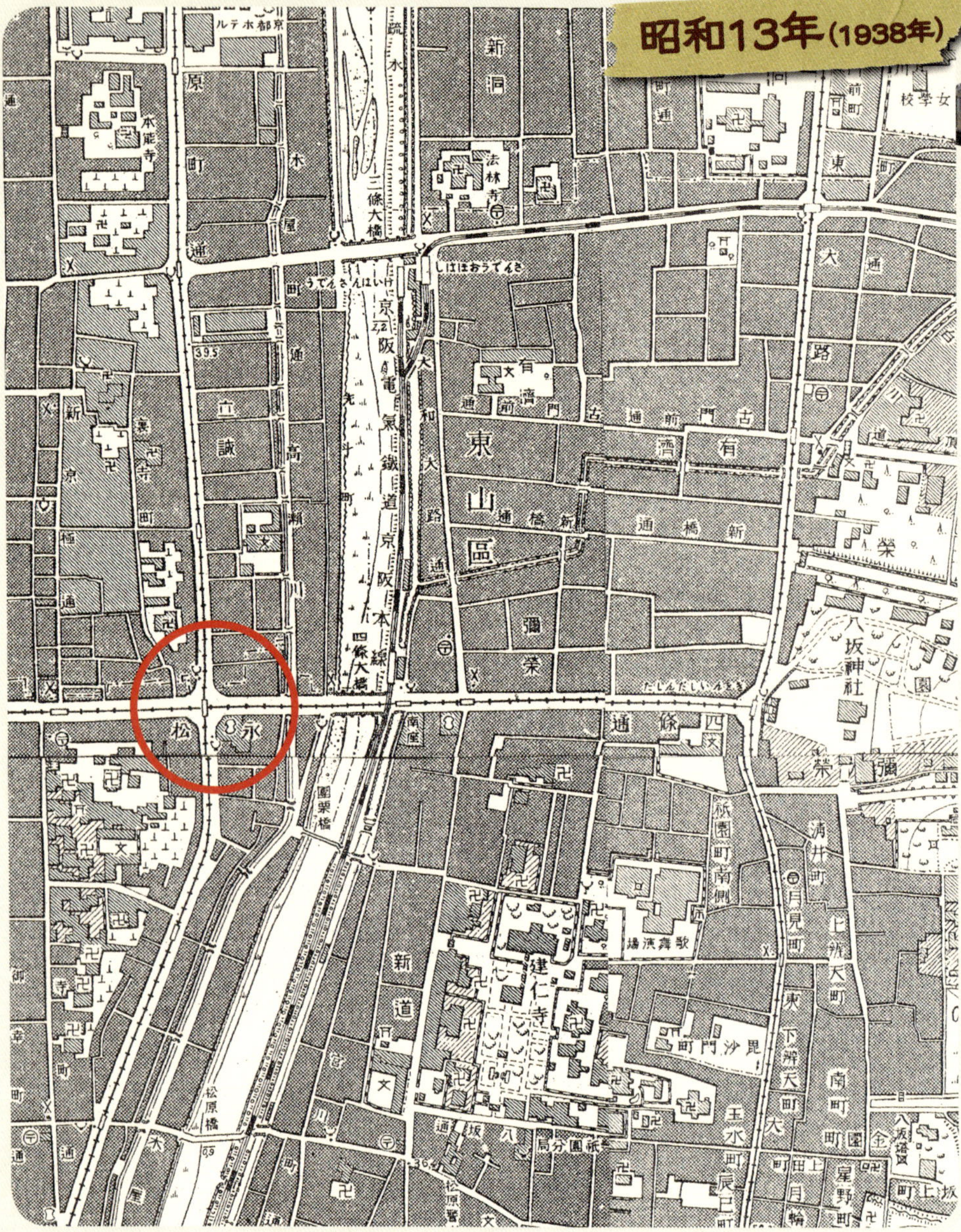

古くは歌舞伎興行、夕涼みなどで都人に親しまれてきた鴨川には、三条大橋、四条大橋、団栗橋、松原橋、五条大橋が架けられている。また、以前は三条～四条間に竹村屋橋があった。四条付近では鴨川の西側に先斗町、東側に宮川町の花街があり、高瀬川沿いの木屋町は歓楽街となっていた。四条河原町の現在地に高島屋京都店が完了する1948年で、この地図の頃は、烏丸高辻に店舗があった。四条通、河原町通には市電が走っていた。

京都線

河原町

鴨川に近い、古都の繁華街

開業年	1963（昭和38）年6月17日
所在地	京都市下京区四条通河原町西入ル真町52番地先
キロ程	45.3km（十三起点）
駅構造	地下駅
乗降客	77,488人

鴨川の東で京阪本線と連絡

阪急京都線の京都側の始発駅は、これまでに二度変わっている。最初の起終点駅は、1928（昭和3）年に開業した現在の西院（当時・京都西院）駅で、1931年の延伸で、現在の大宮（当時・京阪京都）駅に移っている。その後、1963（昭和38）年6月17日には、この河原町駅までの地下線が開業して新しい起終点駅となった。駅のある場所地は、京都のメインストリートである四条通と河原町通の交差点にあたり、京都タカシマヤ（1831に烏丸松原で創業、烏丸高辻を経て1948年に現在地に移転）、京都マルイ（2010年に閉店した四条河原町阪急の跡に2011年開業）などが店を構える、京都随一の繁華街である。

しかし、古い地図を見ればわかるように、大正時代までの河原町通は現在とは異なる細い道路であった。当時の京都の南北のメインストリートは、平安京時代からの伝統をもつ新京極（東京極・寺町通）であり、この寺町通や木屋町通を路面電車（京電）が走った時代もあった。その後、京都電気鉄道（京電）から京都市電に移行した後の1926（大正15）年、河原町線の河原町丸太町～河原町五条間が開業。河原町通が次第に南北のメインストリートとなっていった。四条通の繁華街も、それまでは新京極（西）側の御旅町が中心であっ

建設省地理調査所 1/10000地形図「京都北部」「京都南部」「大文字山」「山科」

鴨川

"京都の顔"として有名な鴨川は、桟敷ヶ岳付近を源とし、桂川の合流点に至るまで京都市内の南北を流れる約23kmの河川だ。弘仁5(814)年、「日本紀略」に書かれたのが一番古く、文学や歴史にしばしば登場する。

八坂神社

通称「祇園さん」と呼ばれる、厄除けと商売の神様。本殿は承応3(1654)年の建立で、本殿と拝殿を入母屋屋根で覆った独特の建築様式は「祇園造」と呼ばれる。社殿や石鳥居とともに重要文化財に指定されている。

京都市東山区祇園北側625

本能寺

天正10(1582)年、明智光秀が織田信長を襲った"本能寺の変"の舞台、本能寺(本門法華宗大本山)。応永22(1415)年、日隆が五条に創建した時は本応寺と称した。その後、六角大宮に移建し、本能寺と改称。比叡山の衆徒に焼かれたり、本能寺の変で焼失したが復興し、現在の地に移建された。境内には織田信長の供養塔がある。

京都市中京区寺町通御池通り下ル下本能寺前町532

昭和27年(1952年)

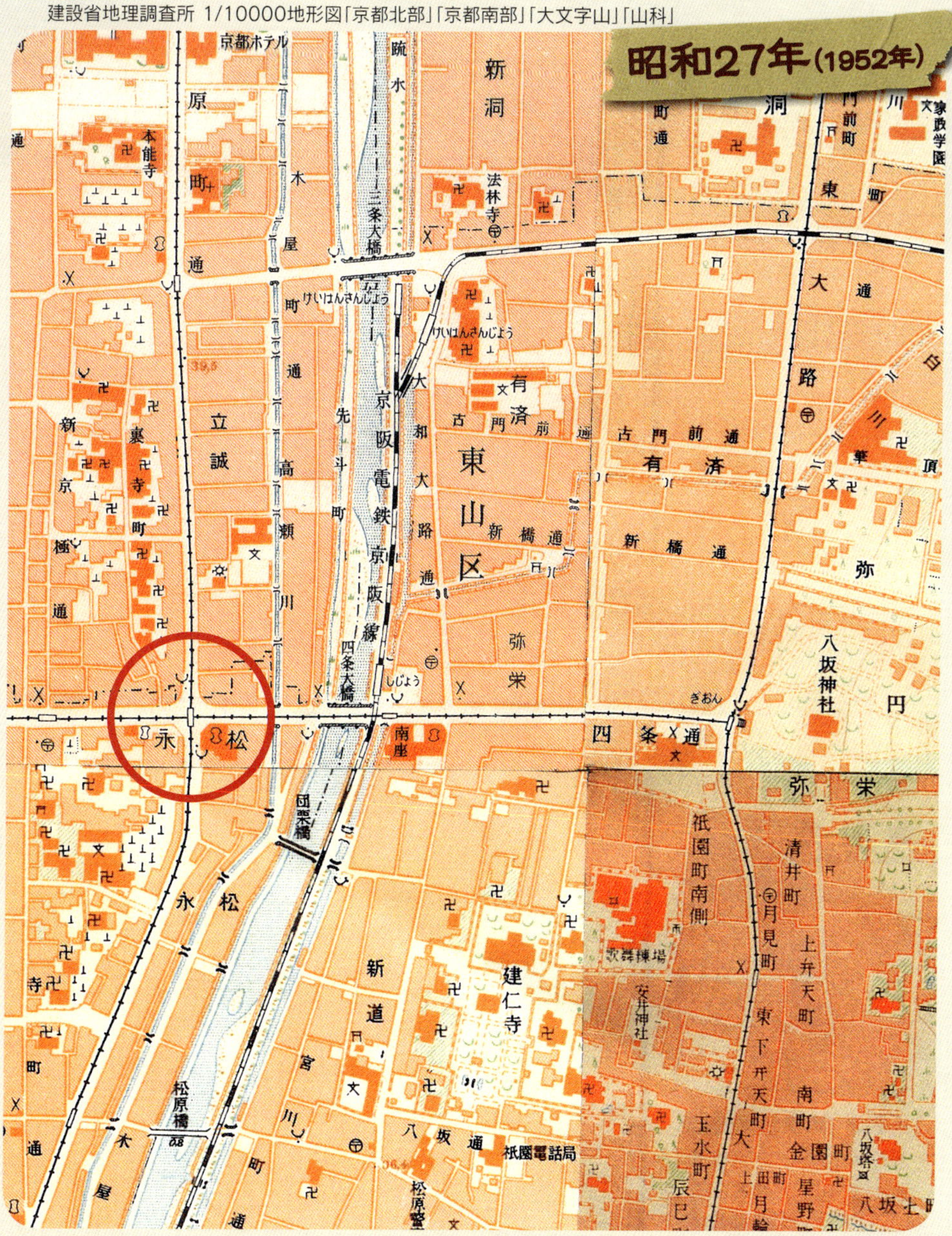

阪急京都線の河原町延伸前の地図であり、東側には八坂神社が鎮座している。この時期、京阪本線は鴨川東岸の地上部分を走っていた。四条(現・祇園四条)駅付近は、出雲阿国が歌舞伎踊りを始めた地とされ、年末に「顔見世興行」が行われる南座が存在する。その南側に見える建仁寺は京都五山のひとつ、臨済宗建仁寺派の大本山で、俵屋宗達の国宝「風神雷神図」を所蔵することでも有名である。京阪の三条駅は京津線と地上で接続し、直通列車も運転されていた。

たが、河原町通と交わる現在の四条河原町通に変わっていく。この河原町周辺は四条通りの下に東西に延びた地下街であり、東側の地上出入り口は木屋町通の横に設置されている。ここからすぐ東側には鴨川の流れがあり、その東側の土手(下)を京阪本線が走っている。この京阪本線はかつて地上を走り、四条通を走る京都市電四条線とは平面交差していた。しかし、京都市電は廃止となり、その後に京阪本線も地下化されて川端通りが拡張・整備されている。一方、河原町駅の地下1階にあたる地下通路は、西側の隣駅にあたる烏丸駅がある烏丸通りまで続いている。この地下通路は京都タカシマヤ、大丸京都店(1717年に伏見で創業、1912年に現在地へ移転)などの地下部分と結ばれてはいるものの、地下商店街は存在しない。

先述の通り、この阪急・河原町と東側の京阪・祇園四条駅は、鴨川を挟んで歩いて5分ほどの距離である。現在、京阪本線は出町柳駅まで延びており、ここから叡山電鉄(叡電)に乗り換えて、八瀬・鞍馬方面に行くことができる。駅付近には、京都観光の代表的スポットである新京極、木屋町、先斗町、南座、祇園、清水寺などあって、内外からの観光客の利用も多い。「河原町」という駅名からは、鴨川の河原があった場所に開けたことがわかる。

 神社　 寺

陸軍陸地測量部 1/10000地形図「大阪首部」

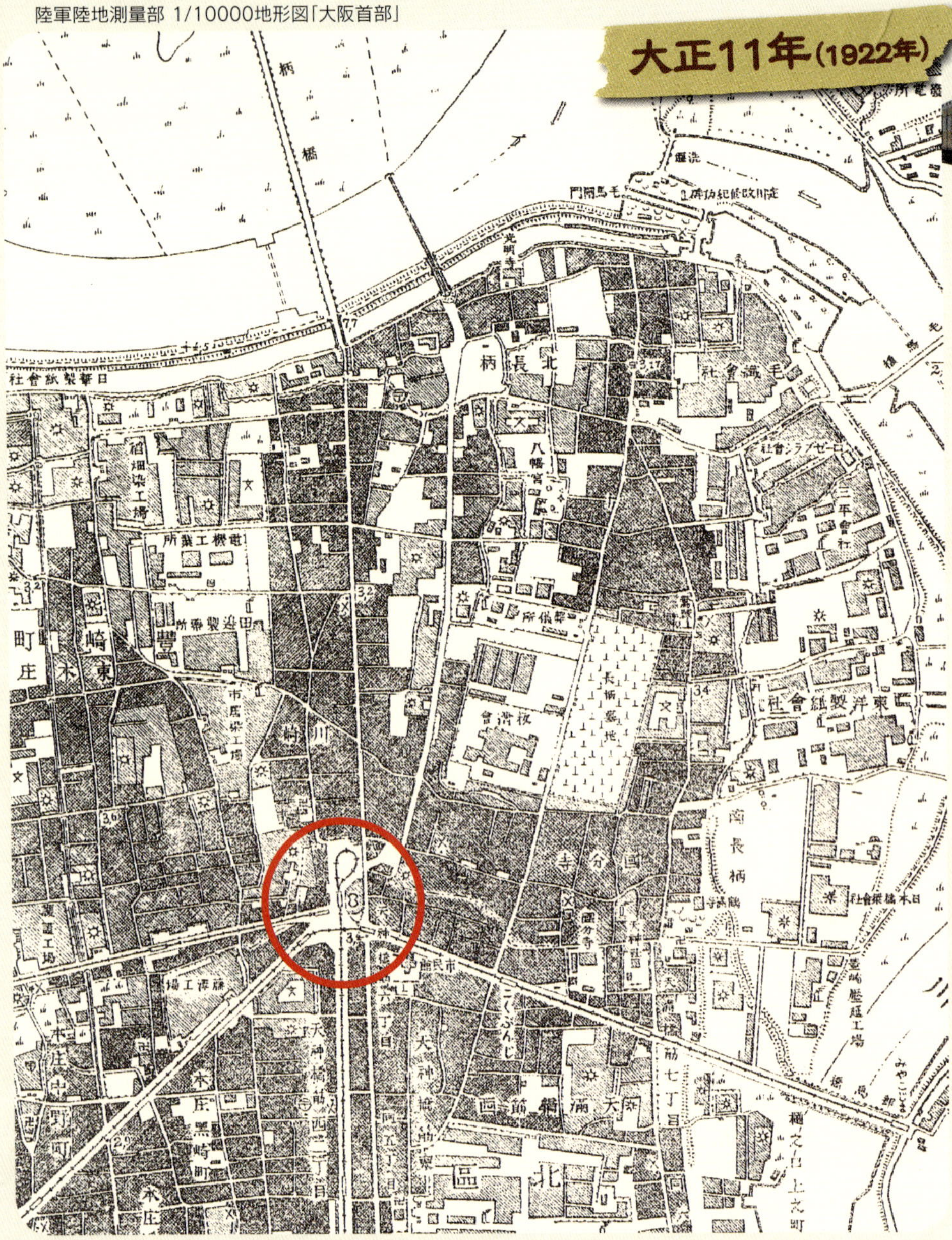

新京阪線が開通する前の天神橋筋六丁目(天六)交差点付近の地図である。交差点の北側には広いスペース(空き地)があり、大阪市電の終着点(ループ線)となっていた。その後、北側の道路が整備されて、この市電は長柄橋(停留場)まで延伸している。一方、阪神の北大阪線は野田駅を始発駅とし、中津、北野、南浜を通って、天六まで来ていた。天六の西側付近には古い工場が点在しており、この地図でも藤澤工場、護謨工場の存在が記されている。

千里線

天神橋筋六丁目

かつては、新京阪線の始発駅

開業年	1925(大正14)年10月15日
所在地	大阪市北区天神橋6
キロ程	0.0km(天神橋筋六丁目起点)
駅構造	地下駅
乗降客	16,716人

大阪メトロの堺筋線へ

戦前において、梅田駅と並ぶキタの私鉄のターミナル駅であったのが、天神橋筋六丁目(天六)駅である。当時は新京阪鉄道の起終点駅であり、天神橋駅を名乗っていた。

この駅は1925(大正14)年10月17日に開業したが、それ以前からここには阪神北大阪線の駅(電停)があり、大阪市電も通っていた。そこに市外(府下)の北側から路線を延ばした新京阪鉄道がターミナル駅を設けたのである。最初は仮駅での開業で、翌年(1926年)に当時としては破格の7階建てのターミナルビルが誕生した。この立派なビルはその後も天六阪急ビルとして使用され、2010(平成22)年にその役目を終えて解体されている。

天神橋筋六丁目駅は、その名の通り市内を南北に貫く天神橋筋の上に置かれている。南に行けば北区役所があり、大阪環状線の天満駅が置かれている。また、北に向かえば淀川に架かる長柄橋を渡り、柴島駅にたどり着く。駅の置かれた交差点には、くの字の折れ曲がる形で都島通が通り、その下を大阪市高速電気軌道(大阪メトロ)の谷町線が走っており、同名の連絡駅が存在する。この谷町線は東の大川に架かる都島橋を渡り、都島駅に至る。西側では中崎町駅を経て東梅田駅方向に延びている。

新京阪鉄道の天神橋駅から、合併

天六商店街

天六商店街は、大阪を代表する天神橋筋商店街の北の玄関。地下鉄と阪急千里線が乗り入れる天神橋筋六丁目駅を拠点にしている。古くから天満宮の表参道として栄え、江戸期には幕藩経済の中心地。天満青物市場や寄席などのある歓楽街として賑わった。明治初期に約1.9kmの天神橋筋商店街が誕生。以来、日本有数の長さを誇る商業地域として発展してきた。日本三大祭りの一つ「天神祭」の本拠地としても知られる。

大阪市北区天神橋6丁目

鶴満寺

奈良時代の創建と言われ、宝暦3(1753)年にこの地に移った。かつて境内は桜の名所であったが、明治18年の淀川氾濫で枯死した。境内にある釣鐘は、太平10(中国年号1030)年在銘の朝鮮銅鐘。高麗時代初期の名品として重要文化財の指定を受けている。日本への渡来経緯は不明だが、毛利藩の土木工事中に山口県で発見され、鶴満寺に寄進された。鎌倉時代末の作という千手観音画像(大阪府有形文化財)もある。

大阪市北区長柄東1-3-1

陸軍陸地測量部 1/10000地形図「大阪首部」

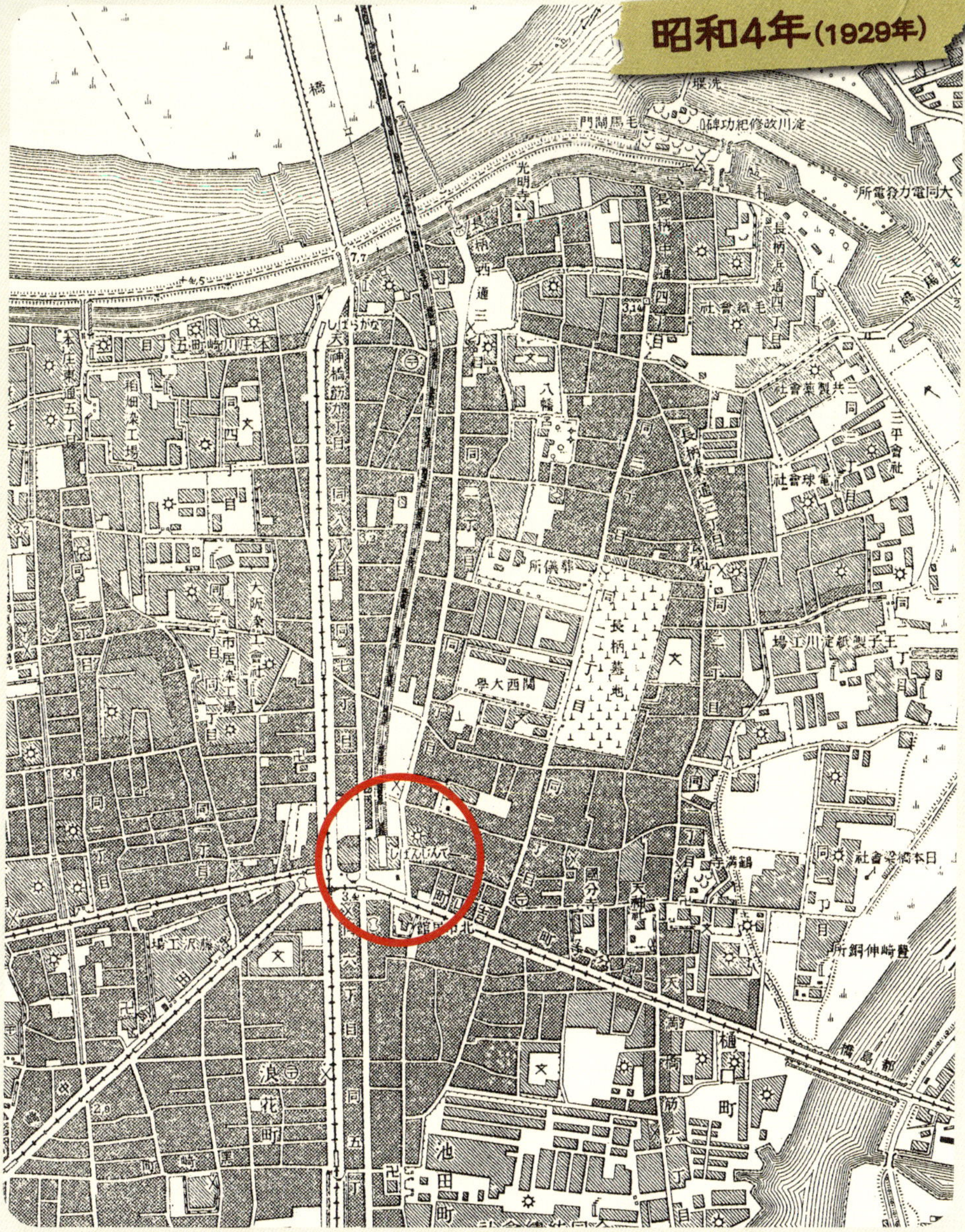
昭和4年（1929年）

この時期には、天神橋筋六丁目駅の北東には、1929年に開設された関西大学の天六学舎があった。1994年に千里山キャンパスに移転した後も、社会人教育の場として有効利用されていたが、その後に閉鎖され、現在はマンション「ジオ天六ツインタワーズ」などに変わっている。跡地には関西大学130周年を記念して、記念碑が建てられている。駅の東側、大川に架かる都島橋に近い場所に鶴満寺があるが、この寺は上方落語「鶴満寺」の舞台となっている。

所蔵：生田 誠

により、京阪、阪急と社名が変わり、線名も千里山線、千里線と移っている。1969（昭和44）年4月1日、地下鉄（大阪メトロ）堺筋線の天神橋筋六丁目～動物園前間が開通し、阪急線との相互直通運転が開始された。このときに、戦前からの地上駅から堺筋線と共同使用する地下駅になり、起終点駅ではなくなっている。その後、1974年には谷町線の東梅田～都島間が開通し、3線が連絡する駅となっている。なお、駅名の一部である「天神橋」は大川に架かる歴史の古い橋であり、扇町駅の隣駅である南森町駅の南側にある。

建設省地理調査所 1/10000地形図「大阪首部」

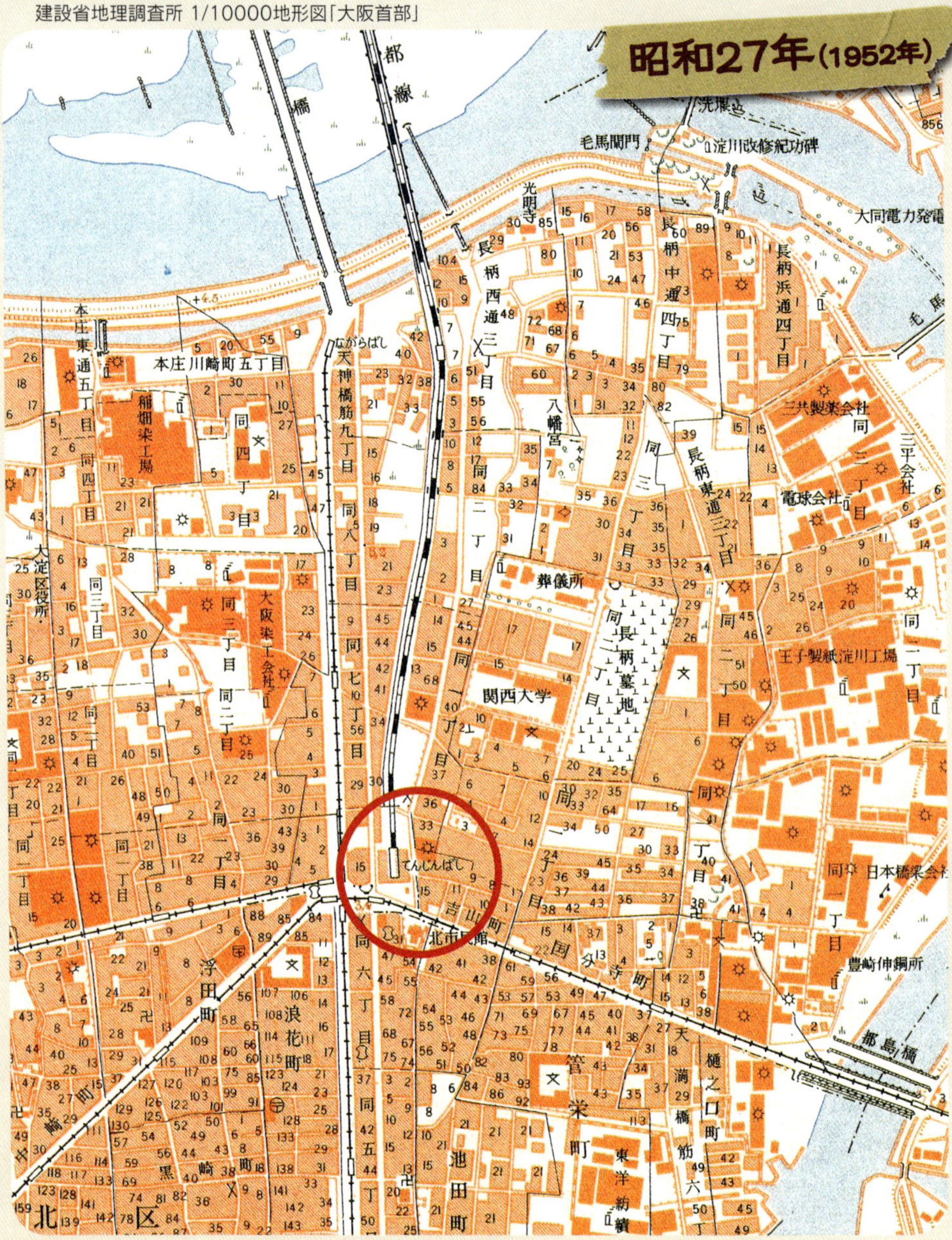

淀川から、大川と新淀川が分流する場所には毛馬水門が置かれている。この毛馬水門は、新淀川の開削により設けられ、1907（明治40）年に毛馬洗堰と毛馬閘門が完成し、その後に第二閘門も設置された。現在は、大阪府毛馬排水機場となり、周辺は淀川河川公園としての整備されている。南北に市電が走る道路（府道14号）が天神橋筋と呼ばれているが、本来の天神橋筋は東側の細い商店街である。天六から南に続く商店街は、日本一長い商店街とされている。

天神橋

大阪市内の大川に架けられた橋で北区の町名にもなっている。文禄3(1594)年の架橋とされ、当初は大阪天満宮が管理していたが、寛永11(1634)年に、他の主要橋とともに幕府が管理する公儀橋となった。難波橋、天満橋とともに「浪華三大橋」と称され、その真ん中に位置している。明治初期までは木橋だったが、その後、鋼製のトラス橋に架け替えられた。その後、中之島公園を跨ぐようになり、昭和9(1934)年に現在の形である全長219.7mの3連アーチ橋となった。

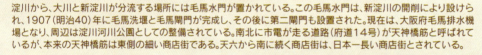

大阪天満宮

別名に、天満天神、浪華菅廟、中島天満宮がある。大阪市民からは「天満の天神さん」と呼ばれて親しまれている。毎年7月24日から25日にかけて行われる天神祭は、日本三大祭、大阪三大夏祭りの一つとして知られている。901年に菅原道真が九州の太宰府へ左遷させられた際に、同地にあった大将軍社に参詣。その後、大将軍社の前に7本の松が生え、霊光を放ったという奇譚が都に広がり、村上天皇の勅命で天満宮が建立された。

大阪市北区天神橋2-1-8

ここで、現在の阪急電鉄千里線・京都線の一部にあたる鉄道路線を建設し、千里一帯で住宅開発を行った「北大阪土地」が設立した鉄道会社「北大阪電気鉄道」について触れておこう。この鉄道は1921（大正10）年4月1日、まず十三〜豊津間が開業し、同年10月26日に千里山駅まで延伸している。十三駅では阪急線と接続し、梅田駅へ向かうことができたが、会社の経営基盤は脆弱で、1923年には「京阪電鉄」の系列である「新京阪鉄道」に免許、事業を譲渡した上、1928年に合併されている。その後、新京阪鉄道が市内中心部の天神橋（現・天神橋筋六丁目）駅への乗り入れを実現し、さらに北側では京都市内（現在の大宮駅まで）への延伸を果たすこととなる。1930年には、この新京阪鉄道と京阪電気鉄道が合併し、京都線と千里山線は京阪の一部（新京阪線）となった。

戦前において、千里山線の終着駅であった千里山駅の西側で、「千里山住宅地」を開発したのは、日本電力社長、大阪商工会議所会頭や関西大学学長も務めた山岡順太郎である。1920年に「大阪住宅経営株式会社」を設立し、「北大阪電鉄」が所有する約10万坪の土地の大部分（約9万坪）を譲り受け、イギリスのレッチワースをモデルにした「田園都市構想」にもとづいて、中産階級のための住宅地を建設した。ここでは、分

国土地理院 1/10000地形図「大阪首部」

昭和61年(1986年)

長柄国分寺

天六(天神橋6丁目)から都島通りを東へ行くと、大きな樋之口町交差点に出る。この交差点から淀川にかけての一帯は「長柄」と呼ばれ、寺院が集まっている。樋之口町交差点を北へ向かい、正徳禅寺の交差点を西に入ったところに、今から1300年ほど前に開山された、通称「長柄国分寺」と呼ばれる寺院がある。寺伝によれば、斉明天皇の時代(655年)に、日本法相宗の祖・道昭が孝徳天皇の菩提のために建てた長柄寺が起源いい、天平13(741)年、聖武天皇の国分寺創建の発願により、国分寺になったという。朱色の鐘楼堂がひと際目を引く。

大阪市北区国分寺1-6-18

淀川改修紀功碑

古代から淀川の洪水はくり返され、大きな被害を受けていた。中でも明治18年の氾濫は、近代的発展を目指す大阪に甚大な被害をもたらした。そのため淀川改修工事が急がれ、明治29年測量に着手、途中、日露戦争を挟みながらの困難な事業も同42年完了。これを記念して毛馬閘門と洗堰の間に淀川改修紀功碑が建設された。

大阪市北区長柄東3-3

この時期には、天神橋筋六丁目駅の北東には、1929(昭和4)年に開設された関西大学の天六学舎があった。1994年に千里山キャンパスに移転した後も社会人教育の場として有効利用されていたが、その後に閉鎖され、現在はマンション「ジオ天六ツインタワーズ」などに変わっている。跡地には関西大学130周年を記念して碑が建てられている。駅の東側、大川に架かる都島橋に近い場所に鶴満寺があるが、この寺は上方落語「鶴満寺」の舞台となっている。

毛馬水門

毛馬水門は、淀川と旧淀川を隔てる水門。大川に流れる水量を調整する役目を持つ。また、淀川と大川の水位差で通過困難となる船舶をスムーズに通すための設備「閘(こう)門」、及び大川の水を強制排水するための機能も備えている。旧淀川側にある施設としては「毛馬閘門」「毛馬排水機場」が知られている。

大阪市北区長柄東3-3-25

譲住宅とともに賃貸住宅も建設したが、この会社は1928年、「新京阪鉄道」に合併される。「千里山住宅地」では、駅西口の少し先に花壇のあるロータリーが設置され、ここから放射状に道路が延びていた。約2000戸の住宅建設が計画され、1区画は70〜80坪で、住宅は建坪20坪程度のものが多く、日本式と改良式(洋風)のものが建てられた。売り家の価格は平均で約6000円であった。この住宅地には電気、ガス、上下水道が整備され、売店や浴場、ビリヤードなどの設備がある集会用の「千里山会館」やテニスコートも造られた。

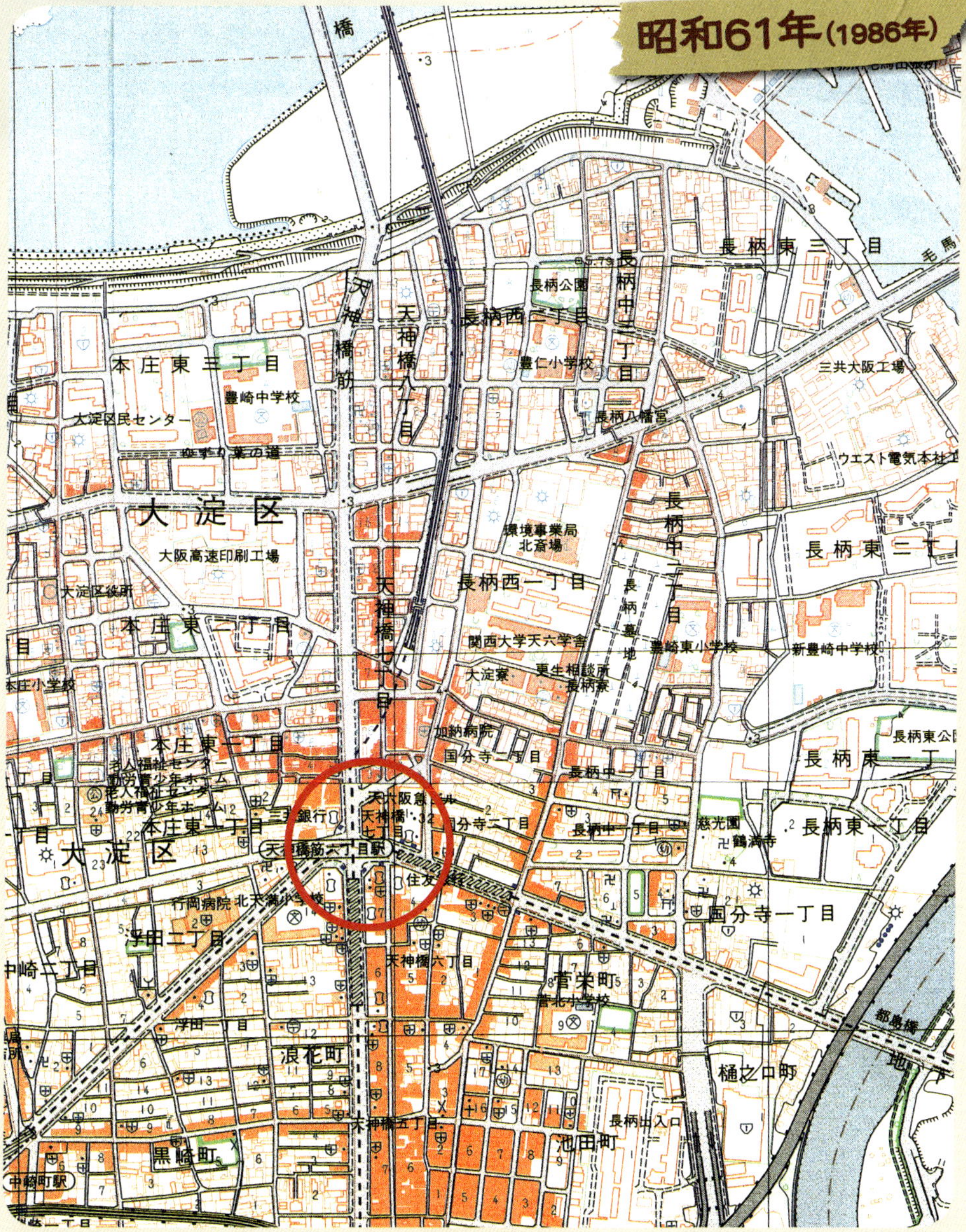

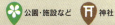

陸軍陸地測量部 1/10000地形図「吹田西部」

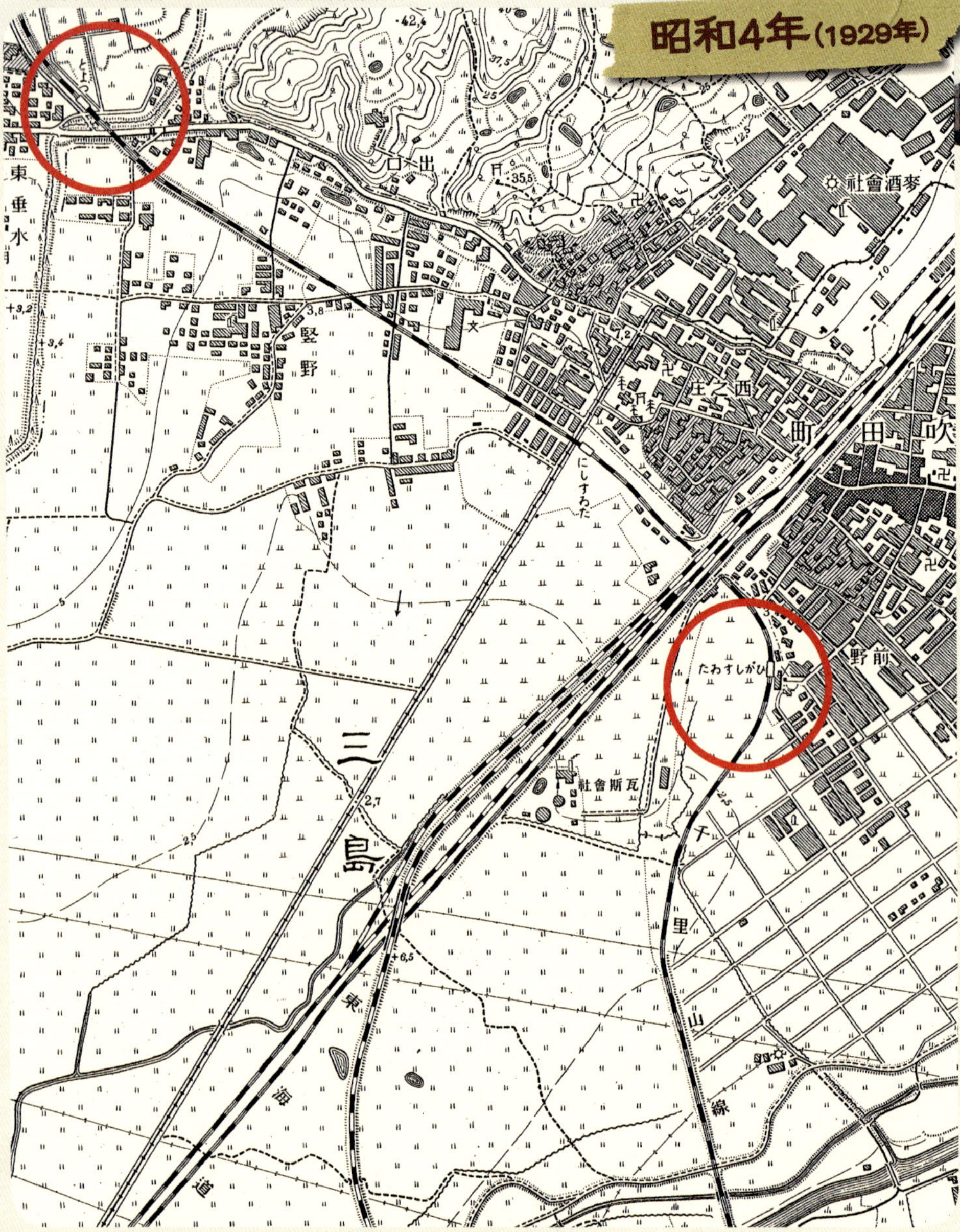

緩やかにカーブして進む千里山（現・千里）線に東吹田、西吹田の2駅が置かれている。東吹田駅から先は、ほぼ直線で豊津駅方面に進む。千里山線の南西がほぼ農地なのに対し、北東には国鉄の吹田駅があり、いち早く都市化が進んでいた。ここには「麦酒会社」の敷地が広がるが、1889年、「大阪麦酒会社」からスタートし、1906年に「大日本麦酒会社」となっていた。戦後の会社分離により、1946年に「朝日（アサヒ）麦酒」の吹田工場となった。

千里線

吹田、豊津

ビール工場で有名な街、吹田

吹田駅	
開業年	1964（昭和39）年4月10日
所在地	吹田市西の庄町12-21
キロ程	6.0km（天神橋筋六丁目起点）
駅構造	地上駅
乗降客	18,566人

豊津駅	
開業年	1921（大正10）年4月1日
所在地	吹田市垂水町1-1-4
キロ程	6.9km（天神橋筋六丁目起点）
駅構造	地上駅
乗降客	15,290人

東海道線にも吹田駅

神崎川を越えて北に向かう千里線は東海道本線と交差し、この交差点の北側に吹田駅が置かれている。JRの吹田駅は阪急駅の北東に設置されている。

阪急の吹田駅は、これまで駅名が変わり、さらに2駅が統合された歴史をもつ。1921（大正10）年4月1日、北大阪電気鉄道が開通し、初めて駅を設置したのは、東海道本線の線路を挟んで東西に存在した東吹田、西吹田の2駅であった。その後、1943（昭和18）年10月1日に東吹田駅が吹田駅となり、西吹田駅が市役所前駅と改称した。今度は1964（昭和39）年4月10日に両駅が統合されて、市役所前駅のあった場所に吹田駅が設置された。現在も吹田市役所はこの吹田駅の駅前に置かれている。吹田のランドマークで古い歴史をもつアサヒビールの吹田工場は、阪急とJRの吹田駅に挟まれる形で存在する。

次の豊津駅は、吹田駅の北西約0・9キロ離れた場所に置かれている。豊津駅も吹田駅と同じ1921年4月1日の開業で、この時点では北大阪電気鉄道の終着駅であった。同じ年の10月26日に千里山駅まで延長され、中間駅となっている。豊津駅の東側には片山神社、片山公園、片山市民体育館、片山市民病院、片山公園団地などがある。

建設省地理調査所 1/10000地形図「吹田西部」

昭和27年（1952年）

泉殿霊水遺跡

境内には、かつて上質の水が湧いていたという「泉殿霊泉」の遺跡がある。霊泉は、貞観11(863)年、以前から"次田ノ社"として祀っていた周辺が干ばつに遭い、姫路の広峯神社よりご祭神の建速須佐之男大神(たけはやすさのおおかみ)の御神輿を迎えて雨乞いを行ったところ、水が湧き出した、と伝えられている。明治22(1889)年、この霊水をドイツのミュンヘンに送ると、ビール醸造に適した水であると認められた。そこで隣接して建設されたのが、現在の朝日麦酒吹田工場だ。湧水は、昭和30年代に枯渇したが、境内に残る「泉殿霊泉」は遺構として残されている。

吹田市西の庄町10-1

 垂水神社

社名の「垂水」は、「崖から流れ落ちる水」を意味する。千里丘陵の南端に位置する境内は、もともと湧き水が生じる場所で、この地に鎮座する垂水神社は、古くから水の神として信仰された。崇神天皇の皇子、豊城入彦命が干ばつの時に難波長柄豊碕宮に垂水の水を高桶で送ったと伝えられている。

吹田市垂水町1丁目24-6

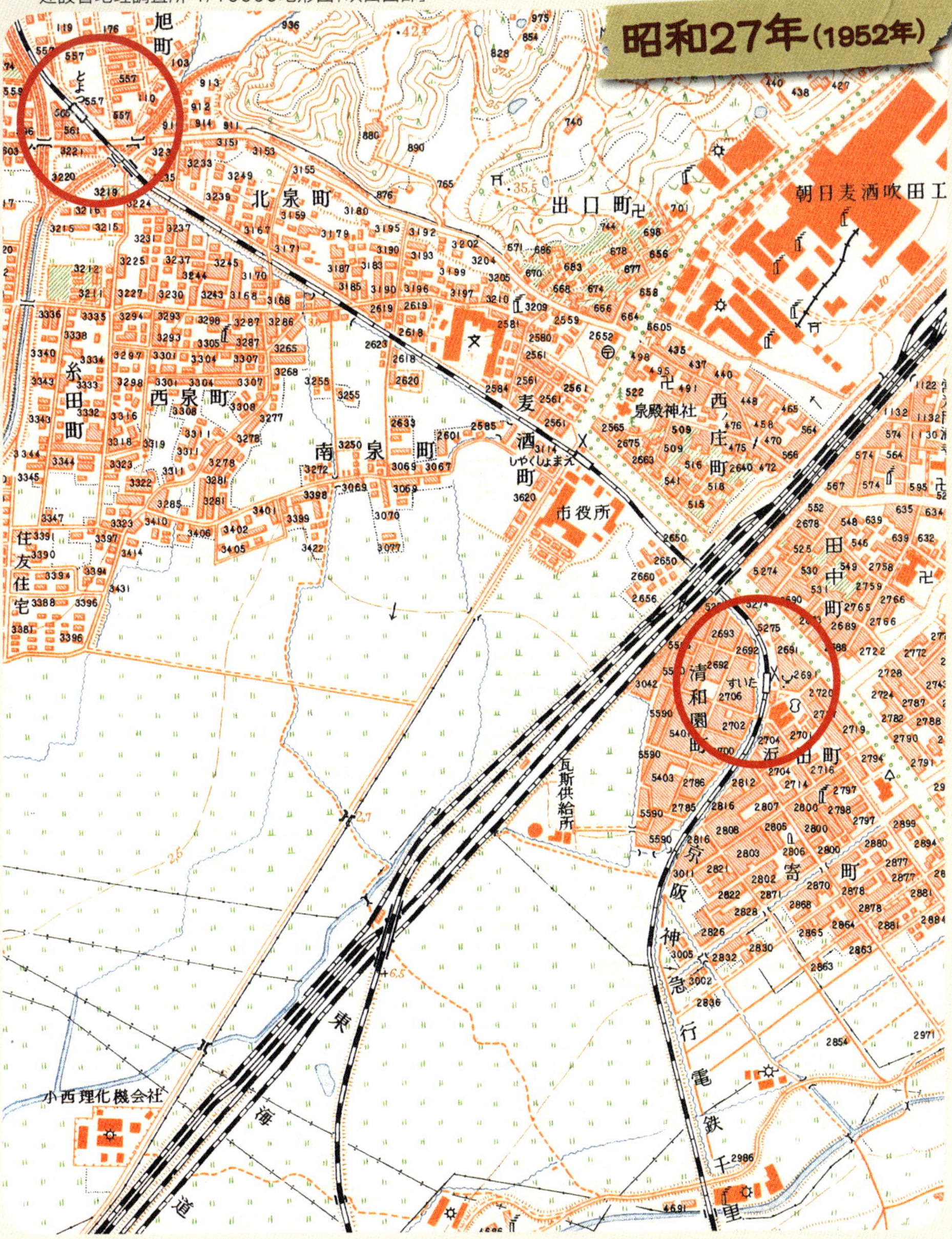

西吹田駅は市役所前駅に駅名を改称し、吹田市役所の最寄り駅となっていた。線路を挟んだ北側には泉殿神社(宮)が鎮座し、隣接して「卍」の地図記号が示す浄光寺が存在する。この泉殿宮から湧き出た清水が、ドイツからビールに最適と評価され、大阪麦酒の工場が誕生したというエピソードも残る。吹田市役所付近には西泉町、南泉町とともに「麦酒町」という表示が見える。この付近にはアサヒビールの社宅があり、「麦酒(ビール)町」の通称が使われていた。

一方、豊津駅の北西には豊津団地があり、このあたりはかつて吹田市垂水町である。吹田はかつて「水田」と呼ばれた水の豊かな地で、そのシンボルである垂水神社が鎮座している。この垂水神社は創建不詳ながら、崇神天皇の皇子である豊城入彦命を祀っており、奈良時代以前から朝廷にも知られた古社で、江戸時代の「摂津名所図会」にも霊泉として認められていた記述がある。志貴皇子の作として万葉集に収められている短歌である「石走る垂水の上のさわらびの萌えいづる春になりにけるかも」は、一説にはこの地で詠まれたとされている。

豊津駅前(昭和44年)

陸軍陸地測量部 1/25000地形図「吹田」「大阪東北部」

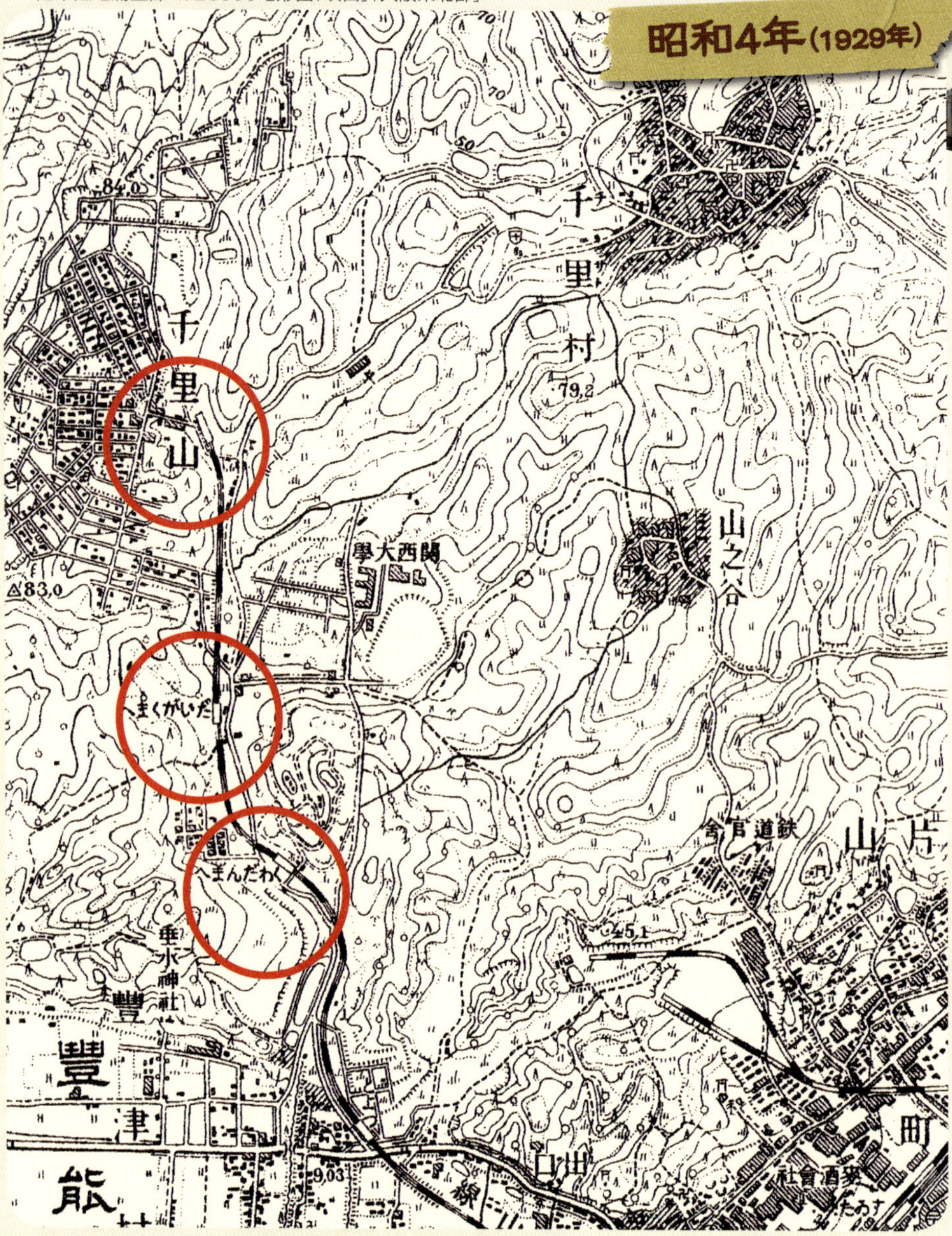

カーブしながら北に進む千里山（現・千里）線の終着駅は、この当時は1921年に開業した千里山駅であった。この駅の西側には、放射状の道路が広がる千里山住宅地が誕生している。南側には、途中駅として北に大学前駅、南に花壇前駅が置かれていた。両駅の駅間距離は近く、後に統合されることとなる。花壇前駅は初期の菊人形で有名であった、千里山花壇の最寄り駅であり、千里山遊園に変わった戦後も一時、菊人形展は開催されていた。

千里線

関大前、千里山

花壇・遊園地の地に大学進出

関大前駅

開業年	1964（昭和39）年4月10日
所在地	吹田市山手町3-8-19
キロ程	7.8km（天神橋筋六丁目起点）
駅構造	地上駅
乗降客	38,852人

千里山駅

開業年	1921（大正10）年10月26日
所在地	吹田市千里山西5-1-3
キロ程	8.6km（天神橋筋六丁目起点）
駅構造	地上駅
乗降客	17,260人

千里は「ちさと」から

豊津駅までは千里丘陵の南側に沿って走っていた千里線は、いよいよ北側に広がる千里丘陵に分け入ることとなる。次の駅は関大前駅である。「千里」の地名は千里（ちさと）に由来する。

この付近には1921（大正10）年10月26日、北大阪電気鉄道の豊津～千里山間の開通時には花壇前駅が開業している。花壇前の駅はこの鉄道会社が開設した千里山花壇（遊園地）の最寄り駅として設置された。さらに1922年4月17日、花壇前駅と千里山駅の中間に大学前駅が新設された。こちらは駅名の通り、関西大学の最寄り駅として開業している。

その後、花壇前駅は1938（昭和13）年に「千里山遊園」、1943年に「千里山厚生園」と駅名を改称した。さらに。戦後の1946（昭和21）年に「千里山遊園」に戻り、1950年に「女子学院前」、1951年に「花壇町」と駅名は目まぐるしく変化した。ここまでは2駅が並立していたものの、駅間（距離）が近いこともあって1964年4月10日に両駅が統合されて、現在の関大前駅が誕生している。

千里山駅1921年10月26日の開業以来、40年以上にわたって千里（山）線の終着駅の座を保ってきた。1963年8月29日に新千里山（現・南千里）駅までの延伸が行われ、途中駅となっている。この千里山駅

国土地理院 1/25000地形図「吹田」「大阪東北部」

昭和42年(1967年)

関西大学千里山キャンパス

大正11(1922)年の千里山学舎建設以来、学術振興の拠点としての整備を続け、現在では各学部の学舎棟をはじめ多彩な施設を擁する関西大学千里山キャンパス。総面積35万㎡。緑豊かな千里山丘陵地の広大な敷地と、都心からの利便性の高い交通の便など、絶好の教育環境を備えているのが特徴だ。創造性と自由な精神の"関大スピリット"を持つキャンパスはいつも活気にあふれている。

吹田市山手町3-3-35

佐井寺

通称「山田寺」とも呼ばれる真言宗の寺院。寺伝によると、西遊記で有名な三蔵法師について修行した道昭が、676年に薬師如来を本尊として創建した。三世の行基が中興、かつては延暦寺・清水寺・東寺にも匹敵する大寺で、朝廷が命じる公家の恒例の読経を行う、寺格の高い21ヵ寺の一つだったという。また行基の祈祷で、"吹田三名水"の一つに挙げられる「佐井の清水」が湧水したとも言われている。応仁の乱による焼失で、現在は本堂と庫裡が残っている。境内は地元の奉仕によって美しく掃き清められている。

吹田市佐井寺1-17-10

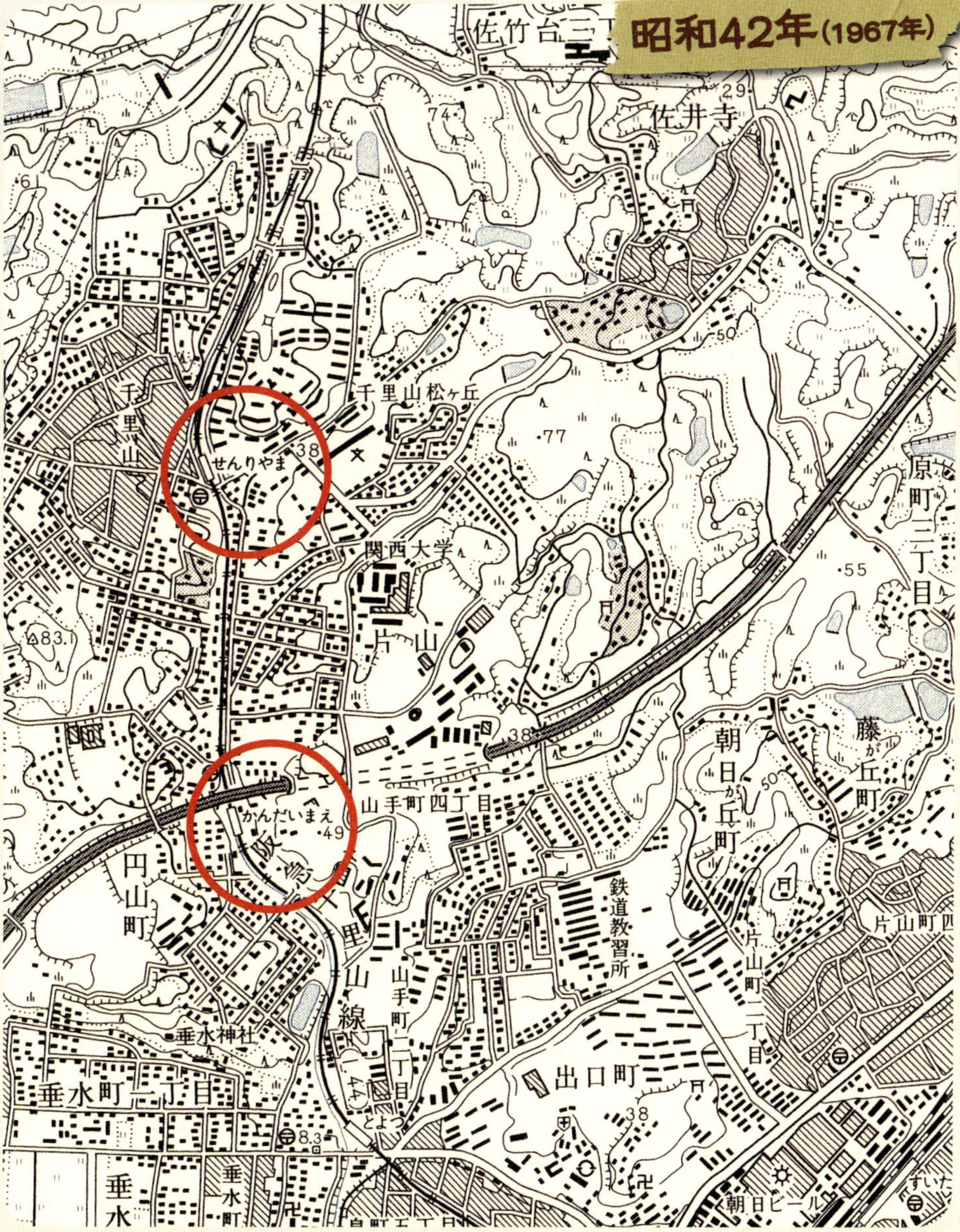

名神高速道路が既に開通し、その南に戦前の花壇前駅、大学前駅を統合した関大前駅が見える。関西大学は千里山遊園の跡地なども吸収して高校・中学校を設置するなど、キャンパスを広げつつあった。千里(山)線は北に延伸し、1963年に新千里山(現・南千里)駅が新しい終着駅となっていた。この後、千里線はさらに延伸し、北側の佐竹台地区などで、千里ニュータウンの新しい街(住区)が次々と誕生することとなる。

は、駅の西側に開発された千里山住宅地の玄関口として注目されていた。千里山住宅地は1920年から1928年にかけて、大阪住宅経営株式会社により、イギリスの田園都市「レッチワース」をモデルにして開発され、駅前のロータリーから放射状に道路が設けられている。この住宅地には電気・ガス・上下水道などが整備され、モダンな生活が送れると評判になり、後に大宅壮一が「千里山夫人」の名称を与えた。

関西大学千里山キャンパスと周辺

陸軍陸地測量部 1/25000地形図「吹田」

昭和4年（1929年）

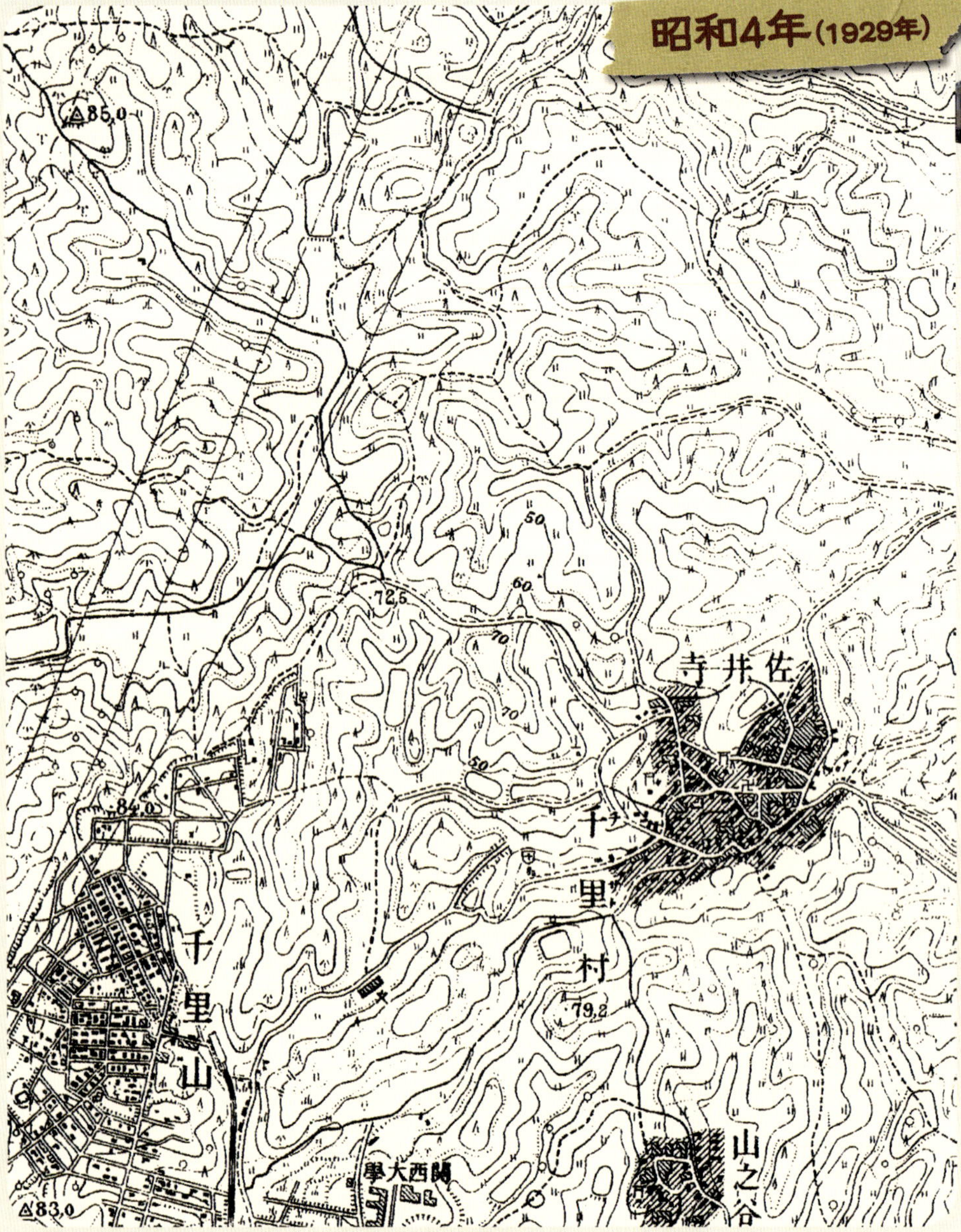

千里線

南千里

千里ニュータウン、南の玄関口

この頃の千里山線は、南西に見える千里山駅が終着駅であり、その西側に千里山住宅地が広がっている。このあたりは、吹田市に変わる前の「千里（ちさと）村」で、この文字が見える北東に「佐井寺」の集落が見える。ここには寺伝によると677年の創建とされる真言宗の古刹、佐井寺が存在し、行基が発掘したと伝わる十一面観音が本尊として祀られている。ここから北側一帯は丘陵地（山）で、集落などは全く見えない。

開業年	1963（昭和38）年8月29日
所在地	吹田市津雲台1-1-1
キロ程	10.2km（天神橋筋六丁目起点）
駅構造	高架駅
乗降客	24,768人

開業時は「新千里山」

現在ある「千里（せんり）」という地名が、明治時代に誕生した「千里（ちさと）村」に由来することを知る人は少なくなったのではないだろうか。歴史では、1889（明治22）年に当時の島下郡にあった片山村、佐井寺村が合併して、千里村が成立。1940（昭和15）年に吹田町、岸部村、豊能郡の豊津村と合併し、吹田市となるまで存在した。そこに大正時代に千里山住宅地が誕生。さらに昭和時代の千里ニュータウンの開発、日本万国博覧会の開催で、「千里」の名前は全国的に有名になった。

千里ニュータウンの南側に位置する、津雲台団地の玄関口として開業したのが、この南千里駅である。1963（昭和38）年8月29日に当時の千里山（現・千里）線がこの駅まで延伸、そのときの駅名は「新千里山」であった。1967年3月1日に北千里駅まで延伸した際に中間駅となり、現在の駅名である「南千里」に改称、線名も千里線と変わっている。

ニュータウンに開設された駅らしく、駅の周辺には公園などの緑地が多数存在する。北側の津雲台には千里南公園、東側の高野台には高野公園、そして西側の桃山台には桃山公園が広がる。この桃山台には、北大阪急行電鉄の桃山台駅と桃山台車庫が置かれている。この2つの駅は、イチョウ並木が美しい千里ぎんなん

国土地理院 1/25000地形図「吹田」

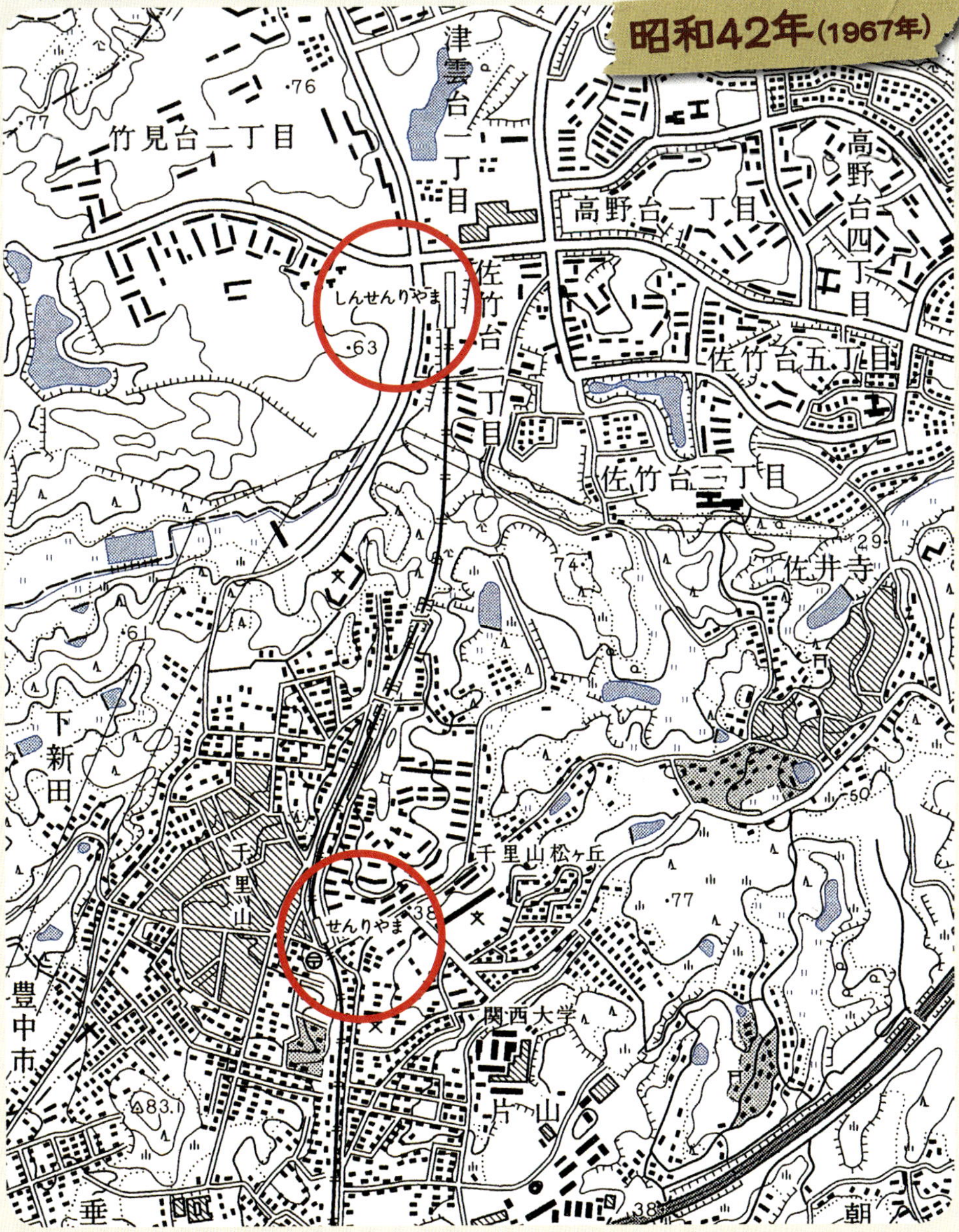

千里山～新千里山（現・南千里）間の距離は1.6キロであるが、この間の延伸には太平洋戦争を挟んで、42年の年月を要している。その間に千里ニュータウンの開発計画が立てられ、既にこの頃にはかなりの街区（ニュータウン）が誕生していた。新しい道路も開かれており、新千里山駅の北西には、大阪府道121号（吹田箕面線）、府道135号（豊中摂津）という主要道路が通っている。この翌年（1968年）、西側では北大阪急行電鉄の工事が着工される。

地獄谷だった千里ニュータウン

吹田市と豊中市にまたがる千里丘陵にある千里ニュータウン。面積は甲子園球場300倍の広さで1,160ha。日本初の大規模ニュータウンだ。しかしこのニュータウンができるまでこの地域は竹藪のうっそうとした丘陵地で、昼でも暗い谷間があり、“地獄谷”と呼ばれるところがあったという。
記念すべき最初の入居は昭和37(1962)年の佐竹台、翌年には高野台、津雲台の入居が次々と開始。これに伴いニュータウン最初の鉄道、京阪神急行（阪急電鉄）の千里山ー新千里山（現・南千里）が開通した。全盛期には人口が10万人を超えた夢の街も、少子高齢化が進展。街開き50年を迎えた2012年頃から、再整備などの新課題に地域が一体となり取り組んでいる。

千里南公園

千里南公園は、「千里石ぶみの丘」としても知られ、万葉集や松尾芭蕉、小林一茶、与謝野晶子など16基の石碑がある。また、石碑の拓本採集が自由にできるので、全国から愛好家が集まる公園でもある。このほか、釣りができる牛ヶ首池や遊具広場もあり、家族連れで賑わう。吹田市で人気のある公園の一つ。

吹田市津雲台1-3

通り（府道135号豊中摂津線）で結ばれており、約1キロ離れている。また、南千里駅の東西からは北に向かい、府道129号、府道121号が延びている、千里南公園の地下（トンネル区間）をへて地上に出た千里線は、この府道129号と並行して、お隣の山田駅付近まで進むこととなる。この区間の東側には大阪府立千里高校がある。千里高校は、1967年、千里ニュータウンの街開きに合わせて設置された大阪府で67番目の高校である。

陸軍陸地測量部 1/25000地形図「吹田」

大阪万博開催のほぼ40年前の地図であり、南東に見える山田村の集落と北東に続く2本の道路以外は、一帯に丘陵(山)が広がっている。三島郡の山田村は、1955年に吹田市に編入されたが、2年後に一部は茨木市に編入されている。村内を貫く道路は、西国街道の小野原(現・箕面市)と亀岡街道の千里丘(現・摂津市)を結ぶ小野原街道で、途中において山田街道と千里街道を分岐していた。現在は府道2号(大阪中央環状線)、119号となっている。

千里線

山田、北千里

大阪万博の地、記念公園が残る

山田駅

開業年	1973(昭和48)年11月23日
所在地	吹田市山田西4- 1- 1
キロ程	11.6km(天神橋筋六丁目起点)
駅構造	地上駅(築堤上)
乗降客	23,565人

北千里駅

開業年	1967(昭和42)年3月1日
所在地	吹田市古江台4- 2-D- 1-101
キロ程	13.6km(天神橋筋六丁目起点)
駅構造	高架駅
乗降客	31,448人

千里ニュータウン玄関口

山田駅については、1970（昭和45）年に開催された日本万国博覧会（大阪）との関係をまず記さなければならない。阪急千里線には前年の1969年11月10日、翌年3月に開幕する大阪万博のための臨時駅として、万国博西口駅が開業した。この駅は大阪万博の終了に合わせて、1970年9月14日に廃止されるが、3年後の1973年11月23日、臨時駅だった場所から約800メートル南側に山田駅が開業した。その後、1990（平成2）年6月1日、大阪モノレール線の千里中央～南茨木間が開通して、こちらにも山田駅が開業し、両線の連絡駅となった。

山田駅の北東には、日本万国博覧会記念公園が広がり、自然文化園、日本庭園、大阪日本民芸館、国立民族学博物館などの施設がある。大阪万博のシンボル的な存在だった岡本太郎の代表作「太陽の塔」は、この地域のランドマークとして健在である。また、万博記念競技場（万博スタジアム）は、サッカーのJリーグ、ガンバ大阪のホームスタジアムであったが2016年に私立吹田サッカースタジアム（パナソニックスタジアム吹田）が誕生し、現在は同公園内のこの競技場がホームスタジアムとなっている。

歴史を振り返れば、この駅付近は島下郡（後に三島郡）山田村の区域で

万博で賑わった「山田駅」

山田駅は、昭和48(1973)年に開業した、阪急の駅の中で一番新しい駅。阪急が最初に自転車置き場を設置した駅でもある。万博の開催中には、山田駅の北に「万国博西口駅」という臨時駅も設けられていた。また万博の輸送対策として、山田駅には大阪モノレールも接続している。当時、駅と万博会場の間には長い橋が架けられ、一般道路へ出なくても会場まで歩いて行けるようなっていた。現在、山田駅から万国博記念公園には阪急バスで行くことができる。公園内には、日本庭園、国立国際美術館、国立民族博物館など見どころも多い。なお、「山田」という地名の由来は、皇太神宮を伊勢の宇治山田原からこの地に分けて祀った際、山田原の地名も移ってきた、と言われている。

吹田市山田西4丁目

国土地理院 1/25000地形図「吹田」

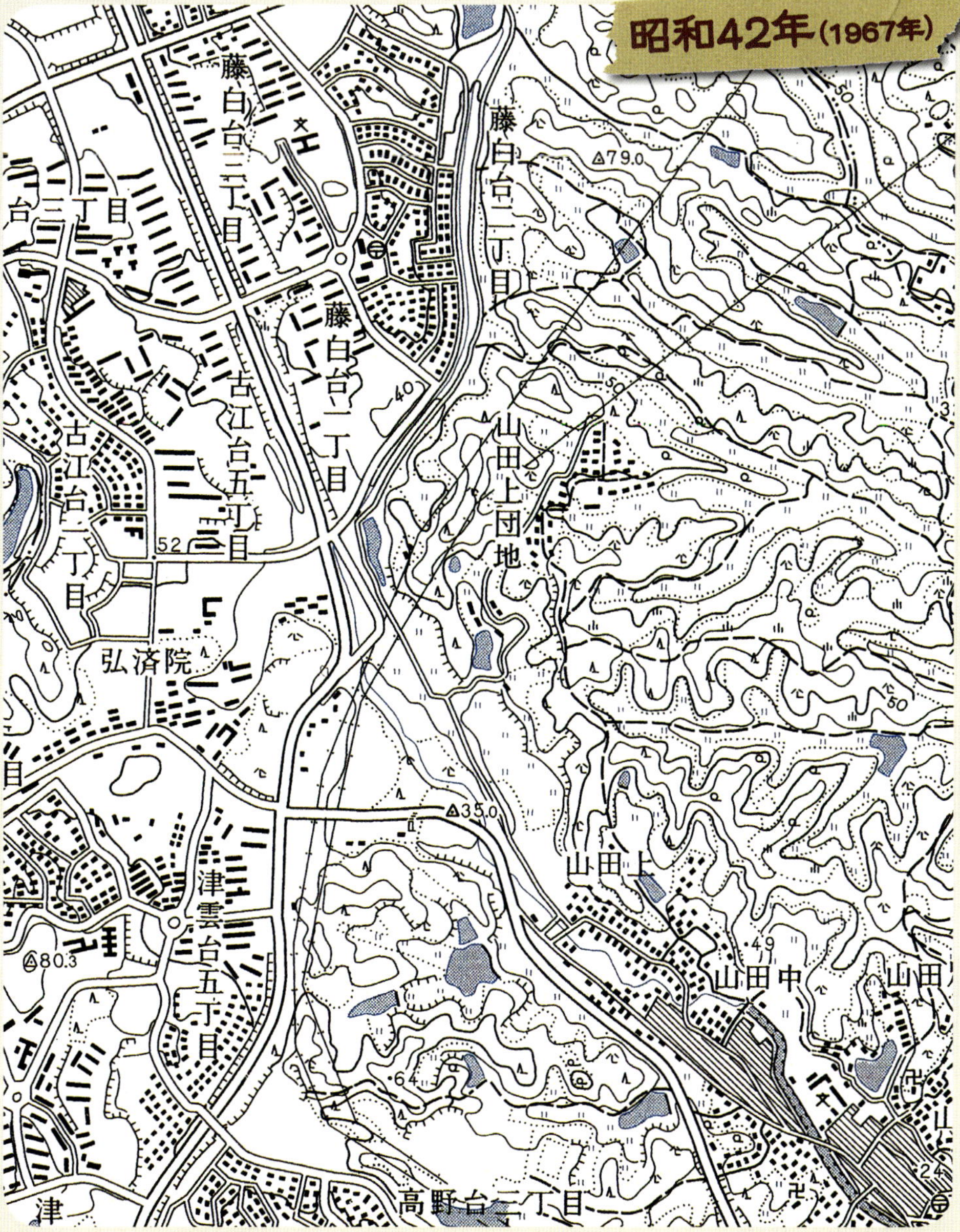

大阪万博開催の3年前で、この年に延伸する千里線は記載されていない。千里ニュータウンの開発で、南に津雲台、北に古江台、藤白台といった街区が誕生している。旧山田村の集落があった付近には「山田中」「山田上」といった地名が付けられていたが、その後に消えたものもある。「山田上」には山田上団地が出来ている。丘陵を開いて開発された感のある千里一帯だが、旧山田村付近には古い土地の面影が残されている。

あった。この山田村はタケノコの産地として有名で、1955年に吹田市に編入され、1957年に一部地域が茨木市に編入されている。山田駅の東側には歴史の古い集落が存在し、山田川が流れ、山田街道が通っている。また、ここには宗名寺、正業寺などもある。

千里線の終着駅である北千里駅は、1967年3月1日、千里線の延伸時に開業した。南千里駅と並ぶ、阪急における千里ニュータウンの玄関口であり、当時は世界初の自動改札機設置駅として話題となった。現在も駅の改札口付近には、このときにIEEE(アメリカ電気電子学会)により「IEEEマイルストーン」に認定された銘板が残されている。当時、阪急には箕面線の桜井駅との間を結ぶ「千里山延長線」の計画があったが、この計画は実現せず、取得していた線路の用地なども他に転用された。

千里線の沿線には大学や学校が多いが、この北千里駅を最寄り駅とする大学、学校として、大阪大学吹田キャンパス、千里金蘭大学・金蘭千里高校、府立北千里高校などが存在する。広い阪大吹田キャンパスには、医学部、工学部、人間科学部などのほか、研究機関が点在し、大阪大学病院もあって地域の人々にも親しまれている。

「千里ニュータウン」は1958(昭和33)年に大阪府により開発が

国土地理院 1/25000地形図「吹田」

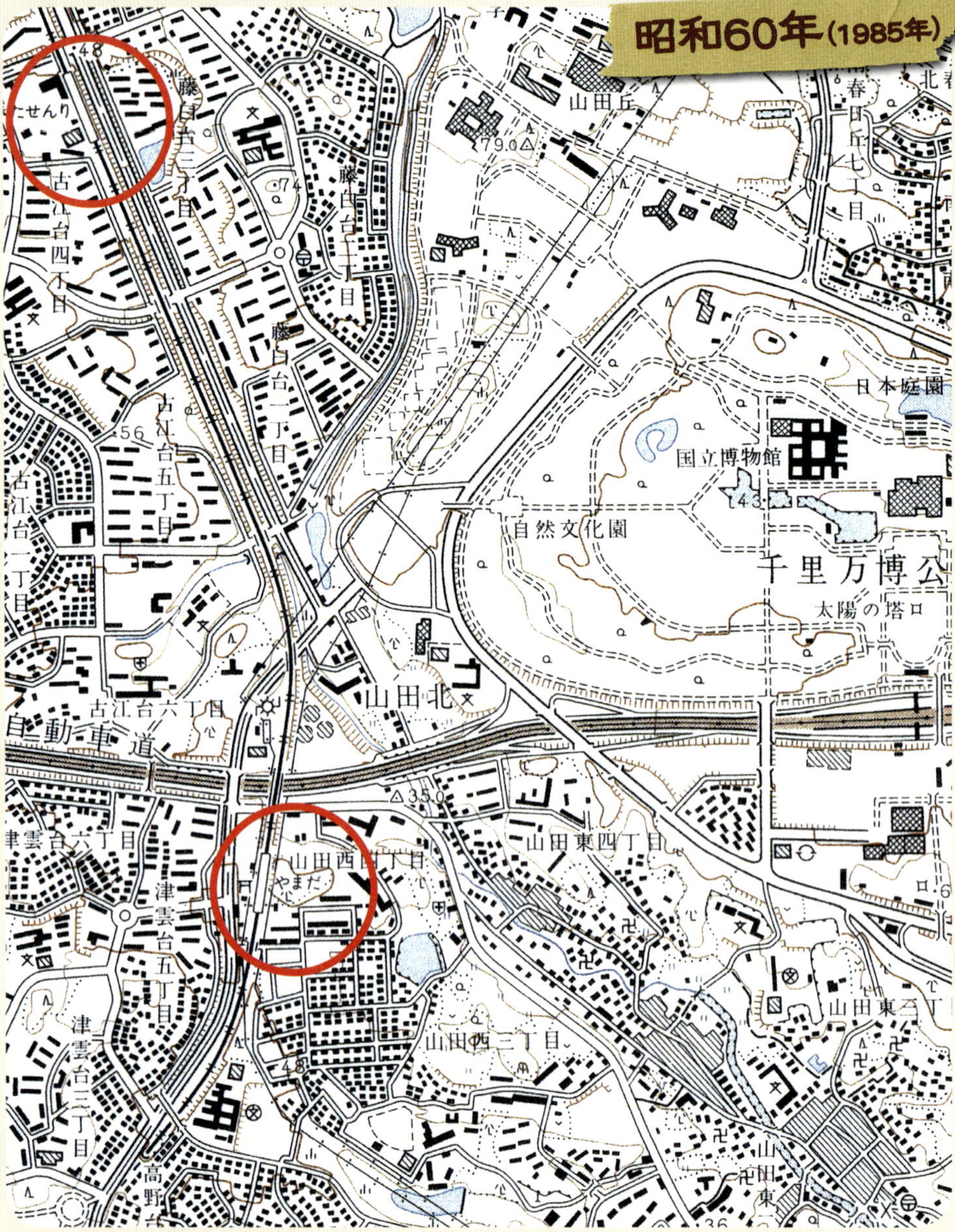

阪急千里線が、南千里駅から北千里駅まで延伸したのは1967年で、途中駅として山田駅が置かれている。既に大阪万博は終了し、東側には「千里万博公園」が広がり、自然文化園、太陽の塔、日本庭園などが見える。現在の地名も同じ「千里万博公園」となっており、南側を中国自動車道が通っている。府道119号が走る北千里駅の東側には、地名と同じ藤白台小学校が開校している。この学校に隣接して、藤白公園もある。

円照寺

仁寿3(853)年に慈覚大師円仁によって建てられた。古くは、今の万博公園の太陽の塔あたりに、大きな本堂があり、それを中心に一大伽藍を形成し、山田地域のあちこちに塔頭があったと伝えられている。応仁の乱でほとんどが破壊されたが、本尊の千手観音像や平安時代の仏像は難を逃れ、現在の円照寺に置かれている。

吹田市山田東3-14-27

紫雲寺

神亀4(727)年、行基が創建した浄土真宗西本願寺の末寺。本堂の天井画78面は、大阪府指定文化財だ。江戸時代に大坂の画家森狙仙によって描かれたもの。森狙仙(1749～1821年)は狩野派や円山派を学んでおり、動物画を得意とした。

吹田市山田東2-18-17

決定され、大阪市から北に約12キロ離れた、吹田市と豊中市にまたがる「千里丘陵」にニュータウンの建設が進んでいった。開発面積は1160ヘクタールに及び、15万人が住む新しい街が誕生する計画であった。1961年には、南千里駅に近い吹田市C住区（佐竹台地区）の「千里南公園」予定地で起工式、翌年に街開きの式典が挙行されて、以後も開発が進んでいった。

この千里ニュータウンは北・中央・南という3つの地区に分かれて、各地区に「地区センター」が設けられていた。北地区の玄関口となったのが阪急電鉄の北千里駅で、南千里駅が南地区の玄関口となっている。また、中央地区の玄関口として1970年に開業したのが、北大阪急行電鉄の千里中央駅である。この千里中央駅周辺は、ニュータウン全体の核となる場所として計画され、「千里阪急」デパートをはじめとして、「千里セルシー」「せんちゅうパル」などのショッピングセンターが誕生した。

新しい街、千里ニュータウンとともに「千里」の名前（地名）を有名にしたのが1970年に開催された日本万国博覧会である。「人類の進歩と調和」をテーマにして開催されたこの博覧会は、「東京オリンピック」に並ぶ戦後日本の一大イベントであった。アジア初の国際博覧会が、大阪府北部のこの地域で開かれたことは、関西経済に多大な刺激

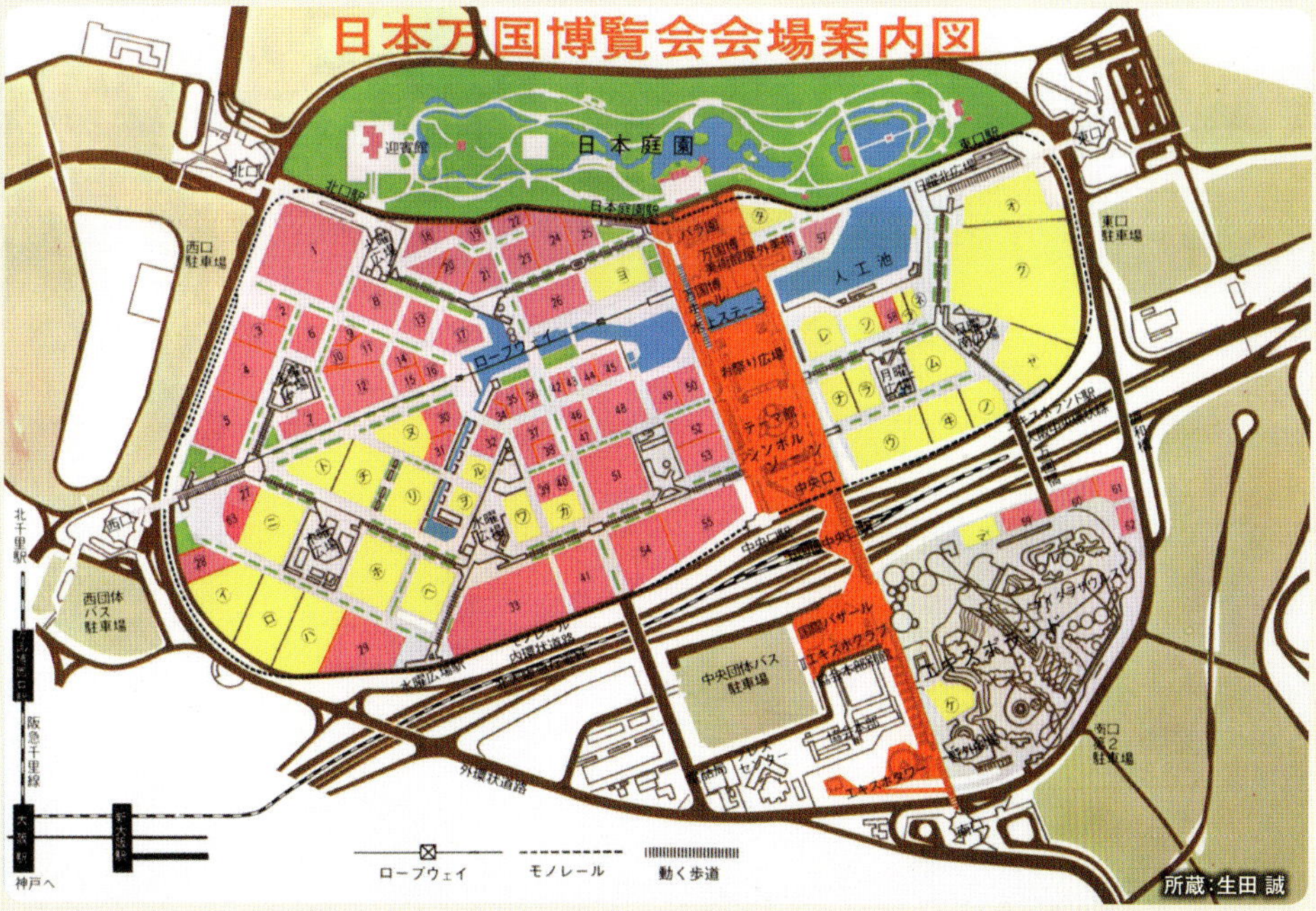

所蔵:生田 誠

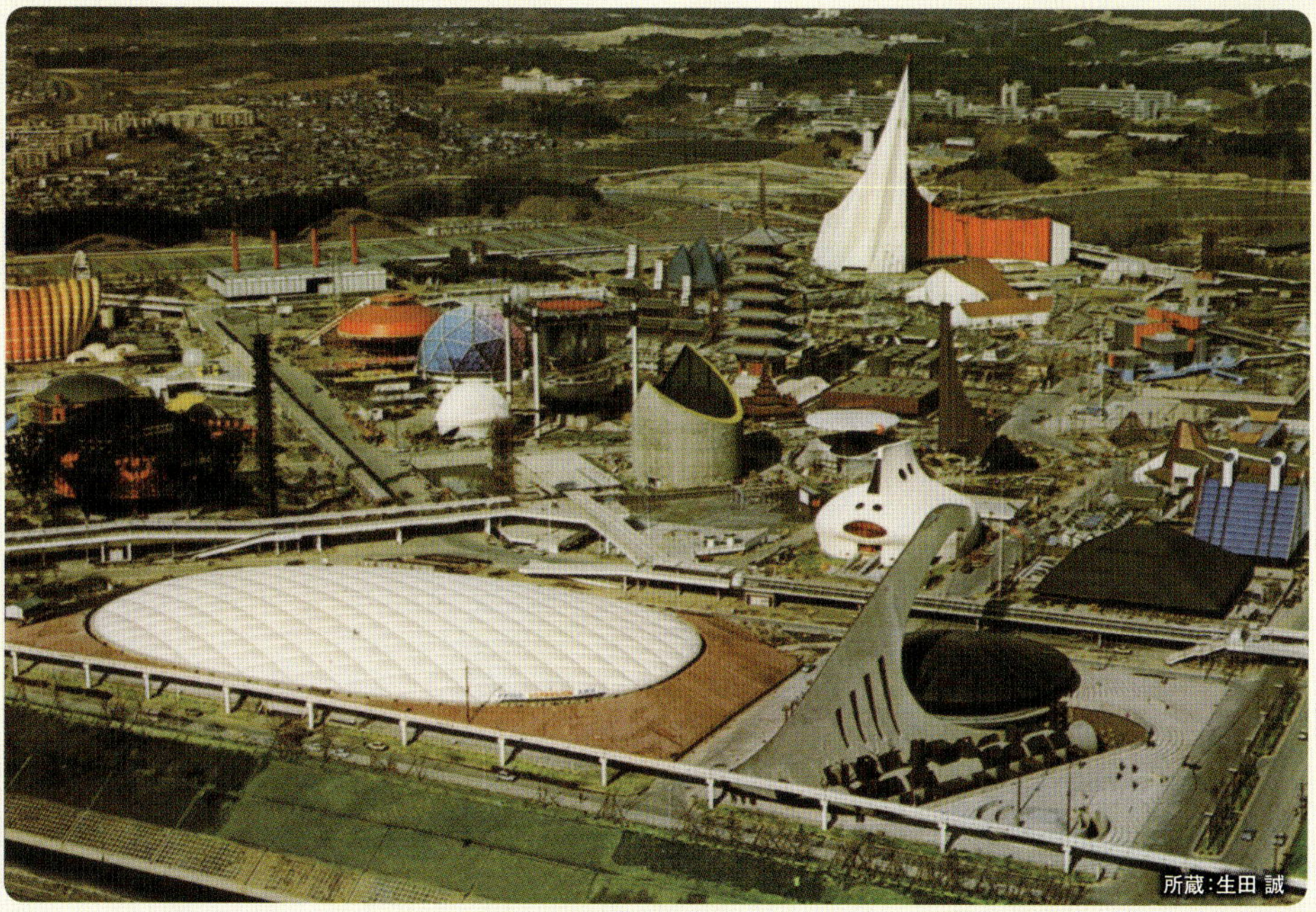
所蔵:生田 誠

世界初の自動改札機が設置された北千里駅

阪急電鉄千里線の終着駅で、千里ニュータウンの北の玄関口でもある北千里駅。昭和42(1967)年3月、千里線の南千里駅―北千里駅間の延伸により開業した。この時、世界初の自動改札機が設置された。当初は定期券用と普通乗車券用とで改札方式が異なり、定期券はパンチカード方式、普通乗車券は磁気券方式を採用していたが、その後定期券も磁気券方式を採用。昭和47(1972)年には、定期券・普通乗車券共用の自動改札機に更新された。これらのシステムは、平成19(2007)年、IEEE(アメリカ電気電子学会)に認定され、阪急は同システムを共同で研究・開発してきた、大阪大学・オムロン・近畿日本鉄道とともに受賞した。改札口付近には、受賞記念の銘板が設置されている。

吹田市古江台4丁目2番D-1-101

を与え、地域の発展に大きく寄与した。大阪万博の会場面積は330ヘクタール。開催は3月15日から9月13日までの183日間であった。当初の入場者予想は3000万人であったが、実際には大きく上回る6421万人が来場し大成功した。

この万博のための交通機関として、阪急千里線には、臨時駅である万国博西口駅が設けられた。また大阪市営地下鉄(現・大阪メトロ)の江坂駅と万国博中央口駅を結ぶ、北大阪急行電鉄も開通して、多くの来場者に利用された。また、自動車やバスを使う人々のためには、名神高速道路と近畿自動車道を結ぶ吹田インターチェンジが設置されている。

北千里駅(昭和42年)。
撮影:荻原二郎

【著者プロフィール】

生田 誠（いくた まこと）

1957（昭和32）年、京都市生まれ。
東京大学文学部美術史学専修課程修了。全国紙記者として東京本社・大阪本社の文化部に勤務。現在は地域史研究家。集英社、学研パブリッシング、河出書房新社、彩流社、アルファベータブックス、フォト・パブリッシング等から著書多数。

【執筆協力】

山下ルミコ（沿線各地の見どころ紹介の執筆）

郷土史研究家。長年、西宮市・芦屋市に居住し、現在は東京都在住。JTBパブリッシング、彩流社、アルファベータブックス等から著書多数。

【写真撮影（昭和20年代～ 40年代）】

石田一、荻原二郎、亀井一男、中谷一志、野口昭雄

本書に掲載した地形図は、国土地理院長の承認を得て、同院発行の2万5千分の1地形図及び1万分の1地形図を複製したものです。（承認番号 平30情複、第137号）
本書に掲載した地形図をさらに複製する場合には、国土地理院長の承認が必要となります。

阪急全線古地図さんぽ

2018年6月10日　第1刷発行

著　者……………………生田 誠
発行人……………………高山和彦
発行所……………………株式会社フォト・パブリッシング
〒161-0032　東京都新宿区中落合2-12-26
TEL.03-5988-8951 FAX.03-5988-8958
発売元……………………株式会社メディアパル
〒162-0813　東京都新宿区東五軒町6-21（トーハン別館3階）
TEL.03-5261-1171 FAX.03-3235-4645
デザイン・DTP ………柏倉栄治（装丁・本文とも）
印刷所……………………株式会社シナノパブリッシングプレス

ISBN978-4-8021-3107-0 C0026

本書の内容についてのお問い合わせは、上記の発行元（フォト・パブリッシング）編集部宛ての
Eメール（henshuubu@photo-pub.co.jp）または郵送・ファックスによる書面にてお願いいたします。